BÖHMER

End/Gotthardt/Winkelmann   Softwareentwicklung

Softwareentwicklung

Leitfaden für Planung,
Realisierung und Einführung
von DV-Verfahren

Von Wolfgang End, Horst Gotthardt, Rolf Winkelmann

unter Mitarbeit
von Bernd Kowalski

3., überarbeitete und ergänzte Auflage, 1980

SIEMENS AKTIENGESELLSCHAFT

CIP-Kurztitelaufnahme der Deutschen Bibliothek

End, Wolfgang:
Softwareentwicklung : Leitf. für Planung, Realisierung u. Einf. von DV-Verfahren / von Wolfgang End; Horst Gotthardt; Rolf Winkelmann. Unter Mitarb. von Bernd Kowalski. – 3., überarb. u. erg. Aufl. – Berlin, München: Siemens-Aktiengesellschaft, [Abt. Verl.], 1980.
ISBN 3-8009-1310-0
NE: Gotthardt, Horst:; Winkelmann, Rolf:

ISBN 3-8009-1310-0
Best.-Nr. L-32/1310

Herausgeber und Verlag: Siemens Aktiengesellschaft, Berlin und München
© 1976 by Siemens Aktiengesellschaft, Berlin und München
Alle Rechte vorbehalten, auch die des auszugsweisen Nachdruckes,
der fotomechanischen Wiedergabe und der Übersetzung sowie der
Bearbeitung für Ton- und Bildträger, für Film, Hörfunk und Fernsehen,
für den Gebrauch in Lerngeräten jeder Art.
Printed in the Federal Republic of Germany

Vorwort

Ziel aller Mitarbeiter, die als Entwickler, Abwickler oder als Entscheidungsträger im Rahmen von Dienststellenaufgaben oder von Teams an der Planung, Realisierung, Einführung und der Abwicklung von DV-Verfahren mitwirken, muß sein, die Kosten für die Softwareentwicklung und -betreuung so gering wie möglich zu halten und die Qualität der Softwareprodukte weiter zu verbessern. Der vorliegende Leitfaden trägt dazu bei, daß dieser Personenkreis

im systematischen Vorgehen bei der Planung und Realisierung,

bei der Überwachung der einzelnen Arbeitsschritte von der Idee bis zur Einführung und

bei der Auswahl und dem Einsatz geeigneter Planungs- und Realisierungshilfen unterstützt wird.

Das Buch enthält die Erfahrungen mehrerer Organisations- und Datenverarbeitungsabteilungen und der Schulungsträger des Hauses; es wird als Arbeits- und Schulungsunterlage eingesetzt und kann auch als Nachschlagewerk verwendet werden.

Die Verfasser danken an dieser Stelle J. Damaschke, K. Platz und N. Zietlow für die wertvollen Anregungen bei der Konzeption dieses Buches.

München, im Dezember 1976

SIEMENS AKTIENGESELLSCHAFT

Vorwort zur 3. Auflage

Wegen der anhaltend regen Nachfrage können wir bereits nach einem Jahr eine neue Auflage herausgegeben.

Bei der Überarbeitung wurde u.a. Teil II zusätzlich um den Fachbeitrag „Planung, Steuerung und Überwachung von Organisations- und DV-Vorhaben" erweitert. Es werden die dazu notwendigen Instrumente umfassend beschrieben.

Durch die Zusammenfassung aller Checkpunkte bzw. Checklisten in dem Beiheft „Checkpunkte für Entwickler und Entscheider" soll die tägliche Arbeit der an dem Softwareentwicklungsprozeß Beteiligten weiter erleichtert werden.

München, im Juli 1980

                                        SIEMENS AKTIENGESELLSCHAFT

Inhalt

Einführung 11

Software Engineering bei der Softwareentwicklung 19

Teil I Phasen der Softwareentwicklung

1 Projektvorschlagsphase 29
1.1 Problem-/Aufgabenstellung, Ziele formulieren 30
1.2 Voruntersuchung genehmigen 32
1.3 Phasenorganisation festlegen 33
     Organisationsformen für Planungsvorhaben · Planungsinstanzen · Checkpunkte
1.4 Phasenüberwachung 40
     Gegenstand der Phasenüberwachung · Projektklassen · Instrumente zur Phasenüberwachung
1.5 Voruntersuchung durchführen 44
     Vorbereiten der Voruntersuchung · Erheben, Zusammenstellen und Abstimmen der Fakten · Erarbeitung der Aufgabenstellung für den Entwicklungsantrag · Erstellen einer Zielhierarchie · Suche nach geplanten oder realisierten ähnlichen Vorhaben · Checkpunkte
1.6 Groben Gesamtnetzplan und Entwicklungsaufwand ermitteln . 49
1.7 Entwicklungsantrag stellen 50
1.8 Phasenabschluß durchführen 55
1.9 Information und Entscheidung 58

2 Planungsphase I 61
2.1 Phasenorganisation festlegen 62
2.2 Phasenüberwachung 64
2.3 Informationen weitergeben 65
2.4 Idealkonzept erstellen 67
     Vorgehensweise · Inhalt
2.5 Istaufnahme durchführen 69
     Planung der Istaufnahme · Auswahl der Erhebungsmethode · Strukturierung der fachlichen Aufgaben und Beschreibung der Aufgabenlösung (Prozesse) · Kontrolle der Ergebnisse · Checkpunkte
2.6 Istanalyse durchführen 80
     Vorgehensweise · Analysetechniken · Checkpunkte
2.7 Fachliches Grobkonzept erstellen 85
     Beschreibung des fachlichen Problems · Beschreibung der fachlichen Lösung · Wirtschaftlichkeitsprüfung · Checkpunkte
2.8 Fachliches Grobkonzept abstimmen 92

Inhalt

2.9	Phasenabschluß durchführen	94
2.10	Information und Entscheidung	95
3	**Planungsphase II**	97
3.1	Phasenorganisation festlegen	98
3.2	Phasenüberwachung	100
3.3	Behandlung von Änderungsanträgen festlegen	101
3.4	Leistungsbeschreibung erstellen	103

Fachliches Feinkonzept: Gesamtproblematik · Beschreibung der Prozesse, Prozeßablauf, Prozeßstruktur · Beschreibung der Daten, fachliches Speicherkonzept · Schlüsselsysteme · Prüfziffernverfahren · Anforderungen an die Belege · Anforderungen an die Datenerfassung · Beschreibung der Auswertungen · Organisatorische und technische Anforderungen · Datensicherheits- und Datenschutzanforderungen · Checkpunkte · DV-Grobkonzept: Entwurf der DV-Lösung · Betriebsart · Betriebssystem · Verfahrensstruktur · Speicherkonzept · Beschreibung der Komponenten · Daten- und Ablaufsicherheit · Vorhandene Software · Hardwarekonfiguration · Ausbaustufen · Anforderungen an das Realisierungspersonal · Softwaretechniken · Sonstige Anforderungen und Bedingungen · Checkpunkte

3.5	Leistungsbeschreibung abstimmen	158
3.6	Vorläufige Testzeiten planen	160
3.7	Nachfolgelasten klären	162
3.8	Schulungsplan erstellen	163
3.9	Phasenabschluß durchführen	164
3.10	Information und Entscheidung	165
4	**Realisierungsphase I**	167
4.1	Phasenorganisation festlegen	168
4.2	Phasenüberwachung	170
4.3	Konventionen für Programmierung und Test festlegen	171

Konventionen für die Programmierung · Konventionen für die Testdurchführung

4.4	DV-Feinkonzept erstellen	175

Zielsetzung der Komponente · Detaillierung der DV-Lösung je Komponente · Strukturierung · Programmorganisationsplan · Externe Datenschnittstellen · Beschreibung der Strukturblöcke · DV-technische Voraussetzungen · Betriebssystem, Betriebsart, Hardwarekonfiguration · Softwaretechniken · Programmier- und Benutzersprachen · Sonstige Anforderungen und Bedingungen · Checkpunkte

4.5	Software anpassen	196
4.6	Programmierung/Codierung	197

Einhaltung der vorgegebenen Normen und Vorschriften · Ablaufsicherheit der Komponenten · Optimierung der Ablaufgeschwindigkeit · Softwareprüffeld · Checkpunkte (Softwareprüffeldkatalog)

4.7	Test durchführen	208

Testschritte · Testorganisation, Teststrategie · Testhilfen · Testdaten, Testdateien · Testzeitbedarf · Komponenten-, Integrations- und Verfahrenstest · Testverfolgung · Checkpunkte

4.8	Stammdaten übernehmen	221
4.9	Verfahrens-/Programmdokumentation erstellen	223
4.10	Hantierungsunterlagen erstellen	226

Arbeitsvorbereitungs- und Prüfgruppenübersicht (AVP) · Terminplan · Beleglauf · Datenerfassungsanweisung · Hantierungsvorschriften für Zusatzmaschinen · Hantierungsvorschriften für die DV-Anlage · Gerätebelegungsplan

4.11	Arbeitsanweisungen erstellen	237
4.12	Phasenabschluß durchführen	238
4.13	Information und Entscheidung	239
5	**Realisierungsphase II**	**241**
5.1	Phasenorganisation festlegen	242
5.2	Phasenüberwachung	244
5.3	Fach- und DV-Personal einweisen	245
5.4	Organisationsanpassung durchführen	248

Checkpunkte

5.5	Probebetrieb vorbereiten	250
5.6	Betreuungsmodus festlegen	251
5.7	Probebetrieb durchführen	252
5.8	Phasenabschluß durchführen	254
5.9	Information und Entscheidung	255
5.10	Verfahren übergeben	256
6	**Einsatzphase**	**263**
6.1	Phasenorganisation festlegen	264
6.2	Phasenüberwachung und Verfahrensanalyse durchführen	266
6.3	Verfahren abwickeln	268
6.4	Verfahren betreuen	271
6.5	Information und Entscheidung	276

Teil II Planungs- und Realisierungshilfen

1	**Planung, Steuerung und Überwachung von Organisations- und DV-Vorhaben**	**279**

OD-Rahmenplanung · Projektbildung · Teilaufgabenbildung und Entwicklungsabrufe · Zeit- und Kostenerfassung · Projektfortschreibung und -auswertung · Netzplantechnik · MPM-Netzplan · Netzplanaufstellung · Terminrechnung · Kosten- und Personaleinsatzplanung

Inhalt

2 Projektzeitschätzung 306

Projektzeitschätzverfahren · Analogieverfahren · Prozentsatzverfahren · Faktorenverfahren zur Schätzung des fachlichen und dv-technischen Aufwandes · Schätzung des Zeitbedarfs für die fachliche Lösung · Schätzung des Zeitbedarfs für die dv-technische Lösung · Vorgehensweise bei der Projektzeitschätzung

3 Wirtschaftlichkeitsprüfung von DV-Verfahren 319

Rationalisierungserfolg · Wirtschaftlichkeitsrechnung · Direkte Wirtschaftlichkeit · Indirekte Wirtschaftlichkeit · Rechenverfahren zum Ermitteln der Wirtschaftlichkeit · Einfache Planungsrechnung · Ausführliche Planungsrechnung · Ermittlung der Marginalrendite

4 Datenerfassung 332

Bearbeitungsschritte der Datenerfassung · Datenerfassungsmethoden · Datenträger · Datenerfassungsgeräte · Vorgehensweise bei der Auswahl von Datenerfassungsmethoden und -geräten

5 Konventionen und Richtlinien für die Programmierung 351

Programmiersprachen · Strukturierung · Aufbau von Strukturblöcken · COBOL-Konventionen · Aufbau des COBOL-Programms · Verwendung von COBOL-Anweisungen · Empfehlungen · Datenlexikon

6 Laufzeitschätzung und Optimierung der Blocklängen 363

Verarbeitungszeit · Ein-/Ausgabezeit · Zeiten für externe Bedienung · Wartezeiten im System · Gesamtlaufzeit

7 Minimierung der Testfälle 386

Prinzip der Methode · Vorgehensweise bei der Verwendung von Struktogrammen

8 Software Engineering 392

Entwerfen · Implementieren · Messen · Testen · Dokumentieren · Steuern und Verwalten

Literaturverzeichnis 411

Abkürzungsverzeichnis 413

Stichwortverzeichnis 419

Einführung

Situation

Die Datenverarbeitung trägt wesentlich zum rationellen Durchführen von Aufgaben in allen Bereichen, von der Forschung und Entwicklung über die Fertigung bis hin zur Geschäftsabwicklung und Verwaltung bei. Darüber hinaus ermöglicht sie die Bewältigung neuartiger Aufgaben, wie im Forschungsbereich, z.B. das Ermitteln optimaler Werte durch Simulation oder im Führungsbereich, z.B. das Durchrechnen von Entscheidungsalternativen mit ihren Auswirkungen auf das Wirtschaftsergebnis des Unternehmens. Beim Einsatz der Datenverarbeitung in Flugsicherungssystemen und in der Medizin hängen auch Menschenleben von der Qualität der Software ab.

Die zunehmende DV-Durchdringung aller Bereiche sowie die Tendenz, integrierte Lösungen zu entwickeln, führen dazu, daß die Entwicklung, Abwicklung und Betreuung von DV-Verfahren hohen Personaleinsatz, erhebliche Rechenzeiten und umfangreiche Hardwareinvestitionen erfordert. Die daraus resultierenden Kosten haben auch im Vergleich zu anderen betrieblichen Aufwendungen, eine beträchtliche Größenordnung erreicht. So betrugen 1977 in der Bundesrepublik die Personalkosten im Bereich der Datenverarbeitung etwa 12 Milliarden DM und die jährlichen Aufwendungen für Miete, Abschreibung und Wartung von Hardware etwa 8 Milliarden DM.

Die Analysen von realisierten Softwareprojekten zeigen, daß „geplante" Termine und Personal- und Rechenzeitkosten insbesondere bei den Projekten überschritten werden, bei denen Instrumente zur Projektplanung, -überwachung und -kontrolle nicht in genügendem Maße vorhanden waren bzw. nur ungenügend genutzt wurden. Bei einer 10%igen Einsparung durch Rationalisierung der Softwareentwicklung und durch Qualitätsverbesserung der Softwareprodukte ergäben sich pro Jahr Einsparungen von weit über 1 Milliarde DM (bei der Hardware sind nur Testzeiten und Wiederholläufe gerechnet).

Ziel

Die wirtschaftliche Entwicklung von Software setzt Klarheit über die Zielsetzung, die Vorgehensweise und die anzuwendenden Methoden und Techniken bei der Planung und Entwicklung voraus. Insbesondere sollten

Einführung

▷ Softwareentwicklungen von der Idee bis zur Einführung in definierten Phasen mit Zäsuren, die eine Zwischenbegutachtung ermöglichen, ablaufen. Dabei darf erst nach Abschluß der Tätigkeiten einer Phase mit der nächsten Phase begonnen werden und

▷ entsprechend der Komplexität der Aufgaben interdisziplinäre Gruppen zur Erarbeitung der Problemlösung eingerichtet werden. Eine Steuerungs-, Entscheidungs- und Kontrollinstanz (Gremium oder Einzelperson) überprüft die Ergebnisse, gibt die nächste Phase frei und sorgt für die Koordinierung und Abstimmung mit anderen Entwicklungsvorhaben.

Die in dem Leitfaden praktizierte Vorgehensweise zur Softwareentwicklung und die aufgezeigten Planungs- und Realisierungshilfen können sowohl in Industriebetrieben und Handelsunternehmen als auch in kommunalen Verwaltungen und Behörden sowie im Geld- und Kreditwesen eingesetzt werden. Dabei besteht kein Unterschied, ob es sich um kaufmännisch-betriebswirtschaftliche, fertigungsorganisatorische oder um technisch-wissenschaftliche Probleme handelt. Darüber hinaus ist es möglich, die Vorgehensweise und

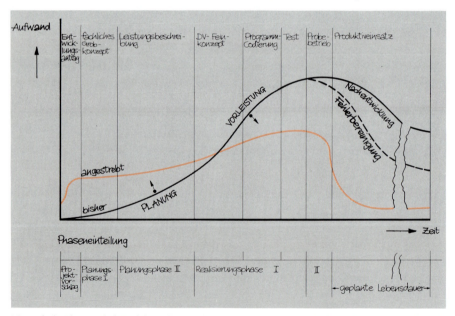

Mangelnde Planung bei Projektbeginn, nicht genügend systematische Vorgehensweise (z.B. Fehlen von Entscheidungspunkten) während des Projektverlaufs und fehlende Vorleistungen (Techniken, Methoden und Standards) führen zumeist in den Realisierungsphasen (Test und Probebetrieb) zu überhöhtem Aufwand und während der geplanten Lebensdauer (Einsatzphase) zu Nachentwicklung und Fehlerbereinigung.

Schematischer Aufwandsverlauf bei der Entwicklung und dem Einsatz von DV-Verfahren

Methoden auch für Problemlösungen einzusetzen, die nicht zu einem DV-Verfahren führen.

Ziel ist, einen Aufwandsverlauf zu erreichen, wie er in der roten Kurve (s. Bild) dargestellt ist.

Die Aussagen des Leitfadens können bzw. sollen von den jeweiligen Entwicklungsstellen in Richtlinien und Konventionen umgesetzt werden; sie tragen dazu bei, die Qualität eines Softwareproduktes zu verbessern.

Abgrenzung

Die Ausführungen des Leitfadens gelten vorzugsweise für die Entwicklung benutzerindividueller und mehrfach verwendbarer Anwendersoftware.

Aufbau des Leitfadens

Der Leitfaden gliedert sich in zwei Teile

Teil I   Phasen der Softwareentwicklung

Projektvorschlagsphase
Planungsphase I
Planungsphase II
Realisierungsphase I
Realisierungsphase II
Einsatzphase.

Kennzeichen dieser Phaseneinteilung sind
▷ strikte Trennung einzelner Entwicklungsschritte mit eindeutigen Zäsuren und Entscheidungspunkten
▷ Verlagerung des Schwergewichtes der planerischen Aktivitäten in die frühen Phasen der Softwareentwicklung.

Teil II   Planungs- und Realisierungshilfen

Planung, Steuerung und Überwachung von Organisations- und DV-Vorhaben
Projektzeitschätzung
Wirtschaftlichkeitsprüfung von DV-Verfahren

Einführung

Datenerfassung
Konventionen und Richtlinien für die Programmierung
Laufzeitschätzung und Optimierung der Blocklängen
Minimierung der Testfälle mit Hilfe der Eliminationsmethode
Software Engineering

Die Planungs- und Realisierungshilfen, Arbeitstechniken und Methoden geben dem Planer, Entwickler und Anwender Hinweise, Lösungen bzw. Lösungsansätze für Probleme, die bei der Softwareentwicklung in den einzelnen Phasen auftreten.

Benutzerhinweise

Standardnetzplan

Am Anfang jeder Phase befindet sich ein Standardnetzplan (MPM-Netzplan in vertikaler Darstellungsweise), der die Zusammenhänge der einzelnen zu vollziehenden Tätigkeiten aufzeigt. Der Standardnetzplan kann in Abhängigkeit von der Größe bzw. Komplexität des Verfahrens in bestimmten Phasen vereinfacht bzw. detailliert werden.

Tätigkeiten

Die Tätigkeiten innerhalb der Phasen entsprechen den einzelnen Kapiteln des Leitfadens und tragen die gleichen Nummern. Es wird erläutert, was zu tun ist und welche Methoden und Techniken angewendet werden können.

Checkpunkte

Checkpunkte sind entweder in die Tätigkeitsbeschreibung eingearbeitet oder am Ende der Tätigkeit zusammengefaßt; sie sind eine Kontrollunterlage, mit der geprüft werden kann, ob die wesentlichen Punkte einer Tätigkeit berücksichtigt wurden.

In dem Beiheft „Checkpunkte für Entwickler und Entscheider" sind alle Checkpunkte bzw. Checklisten zusammengefaßt.

Personal-Tätigkeitsmatrix

Die Personal-Tätigkeitsmatrix gibt an, bei welchen Tätigkeiten welche Personen in welcher Form zu beteiligen sind; sie befindet sich jeweils bei der Tätigkeit „Phasenorganisation festlegen".

Abkürzungsverzeichnis

Die im Leitfaden genannten Siemens-Softwareprodukte und verwendeten Abkürzungen sind im Abkürzungsverzeichnis zusammengestellt und erläutert.

Beispiel

Die Ergebnisse der einzelnen Schritte der Softwareentwicklung werden anhand eines Beispiels – beginnend mit der Problem- und Zielformulierung bis zur Programmierung – dargestellt. Den Zusammenhang zeigt die Übersicht auf der nächsten Seite.

1 Ausgehend von der Problemstellung sind die Zielsetzungen zu formulieren (Bild 1.8, Seite 46).

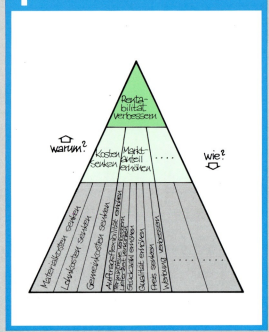

2 Nach der Zielsetzung wird die Istaufnahme/Analyse durchgeführt und der Aufgabenbaum entwickelt (Bild 2.4, Seite 75).

5 Detaillierung der einzelnen Komponenten einschließlich des Datenverkehrs erfolgt in der Leistungsbeschreibung (Bild 3.18, Seite 145).

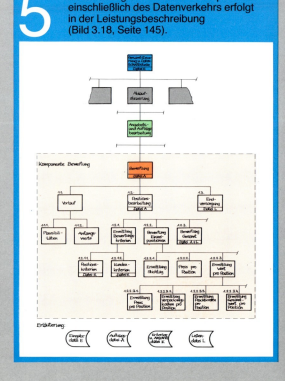

Schritte der Softwareentwicklung

3 Aus dem Aufgabenbaum wird bei der fachlichen Detaillierung der Prozeßbaum erstellt (Bild 3.3, Seite 106).

4 Entwurf der DV-Verfahrensstruktur (Bild 3.11, Seite 136).

6 Programmorganisationsplan in der Spezifikation der Komponente „Bewertung" (Bild 4.3, Seite 178).

7 Struktogramm mit Pseudocode für den Strukturblock P 3212 (Bild 4.4, Seite 181).

Software Engineering bei der Softwareentwicklung

Dieser Überblick zeigt – ausgehend von den Problemen und Schwierigkeiten bei der Softwareentwicklung –, wie die Ziele des Software Engineering, qualitativ hochwertige Software zu entwickeln, durch ein phasenorientiertes Vorgehen und durch die systematische Anwendung von Methoden bei den Haupttätigkeiten der Softwareentwicklung erreicht werden. In Teil II, Kapitel 8 Software Engineering wird dieses Thema vertiefend behandelt.

Probleme und Schwierigkeiten bei der Softwareentwicklung

Die wirtschaftliche Bedeutung von Software und die Probleme und Schwierigkeiten, die bisher bei Entwicklung, Betreuung und beim Einsatz von Softwareprodukten auftraten und sich in den drei Faktoren Qualität, Kosten und Zeit niederschlagen, bilden einen erheblichen Kontrast. Hierfür werden folgende Kritikpunkte und Ursachen genannt.

Kritikpunkte

Qualität:

Unzuverlässige, benutzerunfreundliche, inkompatible, nicht übertragbare Software, die häufig die vermeintlich geforderten Funktionen nicht erfüllt

Kosten:

Erhebliche Überziehung der ersten Ansätze bei den Entwicklungskosten

Zu hohe Ablauf- und Betreuungskosten

Schlechte Ausnutzung der Maschinenkapazität

Zeit:

Überschreitung des Fertigstellungstermins

Zu lange Entwicklungszeiten

Verspätete Fertigstellung der Dokumentation.

Software Engineering bei der Softwareentwicklung

Ursachen

Für die drei Faktoren lassen sich u.a. folgende Ursachen nennen:

▷ Unzulängliche Formulierung der Anforderungen durch den Anwender

▷ Ungenaue Kosten- und Zeitschätzungen (z.B. fehlende Auswertung der Vergangenheitswerte)

▷ Unzureichende Entwicklungsmethoden

▷ Zu geringe Verwendung bereits vorhandener Standard-Lösungen

▷ Ungeeignete Verwendung von Softwaretechniken-, methoden, -tools

▷ Keine oder schlechte Testmethodik

▷ Mangelhafte Kontrolle durch das Management

▷ Ungenügende Beachtung der Dokumentation

▷ Unzulänglicher Kenntnisstand der an der Entwicklung beteiligten Personen.

Ziele des Software Engineering

Durch das Beachten der Forderungen des Software Engineering soll qualitativ hochwertige Software entwickelt werden.

Die Qualität der Software wird durch mehrere Merkmale bestimmt, von denen die wichtigsten nachstehend näher beschrieben werden. Diese Merkmale gelten in der Praxis als die Qualitätsmerkmale von Software.

Funktionsumfang

Ein entscheidendes Kriterium eines Software-Produkts ist, in welchem Maß die geforderten Funktionen realisiert wurden. Der vorläufige Verzicht auf einige Funktionen ist ein häufig genutzter Ausweg, um trotz knapper Termine wenigstens eine „Teillösung" zeigen zu können.

Benutzungs- und Bedienungskomfort (Benutzerfreundlichkeit)

Hierunter sind alle Eigenschaften zu verstehen, die dem Systembediener, Arbeitsvorbereiter und Verfahrensanwender einfaches und gleichzeitig effizientes Arbeiten mit dem entsprechenden Software-Produkt ermöglichen.

Dies sind u.a.:

an den Anwender angepaßte Sprache
leichte Erlernbarkeit der Bedienung und Benutzung
Robustheit gegen falsche Bedienung und Benutzung.

Effizienz

Die Effizienz wird vor allem aus den Meßgrößen Geschwindigkeit und Speicherbedarf bestimmt. Diese Größen eines Programms/Verfahrens standen lange Zeit bei der Entwicklung von Software als die einzig wichtigen im Vordergrund.

Zuverlässigkeit

Software besitzt in dem Maß Zuverlässigkeit, wie erwartet werden kann, daß die geplanten und vereinbarten Funktionen bei gültigen Eingabedaten erfüllt werden.

Änderbarkeit

Änderbarkeit ist ein Maß dafür, wie leicht es möglich ist, ein Software-Produkt zu ändern, zu ergänzen oder zu erweitern, daß es veränderten oder bisher nicht erfüllten Anforderungen gerecht wird. Eine spezielle Ausprägung des Merkmals Änderbarkeit ist die Pflegbarkeit. Betreuung/Pflege eines Software-Produktes bedeutet Beseitigung von auftretenden Fehlern und Umstellung bzw. Anpassung an veränderte Hardware und/oder Systemsoftware.

Portabilität

Die Portabilität ist ein Maß dafür, wie einfach es ist, ein Programm/Verfahren von einer Umgebung (z.B. Rechner, Betriebssystem) auf eine andere zu übertragen.

Das wichtigste Merkmal stellt die Zuverlässigkeit dar, da von ihr u.a. Menschenleben abhängen können. Die Ausprägung der unterschiedlichen Qualitätsmerkmale beeinflußt auch die Faktoren Kosten und Zeit bei der Softwareentwicklung. Bild 1.1 zeigt die eindimensionale Auswirkung der einzelnen Qualitätsmerkmale im Überblick.

Software Engineering bei der Softwareentwicklung

Auswirkungen auf Zeit und Kosten \ Qualitätsmerkmale	Funktionsumfang	Effizienz	Änderbarkeit	Benutzungs- und Bedienungskomfort	Zuverlässigkeit	Portabilität
Entwicklungskosten/Zeit	−	−	−	−	−	−
Betreuungskosten	−	−	+	±	+	+
Ablaufkosten	−	+	±	+	+	+
Einsatzdauer	+	+	+	+	+	+

Bild 1.1 Auswirkungen der Qualitätsmerkmale
+ positive Auswirkung des Qualitätsmerkmals
− negative Auswirkung des Qualitätsmerkmals

Folgende Themenkreise hängen mit der Qualität von Software zusammen:
▷ Qualitätsplanung
▷ Qualitätskontrolle
▷ Qualitätssicherung.

Qualitätsplanung

Will man Software-Qualität planen, so muß vorher festgelegt werden, welche Eigenschaften das Endprodukt haben soll. Hierzu ist es notwendig, sich bei der Planung auf die Priorität der Qualitätsmerkmale zu einigen. Mittel und Methoden beeinflussen das Erreichen der geforderten Qualität (siehe z.B. Teil I, 4.4 „DV-Feinkonzept erstellen"). Ebenso muß man wissen, in welcher Entwicklungsphase das geforderte Qualitätsmerkmal beeinflußt werden kann.

Qualitätskontrolle

Um die geforderte Qualität sicherstellen zu können, ist es notwendig, nach jeder Phase der Entwicklung eine Funktions- und Leistungsprüfung vorzusehen. Hierzu sind für jede Phase und jedes Qualitätsmerkmal entsprechende Checkpunkte zu verwenden (siehe Checkpunkte in Teil I).

Qualitätssicherung

Die skizzierten Maßnahmen zur Qualitätsplanung und Qualitätskontrolle benötigen in jedem Fall zusätzliche Festlegungen zu ihrer Absicherung. Hierzu gehören vor allem Richtlinien (siehe Teil II, Kapitel 5 Konventionen und Richtlinien für die Programmierung), um eine einheitliche Vorgehensweise zu erreichen und die Festlegung von Verantwortlichkeiten (siehe z.B. Softwareprüffeld, Teil I, Seite 200ff.).

Aus den Problemen und Lösungsansätzen ergibt sich die Forderung:

Software muß wie ein technisches Produkt entwickelt werden.

Das bedeutet, daß die in vielen Fällen sich widersprechenden Anforderungen an Qualität, Kosten und Zeit „bewußt" berücksichtigt werden müssen. Man muß also die Anforderungen an Qualität, Kosten und Termine zu Beginn einer Softwareentwicklung klar formulieren und bei sich widersprechenden Größen (z.B. hohe Änderbarkeit und maximale Effizienz oder hohe Zuverlässigkeit und minimale Entwicklungsdauer) eine Gewichtung der einzelnen Merkmale angeben. Dies führt zu den beiden Hauptzielen des Software Engineering:

▷ den Softwareentwicklungsprozeß planbar, kontrollierbar und überschaubar zu machen

▷ die Entwicklungstätigkeiten zu vereinfachen und beherrschbar zu machen, um dem Entwickler zu ermöglichen, Software mit bestimmten Qualitätsmerkmalen zu erstellen.

Der Softwareentwicklungsprozeß

Um den Stand der Arbeiten beurteilen, die Ergebnisse kontrollieren und rechtzeitig die Weichen für den weiteren Fortgang, evtl. auch für den Abbruch der Entwicklung stellen zu können, teilt man den gesamten Entwicklungsprozeß in Entwicklungsstufen mit Entscheidungspunkten – „Phasen" – ein. Den Ablauf einer Phase orientiert man dabei an Ereignissen, deren Eintreffen mit „ja" oder „nein" beantwortet werden kann – den „Meilensteinen". Das Phasenmodell stellt ein wichtiges Managementinstrument dar, da es durch die Definition von Meilensteinen möglich ist, am Ende einer jeden Phase die Ergebnisse zu kontrollieren und über den Beginn der nächsten Phase zu entscheiden.

Die diesem Buch zugrundeliegende Phaseneinteilung zeigt Bild 1.2.

Bei großen Projekten ist es notwendig, ein Verfahren so in Teilsysteme zu unterteilen, daß auf diese getrennt jeweils das Phasenmodell angewendet werden kann. Das Phasenmodell ist nicht – wie häufig unterstellt – nur für rein sequentielles Vorgehen geeignet; denn Softwareentwicklung bedeutet auch, daß iteratives Vorgehen bei der Entwicklung notwendig sein kann,

Software Engineering bei der Softwareentwicklung

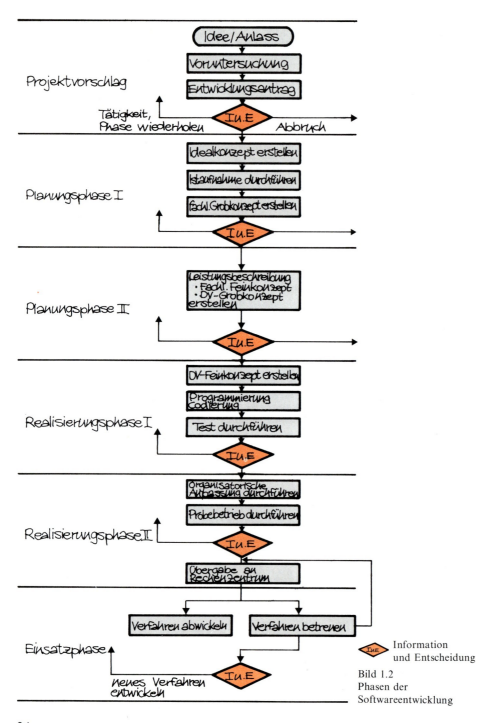

Bild 1.2
Phasen der
Softwareentwicklung

da aufgrund späterer Erkenntnisse vorangehende Phasen, ganz oder teilweise wiederholt werden müssen. Dies widerspricht nicht dem Phasenmodell, da die Gültigkeit der Meilensteine auch hierbei erhalten bleibt.

Die Haupttätigkeiten im Rahmen der Softwareentwicklung

Die wichtigsten Tätigkeiten bei der Entwicklung von Software die u.U. in mehreren Phasen anfallen, sind

▷ fachliches Entwerfen
▷ DV-technisches Entwerfen
▷ Implementieren
▷ Messen
▷ Testen
▷ Dokumentieren
▷ Steuern und Verwalten.

Ordnet man diese Tätigkeiten den in diesem Buch vorgeschlagenen Entwicklungsphasen zu, so erhält man eine Zuordnung wie sie Bild 1.3 zeigt.

Die Tätigkeiten und ihre Auswirkungen auf die Qualität von Software werden in Teil I in den einzelnen Phasen und in Teil II, Kapitel 8 Software Engineering im Zusammenhang näher beschrieben.

Haupttätigkeiten \ Phase	Projekt-vorschlags-phase	Planungs-phase I	Planungs-phase II	Realisierungs-phase I	Realisierungs-phase II	Einsatz-phase
Fachliches Entwerfen	←——————→					←---→
DV-techn. Entwerfen			←——→			←---→
Implementieren				←——→		←---→
Messen					←———	←---→
Testen		——→	——→	←———	——→	←---→
Dokumentieren	←————————————————→					
Steuern u. Verwalten	←————————————————→					

Bild 1.3 Haupttätigkeiten und Phasenmodell

Teil I

Phasen der Software-entwicklung

1 Projektvorschlagsphase

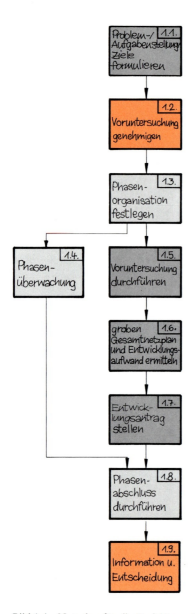

Bild 1.4   Netzplan für die Projektvorschlagsphase

1 Projektvorschlagsphase

Einführung

In der Projektvorschlagsphase sind die Probleme und Schwachstellen innerhalb des Planungsfeldes zu beschreiben, die angestrebten Ziele zu erarbeiten und der Entwicklungsantrag zu erstellen. Wenn Aufgabenstellung und Ziele noch nicht eindeutig sind, muß eine Voruntersuchung durchgeführt werden. Anhand des Entwicklungsantrags wird über die Durchführung des Entwicklungsvorhabens entschieden. Bild 1.4 zeigt den Netzplan für die Projektvorschlagsphase.

1.1 Problem-/Aufgabenstellung, Ziele formulieren

Zweck

Um eine Vorstellung von Inhalt und Umfang eines geplanten Entwicklungsvorhabens zu gewinnen, ist eine Formulierung und Begründung der Problem- bzw. Aufgabenstellung und der Ziele notwendig.

Erläuterung

Anlaß und Notwendigkeit

Der Anstoß für Tätigkeiten in dieser Phase kann von unterschiedlichen Abteilungen und Personen ausgehen, z.B. von der Anwender- oder Organisationsabteilung, der Geschäftsleitung, der Revision oder dem Rechenzentrum. Ausgangspunkt für Entwicklungsvorhaben können Probleme und/oder Ideen sein wie

▷ Zunahme des personellen Abwicklungsaufwandes

▷ mangelhafter Informationsfluß

▷ unregelmäßige Auslastung von Anwenderabteilungen durch das Auftreten von Spitzenbelastungen

▷ Rationalisierungsmöglichkeiten.

Diese Probleme sind soweit zu konkretisieren, daß sie in eine Aufgabenstellung umgesetzt werden können.

Das Formulieren der Probleme und Aufgaben bildet die Basis für die Entwicklung von Alternativen und Modellen zur Problem- bzw. Aufgabenlösung. Um die „richtige" Lösung zu finden, ist es notwendig, die Zielsetzung festzulegen bzw. zu erarbeiten; es muß geklärt werden, was mit dem Vorhaben erreicht werden soll.

Unter Ziel wird ein gewünschter, gedanklich vorweggenommener, künftiger Zustand verstanden, der aus mehreren Möglichkeiten bewußt ausgewählt und durch aktives Handeln verwirklicht werden kann (siehe Seite 45 Erstellen einer Zielhierarchie).

Das Festlegen von Zielen ist nicht nur notwendig für die richtige Lösungsauswahl, sondern ermöglicht auch die Kontrolle des Erfolgs eines Vorhabens in der Realisierungs- und Einsatzphase.

Inhalt der Aufgabenstellung

Eine Aufgabenstellung muß enthalten:

▷ Anlaß, Problembeschreibung

▷ Zielsetzung

▷ Beschreibung der Anforderungen und erste Maßnahmenvorschläge

▷ Verbindung zu bestehenden Abläufen/Systemen

▷ voraussichtliche Verbesserungen, Vorteile, Einsparungen

▷ mögliche Anwender.

Sind Stellen bzw. Personen bekannt (dies gilt insbesondere für Großfirmen, Behörden und Verwaltungen) – bei denen ähnliche Aufgaben/Probleme vorliegen – sollte die Aufgabenstellung gemeinsam mit diesen erarbeitet werden, um Doppelentwicklungen zu vermeiden.

Aufgrund der Problem-/Aufgabenstellung und Zielformulierung muß festgelegt werden, ob eine Voruntersuchung durchgeführt werden soll, oder ob die vorhandenen Angaben für die Erstellung eines Entwicklungsantrages ausreichen. Reichen die Angaben aus, so entfallen die Tätigkeiten 1.2 „Voruntersuchung genehmigen" und 1.5 „Voruntersuchung durchführen".

1.2 Voruntersuchung genehmigen

Zweck

Erstreckt sich die Voruntersuchung zur Konkretisierung des Entwicklungsantrages über einen längeren Zeitraum, so müssen die dafür notwendigen Zeiten, Kosten und Kapazitäten von der zuständigen Entscheidungsinstanz genehmigt und ein Verantwortlicher für die Durchführung bestimmt werden.

Erläuterung

Entscheidungsinstanz kann eine einzelne Person sein – z.B. der Leiter der Abteilung für Organisation und Datenverarbeitung (OD-Leiter) bei Dienststellenaufgaben – oder ein Gremium, bestehend aus einem oder mehreren Vertretern der entwickelnden Stellen und der zukünftigen Anwender, die über Kapazität, Termine und Funktion des entstehenden Verfahrens entscheiden können.

Der Entscheidungsinstanz müssen zur Genehmigung der Voruntersuchung folgende Unterlagen zur Verfügung stehen:

▷ Aufgabenstellung der Voruntersuchung mit Begründung

▷ Terminplan mit Angaben über Beginn und voraussichtliche Dauer der Voruntersuchung

▷ Geschätzter Personalbedarf und Kostenanfall

▷ Geplantes Vorgehen bei der Voruntersuchung.

Die Entscheidungsinstanz kann folgende Entscheidungen treffen:

Entscheidung	Konsequenzen
Genehmigung der Voruntersuchung	Verabschiedung der Vorgehensweise
Ablehnung der Voruntersuchung	a) Einstellung des Projektes b) Projekt kann ohne Voruntersuchung durchgeführt werden, d.h. in der Projektvorschlagsphase wird die Tätigkeit 1.5 „Voruntersuchung durchführen" übersprungen

1.3 Phasenorganisation festlegen

Zweck

Die Organisation der Projektdurchführung innerhalb der Phasen (Zusammensetzung und Organisation der Zusammenarbeit des Personals) beeinflußt entscheidend die Effizienz eines Entwicklungsvorhabens. Die jeweilige Phasenorganisation muß vor Beginn einer Phase überprüft und evtl. den neuen Zielsetzungen entsprechend angepaßt werden. Die Gründe hierfür sind:

▷ Im Laufe der Verfahrensentwicklung verlagern sich die Schwerpunkte von den fachlichen zu den dv-technischen Aufgaben

▷ Die Beteiligung der Anwender im Rahmen des Entwicklungsvorhabens muß während der Planungsphasen und des Probebetriebes besonders intensiv sein

▷ Der planerische Aspekt nimmt im Laufe der Verfahrensentwicklung mit zunehmender Determiniertheit der Aufgabe ab, während der Steuerungs- und Kontrollumfang wächst.

Allgemeine Erläuterung

Beim Festlegen der Phasenorganisation muß bei jeder Phase beachtet werden:

▷ Art der Tätigkeit, die im einzelnen durchzuführen ist (Voruntersuchung, Leistungsbeschreibung erstellen, DV-Feinkonzept erstellen etc.)

▷ Schwerpunkt der Tätigkeit (Entwurf, Programmierung, Test).

Weiterhin muß überprüft werden, ob

▷ Mitarbeiter mit den notwendigen Voraussetzungen für den geplanten Zeitraum sowie

▷ Arbeitsräume und Planungshilfsmittel zur Verfügung stehen.

Organisationsformen für Planungsvorhaben

Für die Wahl der Organisationsform, die von der Problemstruktur und den äußeren Bedingungen abhängt, gibt Bild 1.5 eine schematische Übersicht. Es enthält die wesentlichen Auswahlkriterien. Da selten alle Kriterien eindeutig nur zu einer Organisationsform führen, muß das „Für" und „Wider" abgewägt werden. Dabei kann zwischen nachstehenden Organisationsformen unterschieden werden:

1.3 Phasenorganisation festlegen

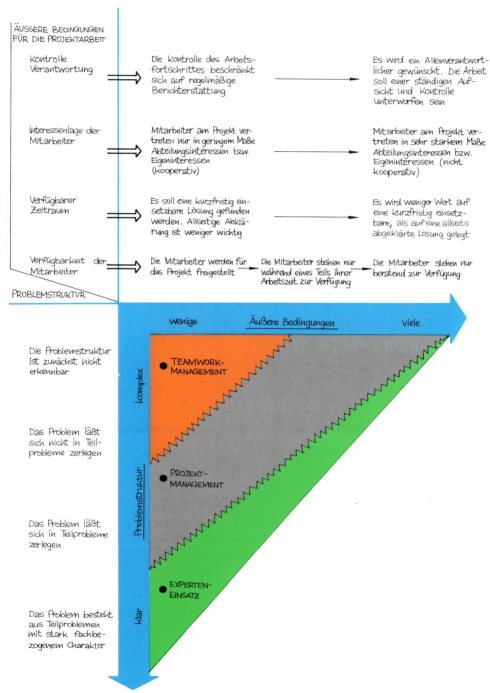

Bild 1.5 Organisationsformen für Planungsvorhaben

Teamworkmanagement

▷ Zusammenarbeit in einer Gruppe aus gleichberechtigten Mitgliedern mit meist unterschiedlichen Fachkenntnissen
▷ Das Team arbeitet eigenverantwortlich und möglichst hierarchiefrei
▷ Team-Arbeit ist ein „full-time-job".

Experteneinsatz

▷ Klar abgegrenzte Teilaufgaben werden an einzelne Fachkräfte vergeben, um ein vorgegebenes eindeutig definiertes Problem optimal zu lösen.

Projektmanagement

▷ Dem Projektleiter wird von der Entscheidungsinstanz die Verantwortung für das Projekt übertragen. Die Projektbildung kann innerhalb einer Abteilung bzw. innerhalb einer Gruppe der Abteilung, die für eine bestimmte Funktion (z.B. Auftragsabwicklung) verantwortlich ist, erfolgen.
▷ Der Projektleiter bildet nach fachlichen Gesichtspunkten eine Gruppe von Experten
▷ Die Experten unterstehen dem Projektleiter
▷ Die Arbeit läuft unter räumlicher und zeitlicher Zusammenfassung der Projektgruppe ab.

Es kann erforderlich sein, Kombinationen der hier erwähnten Idealformen zu bilden, z.B. kann ein Team eine Gruppe von Experten mit einzelnen Teilaufgaben betrauen.

Planungsinstanzen

Neben der Festlegung der Projektorganisation müssen als eigentliche Träger der Planung Planungsinstanzen für die Dauer des Entwicklungsvorhabens eingerichtet werden, nämlich

▷ Planungsteam
▷ Entscheidungsinstanz
▷ Beratungsausschuß.

Die Ausprägung der einzelnen Instanzen ist je nach Umfang und Bedeutung des Entwicklungsvorhabens unterschiedlich. Für die Mehrzahl der ablaufenden Projekte gilt: Nach Genehmigung durch die für Organisations- und Softwarevorhaben verantwortlichen Stelle bilden die Leiter der betroffenen Anwenderabteilungen und der OD-Leiter die Entscheidungsinstanz.

Planungsteam

Das Planungsteam (nachstehend Team genannt) ist für das Durchführen des Planungsvorhabens verantwortlich. Da eine falsche Auswahl der Teammitglieder den Erfolg des Entwicklungsvorhabens von Anfang an in Frage stellen kann, sollte sich die Auswahl nicht allein auf Fachkenntnisse stützen, sondern auch Fähigkeiten und Eigenschaften berücksichtigen, die für das Durchführen des Vorhabens notwendig sind wie

▷ Bereitschaft zu kooperativer Arbeit
▷ geistige Beweglichkeit
▷ Kreativität
▷ Standvermögen
▷ Kritikfähigkeit und Bereitschaft, Kritik zu ertragen
▷ Risikobereitschaft
▷ Lern- und Lehrfähigkeit.

Ein Team soll bei Planungsaufgaben nicht mehr als acht Mitglieder umfassen, da andernfalls Informations- und Abstimmprozesse die Effizienz gefährden können.

Entscheidungsinstanz

Die Entscheidungsinstanz muß das Entwicklungsvorhaben im Sinne der Unternehmensstrategie richtungsgebend beeinflussen. Die Entscheidungsträger sind deshalb abhängig vom Problem und dessen möglicher Behandlung zu benennen. Hierbei gilt:

▷ Bei einfachen Problemen mit geringem Aufwand entscheiden der verantwortliche Leiter der Anwenderabteilung und der OD-Leiter.
▷ Bei komplexeren Aufgaben oder mehrere Abteilungen tangierende Probleme, empfiehlt sich die Bildung eines Entscheidungsausschusses, dem die Leiter der betroffenen Anwenderabteilungen und der OD-Leiter angehören.
▷ Bei Problemen, an deren Lösung mehrere Organisationseinheiten (z.B. Produktbereiche, Standorte) mitwirken wollen, ist ein Entscheidungsausschuß zu bilden, dem je Organisationseinheit ein fachkundiger, mit den notwendigen Vollmachten ausgestatteter Vertreter und der OD-Leiter der federführenden Abteilung angehören.

1.3 Phasenorganisation festlegen

Bei der Bildung einer Entscheidungsinstanz muß darauf geachtet werden, daß ihre Mitglieder zum Vorhaben eine positive Einstellung haben und über die entsprechende fachliche und finanzielle Kompetenz verfügen.

Die wesentlichen Aufgaben der Entscheidungsinstanz sind:

▷ Festlegen der Prioritäten bei der Durchführung von Organisations- und Softwarevorhaben, abgestimmt auf die Unternehmensziele

▷ Planungsteam und Beratungsausschuß benennen und installieren

▷ Zielsetzung und Restriktionen festlegen hinsichtlich
Wirtschaftlichkeit
Benutzeranforderungen
Einsatzzeitpunkt

▷ Sicherstellen der organisatorischen Voraussetzungen für eine wirkungsvolle Zusammenarbeit zwischen Entwicklungsstellen und Anwendern

▷ Information des Betriebsrats

▷ Erfolgskontrolle, d.h. Überwachen und Sicherstellen des Rationalisierungserfolgs

▷ Voraussetzungen für die Durchführung des Entwicklungsvorhabens schaffen (Raum, finanzielle Mittel, Zeit)

▷ Entscheiden, wenn bei Abstimmungen keine Einigung erzielt werden kann

▷ Ergebnisse der jeweiligen Phase genehmigen und die nächste Phase freigeben.

Beratungsausschuß

Der Beratungsausschuß sorgt dafür, daß im Entwicklungsvorhaben alle fachlichen Anforderungen berücksichtigt werden. Daher müssen ihm in erster Linie die Fach- und Führungskräfte der betroffenen Anwenderabteilungen angehören, die ihre speziellen fachlichen Anforderungen aus dem jeweiligen Einsatzgebiet (z.B. Rechnungswesen, Fertigungssteuerung) einbringen. Aus fachlicher Sicht können weiterhin – besonders wenn es sich um größere Projekte handelt – Experten wie z.B. Kostenrechnungsspezialisten oder Softwaretechnologen und Betriebssystemspezialisten für die gesamte Dauer des Projektes oder nur temporär hinzugezogen werden. Weiterhin sollen wichtige Personen (opinion-leader) im Beratungsausschuß vertreten sein.
Vorhandensein, Größe und Zusammensetzung des Beratungsausschusses hängen von den Erfordernissen der Planung und der jeweiligen Phase ab.

1.3 Phasenorganisation festlegen

Phasenspezifische Erläuterung

Die für die Projektvorschlagsphase geeignete Phasenorganisation hängt von Art und Umfang des Problems und seiner Determiniertheit ab. Kleine Entwicklungsvorhaben (Gesamtaufwand $\leq 0,5$ MJ*) können als Dienststellenaufgabe (Experteneinsatz) abgewickelt werden. Muß für größere Entwicklungsvorhaben die Aufgabe erst formuliert werden, so eignet sich hierfür das Teamworkmanagement. Tabelle 1.1 zeigt die Personal-Tätigkeitsmatrix für die Projektvorschlagsphase.

Checkpunkte

▷ Liegen für das Durchführen von Entwicklungsvorhaben Richtlinien vor?

▷ Sind diese Richtlinien für sämtliche an der Entwicklung des Vorhabens beteiligten Stellen verbindlich?

▷ Existieren Vereinbarungen für den formellen Aufbau und den materiellen Inhalt des Entwicklungsantrags?

▷ Ist festgelegt, durch welche Stellen das Entwicklungsvorhaben genehmigt werden muß?

▷ Ist festgelegt, wer über die weitere Fortführung oder Einstellung des Projektes entscheidet bzw. wer für die Genehmigung der einzelnen Entwicklungsphasen zuständig ist?

▷ Existieren Richtlinien und Hilfsmittel zur Kontrolle und Überwachung des Projektfortschrittes und der Kosten?

▷ Ist durch Richtlinien oder Vereinbarungen geregelt, welche Stellen berechtigt sind, Änderungen zu beantragen?

▷ Sind für die zu bearbeitenden Aufgaben in dem gewünschten Zeitraum geeignete Mitarbeiter vorhanden?

---

* MJ Mann-Jahr

1.3 Phasenorganisation festlegen

Verantwortliche Personen bzw. Stellen / Phasentätigkeiten	Entscheidungsinstanz	Projektleitung	Anwender	Fachplaner/ DV-Organisator/ Verfahrensplaner	DV-Planer/ Softwareentwickler/ Chefprogrammierer	Programmierer	Rechenzentrum	Bemerkung
1.1. Problem-/ Aufgabenstellung, Ziele formulieren			a	a	a		a	Die Problem-/Aufgabenstellung kann von verschiedenen Stellen kommen
1.2. Voruntersuchung genehmigen	a							Genehmigung erfolgt hier in der Regel vom unmittelbaren Vorgesetzten der Abteilung, in der die Voruntersuchung durchgeführt wird
1.3. Phasenorganisation festlegen	a	b						
1.4. Phasenüberwachung		a						Bericht an Entscheidungsinstanz
1.5. Voruntersuchung durchführen			m	a	m			
1.6. Groben Gesamtnetzplan und Entwicklungsaufwand ermitteln		a		b	b			
1.7. Entwicklungsantrag stellen		a	m	m				
1.8. Phasenabschluß durchführen		a		m				
1.9. Information und Entscheidung	a	b						

a ausführend, b beratend, m mitwirkend

Tabelle 1.1   Personal-Tätigkeitsmatrix für die Projektvorschlagsphase

1.4 Phasenüberwachung

Zweck

Durch fortwährende Überwachung der Ergebnisse sollen Abweichungen von der Planung rechtzeitig festgestellt, analysiert und Maßnahmen zu ihrer Behebung getroffen werden.

Allgemeine Erläuterung

Die Phasen werden durch einen Soll-Ist-Vergleich zwischen dem geplanten und dem tatsächlich erreichten Projektstand überwacht. Das Ergebnis wird z.B. monatlich in einem Bericht zusammengefaßt und der Entscheidungsinstanz vorgelegt, damit diese evtl. notwendige Maßnahmen treffen kann.

Gegenstand der Phasenüberwachung

Gegenstand der Phasenüberwachung sind:

Der Projektfortschritt, der bestimmt wird durch die
▷ Richtigkeit und Qualität der Ergebnisse
▷ Termineinhaltung

Die Projektkosten, die sich zusammensetzen aus
▷ Personalkosten
▷ Kosten für Rechenzeit
▷ Sachmittel- und Reisekosten

Die eingesetzte Personalkapazität.

Projektklassen

Entwicklungsaufwand, Umfang und Dauer des Entwicklungsvorhabens bestimmen die Anzahl der Projektphasen sowie Organisation und Intensität der Projektüberwachung. Eine Einteilung in Projektklassen entsprechend dem Entwicklungsaufwand kann so aussehen (Tabelle 1.2):

1.4 Phasenüberwachung

Projektklasse	A	B	C
Entwicklungsaufwand in MJ	≥ 4	$<4 \geq 0,5$	$<0,5$
Anzahl der Phasen	6	4	1

Tabelle 1.2 Projektklassen

Bei Projekten der Klasse A sind alle sechs Phasen einzuhalten.

Bei Projekten der Klasse B mit einem Entwicklungsaufwand von <4 MJ $\geq 0,5$ MJ sind mindestens die vier Hauptphasen (Projektvorschlag, Planungsphase, Realisierungsphase und Einsatz) zu unterscheiden.

Bei Projekten der Klasse C können alle sechs Phasen zu einer Phase zusammengefaßt werden.

Verursacht ein „B"- oder „C-Projekt" erhebliche organisatorische und/oder personelle Auswirkungen, so ist es in die nächsthöhere Projektklasse einzustufen.

Ändern sich während der Projektdurchführung der Entwicklungsaufwand und/oder die personellen bzw. organisatorischen Auswirkungen, so ist das Projekt ggf. neu zu klassifizieren.

Instrumente zur Phasenüberwachung

Instrumente zur Phasenüberwachung sind die Projektdatenübersicht, der Projektbericht und die Netzpläne (Bild 1.6). Die Projektdatenübersicht (Formular 1.1) dient zur Aufwandsfortschreibung (Personal-, Rechenzeit-, Fremdaufwand) und zur Durchführung eines Soll-Ist-Vergleichs.

Der monatliche Projektbericht gibt eine Erläuterung der erzielten Ergebnisse und der aufgetretenen Abweichungen mit Begründung (z.B. Personal-, Sach-, Termin- und/oder Koordinationsprobleme). Der Projektbericht dient u.a. als Planungsunterlage für das weitere Vorgehen.

Ein System zur Planung, Steuerung und Überwachung von Organisations- und DV-Vorhaben ist in Teil II, Kap. 1 ausführlich beschrieben.

Hinweis

Es muß festgelegt werden, daß
▷ wichtige Vereinbarungen und alle Änderungen schriftlich zu fixieren sind und
▷ während der Sitzungen Protokolle geführt werden, die von den anwesenden Entscheidungsträgern zu unterzeichnen sind.

1.4 Phasenüberwachung

Formular 1.1 Formular zur Aufzeichnung wesentlicher Projektdaten

1.4 Phasenüberwachung

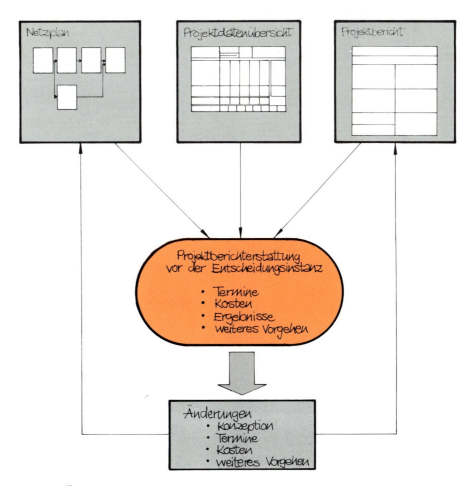

Bild 1.6   Überwachungsinstrumente

Phasenspezifische Erläuterung

In der Projektvorschlagsphase liegen die Hauptschwerpunkte der Phasenüberwachung bei der Voruntersuchung und dem Entwicklungsantrag. Es ist dabei darauf zu achten, daß die Voruntersuchung sich nicht zu einer ungeplanten Istaufnahme ausweitet und der Entwicklungsantrag ausreichende Angaben und Begründungen enthält.

1.5 Voruntersuchung durchführen

Zweck

In der Voruntersuchung (Studie) wird die vorliegende Problem- bzw. Aufgabenstellung und Zielformulierung überprüft und detailliert. Es wird ein Überblick über das Problemfeld und seine Umwelt vermittelt, ein Zielsystem erstellt und die Schwachstellen des Istzustandes und Möglichkeiten zu ihrer Beseitigung festgestellt. Geplante oder realisierte Lösungen werden mit in die Überlegungen einbezogen.

Erläuterung

Eine Voruntersuchung ist bei Entwicklungsvorhaben notwendig, die einen hohen Innovationsgrad besitzen, bei denen die Ziele, auftretende Probleme, Kosten und der Lösungsweg noch nicht bekannt sind. Der Ablauf der Voruntersuchung läßt sich gliedern in

Vorbereiten der Voruntersuchung

Wesentliche Tätigkeiten sind:

▷ Suche nach bereits vorhandenen Unterlagen (Fragebogen, Untersuchungen, Organisationsvorschläge) von früheren Erhebungen

▷ Bestimmen der Untersuchungsschwerpunkte

▷ Festlegen der Hauptansprechpartner

▷ Abstimmen der Gesprächstermine mit den Ansprechpartnern.

Erheben, Zusammenstellen und Abstimmen der Fakten

Zum Erheben der Fakten eignet sich für eine Voruntersuchung meist die Interview-Methode; diese ist durch vorbereitete Fragebogen zu unterstützen. Die Erhebung sollte sich auf nachstehende kennzeichnende Größen der beplanten Abteilung(en) erstrecken:

▷ Kennzahlen, grobes Datenmengengerüst

▷ Grober Datenfluß

▷ Aufbauorganisation – Ablauforganisation

▷ Schwachstellen.

1.5 Voruntersuchung durchführen

Die Erhebung ist nur so weit durchzuführen, als es zum Erkennen der Probleme notwendig ist, da das Vorhaben am Ende der Projektvorschlagsphase abgebrochen werden kann.

Die Erhebungen sind zum Überprüfen ihrer Richtigkeit zwischen den Betroffenen und den Planern abzustimmen.

Erarbeiten der Aufgabenstellung für den Entwicklungsantrag

Wesentlicher Bestandteil der Aufgabenstellung ist die Angabe, welche Aufgabe innerhalb eines fachlichen Rahmens gelöst werden soll. Hierzu wird das Aufgabengebiet grob strukturiert.

Ziel dieser Aufgabenstrukturierung ist

▷ den Einstieg in das Entwicklungsvorhaben zu finden

▷ das Planungsfeld abzugrenzen

▷ die Vollständigkeit der Aufgabendarstellung zu erreichen.

Die Aufgabenstruktur wird in einem Aufgabenbaum (Bild 1.7) dargestellt.

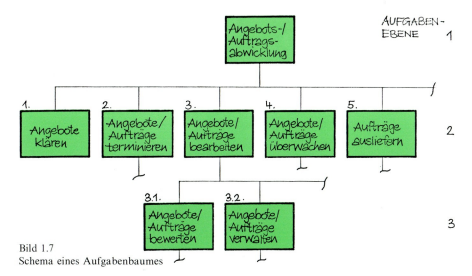

Bild 1.7
Schema eines Aufgabenbaumes

Erstellen einer Zielhierarchie

Das Durchführen von Organisations- und Softwarevorhaben ist nur dann gerechtfertigt, wenn Unternehmensziele verwirklicht werden, d.h. Organisations- und Softwarevorhaben müssen sich aus den Unternehmenszielen ableiten lassen.

1.5 Voruntersuchung durchführen

Um die „richtige" Problemlösung zu finden, muß die „richtige" Zielsetzung gegeben sein; dies erfordert eine Zielanalyse, deren Ergebnis ein hierarchisch gegliedertes Zielsystem mit über- und untergeordneten Zielen ist (siehe Bild 1.8).

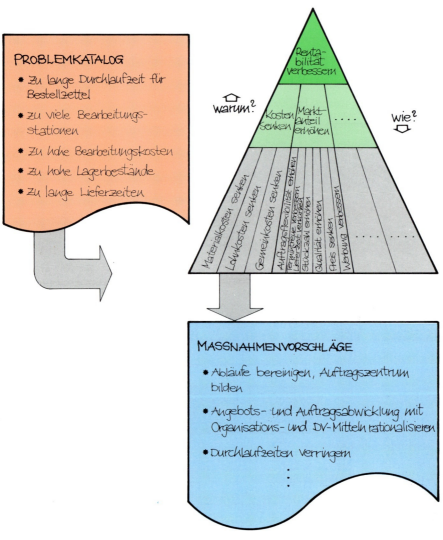

Bild 1.8
Beispiel einer Zielpyramide mit Problemkatalog sowie Maßnahmenvorschlägen zur Zielerfüllung

Eine Zielpyramide oder Zielhierarchie kann man durch induktives oder deduktives Vorgehen erstellen.

Bei der induktiven Vorgehensweise werden, ausgehend von den festgestellten Problemen, die Ziele formuliert und ihre Verträglichkeit mit über- und nebengeordneten Zielen geprüft („Warum" wird das Ziel angestrebt?).

Beim deduktiven Vorgehen geht man von einem formulierten Ziel – z.B. dem Unternehmensziel – aus und entwickelt die untergeordneten Ziele, indem man fragt: „Wie" wird das übergeordnete Ziel erreicht.

Innerhalb einer Stufe der Zielpyramide können Zielkonflikte auftreten; diese müssen durch Vergabe von Prioritäten bewertet werden.

Mit den Ergebnissen der Zielanalyse lassen sich erste grobe Maßnahmenvorschläge zur Zielerfüllung erarbeiten.

Im Rahmen einer Zielanalyse – die bei komplexen Problemen durchgeführt wird – ist die Aufgabe der mit der Voruntersuchung Betrauten:

▷ Zielpyramide erstellen

▷ Zielkonflikte aufzeigen

▷ Zielprioritäten vorschlagen und abstimmen.

Die Entscheidungsinstanz hat die Aufgabe, die

▷ Ziele vorzugeben

▷ Zielprioritäten festzulegen

▷ Restriktionen festzulegen.

Suche nach geplanten oder realisierten ähnlichen Vorhaben

Durch Verwenden vorhandener Lösungen können das Entwicklungsvorhaben beschleunigt und die Kosten gesenkt werden. Die Suche nach vorhandenen Lösungen muß sich dabei auf interne und externe Stellen erstrecken. Bei großen Unternehmen mit dezentralisierten Organisations- und DV-Aktivitäten oder Behörden empfiehlt es sich, eine zentrale Stelle einzurichten, die sämtliche Entwicklungsvorhaben koordiniert und entsprechende Auskünfte geben kann. Dadurch wird es möglich, die Erfahrungen bisheriger Vorhaben auszunutzen. Bei frühzeitiger Information vor Beginn der Planungen können Gemeinschaftsprojekte initiiert und durchgeführt und damit Doppelentwicklungen weitgehend vermieden werden.

1.5 Voruntersuchung durchführen

Checkpunkte

Vorbereiten der Voruntersuchung

▷ Wurden die betroffenen Abteilungen rechtzeitig über Termin, Zweck und Untersuchungsschwerpunkte informiert?

▷ Wurden die betroffenen Abteilungen gebeten, Unterlagen bereitzustellen, um die Untersuchung zu beschleunigen?

▷ Sind die Hauptansprechpartner für die Untersuchung motiviert?

▷ Wurde die Untersuchung fachlich ausreichend vorbereitet?

Erheben, Zusammenstellen und Abstimmen der Fakten

▷ Sind bei der Darstellung der Ablauforganisation neben den Haupttätigkeiten auch alle betroffenen Stellen ersichtlich?

▷ Wurden die Schnittstellen und Beziehungen zu angrenzenden Bearbeitungsabläufen bzw. Verfahren untersucht und dargestellt?

▷ Wurden die Ansprechpartner nach Schwachstellen (Problemkatalog) und Lösungsvorschlägen befragt?

▷ Ist der Zeitraum für das Datenmengengerüst und evtl. daraus abgeleitete Kennzahlen für den tatsächlichen Zustand zutreffend?

▷ Wurden Belegfluß und Belegvielfalt untersucht?

Vorhandene Lösungen

▷ Wurde untersucht, ob geplante oder vorhandene Lösungen verwendet werden können?

▷ Wurden die Kosten für den Einsatz geplanter bzw. vorhandener Lösungen oder Lösungsvorschläge ermittelt, um sie mit den Entwicklungskosten für ein geplantes neues Verfahren vergleichen zu können?

1.6 Groben Gesamtnetzplan und Entwicklungsaufwand ermitteln

Zweck

Zum Durchführen einer Wirtschaftlichkeitsbetrachtung (siehe Teil II, Kapitel 3 Wirtschaftlichkeitsprüfung von DV-Verfahren) im Rahmen des Entwicklungsantrages werden Angaben über den zu erwartenden Aufwand benötigt, der aufgrund eines Gesamtnetzplanes geschätzt wird.

Erläuterung

Für den Gesamtnetzplan (siehe Teil II, Kapitel 1 Planung, Steuerung und Überwachung von Organisations- und DV-Vorhaben) sind anhand der Ergebnisse der Voruntersuchung Tätigkeiten und Zeiten zu ermitteln. Zur Erleichterung der Arbeit beim Entwurf eines Gesamtnetzplanes dient der Standardnetzplan, der an das jeweilige Projekt angepaßt werden kann, und zwar durch:

▷ Weglassen von Tätigkeiten

▷ Einfügen neuer Tätigkeiten

▷ Ändern von Reihenfolgebeziehungen.

Werte für den zeitlichen Aufwand (siehe Teil II, Kapitel 2 Projektzeitschätzung) der einzelnen Tätigkeiten erhält man durch Schätzungen und Auswerten der Zeitaufschreibungen ähnlicher Projekte.

1.7 Entwicklungsantrag stellen

Zweck

Der Entwicklungsantrag dient als

▷ Entscheidungsunterlage zur Genehmigung eines Entwicklungsvorhabens
▷ Hilfsmittel für die Projektleitung und Abteilungen zur Steuerung und Überwachung
▷ Basis für die Personal- und Kostenplanung der Abteilungen
▷ Mittel, die sachliche, terminliche und kapazitative Abstimmung zu unterstützen.

Erläuterung

Es empfiehlt sich, für den Entwicklungsantrag ein Formblatt (Formular 1.2) zu verwenden, damit sämtliche Angaben, die für das Bearbeiten des Antrages notwendig sind, berücksichtigt werden. Ein Entwicklungsantrag sollte nachstehende Punkte enthalten:

① Allgemeine Angaben

Hierzu zählen Bezeichnung des Antragstellers (Name, Dienststelle), des Entwicklungsvorhabens, des Projektverantwortlichen und der Aufgabengruppe/Aufgabe (Tabelle 1.3). Letztere erleichtert eine Koordinierung von Entwicklungsvorhaben.

② Phasengenehmigung

Die einzelnen Phasen (Anzahl ist abhängig von der Projektklasse) sind gesondert zu genehmigen.

③ Entwicklungsaufwand

Der Entwicklungsaufwand soll gesondert nach

▷ Personalaufwand
▷ Rechenzeitaufwand
▷ Fremdaufwand

in Mann-Monaten, Stunden bzw. DM angegeben werden.

1.7 Entwicklungsantrag stellen

ENTWICKLUNGS-ANTRAG			
	Name		Bereich
	Dienststelle		
	Telefon	Datum	

Name des Gesamtprojekts und Kurzbezeichnung ①

Name des Teilprojekts und Kurzbezeichnung

Projekt-Verantwortlicher	Projekt-Nr./Phasenkzf.	Aufgabengruppe/Aufgabe

Projektvorschlag	☐	Realisierungsphase I	☐	Projekt-Freigabe	☐
Planungsphase I	☐	Realisierungsphase II	☐	Phasen-Entscheidung	☐
Planungsphase II	☐	Einsatz ②	☐	Information	☐

Projekt-Klasse:	Geplante Endphase:	Anzahl der Phasen:
Beginn der Phase:	Ende der Phase:	Geplanter Einsatztermin:

Termin EI-Sitzung:	Datum	Uhrzeit	Aufw. für Personaleinsatz MM / TDM	Rechenzeitaufwand Std. / TDM	Fremdaufwand TDM	Gesamt TDM
Entwicklungs-aufwand	für zu genehmigende Phase (Soll)					
	gesamt (Soll)			③		
	bisher aufgelaufen					
Aufwand für Einsatz-phase	Pflegeaufwand für lfd./nächstes GJ (Soll)					
	bisher aufgelaufen					
	Abwicklungsaufwand für lfd./nächstes GJ (Soll)					
	bisher aufgelaufen					

Kostentragende Stellen					
Kostenanteil (TDM oder %)			④		

Ausgangssituation/ Ergebnisse der vorangegangenen Phasen: Aufgabenstellung für das Projekt/die nächste Phase:

⑤

Ergänzende Unterlagen: Projektbeschreibung ☐ ⑥ Projektdaten-Übersicht ☐ Wirtsch.-Prüfung ☐
Entscheidungsinstanz-Mitglieder   Beratungsausschuß-Mitglieder
Name	Dienststelle	Unterschrift/Datum	Name	Dienststelle

Formular 1.2   Formblatt für einen Entwicklungsantrag

1.7 Entwicklungsantrag stellen

Aufgaben-gruppe	Unternehmensaufgaben						
	Forschung und Entwicklung	Fertigung	Absatz	Beschaffung und Lagerwesen	Personalwesen	Rechnungswesen	Übrige Aufgaben
Aufgaben	Entwicklungsplanung Grundlagenentwicklung Produktentwicklung Normung Modell- und Musterbau	Technische Investitionsplanung Arbeitsplanung Fertigungsprozeß Fertigungsregelung Herstellung und Instandhaltung von Betriebsmitteln	Vertriebsplanung Marktforschung Werbung Akquisition Projektierung Angebotsbearbeitung Auftragsabwicklung Außenmontage und Inbetriebsetzung Kundendienst und Wartung Vertriebsstatistik	Beschaffung Lagerwesen Transportwesen	Sozialpolitik und Sozialaufgaben Personalpolitik und Personalverwaltung Bildungspolitik und Bildungsmaßnahmen	Wirtschaftsplanung Geschäftsbuchhaltung Betriebsbuchhaltung Inventur Kalkulation Finanzierung Steuerwesen Statistik und Auswertung	Unternehmensplanung Organisation und Datenverarbeitung Technische Verfahrensentwicklung Bauplanung Interne Dienste Informationsdienst Rechts-, Patent- und Lizenzwesen Revision Qualitätssicherung Sicherheitswesen

Tabelle 1.3
Beispiel eines Aufgabenkatalogs gegliedert nach Aufgabengruppen und Aufgaben

Im Laufe des Projektfortschrittes (Freigabe der nächsten Phase) muß auch der bisher aufgelaufene Aufwand ausgewiesen werden, um einen Überblick zu gewinnen.

④ Kostentragende Stellen

Bei einer Gemeinschaftsentwicklung müssen sämtliche daran beteiligte Stellen mit ihren Kostenanteilen angegeben werden.

⑤ Ausgangssituation, Ergebnisse, Aufgabenstellung

Bei der Genehmigung eines Entwicklungsvorhabens sind die geplanten Ziele, die Aufgabenstellung und eine Begründung des Vorhabens in knapper Form zur Information der Entscheidungsinstanz aufzuführen. Soll die nächste Phase des Entwicklungsvorhabens genehmigt werden, so sind die in der vorangegangenen Phase erreichten und die in der nächsten Phase geplanten Ziele zu beschreiben.

⑥ Ergänzende Unterlagen

Für die Genehmigung eines Entwicklungsvorhabens werden noch weitere Angaben benötigt, wie z.B. die Projektbeschreibung, Projektdatenübersicht (Formular 1.1) und eine erste Wirtschaftlichkeitsprüfung in Form einer Kosten-Nutzen-Schätzung. Die Projektbeschreibung dient zur Beschreibung des Entwicklungsvorhabens und muß daher über folgende Punkte Auskunft geben:

Künftige Anwender

Angabe aller künftigen Anwender, die die Ergebnisse später nutzen werden bzw. nutzen könnten.

Verwendbarkeit bereits vorhandener Produkte

Hinweis auf vorhandene Produkte, die ganz oder teilweise bei dem Entwicklungsvorhaben verwendet werden können.

1.7 Entwicklungsantrag stellen

Auswirkungen auf andere Verfahren, Abläufe oder Entwicklungsvorhaben

Zu beschreiben sind:

▷ Notwendige Anpassung bestehender oder geplanter Verfahren und der dafür erforderliche Aufwand
▷ Schnittstellen zu anderen bestehenden oder geplanten Projekten
▷ Auswirkungen auf die bestehende Ablauf-/Aufbauorganisation
▷ Geplante oder notwendige Folgeaktivitäten
▷ Bedeutung des Entwicklungsvorhabens in der Gesamtplanung des Unternehmens.

Terminplan

Er soll wichtige Einzelschritte und für den Ablauf des Projektes wichtige Ereignisse und/oder Entscheidungspunkte enthalten. Wenn möglich, soll auch die jeweils benötigte Kapazität in Mannmonaten angegeben werden.

Anlagen, Geräte und sonstige Einrichtungen

Angaben über:

▷ Hardwarekonfiguration (auch Terminals)
▷ Einrichtungen, wie z.B. Planungsraum, Arbeitsmittel.

Kosten-Nutzen-Schätzung

Sie ist durchzuführen, um den angestrebten Rationalisierungserfolg aufzuzeigen und ist im Zuge des Projektfortschrittes – wenn genauere Schätzungen möglich sind – zu verfeinern.

1.8 Phasenabschluß durchführen

Zweck

Im Rahmen des Phasenabschlusses sind die
- ▷ Ergebnisse der Phase an den gesetzten Zielen zu überprüfen
- ▷ Projektunterlagen und -dokumentation zu aktualisieren
- ▷ Entscheidungsunterlagen für die Entscheidungsinstanz zu erstellen
- ▷ Vorbereitungen für die Entscheidungssitzung zu treffen.

Allgemeine Erläuterung

Für die Projektdokumentation, die neben der Dokumentation der Ergebnisse der Entwicklungsarbeit laufend erfolgen muß, empfiehlt sich folgende Gliederung:

1. Unterlagen zur Projekteröffnung (Entwicklungsantrag)
2. Projekttagebuch (chronologische Aufzeichnung wichtiger Ereignisse und Tätigkeiten)
3. Zeit-, Kosten- und Kapazitätserfassung und -überwachung
4. Gedanken, Entwürfe, Schaubilder, Notizen
5. Zwischenberichte, Vortragsmanuskripte
6. Abschlußbericht
7. Schriftwechsel und Protokolle, Gesprächsnotizen
8. Materialsammlung, soweit nicht eigener Ordner angelegt.

Grundsätzlich gilt, daß man mit Arbeiten in der nachfolgenden Phase erst beginnen darf, wenn die Arbeiten und die Dokumentation der vorhergehenden Phase abgeschlossen sind. Die Dokumentation der einzelnen Phasen bildet für die Revision die Basis für eine begleitende ex-ante-Verfahrensprüfung, die damit nach Abschluß jeder Phase tätig werden könnte. Darüber hinaus erleichtert sie die Projektprüfung, die den Prozeß „Entwicklung des DV-Verfahrens" zum Gegenstand hat.

1.8 Phasenabschluß durchführen

Für die Entscheidungsinstanz sollte beim Abschluß jeder Phase folgendes vorgelegt werden:

▷ Wichtige Ergebnisse/Ereignisse während der Phase
▷ Probleme/Schwierigkeiten, die die Durchführung der Aufgaben erschwert haben (Personal, Raum etc.)
▷ Benötigte Zeit und Kosten für die abgeschlossene Phase
▷ Auswirkungen und Folgerungen aus Planabweichungen
▷ Geplante Zeit und Kosten für die folgende Phase.

Aufbauend auf dem Phasennetzplan, der eine detaillierte Übersicht über die erforderlichen Einzeltätigkeiten und deren zeitliche Reihenfolge gibt, sind die Gesamtzeit und Kosten zu ermitteln. Aus dem Netzplan müssen für die Tätigkeiten die geplanten Anfangs- und Endtermine ersichtlich sein.

Phasenspezifische Erläuterung

Für die Entscheidungsinstanz sind die Ergebnisse der Voruntersuchung – insbesondere die Zielpyramide und die Aufgabenstrukturierung – so aufzubereiten und der Entwicklungsantrag so abzufassen, daß eine Beschlußfassung möglich ist. Die Terminplanung für die Planungsphase I wird im wesentlichen bestimmt durch den Umfang der Istaufnahme und der Istanalyse.

1.8 Phasenabschluß durchführen

Checkpunkte

▷ Liegt ein schriftlicher Auftrag für das beantragte Vorhaben vor?

▷ Wurden Auftrag und Antrag zwischen allen Beteiligten bzw. auch mit weiteren möglichen Interessenten an dem geplanten Vorhaben diskutiert, präzisiert und die endgültige Vereinbarung schriftlich dokumentiert?

▷ Ist der Entwicklungsantrag präzise genug formuliert bzw. das geplante Vorhaben ausreichend detailliert beschrieben, damit die vorliegenden Informationen eine eindeutige Entscheidung ermöglichen?

▷ Sind die mit dem geplanten Vorhaben angestrebten Ziele bekannt und stehen sie im Einklang mit den Unternehmenszielen?

▷ Existiert ein Durchführungsplan für das Entwicklungsvorhaben, der mit den beteiligten Stellen abgestimmt bzw. von diesen genehmigt wurde?

▷ Sind die finanziellen und technischen Mittel vorhanden?

▷ Liegt ein Terminplan vor und wurde dieser mit den Beteiligten und von den geplanten Vorhaben betroffenen Stellen abgestimmt?

▷ Wurden Vereinbarungen bezüglich der Zusammenarbeit der beteiligten und betroffenen Stellen getroffen?

▷ Wurde bei der Voruntersuchung festgestellt, ob grundsätzliche Auswirkungen auf bestehende Verfahren durch das neue Vorhaben zu erwarten sind?

1.9 Information und Entscheidung

Zweck

Die Bedeutung von Organisations- und Softwarevorhaben erfordert, daß nach jeder Phase die Entscheidungsinstanz über die Ergebnisse der abgeschlossenen Phase informiert und darauf aufbauend das weitere Vorgehen verabschiedet wird.

Allgemeine Erläuterung

Die angestrebten Rationalisierungserfolge von Organisations- und Softwarevorhaben werden nur dann voll wirksam, wenn sie abgestimmt mit den Unternehmenszielen sind und neben der Anwenderebene auch das Management mit in den Entwicklungsprozeß einbezogen wird.

Das bedeutet, daß neben der fachlichen Begutachtung und Freigabe in jeder Phase auch eine Prüfung und Freigabe erfolgen sowie Verantwortung übernommen werden muß für folgende Managementaufgaben:

- ▷ Projektkontrolle (Projektablauf gemäß Projektplan)
- ▷ Freigabe finanzieller Mittel für Folgephasen
- ▷ Bewertung von alternativen Lösungsvorschlägen
- ▷ Benennung und Bereitstellung der erforderlichen Mitarbeiter
- ▷ Sicherstellung des Rationalisierungserfolgs
- ▷ Gezielte Information und Einschalten übergeordneter Stellen im Unternehmen.

Die fachliche Begutachtung und Freigabe der Ergebnisse einer Phase sollte in Form eines „Walk through" (siehe S. 403) durchgeführt werden.

Phasenspezifische Erläuterung

Grundsatzentscheidung

Bei dieser ersten Entscheidungsinstanzsitzung wird die Grundsatzentscheidung getroffen. Deshalb sollten (in Abhängigkeit von der Größe des Vorhabens) bei dieser Sitzung die Leiter der durch das Vorhaben tangierten Bereiche, d.h. bei Großvorhaben die Leitung des Unternehmens- oder Geschäftsbereichs, vertreten sein.

Die Entscheidungsinstanz wird über die Ergebnisse der Voruntersuchung informiert. Anhand des Entwicklungsantrages muß über das weitere Vorgehen entschieden werden.

1.9 Information und Entscheidung

Wesentliche Entscheidungspunkte sind:

▷ Ziele und Aufgabenstellung des Planungsvorhabens.
 Die in der Voruntersuchung durchgeführte Zielanalyse mit dem Ergebnis der Zielpyramide ist mit der Entscheidungsinstanz abzustimmen, insbesondere hinsichtlich der Zielkonflikte, Zielprioritäten bzw. Maßnahmenvorschläge zur Zielerfüllung und zur Verträglichkeit der Maßnahmen untereinander.

▷ Genehmigung des Entwicklungsantrages

▷ Festlegung des Aufwandes und der Termine für die Planungsphase I

▷ Benennung der beteiligten Mitarbeiter bzw. der beteiligten Dienststellen

▷ Prüfung der Notwendigkeit einer Information des Betriebsrates.

Die Entscheidungsinstanz hat insbesondere folgende Entscheidungskriterien zu beachten:

▷ Ist das geplante Vorhaben abgestimmt auf die Unternehmens- bzw. Geschäftsentwicklung?

▷ Besteht eine Priorität für das Vorhaben?

▷ Ist das Vorhaben wirtschaftlich gerechtfertigt?

Die Entscheidungsinstanz kann bezüglich der weiteren Vorgehensweise untenstehende Entscheidungen treffen.

Entscheidung	Konsequenzen
Genehmigung des Entwicklungsantrages	Verabschiedung der weiteren Vorgehensweise
Genehmigung von Teilen des Entwicklungsantrages	Änderung des Entwicklungsantrages, evtl. Ausweitung der Voruntersuchung
Ablehnung des Entwicklungsantrages	Einstellung des Projektes (evtl. Zurückstellung)
Änderung der Aufgabenstellung	Neue Voruntersuchung (evtl. nur Erweiterung), Änderung des Entwicklungsantrages

2 Planungsphase I

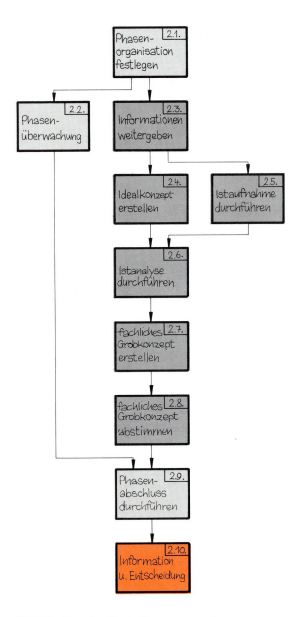

Bild 2.1 Netzplan für die Planungsphase I

2 Planungsphase I

Einführung

Ziel der Planungsphase I (Grobplanung) ist, die in dem Entwicklungsantrag festgelegten Zielsetzungen, Bedingungen und evtl. Lösungsvorschläge zu detaillieren und die zweckmäßigste Lösungsalternative auszuwählen.

Aufbauend auf dem Idealkonzept und der Istaufnahme ist ein fachliches Grobkonzept zu erstellen, das den Lösungsweg bzw. die möglichen alternativen Lösungswege beschreibt. Liegen mehrere Alternativen vor, so muß am Ende der Phase eine Entscheidung über die weiterzuverfolgende Alternative getroffen werden. Es kann sich hierbei auch um eine Lösung handeln, die zu keinem DV-Verfahren führt. In dieser Phase wird somit die grundsätzliche Richtung für die weitere Planungs- und Realisierungsarbeit bestimmt. Bild 2.1 zeigt den Netzplan für die Planungsphase I.

2.1 Phasenorganisation festlegen

Zweck und allgemeine Erläuterung

Siehe hierzu 1.3 „Phasenorganisation festlegen".

Phasenspezifische Erläuterung

In der Planungsphase I steht der fachliche und nicht der dv-technische Aspekt im Vordergrund. Es ist jedoch erforderlich, daß bereits zu diesem Zeitpunkt dv-technische Fragen durch eine Mitwirkung und Beratung von DV-Experten geklärt werden.

Außerdem muß sichergestellt sein, daß alle fachlichen Anforderungen der Anwender in das Grobkonzept einfließen.

Die gemeinsame Verantwortung, die Anwender und Verfahrensentwickler für das Grobkonzept und für das spätere Verfahren tragen, setzen eine enge Zusammenarbeit und gegenseitige Information voraus. Tabelle 2.1 zeigt die Personal-Tätigkeitsmatrix für die Planungsphase I.

2.1 Phasenorganisation festlegen

Verantwortliche Personen bzw. Stellen / Phasentätigkeiten	Entscheidungsinstanz	Projektleitung	Anwender	Fachplaner/ DV-Organisator/ Verfahrensplaner	DV-Planer/ Softwareentwickler/ Chefprogrammierer	Programmierer	Rechenzentrum	Bemerkung
2.1. Phasenorganisation festlegen	a	b						
2.2. Phasenüberwachung		a						Bericht an Entscheidungsinstanz
2.3. Informationen weitergeben		a						
2.4. Idealkonzept erstellen			m	a	b			
2.5. Istaufnahme durchführen			m	a				
2.6. Istanalyse durchführen			m	a	b			
2.7. Fachliches Grobkonzept erstellen			m	a				
2.8. Fachliches Grobkonzept abstimmen			a	a				
2.9. Phasenabschluß durchführen		a		m				
2.10. Information und Entscheidung	a	b						

a ausführend, b beratend, m mitwirkend

Tabelle 2.1   Personal-Tätigkeitsmatrix für die Planungsphase I

2.2 Phasenüberwachung

Zweck und allgemeine Erläuterung

Siehe hierzu 1.4 „Phasenüberwachung".

Phasenspezifische Erläuterung

Schwerpunkte der Phasenüberwachung sind die Istaufnahme und die Erstellung des fachlichen Grobkonzeptes. Bei der Istaufnahme besteht die Gefahr einer Termin- und Kostenüberschreitung durch

▷ ungenügende Vorbereitung der Erhebung

▷ Nichteinhalten zugesagter Gesprächstermine

▷ zu starke Detaillierung und Ausweitung der Erhebung.

Beim Erstellen des fachlichen Grobkonzeptes ist darauf zu achten, daß die Lösungsvorschläge nicht zu detailliert ausgearbeitet werden, da die Entscheidung über die Auswahl bzw. Realisierung eines Lösungsweges erst am Ende der Phase steht.

2.3 Informationen weitergeben

Zweck

Entwicklungsvorhaben, die zu Veränderungen von Strukturen oder Abläufen führen, haben dann die besten Realisierungschancen und führen beim Anwender zu Verbesserungen, wenn die Ziele, das Vorgehen und die Maßnahmen unter Einbeziehung der Beteiligten erarbeitet werden.

Bei Unternehmen, die eine Koordinationsstelle für Entwicklungsvorhaben besitzen, müssen die ein Vorhaben kennzeichnenden Daten frühzeitig an diese weitergegeben werden, um anderen Stellen die Suche nach geplanten oder realisierten Vorhaben zu ermöglichen.

Erläuterung

Abhängig von der Unternehmensgröße und dem Entwicklungsvorhaben müssen folgende Stellen informiert werden (Bild 2.2):

▷ Die von dem Vorhaben mittelbar oder unmittelbar betroffenen Stellen, wie z.B. Anwender, Rechenzentrum
▷ Der Betriebsrat bei Vorhaben, bei denen aufgrund des Betriebsverfassungsgesetzes eine Informationspflicht besteht
▷ Interessenten an ähnlichen Vorhaben, soweit sie bekannt sind
▷ Bezugsstellen für Fachinformationen mit Koordinationsaufgaben
▷ ggf. die Revisionsabteilung.

Durch Information der beteiligten Stellen (siehe 1.7 „Entwicklungsantrag stellen") wird allen Interessenten eine Kontaktaufnahme mit den Planern ermöglicht. Eine zufriedenstellende Kooperation und Koordination ist nur erreichbar, wenn alle entwickelnden Stellen bereit sind, Informationen weiterzugeben.

Hinweis

Die Weitergabe von Informationen muß sich über den gesamten Entwicklungsprozeß erstrecken. Die Beplanten sind in gewissen Zeitabständen (z.B. nach Abschluß einer Phase) über den Stand des Entwicklungsvorhabens zu unterrichten.

Koordinierende Stellen sollen zumindest zu Beginn und nach Abschluß eines Entwicklungsvorhabens informiert werden.

2.3 Informationen weitergeben

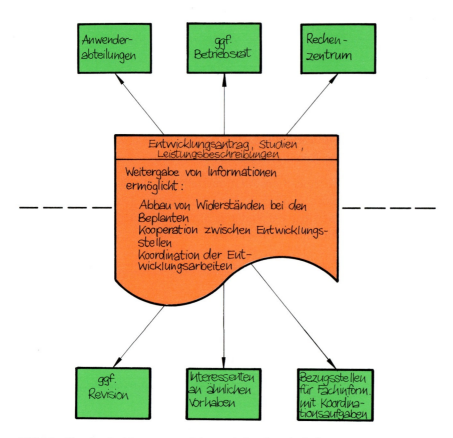

Bild 2.2 Von den Projektverantwortlichen zu informierende Stellen

2.4 Idealkonzept erstellen

Zweck

Das Erstellen eines Idealkonzeptes soll verhindern, daß sich die künftige Problemlösung ausschließlich am gegebenen Istzustand und an vorhandenen Lösungsansätzen orientiert. Das Idealkonzept stellt keine Erweiterung der Voruntersuchung dar, sondern eine strukturierte Sammlung von Vorschlägen und Modellösungen, aus der der Planende beim Erstellen des fachlichen Grobkonzeptes geeignete Lösungen entnimmt oder ableitet.

Vorgehensweise

Bei der Entwicklung eines Idealkonzepts geht man deduktiv (modellorientiert) vor. Die modellorientierte Arbeitsweise entwickelt auf betriebswirtschaftlichen Erkenntnissen aufbauende Lösungsansätze für die bei der Voruntersuchung festgestellten Probleme. Dazu werden Hypothesen über Einflußgrößen aufgestellt, die im betrachteten Problemfeld für die Aufbau- und Ablauforganisation relevant sind. Leitgedanken für die Entwicklung eines Idealkonzepts können sein:

▷ Ideen sammeln auch unter Berücksichtigung utopischer Vorstellungen
▷ Keine Lösungsmöglichkeiten durch Wirtschaftlichkeitsbetrachtungen einengen
▷ Neue Wege suchen
▷ Keine Utopien als Lösungen vorschlagen
▷ Bereits bestehende Lösungen nennen
▷ Alternative Lösungen erarbeiten
▷ Internen Restriktionen konstruktive Lösungen gegenüberstellen
▷ Analogien bilden
▷ Modelle bilden.

Um die Hypothesen zu bestätigen bzw. zu verwerfen, führt die Planungsgruppe gezielte Istaufnahmen durch.

Die induktive Arbeitsweise dagegen orientiert sich sofort an den Mängeln des Istzustandes und leitet daraus Verbesserungsvorschläge ab (siehe 2.5 „Istaufnahme durchführen" und 2.6 „Istanalyse durchführen").

2.4 Idealkonzept erstellen

Inhalt

Das Idealkonzept soll enthalten:

▷ Aufgabenstellung (gemäß Entwicklungsantrag)
▷ Darstellung der Lösungsalternativen (mit Vor- und Nachteilen)
▷ Restriktionen (welche sind berücksichtigt, welche Voraussetzungen wurden als gegeben angesehen?).

Folgendes ist dabei zu beachten:

Lösungsvorschläge

Das Idealkonzept soll alle denkbaren betriebswirtschaftlichen und technischen Möglichkeiten ausreizen und darstellen. Liegen mehrere Lösungsvorschläge vor, sind sie einander mit Vor- und Nachteilen gegenüberzustellen.

Restriktionen

Die Lösungsvorschläge sollen als Restriktionen nur gesetzliche Bestimmungen, technische Durchführbarkeit (die Lösung des Problems muß dem Stand der Technologie zum voraussichtlichen Einsatzzeitpunkt entsprechen) und betriebswirtschaftliche Grundsätze berücksichtigen.

Wirtschaftlichkeit

Die Frage nach der Wirtschaftlichkeit eines Lösungsvorschlages wird nur bedingt gestellt. Ob die beschriebene Lösung wirtschaftlich vertretbar ist, wird im Rahmen des fachlichen Grobkonzeptes untersucht. Das Idealkonzept kann jedoch Angaben über die Kosten der einzelnen Alternative als Schätzungen enthalten.

Abstimmprozesse

Die Arbeit am Idealkonzept soll nicht von Interessenvertretern aus dem Anwenderkreis beeinflußt werden, da dadurch zu früh Restriktionen in die Arbeit einfließen können.

Für das Erarbeiten des Idealkonzeptes eignen sich Problemlösungstechniken* wie z.B. Brainstorming oder Graphen und Netzwerke.

---
* siehe Organisationsplanung, Siemens AG, 4. Auflage 1979, S. 279.

2.5 Istaufnahme durchführen

Zweck

Die Istaufnahme bedeutet den ersten Schritt bei der induktiven (praxisorientierten) Vorgehensweise zum Erstellen eines fachlichen Grobkonzeptes.

In der Istaufnahme sind gezielt alle Fakten zu erheben, die für Inhalt und Auslegung eines Verfahrens notwendig sind. Dadurch wird es möglich, Probleme und Schwachstellen, die bereits teilweise bei der Voruntersuchung erkannt wurden, in der anschließenden Istanalyse (zweiter Schritt) detailliert zu untersuchen.

Erläuterung

Die Istaufnahme gliedert sich in folgende Einzelschritte:

Planung der Istaufnahme
Auswahl der Erhebungsmethode
Strukturierung der fachlichen Aufgaben und Beschreibung der fachlichen Lösung
Kontrolle der Ergebnisse.

Planung der Istaufnahme

Es wird festgelegt:

▷ Umfang des Aufgabengebietes (aus Entwicklungsantrag)
▷ Aufnahmetiefe
▷ Anzusprechende Teilnehmer
▷ Aufnahmeformulare
▷ Termine und Dauer der Aufnahme
▷ Einzusetzendes Personal
▷ Kosten
▷ Dokumentationsform der Ergebnisse.

2.5 Istaufnahme durchführen

Auswahl der Erhebungsmethode

Für das Durchführen der Istaufnahme können unterschiedliche Techniken angewandt werden. Für ihre Auswahl sind folgende Gesichtspunkte zu beachten:

▷ Zeitliche Belastbarkeit des Untersuchungsfeldes

▷ Kooperationswille des zu beplanenden Bereiches

▷ Art des Untersuchungsobjektes

▷ Art der gewünschten Untersuchungsergebnisse

▷ Zur Verfügung stehende Zeit, Personal und finanzielle Mittel.

Es bieten sich folgende Erhebungsmethoden an, die auch in einer Mischform auftreten können:

▷ Auswertung vorhandener Unterlagen

▷ Interview

▷ Fragebogen

▷ Selbstaufschreibung.

Auswerten vorhandener Unterlagen

Das Auswerten vorhandener Unterlagen ermöglicht dem Verfahrensplaner, sich ohne Störung der Beplanten einen Überblick zu verschaffen. Sie kann immer dann angewendet werden, wenn man sich einen ersten Überblick verschaffen will.

Beispiele für auswertbare Unterlagen eines zu beplanenden Bereichs zeigt Bild 2.3.

Interview

Bei der Interviewmethode werden ausgewählte Gesprächspartner durch den Verfahrensplaner in einem Gespräch befragt. Die Interviewmethode erfordert eine gründliche Vorbereitung. Der Interviewer muß besser als bei anderen Istaufnahmemethoden über das Sachgebiet informiert sein, damit er als fachlich gleichwertiger Partner akzeptiert wird. Die Anwendung der Interviewmethode empfiehlt sich immer dann, wenn Schwachstellen erfaßt und analysiert werden sollen.

2.5 Istaufnahme durchführen

Es werden folgende Formen der Interviewführung unterschieden:
▷ Einzelbefragung
▷ Gruppenbefragung
▷ Konferenzen.

Bei der Einzelbefragung wird jede Person detailliert über ihr Aufgabengebiet befragt. Der Erhebungsaufwand kann aufgrund der Menge der Daten erheblich sein. Werden Personen mit gleichen Aufgaben befragt, so ergibt sich eine gute Kontrollmöglichkeit.

Bei der Gruppenbefragung werden bestimmte oder alle Mitarbeiter eines Arbeitsgebietes in das Interview einbezogen. Bei der Gruppenbefragung lassen sich Unklarheiten schneller ausräumen als bei Einzelinterviews, da sich die Personen untereinander zu größerer Genauigkeit und Objektivität bei der Beantwortung der Fragen zwingen. Es muß jedoch sichergestellt sein, daß die Befragten sich frei äußern können und keine Absprachen untereinander bestehen.

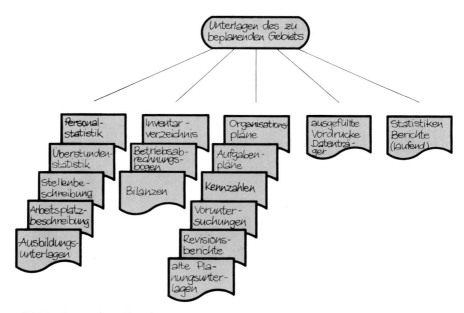

Bild 2.3   Auswertbare Unterlagen

2.5 Istaufnahme durchführen

Fragebogen

Die Fragebogenmethode wird eingesetzt zum

▷ Erfassen von Datenmengengerüsten

▷ Untersuchen von Arbeitsabläufen und Organisationsstrukturen

▷ Vorbereiten gezielter Untersuchungen z.B. vor einem Interview.

Beim Gestalten der Fragebögen sollte darauf geachtet werden, daß die Fragen zu Themengruppen zusammengefaßt sind, damit sie leichter beantwortet und ausgewertet werden können und die Antworten nicht mehr gesondert dokumentiert werden müssen.

Methoden		Man beachte!	Anwendungsbereich/ Vorteile
Interview	formloses Gespräch / vorgegebene Fragen	▷ sorgfältige Formulierung ▷ keine Suggestiv-Fragen ▷ keine persönliche Wertung ▷ Notizen absprechen ▷ Vokabular anpassen ▷ Vertraulichkeit gewährleisten	generell verwendbar bei Unklarheiten kann sofort rückgefragt werden Kontrolle der Richtigkeit der Antworten durch Querfragen
Fragebogen	offene Fragen / geschlossene Fragen	▷ eindeutige Fragenformulierung ▷ keine direkte Rückkopplung möglich ▷ nicht zu umfangreich ▷ Themengruppen ▷ Kontrollfragen ▷ Begleitschreiben	Planungs-Team-Mitglied muß nicht dabei sein verwendbar für Voruntersuchung und Detailuntersuchung sehr einfacher Probleme bei großem Adressatenkreis
Selbstaufschreibung	Tätigkeiten / Informationen	▷ nicht zu detailliert ▷ Zwischenkontrollen ▷ Kontrollmöglichkeit einbauen	Arbeitsplatzgestaltung (Tätigkeitsanalyse) Kommunikationsanalyse (Gespräche, Telefonate, usw.) Störungen

Tabelle 2.2
Merkmale der Erhebungsmethoden: Interview, Fragebogen und Selbstaufschreibung

Selbstaufschreibung

Bei der Selbstaufschreibung werden die benötigten Informationen von den Mitarbeitern des beplanten Bereiches selbst formlos oder auf Vordrucken aufgezeichnet. Hierbei muß jedoch besonders darauf geachtet werden, daß die Aufschreibungen nicht abgesprochen und manipuliert werden.

Einige Merkmale der Erhebungsmethoden: Interview, Fragebogen und Selbstaufschreibung zeigt Tabelle 2.2.

**Strukturierung der fachlichen Aufgaben
und Beschreibung der Aufgabenlösung (Prozesse)**

Bei der Istaufnahme sollte man aus Gründen der Vergleichbarkeit dieselbe Darstellungsform wie für das fachliche Feinkonzept verwenden. Da das Feinkonzept modular aufgebaut wird (siehe 3.4 „Leistungsbeschreibung, fachliches Feinkonzept erstellen"), empfiehlt sich auch für die Istaufnahme ein modularer Aufbau. Dies bringt folgende Vorteile:

▷ Direkte Übernahme unveränderter Abläufe in das fachliche Feinkonzept

▷ Schnittstellen zwischen Teilen, die sich ändern werden und Teilen, die unverändert bleiben, sind festgelegt

▷ Zuordnung von Arbeitsportionen ist möglich (bei großen Verfahren).

Das Modularkonzept der Istaufnahme wird in zwei Schritten verwirklicht. Den modularen Raster für die Istaufnahme liefert die Aufgaben-(Funktionen-) strukturierung. In einem weiteren Schritt wird dieser Raster mit den dazugehörenden Aufgabenlösungen (Prozesse) gefüllt. Beide Schritte können sich wiederholen, wenn aufgrund der Prozeßbeschreibung eine Veränderung der Aufgabenstruktur notwendig wird. Das ist immer dann der Fall, wenn die beschriebenen Prozesse zu groß und unübersichtlich (oder zu klein und trivial) geworden sind. Die entsprechenden Aufgaben werden dann weiter detailliert (oder zusammengelegt). Man nähert sich iterativ der endgültigen Darstellung.

Strukturierung der fachlichen Aufgaben

Der Entwicklungsantrag enthält nur eine grobe Struktur der Aufgaben (Funktionen), für die das Verfahren entwickelt werden soll. Für die übersichtliche, modulare Darstellung der bestehenden Aufgabenlösungen müssen die Einzelaufgaben, die eine Gesamtaufgabe umfaßt, ermittelt werden. Dies geschieht durch eine stufenweise Gliederung der Aufgaben in niedrigere Aufgabenebenen mit höherem Detaillierungsgrad. Die Aufgaben, die nicht weiter unterteilt werden und sich dadurch in der untersten Aufgabenebene befinden, werden Elementaraufgaben genannt.

Eine Elementaraufgabe liegt dann vor, wenn angenommen werden kann, daß der ihr entsprechende Prozeß möglichst nur noch sequentiell ablaufende Arbeitsschritte enthält.

Die Aufgabenstruktur macht dem Planer den Inhalt der Gesamtaufgabe des Verfahrens sichtbar. Die Ergebnisse der Strukturierung können als „Aufgabenbaum" (Bild 2.4) visualisiert werden. In dem angegebenen Beispiel werden in der sechsten Aufgabenebene die Elementaraufgaben erreicht. Es wird davon ausgegangen, daß die Prozesse, die hinter den Aufgaben der fünften Ebene stehen, noch zu viele alternative Abläufe enthalten und deshalb erst in der sechsten Ebene die notwendige Übersichtlichkeit erreicht wird.

Beschreibung der Aufgabenlösung (Prozesse)

Die Aufgabenlösung erfolgt in Prozessen, die aus den Elementen Eingabe, Einflußgrößen, Methoden, Ausgabe bestehen.

Die Ein- und Ausgabedaten verbinden die Prozesse miteinander. Die Methode ist die Arbeitstechnik, die zur Erfüllung der Aufgabe eingesetzt wird. Da mehrere Methoden zur Erfüllung einer Aufgabe möglich sind, geben die Einflußgrößen die Bedingungen an, unter denen jede Methode angewendet wird.

Der Elementarprozeß ist die Lösung der Elementaraufgabe.

Zur Dokumentation der Prozesse wird ein Beschreibungsblatt empfohlen. Das Beschreibungsblatt dient der einheitlichen Erfassung und normierten Beschreibung der Prozesse/Elementarprozesse. In Bild 2.5 ist der Elementarprozeß für die Elementaraufgabe „Preis pro Position ermitteln" aus dem Aufgabenbaum (Bild 2.4) beschrieben. Zur Beschreibung von Prozessen, in denen Kombinationen von Einflußgrößen den Ablauf der Methoden bestimmen, ist das Beschreibungsblatt um eine Entscheidungstabelle oder ein Struktogramm zu ergänzen.

Parallel zur Beschreibung der einzelnen Elementarprozesse wird der Zusammenhang der personellen und maschinellen Elementarprozesse in einem Datenflußplan (Elementarprozeß-Ablauf) dargestellt.

2.5 Istaufnahme durchführen

Ziel dieser Visualisierung ist es, die

▷ Elementarprozesse widerspruchsfrei und logisch schlüssig in den Gesamtprozeß einzuordnen

▷ Elementarprozesse in ihrem zeitlichen Ablauf lückenlos darzustellen

▷ Zusammenhänge zwischen Elementarprozessen und ihren Ein-/Ausgabemedien darzustellen.

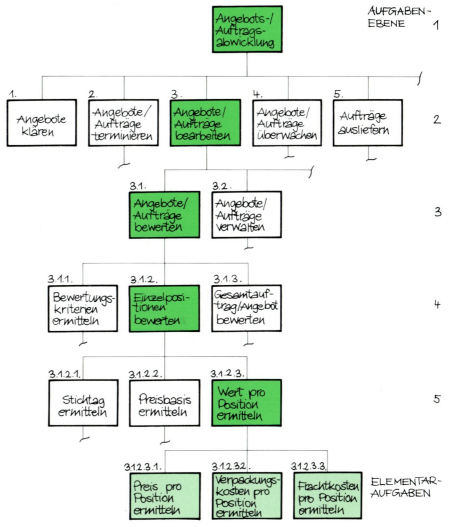

Bild 2.4
Ausschnitte aus dem Aufgabenbaum Angebots- und Auftragsabwicklung

(Elementar–) Prozess: Ermittlung Preis pro Position (Ist-Aufnahme)

(Elementar–) Aufgabe: Preis pro Position ermitteln

Betrieb	Vertriebsabteilung
Eingabe (Datenträger, Belege, Daten) • Preis (je Sach-Nr.) • Länderkennzeichen (Inland, Ausland) • Länderfaktor (abhängig vom Länderkennzeichen) • Menge (je Sach-Nr.)	**Vorangegangene (Elementar–) Prozesse** • Ermittlung Preisbasis
Einflußgrössen Länderkennzeichen = Inland	**Methoden/(Elementar–) Prozesse** Preis pro Position = Preis × Menge
Länderkennzeichen = Ausland	Preis pro Position = Preis × Menge × Länderfaktor
Ausgabe (Datenträger, Belege, Daten) Preis pro Position	**Nachfolgende (Elementar–) Prozesse** Ermittlung Gesamtwert der Angebotsposition

Termine, Häufigkeit: täglich

Zuordnung: /

Zust.	Mitteilung	Datum	Name

Datum

Bearb.

Gepr.

Norm

BESCHREIBUNGS-BLATT

Blatt

erste Vorausgabe letzte Vorausgabe

Bild 2.5 Beschreibungsblatt

Für die einzelnen Elementarprozesse muß festgestellt werden:

▷ Beteiligte Abteilungen/Dienststellen am Arbeitsablauf
▷ Beteiligte Personen am Arbeitsablauf
▷ Art der Tätigkeiten, die durchgeführt werden bzw. durchgeführt werden sollen
▷ Eingesetzte Hilfsmittel, Vorschriften, Methoden und Techniken
▷ Richtlinien, die für die Tätigkeit maßgebend sind
▷ Informationen, Informationsquellen, Unterlagen, die zur Erfüllung der Aufgabe notwendig sind
▷ Mögliche Störungen, Schwierigkeiten und Engpässe.

Zusätzlich sind aufzunehmen:

▷ Kennzahlen und Datenmengengerüst
▷ Musterbelegsammlung mit originalgetreu ausgefüllten Unterlagen
▷ Personalstruktur
▷ Organisationsmittel
▷ Kostenstruktur
▷ Räumliche Verhältnisse
▷ Datenerfassungsmethoden und -geräte (siehe Teil II, Kapitel 4 Datenerfassung).

Kontrolle der Ergebnisse

Kontrolle der Ergebnisse der Istaufnahme ist notwendig, da durch falsche Erhebungen und Darstellungen Fehler entstehen bzw. durch unzureichende Aufzeichnungen Lücken vorhanden sein können. Die Tabellen 2.3 und 2.4 enthalten Hinweise auf mögliche Fehlerquellen und Kontrollinstrumente.

Hinweis

Beim Erheben der Fakten ist darauf zu achten, daß nicht nur der gegenwärtige Stand erfaßt, sondern auch die künftige Entwicklung mit einbezogen wird.

Umfang und Zeitdauer der Istaufnahme richten sich nach dem Planungsfeld und der erforderlichen Erfassungstiefe.

In Abhängigkeit vom Problem kann auf eine Istaufnahme verzichtet werden, wenn eine ausführliche Voruntersuchung durchgeführt worden ist, so z.B. bei Entwicklungsvorhaben, die sich nicht an einem gegebenen Istzustand orientieren müssen.

2.5 Istaufnahme durchführen

Fehlerquelle	Fehlermöglichkeiten		
	Falsche Auskünfte	Falsche oder unvollständige Aufschreibungen	Informationslücken
Team des Aufnahmepersonals	–	Störungen, Arbeitsunterbrechungen, Termindruck	Kenntnismangel a) Anwendungsgebiet b) DV-Bereich
Informationsgeber	Falscher Gesprächspartner, Fehlschätzung, psychologischer Widerstand, abweichende Zielsetzung	–	Unvergeßlichkeit, Unwissen, absichtliches Verschweigen
Kommunikation	Mißverständnisse (nicht einheitliche Terminologie)	mündliche Weitergabe	–

Tabelle 2.3   Fehlermöglichkeiten, Fehlerquellen

	Plausibilitätskontrollen	Vollständigkeitskontrollen
Kontrollgegenstand	Schätzergebnisse, Zahlenmaterial	Lücken, fehlende Varianten von Abläufen
Kontrolltechniken	Interpolation mit Kennzahlen, Stichprobenverfahren, Summen- und Verhältniszahlbildung, Konferenzmethode	Teambildung, Berichtsmethode, Beobachtung, Variantenmatrix (z.B. Entscheidungstabellentechnik)
Kontrollzeitpunkt	fortlaufend nach jedem Teilabschnitt	nach Planung der Istaufnahme; nach Abschluß der Istaufnahme

Tabelle 2.4   Kontrollinstrumente

Checkpunkte

Planung der Istaufnahme, Auswahl der Erhebungsmethode

▷ Ist das Untersuchungsobjekt so gewählt, daß es die notwendigen Informationen für das Entwicklungsvorhaben liefern und die Beziehungen zu angrenzenden Bereichen ausreichend aufzeigen kann?

▷ Wurde die Aufnahmetiefe so festgelegt, daß sämtliche beteiligten Stellen bzw. Personen – einschließlich der von ihnen übernommenen Tätigkeiten – innerhalb des Ablaufs ersichtlich sind, um Vereinfachungsmöglichkeiten im Ablauf erkennen zu können?

▷ Sind die ausgewählten Ansprechpartner in der Lage, ausreichende Antworten zu geben und sind sie während des Erhebungszeitraums verfügbar?

▷ Sind die gewählten Aufnahmeformulare für den Erhebungszweck geeignet?

▷ Gibt der Erhebungszeitpunkt die typische Arbeitssituation wieder (z.B. Arbeitsspitzen)?

▷ Ist die gewählte Dokumentationsmethode sowohl für die Istaufnahme als auch für den fachlichen Entwurf geeignet?

▷ Entspricht die gewählte Erhebungsmethode dem Erhebungsziel?

▷ Muß der Betriebsrat bei der Verwendung der Erhebungsmethode unterrichtet werden?

2.6 Istanalyse durchführen

Zweck

Die Istanalyse hat zum Ziel, im Anschluß an die Istaufnahme, die Schwachstellen des derzeitigen Zustandes des beplanten Bereiches aufzudecken (Bild 2.6).

Erläuterung

Bei der Istanalyse wird die derzeitige Leistungsfähigkeit eines Verfahrens oder einer Organisation gemessen an den Vorstellungen oder Zukunftsanfor-

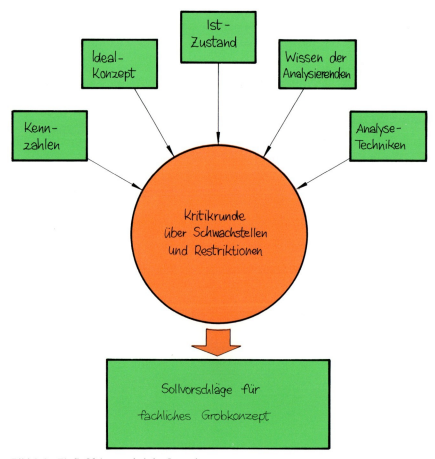

Bild 2.6 Einflußfaktoren bei der Istanalyse

derungen, die in einem Entwicklungsantrag oder in einem Idealkonzept niedergelegt worden sind. Dabei muß man auf die bei der Istaufnahme ermittelten Daten und Informationen zurückgreifen.

Vorgehensweise

Die Istanalyse kann mit der Untersuchung des Elementarprozeß-Ablaufs aus der Istaufnahme beginnen. Es wird jeder Prozeß nach den Gesichtspunkten untersucht:

▷ Ist dieser Prozeß notwendig oder kann er ersatzlos wegfallen?
▷ Ist dieser Prozeß in diesem Zusammenhang notwendig oder kann er zu anderer Zeit besser ausgeführt werden?
▷ Muß dieser Prozeß von dieser Dienststelle ausgeführt werden oder ist eine andere Dienststelle besser geeignet?
▷ Muß dieser Prozeß auf diese Art ablaufen oder gibt es eine bessere Lösungsmöglichkeit für die Aufgabe?
▷ Werden dieselben Prozesse an mehreren Stellen durchgeführt und könnte man sie zusammenlegen?

Zum Einstieg in Einzelheiten werden die Beschreibungsblätter herangezogen.

Die Schwachstellenanalyse und die Entwicklung von Verbesserungsvorschlägen ist in gewissem Maß bereits bei der Istaufnahme in Zusammenarbeit zwischen Aufnehmenden und den von der Aufnahme Betroffenen möglich.

Analysetechniken

Zur Unterstützung der Istanalyse gibt es nachstehende Techniken, die problemabhängig angewendet werden können.

Kommunikationsanalyse

Bei der Kommunikationsanalyse untersucht man den Informationsaustausch zwischen den einzelnen Stellen bezüglich Häufigkeit und Dauer. Die Datenaufnahme kann hierbei von den untersuchten Stellen nach genauem Festlegen der Informationsbeziehungen selbst durchgeführt werden. Hierbei kann es sich um Telefongespräche, Besuche, Schriftwechsel u.ä. handeln. Die Anzahl der Kontakte können in Kommunikationsmatrizen, -spinnen oder -netzen dargestellt werden (Bild 2.7).

2.6 Istanalyse durchführen

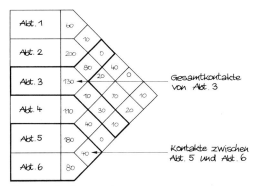

Kommunikationsmatrix

Kommunikationsspinne   Kommunikationsnetz

Bild 2.7   Darstellungsmöglichkeiten für Kommunikationsbeziehungen*

ABC-Analyse

Die ABC-Analyse dient zum Erkennen von Schwerpunkten durch Ermitteln einer Rangfolge. Die ABC-Analyse vollzieht sich in den Schritten:
▷ Erfassen der Daten und Auflisten mit entsprechenden Wertangaben (z.B. Umsatz, Lagerwert, Verbrauch)
▷ Errechnen des Gesamtwertes und des prozentmäßigen Anteils der einzelnen Positionen
▷ Sortieren der Positionen nach fallenden Prozentanteilen
▷ Auswerten; hierzu wird in einem Koordinatensystem auf der Abszisse der Rang der Positionen und auf der Ordinate der kumulierte Prozentwert aufgetragen und so eine Kurve gebildet (Bild 2.8).

Die Ergebnisse führen zu Regeln für die Behandlung der einzelnen Klassen (Schwerpunkte).

---

* Organisationsplanung, Siemens AG, 4. Auflage 1979, S. 322ff.

2.6 Istanalyse durchführen

Multimomentaufnahme

Die Multimomentaufnahme stellt ein Stichprobenverfahren dar, das auf der Basis der Augenblicksbeobachtung statistisch gesicherte Mengen- oder Zeitangaben ableitet. Mit Hilfe dieses Verfahrens kann man Aufschlüsse über Arbeitsauslastung, Störungen, Zeitbedarf für bestimmte Tätigkeiten usw. erhalten.

Netzplantechnik

Die Netzplantechnik (siehe Teil II, Kapitel 1 Planung, Steuerung und Überwachung von Organisations- und DV-Vorhaben) als Analysetechnik kann zum Darstellen von Arbeitsabläufen herangezogen werden. Dabei kann man Reihenfolgebedingungen und daraus resultierende Engpässe erkennen.

Hinweis

Die einzelnen Verbesserungsvorschläge werden im „fachlichen Grobkonzept" zu einem Lösungsvorschlag ausgearbeitet.

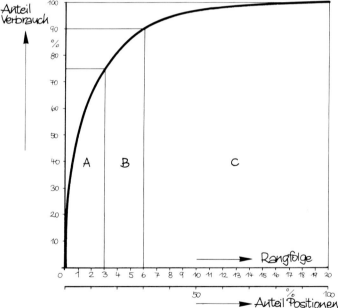

Bild 2.8   Beispiel zur ABC-Analyse

Aussagen für dieses Beispiel:
75% des Verbrauchs werden mit 15% der Positionen (A-Teile) abgedeckt
90% des Verbrauchs werden mit 30% der Positionen (A+B-Teile) abgedeckt
10% des Verbrauchs werden mit 70% der Positionen (C-Teile) abgedeckt

2.6 Istanalyse durchführen

Checkpunkte

▷ Sind die untersuchten Arbeitsabläufe sinnvoll geregelt und die Zuständigkeiten eindeutig festgelegt?

▷ Sind die Kontrollspannen überschaubar und untersteht jeder Mitarbeiter nur einem Vorgesetzten?
Entspricht die übertragene Verantwortung der Weisungsbefugnis?

▷ Sind alle bestehenden Arbeitsabläufe notwendig bzw. werden Doppelarbeiten ausgeführt?

▷ Ist das Verhältnis von Bearbeitungszeit zu Liege- und Transportzeit tragbar, oder läßt es sich z.B. durch eine Zusammenlegung von Funktionen verbessern?

▷ Treten im Arbeitsablauf Engpässe auf?

▷ An welchen Stellen des Arbeitsablaufes treten häufig Fehler auf, und was sind die Ursachen?

▷ Existiert ein Abstimm- und Kontrollsystem und genügt es den Anforderungen?

▷ Werden die erstellten Informationen von den Empfängern wirklich benötigt und sind die Kosten für ihre Erstellung bekannt?

▷ Läuft der Informations- und Datenfluß reibungslos und entspricht er den Sicherheitsanforderungen?

▷ Entsprechen die eingesetzten Datenträger den Anforderungen, die sich aus der Weiterverarbeitung ergeben?

▷ Sind die eingesetzten technischen und organisatorischen Hilfsmittel ausreichend und wirtschaftlich?

2.7 Fachliches Grobkonzept erstellen

Zweck

Das fachliche Grobkonzept stellt die Grundlage für die Entscheidung über die zukünftige Ablauf- und Aufbauorganisation dar. Hierzu müssen die möglichen Problemlösungen mit ihren Vor- und Nachteilen und dem voraussichtlichen Rationalisierungserfolg gegenübergestellt werden.

Erläuterung

Schwerpunkte des fachlichen Grobkonzeptes sind:

Beschreibung des fachlichen Problems

Beschreibung der fachlichen Lösung

    Ablauforganisation/Aufbauorganisation

    Schnittstellenbeschreibung/Gesamtkonzept

    Ausbaustufen

    Einsatz vorhandener Lösungen

Wirtschaftlichkeitsprüfung.

Beschreibung des fachlichen Problems

Die Aufgabenstellung im Entwicklungsantrag ist aufgrund der Istanalyse zu vertiefen bzw. zu erweitern, wobei an Tätigkeiten durchzuführen sind:

- ▷ Darstellen der Ursachen, die für die Problemsituation verantwortlich sind
- ▷ Beschreiben der Zielsetzungen zur Lösung des Problems
- ▷ Darlegen der bereits eingeleiteten oder geplanten Maßnahmen zur Zielerreichung
- ▷ Festlegen organisatorischer Restriktionen.

Beschreibung der fachlichen Lösung

Ausgehend von den Vorstellungen im Idealkonzept und den bei der Istanalyse ermittelten Schwachstellen und Restriktionen wird ein Lösungsvorschlag erarbeitet.

2.7 Fachliches Grobkonzept erstellen

Die Lösungsvorschläge lassen sich grob einteilen (Bild 2.9) in

▷ organisatorische Maßnahmen

▷ Anpassung eines DV-Verfahrens an die veränderte Umwelt

▷ Einsatz/Entwicklung eines neuen DV-Verfahrens.

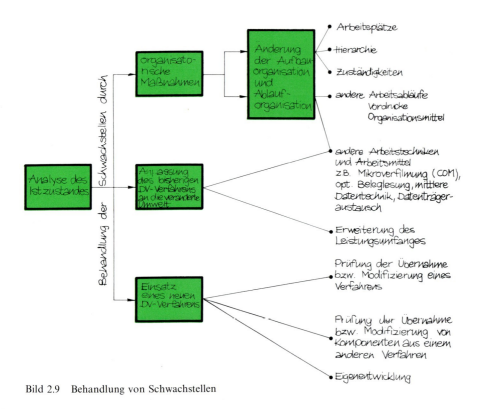

Bild 2.9   Behandlung von Schwachstellen

Wenn unterschiedliche Lösungswege möglich sind, sind diese alternativ mit ihren Vor- und Nachteilen darzustellen.

Hinweis

Die endgültige Entscheidung, welche Aufgaben/Probleme durch organisatorische oder dv-maschinelle Maßnahmen gelöst werden, kann erst bei der Erarbeitung des fachlichen Feinkonzepts (siehe 3.4) getroffen werden. Jedoch können die Ergebnisse der Istanalyse und des fachlichen Grobkonzepts zeigen, daß der Einsatz eines DV-Verfahrens nicht notwendig ist.

2.7 Fachliches Grobkonzept erstellen

Ablauforganisation/Aufbauorganisation

In einem groben Prozeßablauf sollen die zur Problemlösung notwendigen Arbeitsschritte (Prozesse) in der logischen und zeitlichen Reihenfolge ihres Ablaufes und der Datenfluß zwischen ihnen und zur Umwelt dargestellt werden.

Vor allem die geplanten Änderungen gegenüber der bisherigen Ablauforganisation (z.B. Umstellung von personellen Prozessen auf maschinelle Prozesse) sind herauszustellen. Für diese Beschreibung müssen die gleichen Darstellungstechniken wie bei der Istaufnahme verwendet werden, um eine Gegenüberstellung von Ist und Soll zu ermöglichen. Zusätzlich können die einzelnen Arbeitsschritte und der Datenfluß beschrieben werden. Der Datenflußplan ist durch ein Datenmengengerüst – das auch Angaben über die Zuwachsraten der Stamm- und Bewegungsdaten enthält – zu ergänzen. Wird durch die geplante Lösung auch eine Änderung der Aufbauorganisation notwendig, so sollte diese in einem „Organigramm" dargestellt werden.

Schnittstellenbeschreibung/Gesamtkonzept

Die Schnittstellen, die die jeweils benötigten Eingangs- oder Ausgangsdaten enthalten, müssen beschrieben werden hinsichtlich der

▷ Stellung des geplanten Verfahrens im Gesamtkonzept des Betriebes, Werks oder Bereichs

▷ Anschlußstellen zu anderen bestehenden/geplanten Verfahren (Verfahrensintegration)

▷ Ablaufabhängigkeiten zu anderen bestehenden/geplanten Verfahren

▷ Art der Dateneingabe (z.B. über Terminal)

▷ Art der Datenausgabe (z.B. Mikrofilm)

▷ Art des Datenaustausches (z.B. Datenübertragung).

Ausbaustufen

Wenn es notwendig oder zweckmäßig ist, das DV-Verfahren in unterschiedlichen Ausbaustufen zu realisieren und einzuführen, so muß dies im fachlichen Grobkonzept dargestellt werden.

Einsatz vorhandener Lösungen

Wurden bei der Voruntersuchung (Seite 47) ähnliche geplante oder bereits realisierte Entwicklungsvorhaben gefunden, so sind diese auf ihre Verwen-

2.7 Fachliches Grobkonzept erstellen

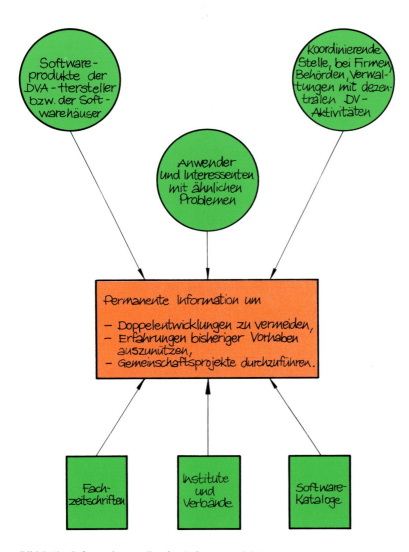

Bild 2.10 Informationsquellen für Softwareprodukte

dungsmöglichkeit hin zu untersuchen. Insbesondere dann, wenn DV-Lösungen angedacht sind, sollten neben den internen Stellen auch externe Stellen nach vorhandenen Lösungen abgefragt werden (siehe Bild 2.10).
Hierbei muß die Leistungsfähigkeit der vorhandenen oder geplanten Lösungen mit der des geplanten Vorhabens verglichen werden, um festzustellen,

ob eine ausreichende Übereinstimmung vorhanden ist, damit sich eine Übernahme, Anpassung, Gemeinschaftsentwicklung oder Modifikation des eigenen Vorhabens lohnt.

Wirtschaftlichkeitsprüfung

Der Informationsgehalt des Grobkonzeptes ermöglicht eine verbesserte Wirtschaftlichkeitsprüfung (siehe Teil II, Kapitel 3 Wirtschaftlichkeitsprüfung von DV-Verfahren), die eine wesentliche Entscheidungshilfe für das weitere Vorgehen darstellt.

2.7 Fachliches Grobkonzept erstellen

Checkpunkte

Fachproblem

▷ Liegen für die vorgeschlagenen Methoden und Verfahren Anwendererfahrungen vor?
▷ Wurden unterschiedliche Lösungsmöglichkeiten untersucht und zur Auswahl gestellt?
▷ Sind die gefundenen Lösungsvorschläge sachlich berechtigt und wirtschaftlich vertretbar?
▷ Sind die Gründe für nichtberücksichtigte Anforderungen stichhaltig?

Organisation

▷ Wurden bei dem Lösungsvorschlag die benachbarten Organisationsbereiche berücksichtigt?
▷ Wurden die Schnittstellen zu bereits bestehenden Verfahren berücksichtigt?
▷ Müssen Aufgaben in andere Verantwortungsbereiche verlagert werden, und wurde die Möglichkeit dazu geprüft?
▷ Sind die organisatorischen Veränderungen realisierbar?
▷ Muß der Betriebsrat von den organisatorischen Maßnahmen informiert werden?

Schnittstellenbeschreibung/Gesamtkonzept

▷ Wurden sämtliche Eingabendaten/-Parameter beschrieben?
▷ Sind die geplanten Zwischenergebnisse mit den verfügbaren Daten realisierbar?
▷ Ist die Übernahme bzw. Weitergabe der Daten in der geplanten Form möglich?
▷ Sind die Schnittstellen zu anderen Verfahren beachtet worden?
▷ Sind die Schnittstellen hinsichtlich
Dateneingabe
Datenaustausch
Datenausgabe
Datenbezeichnung
beschrieben?

Ausbaustufen

▷ Ist die vorgeschlagene Lösung so konzipiert, daß sie sich von einer Teillösung bis zur Gesamtlösung schrittweise ausbauen läßt?

▷ Ist die vorgeschlagene Reihenfolge der Realisierung sinnvoll?

Vorhandene Lösungen

▷ Wurde geprüft, ob ähnliche geplante oder bereits realisierte Entwicklungsvorhaben vorhanden sind?

▷ Ist das vorhandene Verfahren ausbaufähig und wie ist seine geschätzte Lebensdauer?

▷ Wurde der Aufwand für eine evtl. Anpassung eines vorhandenen ähnlichen Verfahrens ermittelt und unter Berücksichtigung der geschätzten verbleibenden „Lebensdauer" mit dem einer Neuentwicklung verglichen?

Wirtschaftlichkeit

▷ Wurde eine verbesserte Wirtschaftlichkeitsprüfung durchgeführt?

2.8 Fachliches Grobkonzept abstimmen

Zweck

Um sicherzustellen, daß alle Anwenderanforderungen abgedeckt wurden, ist das fachliche Grobkonzept zwischen Planern und künftigen Anwendern abzustimmen. Die Ergebnisse sollen schriftlich festgehalten werden, da sie Bestandteil der Unterlagen für die Entscheidungssitzung am Ende der Phase sind.

Erläuterung

Nach Festlegung der Dienststellen und Personen, mit denen eine Abstimmung vorzunehmen ist, ist über die Art der Abstimmung zu entscheiden:

- ▷ Abstimmung durch Mitarbeit
  (geeignet, wenn eine laufende Abstimmung notwendig ist, realisierbar durch entsprechende Zusammensetzung des Teams während der Planungsarbeit),
- ▷ Abstimmung im Einzelgespräch
  (zur Klärung spezifischer Punkte mit bestimmten Personen oder Dienststellen),
- ▷ Abstimmung in der Gruppe
  (für Schlußabstimmung und alle Punkte, die gemeinsam von allen Betroffenen behandelt werden müssen) oder
- ▷ Abstimmung durch Stellungnahme zu Berichten
  (für Schlußabstimmung, um zu dem schriftlich fixierten Planungsstand eine schriftliche Stellungnahme zu erhalten).

Bei der Schlußabstimmung werden die Ergebnisse visualisiert und die Stellungnahmen schriftlich festgehalten. Der Inhalt der Präsentation des fachlichen Grobkonzeptes und die Punkte, zu denen Stellung genommen werden soll, sind in Bild 2.11 dargestellt.

Die Abstimmung des fachlichen Grobkonzeptes kann in Form eines „Walk through" durchgeführt werden (siehe Seite 403).

2.8 Fachliches Grobkonzept abstimmen

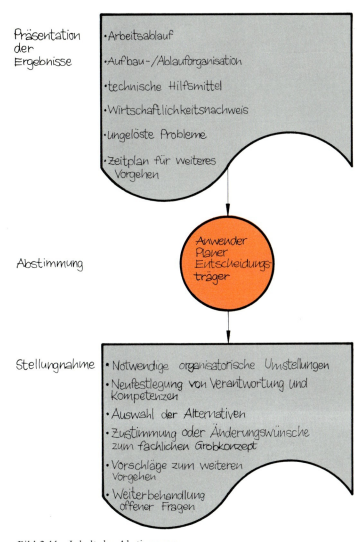

Bild 2.11   Inhalt der Abstimmung

2.9 Phasenabschluß durchführen

Zweck und allgemeine Erläuterung

Siehe hierzu 1.8 „Phasenabschluß durchführen".

Phasenspezifische Erläuterung

Am Ende der Planungsphase I sind die Ergebnisse aus der Istaufnahme, dem Idealkonzept sowie der Istanalyse so aufzubereiten, daß diese für die Begründung der Lösung im fachlichen Grobkonzept herangezogen werden können.

Die Ergebnisse der Abstimmung über das fachliche Grobkonzept müssen vollständig vorliegen, bevor das weitere Vorgehen geplant werden kann. Ergaben sich gegenüber der ursprünglichen Planung Änderungen, so sind die daraus resultierenden Auswirkungen herauszustellen.

2.10 Information und Entscheidung

Zweck und allgemeine Erläuterung

Siehe hierzu 1.9 „Information und Entscheidung".

Phasenspezifische Erläuterung

Die Entscheidungsinstanz muß über den Inhalt des Idealkonzeptes und des fachlichen Grobkonzeptes informiert werden.

Zur Entscheidung über das weitere Vorgehen sind folgende Punkte zu behandeln:

▷ Maßnahmenbeschluß zur Behebung der in dieser Phase aufgetretenen Schwierigkeiten

▷ Beschluß über den Lösungsweg bzw. Auswahl aus den vorgeschlagenen Alternativen

▷ Geplante Vorgehensweise und Termine für die Planungsphase II

▷ Benennung des beteiligten Personals bzw. der Dienststellen

▷ Zu erwartender Aufwand

▷ Zu erwartende Probleme

▷ Initiierung eines Gemeinschaftsprojektes bzw. Übernahme einer vorhandenen Lösung.

Die Entscheidungsinstanz kann bezüglich des weiteren Vorgehens nachstehende Entscheidungen treffen.

Entscheidung	Konsequenzen
Genehmigung des fachlichen Grobkonzeptes	Verabschiedung der weiteren Vorgehensweise
Genehmigung von Teilen des fachlichen Grobkonzeptes	Neuentwicklung der beanstandeten Teile, dazu evtl. neue Istaufnahme und -analyse
Ablehnung des fachlichen Grobkonzepts	Neuentwicklung, evtl. Wiederholung von Teilen der Istaufnahme und -analyse oder Einstellung des gesamten Projektes
Erweiterung oder Änderung der bisherigen Aufgabenstellung	Istaufnahme, Istanalyse, Neuentwicklung der fehlenden Teilgebiete

3 Planungsphase II

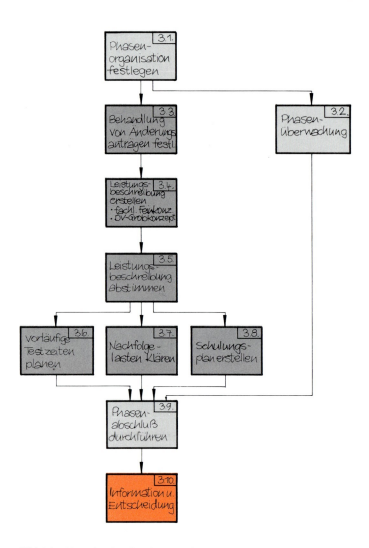

Bild 3.1 Netzplan für die Planungsphase II

3 Planungsphase II

Einführung

In der Planungsphase II wird – aufbauend auf dem Grobkonzept – der fachliche Lösungsweg in Form des fachlichen Feinkonzeptes detailliert beschrieben und unter Berücksichtigung der dv-technischen Möglichkeiten das DV-Grobkonzept erstellt. Beide gemeinsam ergeben die Leistungsbeschreibung, die wesentlicher Inhalt dieser Phase ist.

Am Ende dieser Phase müssen sämtliche fachlichen Anforderungen in der Leistungsbeschreibung berücksichtigt, d.h. jeder Elementarprozeß muß im Detail festgelegt sein. Bild 3.1 zeigt den Netzplan für die Planungsphase II.

3.1 Phasenorganisation festlegen

Zweck und allgemeine Erläuterung

Siehe hierzu 1.3 „Phasenorganisation festlegen".

Phasenspezifische Erläuterung

Das Erstellen der Leistungsbeschreibung erfordert eine enge Zusammenarbeit zwischen den Entwicklern des fachlichen Feinkonzeptes – Fachplaner – und denen des DV-Grobkonzeptes – DV-Planer – sowie den künftigen Anwendern. In dieser Phase ist die Mitwirkung insbesondere desjenigen DV-Planers unerläßlich, der die anschließende Realisierung übernimmt. Tabelle 3.1 zeigt die Personal-Tätigkeitsmatrix für die Planungsphase II.

Hinweis

Diese enge Zusammenarbeit hat den Vorteil, daß
- Anwenderanforderungen sowie fachliche und dv-technische Aspekte gleichermaßen berücksichtigt werden
- fachlich sinnvolle, dv-technisch aber zu teure Forderungen von Anfang an verhindert werden
- trotz unterschiedlicher Sprache der Fach- und DV-Planer die Gefahr von Mißverständnissen verringert wird
- Schwierigkeiten in den Realisierungsphasen I und II durch Konzeptionsänderungen bzw. ständige Rückfragen vermieden werden.

3.1 Phasenorganisation festlegen

Phasentätigkeiten / Verantwortliche Personen bzw. Stellen	Entscheidungsinstanz	Projektleitung	Anwender	Fachplaner/ DV-Organisator/ Verfahrensplaner	DV-Planer/ Softwareentwickler/ Chefprogrammierer	Programmierer	Rechenzentrum	Bemerkung
3.1. Phasenorganisation festlegen	a	b						
3.2. Phasenüberwachung		a						Bericht an Entscheidungsinstanz
3.3. Behandlung von Änderungsanträgen festlegen		a	a	a	a			
3.4. Leistungsbeschreibung Fachliches Feinkonzept erstellen			m	a	m			
DV-Grobkonzept erstellen				m	a		b	System- und Programmierberatung hinzuziehen
3.5. Leistungsbeschreibung abstimmen			m	a	a			
3.6. Vorläufige Testzeiten planen					a		m	System- und Programmierberatung hinzuziehen
3.7. Nachfolgelasten klären		a	m	a	a			
3.8. Schulungsplan erstellen			m	a	a		b	Schulungsexperten hinzuziehen
3.9. Phasenabschluß durchführen		a		m	m			
3.10. Information und Entscheidung	a	b						

a ausführend, b beratend, m mitwirkend

Tabelle 3.1   Personal-Tätigkeitsmatrix für die Planungsphase II

3.2 Phasenüberwachung

Zweck und allgemeine Erläuterung

Siehe hierzu 1.4 „Phasenüberwachung".

Phasenspezifische Erläuterung

Innerhalb der Planungsphase II ist darauf zu achten, daß die Leistungsbeschreibung

▷ den Anforderungen der Anwenderabteilung entspricht

▷ dv-technisch realisierbar ist und dabei möglichst viel vorhandene Software eingesetzt werden kann

▷ ausreichende Angaben enthält, die es ermöglichen, in der Folgephase das DV-Feinkonzept ohne große Rückfragen zu erstellen.

Falls die Aufgabenstellung des Entwicklungsantrages nicht mehr voll zutrifft – da z.B. fachlich sinnvolle Anforderungen dv-technisch zu aufwendige Lösungsvarianten nach sich ziehen – müssen die fachlichen Anforderungen und damit der Entwicklungsantrag modifiziert und von der Entscheidungsinstanz neu bestätigt werden.

Hinweis

Eine nicht genügend ausgereifte Leistungsbeschreibung zieht einen überhöhten Aufwand beim Erstellen des DV-Feinkonzeptes nach sich.

3.3 Behandlung von Änderungsanträgen festlegen

Zweck

Damit Feinplanung und Realisierung nicht durch immer neue Änderungswünsche behindert werden, ist rechtzeitig ein „Redaktionsschluß" für Änderungswünsche festzulegen. Der Zeitpunkt für den Redaktionsschluß muß so früh gewählt werden, daß Änderungswünsche bei der weiteren Arbeit noch berücksichtigt werden können. Vor der Erarbeitung des fachlichen Feinkonzepts muß der Redaktionsschluß für die zu detaillierenden Aufgaben des fachlichen Grobkonzepts liegen; d.h. zu diesem Zeitpunkt muß das Planungsfeld bezüglich der Hauptfunktionen festliegen.

Nachdem das fachliche Feinkonzept/DV-Grobkonzept erstellt wurde, ist auch Redaktionsschluß für Änderungswünsche in den Elementaraufgaben/-prozessen.

Erläuterung

Änderungswünsche sind in einem Änderungsantrag zu stellen, der folgende Punkte enthält:

▷ Antragsteller, Datum
▷ Schriftliche Fixierung des Änderungswunsches
▷ Begründung
▷ Wunschtermin

} auszufüllen durch Antragsteller

▷ Stellungnahme der übrigen betroffenen Anwender
▷ Auswirkung auf den geplanten Ablauf, auf andere Verfahren und andere Anwender
▷ Aufwand – Nutzenüberlegungen

} auszufüllen durch Anwender bzw. Planer (Team)

Aufgrund des Antrages muß die Entscheidungsinstanz über die Realisierung der Änderung entscheiden. Das Planungsteam hat die terminlichen und kapazitativen Auswirkungen zu ermitteln. Inhalt und Behandlung der Änderungsanträge, die *nach* Redaktionsschluß gestellt werden, sind aus Bild 3.2 ersichtlich.

3.3 Behandlung von Änderungsanträgen festlegen

Änderungsantrag vor Redaktionsschluss	Änderungsantrag nach Redaktionsschluss
Inhalt: • Antragsteller, Datum • Schriftliche Fixierung des Änderungswunsches mit Begründung • Auswirkungen • Stellungnahme der übrigen betroffenen Anwender	Inhalt: • Antragsteller, Datum • Schriftliche Fixierung des Änderungswunsches mit Begründung • Auswirkungen • Stellungnahme der übrigen betroffenen Anwender **zusätzlich:** • Folgen falls Änderungsantrag abgelehnt wird • Auswirkungen auf das Projekt in Bezug auf Termine und Aufwand • Aussagen zur Übernahme der entstehenden Mehrkosten
Entscheidung: Realisierung ja oder nein Planung der terminlichen und kapazitativen Auswirkungen	Entscheidung: • Realisierung ja oder nein • Planung der terminlichen und kapazitativen Auswirkungen **zusätzlich:** Festlegung der Kostenübernahme

Bild 3.2   Möglichkeiten der Behandlung von Änderungsanträgen

3.4 Leistungsbeschreibung erstellen

Zweck

In der Leistungsbeschreibung werden Leistungsumfang und Lösungsweg des Verfahrens festgelegt; sie ist die Arbeitsgrundlage zum Erstellen des DV-Feinkonzeptes.

Die Leistungsbeschreibung enthält das Ergebnis des

fachlichen Feinkonzepts:

Festlegung der fachlichen Anforderungen und des fachlichen Lösungsweges des Verfahrens, Strukturierung und Beschreibung der fachlichen Prozesse und des

DV-Grobkonzepts:

Festlegung des dv-technischen Lösungsweges des Verfahrens, dv-technische Strukturierung, Betriebsart, Speicherkonzept, Datenfluß.

Fachliches Feinkonzept

Schwerpunkte im fachlichen Feinkonzept sind:
Gesamtproblematik
Beschreibung der Prozesse, Prozeßablauf, Prozeßstruktur
Beschreibung der Daten, fachliches Speicherkonzept
    Beschreibung der Datenströme
    Datenlexikon (Datenkatalog, data-dictionary)
    Kriterien zur Auswahl der Speichermedien
    Datenstruktur
Schlüsselsysteme
Anforderungen an die Belege
Anforderungen an die Datenerfassung
Beschreibung der Auswertungen
    Auswertungsinhalt, Auswertungsform
    Auswertungsträger, Auswertungshäufigkeit
Organisatorische und technische Anforderungen
Datensicherheits- und Datenschutzanforderungen.

3.4 Leistungsbeschreibung, fachliches Feinkonzept erstellen

Gesamtproblematik

Um den Erstellern der Spezifikationen auch einen Überblick über die Gesamtproblematik geben zu können, sollte im fachlichen Konzept kurz beschrieben werden:

▷ Welche vorhandenen Lösungen (Verfahren) abgelöst bzw. ergänzt werden?

▷ Welche „neuen" Wege beschritten werden und wo dabei die größten Schwierigkeiten liegen?

Beschreibung der Prozesse, Prozeßablauf, Prozeßstruktur

Bei der Istaufnahme wurde das Aufgabengebiet soweit untergliedert, bis die Planer einen ausreichenden Überblick erhielten. Aufbauend auf der Istanalyse wurde ein fachliches Grobkonzept erarbeitet, dessen Prozeßablauf jetzt die Basis für das fachliche Feinkonzept bildet. Die Prozesse des fachlichen Grobkonzeptes werden in mehreren aufeinanderfolgenden Entwicklungsschritten unterteilt, bis Lösungen für die Elementaraufgaben des Aufgabenbaumes erreicht sind. Durch die Anlehnung an den Aufgabenbaum soll eine Gliederung erreicht werden, die

▷ den Vergleich der neuen Elementarprozesse mit den Elementarprozessen der Istaufnahme ermöglicht

▷ zu übersichtlichen neuen Elementarprozessen führt, die überwiegend Verarbeitungsschritte enthalten; notfalls sind zu große Elementarprozesse und anschließend die entsprechenden Elementaraufgaben weiter zu unterteilen

▷ die Übernahme unveränderter Elementarprozesse aus der Istaufnahme fördert

▷ zu Elementarprozessen führt, die in sich abgeschlossene logische Einheiten bilden; d.h., ihre innere Arbeitsweise soll unabhängig von der inneren Arbeitsweise aller anderen Elementarprozesse sein.

Bei der Entwicklung der neuen Elementarprozesse werden die neuen Methoden der Aufgabendurchführung, die neuen Einflußgrößen und evtl. neue Reihenfolgen des Ablaufs festgelegt. Die Elementarprozesse werden wie in der Istaufnahme mit Beschreibungsblättern und Entscheidungstabellen dokumentiert.

Die Zusammenhänge zwischen den Elementarprozessen werden im Elementarprozeß-Ablauf dargestellt. Aus dem Elementarprozeß-Ablauf werden die Elementarprozesse, die einer gemeinsamen Steuerung unterstehen, zu einem

Prozeß der nächst höheren Ebene zusammengefaßt. Prozeßabläufe dieser Ebene, die wiederum einer gemeinsamen Steuerung unterstehen, werden als ein Prozeß der nächst höheren Ebene dargestellt (Bottom-up-Prinzip). Die hierbei entstehende Prozeßhierarchie wird im Prozeßbaum visualisiert (Bild 3.3). Ziel der Prozeßstrukturierung ist,

▷ die Verarbeitung von der Steuerung zu trennen und gesondert darzustellen
▷ fachlich formulierte Bausteine als Grundlage für eine modulare DV-Realisierung zu schaffen
▷ den Betreuungsaufwand in der Einsatzphase zu minimieren
▷ den fachlichen Einstieg in den Gesamtprozeß für die Einarbeitung neuer Mitarbeiter zu erleichtern.

Die Prozesse jeder Ebene werden wie Elementarprozesse beschrieben. Da die Prozesse auch die Steuerung enthalten, sind zur Dokumentation Entscheidungstabellen und Struktogramme besonders nützlich.

Während im Aufgabenbaum die Aufgaben lediglich eine Summe der untergeordneten Aufgaben darstellen, bestehen die Prozesse aus den untergeordneten Prozessen *und* ihrer Ablaufsteuerung. Deshalb kann die Anzahl der Ebenen in beiden Strukturen unterschiedlich sein.

Zur Vorbereitung des DV-Grobkonzeptes werden im Elementarprozeß-Ablauf alle Elementarprozesse danach untersucht, ob sie maschinell bearbeitet werden können. Die entsprechenden Elementarprozesse werden im Elementarprozeß-Ablauf und im Prozeßbaum gekennzeichnet.

Beschreibung der Daten, fachliches Speicherkonzept

Die Beschreibung der Daten und das Darstellen des Datenflusses ermöglichen dem DV-Planer die beste Form der Datenspeicherung zu bestimmen.

Beschreibung der Datenströme

Das Darstellen der Datenströme aus betriebswirtschaftlich-organisatorischer Sicht stellt die Grundlage dar für die Festlegung des dv-technischen Datenflusses. Die Datenströme müssen durch Angabe der

▷ Datennamen (Datengruppennamen)
▷ Datenmengen
▷ Anfallzeitpunkte

spezifiziert werden.

3.4 Leistungsbeschreibung, fachliches Feinkonzept erstellen

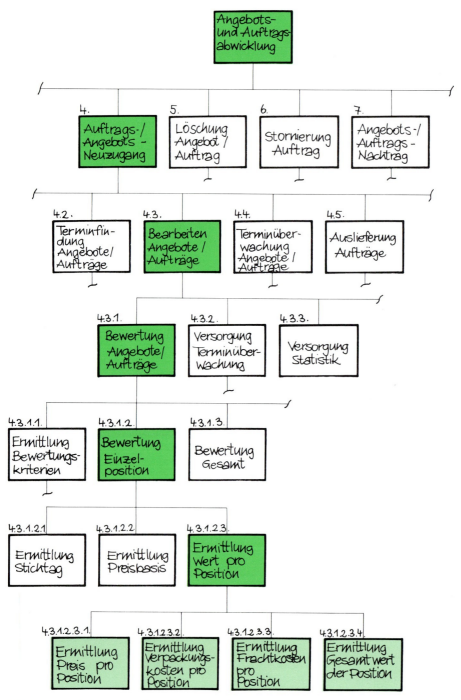

Bild 3.3   Ausschnitt aus dem Prozeßbaum Angebots- und Auftragsabwicklung

3.4 Leistungsbeschreibung, fachliches Feinkonzept erstellen

Datenlexikon (Datenkatalog, data-dictionary)

Im Datenlexikon werden alle Daten beschrieben, erklärt und abgegrenzt, die innerhalb eines Geltungsbereiches (hier: beplante Funktion→Verfahren) im Rahmen des betrieblichen Daten- und Informationsflusses entstehen, gespeichert und verarbeitet werden. Ein Vorschlag findet sich in Teil II, Kapitel 5 Konventionen und Richtlinien für die Programmierung. Hier sind die wichtigsten Punkte aufgeführt.

Name

Der Datenname ist eindeutig festzulegen. Es sind drei Formen des Datennamens zu unterscheiden:

 Ausführlicher fachlicher Name
 Fachliche Kurzbezeichnung
 DV-technischer Name (wird vom DV-Planer eingetragen).

Inhalt (Bedeutung)

Um Verwechslungen zwischen Daten auszuschalten, ist der Dateninhalt zu definieren.

Herkunft und Verbleib

Ursprungsdaten (Eingabedaten, jedoch nicht auf maschinellen Datenträgern)

Speicherdaten (Daten, die bereits auf einem maschinellen Datenträger sind)

Zwischendaten (bei der Verarbeitung ermittelte, aber nicht ausgegebene und nicht extern gespeicherte Daten)

Enddaten (errechnete Daten, die gespeichert und/oder ausgegeben werden).

Datenformat

Alpha, alpha-numerisch, numerisch

Länge (es ist die maximale Stellenzahl anzugeben unter Berücksichtigung zukünftiger Entwicklungen).

Wertebereich

Verantwortlichkeit (wer führt den Änderungsdienst durch?)

Risikoklasse (für die Belange der Datensicherheit)

Volumenangaben, Anfallzeitpunkte.

3.4 Leistungsbeschreibung, fachliches Feinkonzept erstellen

Sind die Daten bereits auf maschinellen Datenträgern vorhanden, so können die Angaben aus deren Beschreibung entnommen werden.

Kriterien zur Auswahl der Speichermedien

Datenvolumen

Bei der Istaufnahme wurde das derzeitige Volumen der einzelnen Daten ermittelt. Davon ausgehend ist das Volumen zu schätzen, das im Rahmen des neuen Verfahrens auf lange Sicht je Zeiteinheit zu verarbeiten und/oder zu speichern ist.

Häufigkeit der Datenbenutzung

Häufigkeit der Datenänderung (Prozentanteil der geänderten Daten vom Gesamtvolumen)

Lebensdauer einer Date (wird bestimmt durch den Bedarf oder durch die Aufbewahrungspflicht, firmenintern oder gesetzlich)

Archivierung der Daten.

Datenstruktur

Unter Datenstruktur sind die gegenseitigen Abhängigkeiten und Verknüpfungen betriebswirtschaftlicher Art zu verstehen; sie gewinnt besonders an Bedeutung beim Auswählen eines Datenbanksystems. Hierbei ist zu berücksichtigen, daß der Zugriff zu den Daten durch im Datenbanksystem festgelegte Strukturen beeinflußt wird.

Schlüsselsysteme

Als Schlüssel bezeichnet man Kurzzeichen oder Symbole für Informationen. Ein neues Schlüsselsystem kann notwendig werden, wenn das vorhandene System
    nicht dv-gerecht gestaltet ist
    nicht mehr erweiterungsfähig ist
    mit einem anderen System zusammengefaßt werden muß.

Man unterscheidet
    Identifikationsschlüssel
    Informationsschlüssel
    Klassifikationsschlüssel
    Parallelschlüssel.

Identifikationsschlüssel

Ein Identifikationsschlüssel identifiziert ein Objekt, ohne etwas über seine Attribute auszusagen; er ist als reine Zählnummer oder laufende Nummer zu sehen.

Beispiele für Identifikationsschlüssel sind
    Rechnungsnummern
    Kontonummern
    Personalnummern
    Fahrgestell- und Motornummern.

Der Identifikationsschlüssel ist sehr kompakt und eignet sich sehr gut für Sortier- und Suchprozesse.

Informationsschlüssel

Informationsschlüssel dienen dazu, ein Objekt zu identifizieren und etwas über seine Attribute auszusagen; dies ist durch Verdichten der Attribute möglich, z.B. durch die Auswahl von Anfangsbuchstaben (BOI für Boiler) oder durch Streichen von Vokalen (BLR).

Beispiel eines Informationsschlüssels für Elektroherde

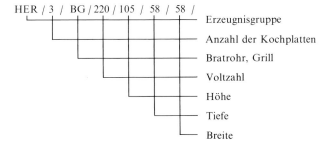

Der Informationsschlüssel kann sehr umfangreich werden und ist meist nicht lückenlos.

3.4 Leistungsbeschreibung, fachliches Feinkonzept erstellen

Klassifikationsschlüssel

Klassifikationsschlüssel enthalten die wesentlichen Eigenschaften eines Gegenstandes in einer Gruppen- und Klasseneinteilung.

Beispiel für einen Klassifikationsschlüssel

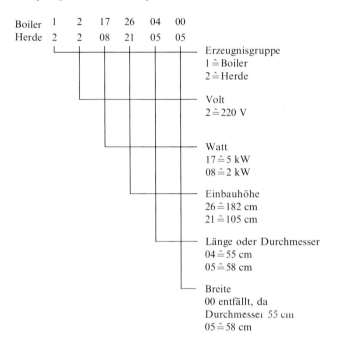

Während der Identifikationsschlüssel einen Gegenstand eindeutig bezeichnet, kann dies mit einem reinen Klassifikationsschlüssel nur schwer erreicht werden.

Parallelschlüssel

Unter dem Parallelschlüssel versteht man die Erweiterung des Klassifikations- bzw. Informationsschlüssels um einen identifizierenden Teil. Der Identifikationsteil des Parallelschlüssels erleichtert das Sortieren und Wiederauffinden der einzelnen Nummern. Bei der Neuentwicklung eines Schlüsselsystems sollte versucht werden, einen Parallelschlüssel einzuführen, da er die Vorteile des Klassifikations- bzw. Informationsschlüssels besitzt und dv-technisch gut verarbeitbar ist.

Beispiel für eine Parallelverschlüsselung

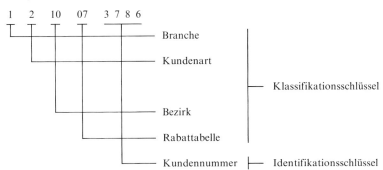

Prüfziffernverfahren

Beim personellen Erfassen von Zahlen z.B. Sachnummern, Kontonummern usw. können Fehler auftreten durch Verwechseln schlecht geschriebener Ziffern, Lesefehler oder Eintastfehler. Damit die falsch eingegebenen Zahlen vor ihrer Verarbeitung erkannt werden können, erweitert man sie um sogenannte Prüfziffern. Dies bedeutet zwar, daß man mehr Informationen eingibt als zur Kennzeichnung eines Objektes nötig sind, hierdurch aber fehlerhafte Eingaben frühzeitig erkennen kann.

Untersuchungen über Fehlerarten und -häufigkeiten bei der Eingabe von Nummern haben ergeben, daß drei Fehlerarten am meisten auftreten:

„Einzelfehler" – die Verfälschung einer eingegebenen Ziffer in eine andere (z.B. 2851 statt 2351)

„Drehfehler" – die Vertauschung zweier benachbarter Ziffern

„Formatfehler" – eine Ziffer einer Nummer wird ausgelassen, oder es tritt eine Ziffer zuviel auf.

Weitere Fehlerarten sind:

Übersprungene Vertauschung (z.B. 408 statt 804)

Doppeldrehfehler (z.B. 2163 statt 6321)

Verwechslung der Tastenreihe (z.B. 12 statt 45, eine Reihe zu hoch gegriffen).

Alle diese Fehler (ausgenommen Formatfehler) können weitgehend durch Prüfziffernverfahren erkannt werden. Formatfehler lassen sich nur durch eine Formatvereinbarung – die die Stellenanzahl festlegt – verhindern.

3.4 Leistungsbeschreibung, fachliches Feinkonzept erstellen

Prüfziffern werden nach mathematischen Verfahren aus den zu sichernden Nummern errechnet und an diese angefügt. Nach Eingabe der gesicherten Nummern wiederholt man die mathematischen Operationen und kontrolliert die Übereinstimmung der eingegebenen und ermittelten Prüfziffern. Das Auftreten von Abweichungen deutet auf einen Fehler hin. Das Verwechseln ganzer gültiger Nummern kann durch sie nicht festgestellt werden.

Neben den Prüfziffern können zur Eingabesicherung noch Kontroll- oder Kennbuchstaben verwendet werden. Kontrollbuchstaben werden aus Attributen (Name, Wohnort, Beruf) der zu prüfenden Nummer abgeleitet. Sie dienen dazu, die Verwechslungen von gültigen ganzen Nummern festzustellen. Hierzu muß die eingegebene Nummer mit dem Kontrollbuchstaben mit den bereits gespeicherten Werten verglichen werden.

In der Praxis werden Prüfziffernverfahren den Buchstabenverfahren vorgezogen, da der technische Aufwand für die Erstellung und Prüfung geringer ist und Fehler früher erkannt werden können. Viele Erfassungsgeräte sind zudem bereits heute in der Lage, bei der Eingabe der Ziffernfolgen die Prüfziffern zu errechnen und Fehler anzuzeigen.

Die Tabelle 3.2 zeigt eine Gegenüberstellung verschiedener Sicherungsverfahren.

Anforderungen an die Belege

Beim Erstellen des fachlichen Feinkonzeptes müssen die in der Istaufnahme beschriebenen Belege hinsichtlich folgender Punkte überprüft werden:

▷ Welche Belege sind übernehmbar?
▷ Können die Belege in der alten Form übernommen werden?
▷ Welche Belege sind änderbar?
▷ Welche Belege müssen aufgrund neuer Anforderungen geändert werden?
▷ Welche Belege sind überflüssig?
▷ Welche Belege können zusammengefaßt werden?
▷ Welche Belege sind zusätzlich erforderlich?

Es müssen alle Anforderungen fachlicher Art an die Belege beschrieben werden, die sich aufgrund des geplanten Belegflusses und der neu zu strukturierenden Arbeitsabläufe unter Berücksichtigung externer Bedingungen (z.B. vorgeschriebener Aufbau bei Scheckformularen oder Postüberweisungen) ergeben.

3.4 Leistungsbeschreibung, fachliches Feinkonzept erstellen

Kriterien / Verfahren	Fehler-rate gesamt	Schwierig-keitsgrad beim Errechnen	Anwendungs-bereich	Bemerkung
101er-Verfahren	99,7	noch manuell errechenbar	Bewegungsdaten mit variabler Stellenzahl und mit Dezimal-stellen	Kommafehler werden mit einer Sicherheit von 99,5% erkannt, zweistellige Prüf-ziffer erforderlich
11er-Neuverfahren	98	einfach manuell errechenbar	Bewegungsdaten mit variabler Stellenzahl und mit Dezimal-stellen	Kommafehler werden mit einer Sicherheit von 99,5% erkannt, Doppeldrehfehler werden nicht erkannt, Fehler-erkennungsrate beim Erken-nen von einer oder mehre-ren Ziffern zu viel, zu wenig oder falsch geringer als beim 101er-Verfahren
mod 11 abgebrochene arithmetische Reihe 1, 2, 3, 1, 2, 3	99,2	einfach manuell errechenbar	Stammdaten mit fester Stellen-zahl	zweistellige Prüfziffer erfor-derlich oder 10 in X umsetzen
mod 11 geometrische Reihe	99,8	einfach manuell errechenbar	Stammdaten mit fester Stellen-zahl	zweistellige Prüfziffer erfor-derlich oder 10 in X umsetzen
mod 10 geometrische Reihe 1, 3, 9, 7	98	einfach manuell errechenbar	Stammdaten mit fester Stellen-zahl	Drehfehler können nicht vollständig erkannt werden. Gewichtung ohne Wert 5
Kontroll-buchstaben	sehr hoch	einfach, da aus Zusatz-informationen abgeleitet	Stammdaten mit fester Stellen-zahl	nicht selbstprüfend, Prüf-ziffernverfahren sind anwendungsfreundlicher
Kenn-buchstaben	99,7	kompliziert, da nur über Tabellen und mit hohem Rechenauf-wand	Stammdaten und Be-wegungsdaten	Prüfziffernverfahren sind anwendungsfreundlicher

Tabelle 3.2 Gegenüberstellung verschiedener Sicherungsverfahren

3.4 Leistungsbeschreibung, fachliches Feinkonzept erstellen

Beim Entwurf von Datenerfassungsbelegen sind folgende Punkte zu beachten:
- ▷ Der Urbeleg sollte gleichzeitig Erfassungsbeleg sein
- ▷ Um Blicksprünge bei der Erfassung zu vermeiden, soll die Reihenfolge der zu erfassenden Daten auf dem Belegvordruck mit der Reihenfolge beim Eintasten übereinstimmen
- ▷ Daten, die erfaßt werden, sollen sich von den übrigen Angaben auf dem Beleg deutlich abheben
- ▷ Durch eine vorgedruckte Stelleneinteilung auf den Belegen wird ein eindeutiges und sauberes Ausfüllen erleichtert
- ▷ Die Numerierung der Stellen und Felder auf dem Beleg soll mit der auf der Eingabemaske übereinstimmen
- ▷ Für das Eintragen von Dezimalwerten soll auf dem Beleg die Kommastelle vorgedruckt sein, damit die Daten stellengerecht eingetragen werden
- ▷ Die Kartenart sollte – soweit sie nicht für eine Belegart veränderlich ist – vorgedruckt sein
- ▷ Belege sollten aus Hantierungsgründen nicht größer als DIN A 4 sein.

Anforderung an die Datenerfassung

Eine zweckmäßige – und wirtschaftliche – Datenerfassung kann nur unter Berücksichtigung des gesamten Verfahrensablaufes festgelegt werden (siehe Teil II, Kapitel 4 Datenerfassung). Dabei sind die Bestimmungsgrößen des Vorfeldes und des Nachfeldes für die Auswahl von Datenerfassungsmethoden und -geräten notwendig. Mit dem Festlegen des fachlichen Feinkonzeptes und der parallel dazu gemachten Überlegung für eine spätere Datenverarbeitung werden diese Größen bestimmt. Sie beziehen sich auf die Punkte:

Datenquelle
Belegfluß
Belegaufbau
Belegbearbeitung
Datenmenge
Zeitverhalten des Datenanfalls
Zeitforderung/Termine
Fehlerkorrekturen
Integration mit anderen Erfassungs-Systemen
Anzahl der Erfassungsplätze.

Sollen die Daten auf maschinell lesbaren Datenträgern (Lochkarte, Magnetband, optischer Beleg usw.) erfaßt werden, so sind bei der Planung nachstehende Punkte zu berücksichtigen:

3.4 Leistungsbeschreibung, fachliches Feinkonzept erstellen

Zeitpunkt der Erfassung

Das Erfassen soll zum frühest möglichen Zeitpunkt – d.h. bei Anfall der Daten – durchgeführt werden.

Einmaligkeit der Erfassung

Die Daten sollten nur einmal erfaßt werden. Es soll nach Möglichkeit auf maschinell lesbare Daten aus Vorlaufverfahren zurückgegriffen werden. Daraus ergibt sich eine maschinelle Übergabe der Daten an parallel oder später laufende Verfahren. Daten aus vorgelagerten Verfahren sind wie alle anderen Eingabedaten zum Absichern des eigenen Verfahrens zu plausibilitieren.

Absicherung des Erfassungsbeleges

Das Absichern nachstehender Risiken ist durch die zugeordneten Maßnahmen möglich:

Verlust:	Duplikat
	Urbeleg
	Begleitzettel
	fortlaufende Numerierung
Verfälschung:	Prüfzeichen
	Feldzahlangaben
	Summenkontrolle
	Unterschrift
	Prüfung
Fremdzugriff:	Begleitzettel
	Quittung
	Sicherung der Transportwege.

Beschreibung der Auswertungen

Zusammen mit den späteren Anwendern und dem DV-Planer sind folgende Punkte festzulegen:

Auswertungsinhalt, Auswertungsform

Man muß unterscheiden zwischen Daten, die unverändert übernommen und lediglich beim Auswerten sichtbar gemacht werden, und Daten, die speziell für eine Auswertung zu ermitteln sind.

Im ersten Fall genügt ein Hinweis auf das Datenlexikon, andernfalls müssen Format und Inhalt der Daten detailliert beschrieben werden.

3.4 Leistungsbeschreibung, fachliches Feinkonzept erstellen

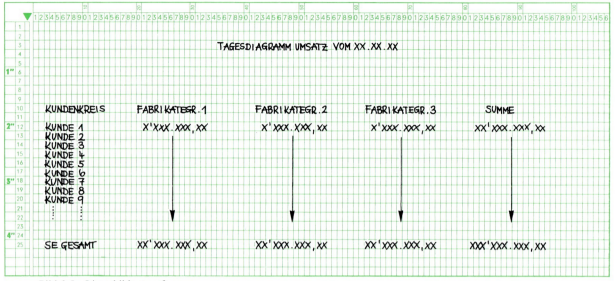

Bild 3.5   Listenbildentwurf

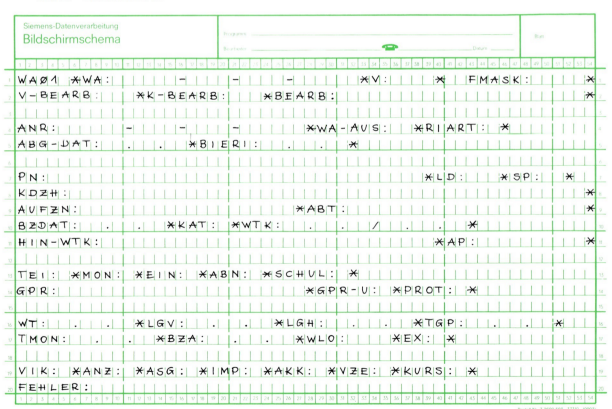

Bild 3.6   Maskenentwurf

Zur Darstellungsform der Auswertung sind folgende Überlegungen anzustellen:

▷ Unter welchen Voraussetzungen wird ein Gruppen-, Blatt- bzw. Maskenwechsel durchgeführt?

▷ Welche Daten sind Sortierbegriffe und welche Hierarchie besteht?

▷ Welchen Aufbau und Inhalt sollen die einzelnen Kopfzeilen (Überschriften, Kennbegriffe, ...) haben?

▷ Welche manuellen Abläufe müssen für die Ausgabennachbearbeitung berücksichtigt werden?

Für den Listen- bzw. Maskenentwurf sind „Standardformularentwurfsblätter" zu verwenden (Bild 3.5 und Bild 3.6).

Auswertungsträger, Auswertungshäufigkeit

Entsprechend der Entscheidung, welche Daten auf Papier, Mikrofilm oder Bildschirm auszugeben sind, müssen nachstehende Festlegungen getroffen werden:

▷ Papierausgabe

Ausgegeben werden kann entweder auf Formular oder auf Blanko-Endlospapier. Formulare sollten jedoch aus Kostengründen nur wenn unbedingt erforderlich, verwendet werden.

▷ Mikrofilmausgabe

Es ist festzulegen, welcher Inhalt in welcher Form (Film, Fiches, Streifen) verfilmt werden soll.

In engem Zusammenhang mit dem Auswertungsträger steht die Auswertungshäufigkeit. Es ist anzugeben, ob anhand vorgegebener Kriterien regelmäßig oder sporadisch auf Anforderung durch den Anwender ausgewertet wird. Beim Festlegen der Auswertungshäufigkeit sind dem Anwender die entstehenden Kosten je Auswertung bewußt zu machen.

Organisatorische und technische Anforderungen

Organisatorische Anforderungen

Es sind die Maßnahmen zu beschreiben, die zu der im fachlichen Grobkonzept erarbeiteten Ablauf-/Aufbauorganisation führen.

Maßnahmen zur Änderung der Aufbauorganisation, wie:
- ▷ Dezentralisieren von Aufgaben (z.B. Wegfall der zentralen Datenerfassung durch die Erfassung der Daten am Ort des Erstellers)
- ▷ Zusammenfassen von Aufgaben, die bisher an verschiedenen Stellen durchgeführt wurden (z.B. Einrichtung eines Auftragsabwicklungszentrums).

Maßnahmen zur Integration des geplanten DV-Verfahrens in den betrieblichen Ablauf, wie:
- ▷ Ablaufterminliche Eingliederung in vor- und nachgelagerte personelle und maschinelle Abläufe
- ▷ Festlegungen zur Aufbewahrung bzw. Vernichtung von ausgegebenen Listen, Protokollen etc.
- ▷ Festlegung, wer welche Daten eingeben, ändern, abrufen darf (Festlegung der Benutzungsberechtigung).

Technische Anforderungen

Folgende Anforderungen sind gemeinsam mit dem DV-Planer zusammenzustellen:
- ▷ Gewünschte Ablaufsicherheit (z.B. Restartmöglichkeit)
- ▷ Gewünschte Betriebsart
  bei Dialog: Anzahl der Dialoggeräte einschließlich Standort, gewünschte Responsezeiten
- ▷ Hinweise auf Datenaustausch mit anderen Verfahren
- ▷ Besondere Schrifttypen (z.B. optisch lesbare Schrift, Groß-/Kleinschreibung).

Datensicherheits- und Datenschutzanforderungen

Werden in dieser Phase die Erfordernisse der Datensicherheit und des Datenschutzes nicht ausreichend berücksichtigt, müssen nachträglich Maßnahmen mit unverhältnismäßig hohem Aufwand durchgeführt werden.

Kernstück der Sicherheit eines Verfahrens stellt das Kontroll- und Sicherungssystem dar; seine Aufgabe ist die Ordnungsmäßigkeit der Ergebnisse zu gewährleisten:
- ▷ Fehlerhafte Eingabedaten werden erkannt und einer entsprechenden Bearbeitung unterzogen

3.4 Leistungsbeschreibung, fachliches Feinkonzept erstellen

▷ Die Daten des Verfahrens werden gegen Verfälschung, Verlust und Fremdzugriff geschützt
▷ Die Vollständigkeit des Datenflusses wird durch Abstimmungen kontrolliert
▷ Ein reibungsloser, ordnungsgemäßer maschineller Ablauf des Verfahrens wird sichergestellt.

Das Kontroll- und Sicherungssystem muß Vollständigkeitskontrollen, Plausibilitätskontrollen und Zugriffsberechtigungskontrolle enthalten:

Vollständigkeitskontrollen

Kontrolle des eingelesenen und verarbeiteten Datenvolumens
Kontrolle der Daten mit Hilfe von Abstimmrastern
Kontrolle der Lückenlosigkeit der Datensätze, z.B. über Belegnummern
Kontrolle des Inhalts der Datensätze auf Vollständigkeit

Plausibilitätskontrollen

Formatkontrollen
Zulässigkeits- oder Gültigkeitskontrollen
Kombinations- und Abhängigkeitskontrollen
Summenkontrollen
Mischsummen
Prüfziffern (siehe Seite 111 ff)
Sortierungskontrollen.

Zugriffsberechtigungskontrollen

Die Zugriffsberechtigung kann nur einzelne Funktionen, wie Lesen, Schreiben, Ändern, Löschen oder Kombinationen, oder alle Funktionen umfassen.

Bei der Verarbeitung personenbezogener Daten (siehe Bundesdatenschutzgesetz (BDSG) § 4 Abs. 1) sind Maßnahmen zu erarbeiten, die folgende Kontrollen ermöglichen:

Zugangskontrolle

Forderung:
Der Zugang zu Datenverarbeitungsanlagen, mit denen personenbezogene Daten verarbeitet werden, ist Unbefugten zu verwehren.

3.4 Leistungsbeschreibung, fachliches Feinkonzept erstellen

Maßnahmen:

▷ Ausweiskontrollen sämtlicher Personen, die das Rechenzentrum betreten oder verlassen

▷ Verbot, Taschen oder Mäntel mit in das Rechenzentrum zu nehmen

▷ Anbringen von Detektoren an den Ein- und Ausgängen, die das Einschleusen von Magneten usw. und das Mitführen von Magnetbändern sofort entdecken usw.

Abgangskontrolle

Forderung:

Personen, die bei der Verarbeitung personenbezogener Daten tätig sind, sind daran zu hindern, daß sie Datenträger unbefugt entfernen.

Maßnahmen:

Abgangskontrollen können mit den gleichen Maßnahmen durchgeführt werden, wie die Zugangskontrollen. Darüber hinaus können noch unvermutete Inventuren in der Bänder- und Plattenbibliothek sowie der Operatorhandbücher und Programmdokumentationen gemacht werden.

Benutzerkontrolle

Forderung:

Es ist zu verhindern, daß unbefugte Personen Datenverarbeitungssysteme, aus denen oder in die personenbezogene Daten durch selbsttätige Einrichtungen übermittelt werden, benützen können.

Maßnahmen:

Es müssen Identifikations- und Autorisationsverfahren vorhanden sein. Wird zu geschützten Daten zugegriffen, so muß das System in der Lage sein, die betreffende Person, die Datenstation bzw. das Programm zu identifizieren, um die Zugriffsberechtigung prüfen zu können. Nachdem der Benutzer vom System die Erlaubnis zur Benutzung erhalten hat, sollte vom System kontrolliert und gesteuert werden, was er darf (Autorisationsprüfung). Die Benutzerkennworte sollen in regelmäßigen Abständen geändert und neu ausgegeben werden. Nach Entzug der Vollmacht eines Benutzers sind die Kennworte sofort zu löschen.

3.4 Leistungsbeschreibung, fachliches Feinkonzept erstellen

Die Benutzeridentifikation kann durch

▷ Hardware-Sicherungen, wie z.B. Terminalschlüssel oder maschinell lesbare Ausweise

▷ Software-Sicherungen wie z.B. Listenverfahren (einfache Angabe von Namen und Vornamen), Kennwort-Verfahren (Angabe eines vereinbarten Kennwortes) oder Frage-Antwort-Verfahren

▷ Orgware-Sicherungen wie z.B. Personen- und Ausweiskontrollen

durchgeführt werden.

Übermittlungskontrolle

Forderung:
Es ist zu gewährleisten, daß überprüft und festgestellt werden kann, an welche Stellen personenbezogene Daten durch selbsttätige Einrichtungen übermittelt werden können.

Maßnahmen:
Das Bundesdatenschutzgesetz (BDSG) sieht die Protokollierung aller personenbezogener Datenweitergaben vor. Soweit nicht von den DV-Anlagenherstellern entsprechende Standardprogramme zur Verfügung gestellt werden, ist es Aufgabe der Programmierung, die erforderlichen Routinen zu erstellen, die z.B. eine Verschlüsselung der übermittelten Daten vornehmen.

Weitere notwendige Maßnahmen betreffen z.B. die Sicherung von Übertragungsleitungen.

Speicherkontrolle

Forderung:
Die unbefugte Eingabe in den Speicher sowie die unbefugte Kenntnisnahme, Veränderung oder Löschung gespeicherter personenbezogener Daten ist zu verhindern.

Maßnahmen:
Die Speicherkontrolle kann durch Maßnahmen der Eingabe- und Zugriffskontrolle abgedeckt werden.

Eingabekontrolle

Forderung:

Es ist zu gewährleisten, daß nachträglich überprüft und festgestellt werden kann, welche personenbezogenen Daten zu welcher Zeit von wem in Datenverarbeitungssysteme eingegeben worden sind.

Maßnahmen:

Auf dem Konsol-Log bzw. auf anderen Systemprotokollen müssen wichtige Informationen (z.B. die Laufnummer, die Uhrzeit der Vorbereitungsarbeiten, des Verarbeitungsbeginns und -endes, der Name des Operators) aufgezeichnet und aufbewahrt werden. Zusätzlich sind die eingegebenen Daten zu protokollieren.

Zugriffskontrolle

Forderung:

Es ist zu gewährleisten, daß die zur Benutzung eines Datenverarbeitungssystems Berechtigten durch selbsttätige Einrichtungen ausschließlich auf die ihrer Zugriffsberechtigung unterliegenden personenbezogenen Daten zugreifen können.

Maßnahmen:

Ein Sicherungssystem für die Prüfung der Zugriffsberechtigung sollte folgende Sicherungen enthalten:

▷ Tabellen von Zugriffsberechtigungsprofilen und -klassen
▷ Eine systemgesteuerte Kontrolle der Zugriffsberechtigungen
▷ Die einwandfreie Identifikation von Benutzer, Datenstation, Programm, Datenträger, Zugriffsumfang (Felder, Segmente, Sätze, Dateien, Datenbankbereiche) und Zugriffsart (Lesen, Speichern, Ändern, Löschen)
▷ Die Löschung freigegebener Speicherplätze, um unberechtigtes Lesen zu verhindern
▷ Die Erstellung von Aufzeichnungen, Sicherheitsprotokollen und Berichten für den Sicherheitsbeauftragten
▷ Die Kontrollmöglichkeit des Sicherheitsbeauftragten in besonderen Fällen mittels einer Datenstation
▷ Die Alarmauslösung bei Sicherheitsverletzungen (z.B. bei mehrfacher Eingabe eines falschen Kennwortes).

3.4 Leistungsbeschreibung, fachliches Feinkonzept erstellen

Tansportkontrolle

Forderung:

Es ist zu gewährleisten, daß bei der Übermittlung personenbezogener Daten sowie beim Transport entsprechender Datenträger diese nicht unbefugt gelesen, verändert oder gelöscht werden können.

Maßnahmen:

Personenbezogene Daten – sei es in Form von Listen, magnetischen Datenträgern oder einer anderen Speicherungsform – müssen in geschlossenen Behältnissen transportiert werden. Es ist sicherzustellen, daß sie an den richtigen Empfänger gehen, der den Empfang quittieren muß. Daten mit einer hohen Risikoklasse sollen durch Vertrauenspersonen transportiert werden.

Die Datenübertragung – z.B. im Rahmen der Datenfernverarbeitung – ist hardwaremäßig zu sichern.

Auftragskontrolle

Forderung:

Es ist zu gewährleisten, daß personenbezogene Daten, die im Auftrag verarbeitet werden, ausschließlich entsprechend den Weisungen des Auftraggebers verarbeitet werden können.

Maßnahmen:

Die Auftragskontrolle wird durch die AVP (Arbeitsvorbereitungs- und Prüfgruppe) durchgeführt, die bei allen eingehenden Aufträgen anhand der Begleitzettel die Berechtigung des Absenders sowie die Vollständigkeit und formale Richtigkeit der mitgelieferten Unterlagen kontrollieren muß. Vom Rechenzentrum dürfen nur Aufträge bearbeitet werden, die von der AVP vorgegeben sind.

Organisationskontrolle

Forderung:

Die innerbehördliche und innerbetriebliche Organisation ist so zu gestalten, daß sie den besonderen Anforderungen des Datenschutzes gerecht wird.

Maßnahmen:

Mögliche Maßnahmen im Rahmen der Organisationskontrolle sind:

▷ Durchführung eines Closed-Shop-Betriebes

▷ Verpflichtung der Mitarbeiter zur Geheimhaltung

3.4 Leistungsbeschreibung, fachliches Feinkonzept erstellen

▷ Festlegung von Zugriffsberechtigungen (siehe Zugriffskontrolle)
▷ Einführung von Richtlinien und Konventionen bei der Verfahrensentwicklung
▷ Trennung von Test- und Produktivbetrieb im Rechenzentrum
▷ Trennung der Programmierung räumlich und organisatorisch vom Rechenzentrum
▷ Trennung der Programmierung von der Datenaufbereitung und -erfassung.

Offene Punkte

Aus terminlichen oder anderen Gründen zurückgestellte Punkte – die jedoch auf die Abstimmung bzw. Beurteilung des fachlichen Feinkonzeptes keinen Einfluß haben dürfen – sollten als Tätigkeitsliste festgehalten werden. Die Tätigkeitsliste muß enthalten, wer diese Punkte bis wann klärt.

3.4 Leistungsbeschreibung, fachliches Feinkonzept erstellen

Checkpunkte

Gesamtproblematik

▷ Ist die Gesamtproblematik verständlich geschrieben?
▷ Gehen die fachlichen Aufgaben des Systems klar daraus hervor?

Beschreibung der Prozesse

▷ Sind die Prozesse aus fachlicher Sicht beschrieben?
▷ Sind die benötigten, und **nur** die benötigten, Eingabedaten beschrieben?
▷ Ist jeder Prozeß in sich geschlossen und in seiner Funktion unabhängig von anderen? (D.h. kann er ohne Kenntnis des inneren Ablaufs eines anderen Prozesses seine Aufgabe erfüllen?)
▷ Haben die Fachprozesse ausschließlich folgende Funktionen:
Bearbeiten der fachlichen Aufgaben
fachliche Steuerung des Ablaufs der untergeordneten Fachprozesse
fachliche Kontrolle der Ergebnisse der untergeordneten Fachprozesse
Bereitstellen der erforderlichen Information (Eingabedaten)
Sicherstellen der fachlichen Ergebnisse (Ausgabedaten)?
▷ Sind die Prozesse frei von dv-technischen Angaben und Randbedingungen bzw. sind diese einfach zu lokalisieren?
▷ Ist für alle Fehler angegeben, wie bei ihrem Auftreten weiter zu verfahren ist?
▷ Sind Periodizitäten bzw. Zeitpunkte für den Ablauf der Prozesse beschrieben?
▷ Ist beschrieben, welche Plausibilitätsprüfungen ausgeführt werden müssen und wie bei Nichterfüllung zu verfahren ist?
▷ Sind die logische Ablauffolge der Prozesse und ihre Ablaufbedingungen beschrieben?
▷ Ist eine Übersicht der Prozesse in Form eines Prozeßbaumes vorhanden?
▷ Sind bei bedingten Aktionen alle Fälle beschrieben (auch die Restfälle)?
▷ Sind auch die Prozesse beschrieben, von denen bereits bekannt ist, daß sie nicht automatisiert werden?

Verfahrensstruktur und Ablauf

▷ Deckt der Verfahrensentwurf alle durch DV sinnvoll unterstützbare Arbeitsabläufe ab?
▷ Trägt das neue Verfahren zu einer Verbesserung der Verarbeitungs- und Informationsqualität bei?
▷ Sind alle Einflußgrößen beachtet?

3.4 Leistungsbeschreibung, fachliches Feinkonzept erstellen

▷ Enthalten die Elementarprozesse nur noch sequentiell ablaufende Arbeitsschritte?
▷ Sind die Bedingungen für die Verknüpfung der Elementarprozesse richtig und vollständig?
▷ Sind die Elementarprozesse und Datenströme bezeichnet?
▷ Ist die Richtung der Datenströme erkennbar?
▷ Wurde beschrieben, welche Daten verarbeitet, verknüpft, verändert werden und in welcher Reihenfolge?
▷ Wurde beschrieben, wie sie verarbeitet, verknüpft etc. werden (Rechenregeln)?
▷ Sind alle Bedingungen für Fehlerausgaben festgelegt?
▷ Ist die weitere Bearbeitung fehlerhafter Daten festgelegt?
▷ Sind Kontrollen und Sicherungen vorgesehen?
▷ Sind die Datenströme bezüglich Datennamen, Volumenangaben und Anfallzeitpunkt beschrieben?
▷ Hemmt die Aufbauorganisation den Ablauf der Prozesse?
▷ Sind die Zuständigkeiten klar abgegrenzt?
▷ Können Abstimmungsprozesse durch Umverteilung der Zuständigkeiten verringert werden?
▷ Sind Kontrollspannen überschaubar?
▷ Sind alle Daten, die zur Durchführung der geplanten Aufgaben notwendig sind, beschrieben worden?
▷ Werden Datensicherheits- und Datenschutzbestimmungen berücksichtigt?

Anforderungen an das Schlüsselsystem
▷ Existiert ein Schlüsselverzeichnis, aus dem Aufbau und Systematik der verwendeten Schlüssel ersichtlich ist?
▷ Sind die geplanten bzw. zu erweiternden Schlüsselsysteme mit allen betroffenen Stellen des Unternehmens abgestimmt?
▷ Ist das geplante Schlüsselsystem erweiterungsfähig genug, daß es mindestens für die geplante Einsatzdauer des Verfahrens ausreicht?
▷ Entspricht die Struktur des Schlüsselsystems dem Verwendungszweck?
▷ Ist für schutzbedürftige Schlüsselsysteme ein Prüfziffernverfahren vorgesehen?

3.4 Leistungsbeschreibung, fachliches Feinkonzept erstellen

Anforderungen an die Belege

Bezeichnung

▷ Ist die Art der Bezeichnungen festgelegt (vorgedruckt – maschinelle – Belegnummer – etc.)?

▷ Ist der Beleg eindeutig identifizierbar?

▷ Müssen einzelne Felder, Spalten, Zeilen etc. bezeichnet werden? Sind die Begriffe hierfür eindeutig festgelegt worden?

Format

▷ Sind vorgeschriebene Formate berücksichtigt worden?

▷ Ist das vorgeschlagene Format hantierbar?

Inhalt und Aufbau

▷ Sind die vorhandenen und geplanten Belege auf ihre Notwendigkeit hin überprüft worden oder lassen sich spezielle Belege durch mehrfach einsetzbare ersetzen (Bereinigung der Belegvielfalt)?

▷ Sind Originalbelege so gekennzeichnet, daß sie nicht mit Duplikaten verwechselt werden können?

▷ Sind die Informationselemente des Belegs definiert?

▷ Sind zusätzlich gewünschte Angaben berücksichtigt?

▷ Sind konstante Informationselemente vorgedruckt?

▷ Entspricht die Anordnung der Informationselemente auf dem Formular den Bearbeitungserfordernissen?

▷ Sind personell bzw. maschinell auszufüllende Felder gekennzeichnet?

▷ Ist die Größe der Felder ausreichend?

▷ Sind Firmennormen eingehalten?

▷ Muß eine Stelleneinteilung vorgenommen werden?

Bearbeitbarkeit

▷ Ist die Art der Bearbeitung (personell, maschinell oder kombiniert) angegeben?

▷ Sind die verwendeten Zeichen zulässig?

▷ Ist der Beleg benutzerfreundlich aufgebaut?

▷ Kann der Beleg (falls nötig) leicht auf Datenträger umgesetzt werden?

3.4 Leistungsbeschreibung, fachliches Feinkonzept erstellen

Anforderungen an die Datenerfassung
- ▷ Unterliegen die zu erfassenden Daten bestimmten Datenschutzbestimmungen?
- ▷ Ist sichergestellt, daß Belege ausschließlich **ein**mal erfaßt und dann entwertet werden?
- ▷ Werden die Erfassungskontrollen maschinell durchgeführt?
- ▷ Läßt sich z.B. über Summenprüfung feststellen, ob alle einzugebenden Belege, sowie die darauf befindlichen einzugebenden Daten vollständig erfaßt worden sind?
- ▷ Können die Daten am Entstehungsort sofort auf einen maschinell lesbaren Datenträger gebracht werden?
- ▷ Besteht die Möglichkeit einer Direkteingabe?
- ▷ Können Daten auf dem Erfassungsbeleg oder Datenträger schon vorgegeben werden?
- ▷ Welche Daten können auf dem Erfassungsbeleg oder Datenträger zusammengefaßt werden?
- ▷ Wurde mit betroffenen Bearbeitungsstellen (Sachbearbeiter) Art, Inhalt und Anordnung des Datenträgers abgestimmt?
- ▷ Wurden bei der Belegarchivierung Datensicherungs- und Datenschutzmaßnahmen berücksichtigt?

Beschreibung der Auswertungen
- ▷ Sind die Hauptaussagen der Auswertungslisten sofort erkennbar?
- ▷ Entspricht die Anordnung der Ergebnisse auf Listen, Bildschirm usw. den verarbeitungstechnischen Anforderungen?
- ▷ Wurden die Auswertungen vor der Ausgabe aufbereitet?
- ▷ Enthalten die Kopfzeilen genügend Angaben zum Verständnis der Ausgaben?
- ▷ Wurde zu den Auswertungen der Verteiler und der Verteilungstermin festgelegt?
- ▷ Ist geprüft worden, ob statt eines Vordrucks Blankopapier benutzt werden kann?
- ▷ Sind Datum und Seitenzahl vorhanden?
- ▷ Sind für Vorzeichen und Sonderzeichen Schreibstellen vorgesehen?
- ▷ Sind die Bedingungen für einen Blattwechsel angegeben?

▷ Ist das Listenbild übersichtlich gestaltet, leicht zu lesen, aussagekräftig?
▷ Ist das Listenbild auf dem Formularentwurfsblatt mit dem Anwender abgesprochen?
▷ Kann die Vollständigkeit der Auswertungslisten von der Anwenderabteilung überprüft werden?
▷ Sind die Auswertungen mit Seitennummern, Seitenadditionen, Überträgen und Endsummen versehen?

Datensicherheits- und Datenschutzanforderungen

▷ Sind die vorhandenen Systemkontrollen der DV-Anlage, auf der das geplante Verfahren betrieben werden soll, ausreichend?
▷ Schließen die geplanten Sicherungsmaßnahmen den vor- und nachmaschinellen Kreis ein?
▷ Können durch die geplanten Kontrollen Fremdzugriff, Veränderungen, Verfälschungen und Verlust an Daten zuverlässig verhindert werden?
▷ Ist das Kontrollsystem so aufgebaut, daß durch Parameter-Steuerkarten, Jobänderungen und dgl. keine Lücken im Kontrollsystem entstehen können?
▷ Sind Datenschutzanforderungen mit den übrigen Datensicherheitsmaßnahmen abgestimmt?
▷ Ist sichergestellt, daß durch das Zusammenspielen ungeschützter Dateien keine Datenkombinationen entstehen, die den Bestimmungen eines Datenschutzgesetzes unterliegen?

3.4 Leistungsbeschreibung, DV-Grobkonzept erstellen

DV-Grobkonzept

Das DV-Grobkonzept enthält folgende Schwerpunkte:
Entwurf der DV-Lösung
    Betriebsart
    Betriebssystem
    Verfahrensstruktur
    Speicherkonzept
    Beschreibung der Komponenten
    Daten- und Ablaufsicherheit
    Vorhandene Software
    Hardwarekonfiguration

Ausbaustufen

Anforderungen an das Realisierungspersonal

Softwaretechnik

Sonstige Anforderungen und Bedingungen
    Simulationsprogramme
    Restriktionen.

Entwurf der DV-Lösung

Beim Entwerfen der DV-Lösung sind die nachfolgend genannten, das Verfahren beeinflussende Faktoren zu berücksichtigen und zu dokumentieren.

Betriebsart

Welche Betriebsart (Bild 3.7) für das zu realisierende Verfahren gefordert wird, ist bereits im fachlichen Feinkonzept Seite 118 festgelegt worden.

Da bei Datenfernverarbeitungsverfahren die gegebenen bzw. geforderten Randbedingungen einen entscheidenden Einfluß auf die dv-technische Verfahrensstruktur haben, muß das Ausarbeiten dieses Punktes der erste Schritt bei der Erstellung des DV-Grobkonzeptes sein. Mangelndes Beachten der Randbedingungen können beim Einführen des Verfahrens zu Schwierigkeiten führen. Es können z.B. zu hohe Ablaufkosten oder nicht tragbare Antwortzeiten (Responsezeit) auftreten.

Die Randbedingungen und die Betriebsart wirken sich auch auf die Wahl des Betriebssystems, der Hardwarekonfiguartion und der Programmiersprache aus.

3.4 Leistungsbeschreibung, DV-Grobkonzept erstellen

Randbedingungen sind:

    Anzahl und Standort der Dialoggeräte

    Geforderte Responsezeit

    Durchschnittliche Benutzungsrate

    Genehmigte Ablaufkosten.

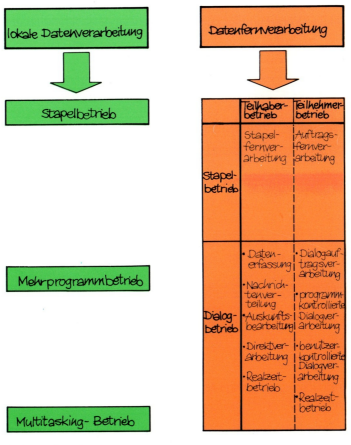

Bild 3.7 Betriebsarten

3.4 Leistungsbeschreibung, DV-Grobkonzept erstellen

▷ Anzahl und Standort der Dialoggeräte

Die Anzahl hat Einfluß auf die

- Art der Programmierung (reentrant code) und damit auch auf die Programmiersprache
- Responsezeit
- Konzeption der Ablaufsicherung (Warm-Kaltstartmöglichkeit)
- Komplexität der Dialogsteuerung.

Der Standort hat Einfluß auf die Datenübertragungskosten.

▷ Geforderte Responsezeit

Sie wird beeinflußt durch die

- Leistung der Anlage (Verarbeitungs- und Kanalleistung einschließlich der Peripheriegeräte)
- Leistung des DV-Verfahrens (welche Aktionen notwendig sind, die Anforderungen zu bearbeiten)
- Geschwindigkeit der Leitungen (z.B. 1200, 2400 oder 4800 Baud).

Die Responsezeit setzt sich zusammen aus:

Zweimal Datenübertragungszeit (Leitung) plus Reaktionszeit (Hardware, Betriebssystem und Belastung der DV-Anlage) plus Bearbeitungszeit des DV-Verfahrens. Unter Berücksichtigung dieser Faktoren ist zu ermitteln bzw. bei größeren Dialogsystemen mit Hilfe eines Modells zu simulieren, welche Zeiten zu erwarten sind.

Aus den Ergebnissen kann sich eine Änderung der Betriebsart oder eine Anforderung an die obigen beeinflußbaren Faktoren als notwendig ergeben.

▷ Durchschnittliche Benutzungsrate

Hierunter versteht man die Anzahl der in einer Zeiteinheit möglichen bzw. geplanten Dialogschritte.

▷ Genehmigte Ablaufkosten

Die Ablaufkosten müssen festgelegt werden, damit nicht technisch mögliche, aber für die Anwendung zu teure Lösungen geplant werden.

Die beiden wesentlichen Betriebsarten Teilnehmer- und Teilhaberbetrieb zeigen schematisch die Bilder 3.8 und 3.9.

3.4 Leistungsbeschreibung, DV-Grobkonzept erstellen

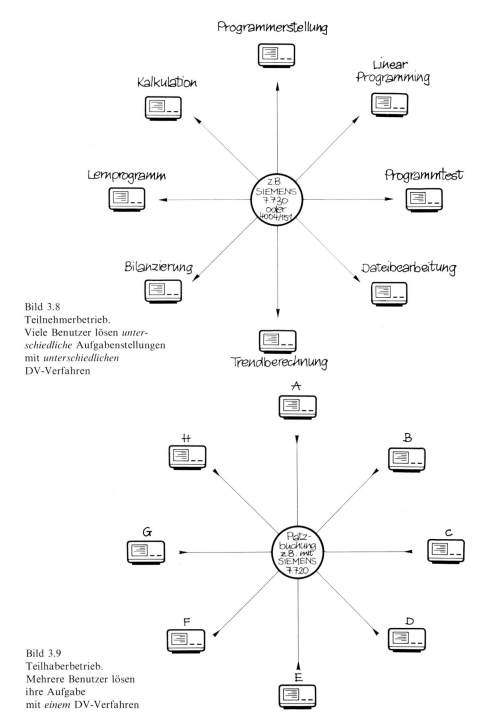

Bild 3.8
Teilnehmerbetrieb.
Viele Benutzer lösen *unterschiedliche* Aufgabenstellungen
mit *unterschiedlichen*
DV-Verfahren

Bild 3.9
Teilhaberbetrieb.
Mehrere Benutzer lösen
ihre Aufgabe
mit *einem* DV-Verfahren

3.4 Leistungsbeschreibung, DV-Grobkonzept erstellen

Betriebssystem

Als Betriebssystem bezeichnet man die Menge der von den Herstellern von DV-Anlagen zur Verfügung gestellten Programme, die die Zentraleinheit, die Tätigkeit der peripheren Geräte, sowie den Ablauf der Anwenderprogramme steuern (Bild 3.10).

Meist ist davon auszugehen, daß das bisher eingesetzte Betriebssystem beibehalten wird.

Kann das Betriebssystem jedoch entsprechend den Anforderungen des zu entwickelnden Verfahrens bestimmt werden (z.B. zwei Anlagen mit unter-

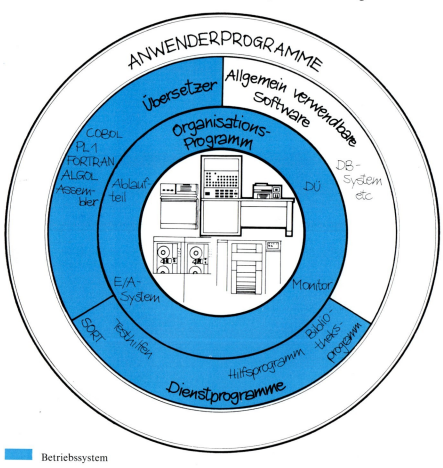

■ Betriebssystem

Bild 3.10 Aufgaben und Stellung des Betriebssystems

134

schiedlichen Betriebssystemen oder tagsüber das eine und nachts das andere), so sind folgende Einflußgrößen wichtig:

▷ Betriebsart

▷ Komfort des Betriebssystems (z.B. Testhilfen)

▷ Vorhandene Software des Betriebssystems (z.B. Realtime-Steuersystem im Betriebssystem realisiert).

Verfahrensstruktur

Die im fachlichen Feinkonzept nach fachlichen und ablauforganisatorischen Gesichtspunkten festgelegte Struktur des Verfahrens muß, ohne sie inhaltlich zu ändern, unter Berücksichtigung dv-technischer Notwendigkeiten überprüft und gegebenenfalls angepaßt werden. Die so entstehende DV-Verfahrensstruktur (Bild 3.11) kann in ihrem hierarchischen Aufbau von der fachlichen Verfahrensstruktur abweichen.

Vorgehensweise

Zusammenfaßbare, umfangmäßig kleinere fachliche Prozesse können zu Einheiten – Komponenten genannt – integriert werden. Einzelne fachliche Prozesse größeren Umfanges kann man zu mehreren Komponenten umbilden. Keinesfalls jedoch dürfen fachliche Prozesse durch die DV-Struktur zerschnitten und mit Teilen anderer fachlicher Prozesse vereinigt werden. Es ist jedoch auch möglich, daß von der fachlichen Seite bestimmte Prozesse als alleinstehend gefordert sind (z.B. wegen einer absehbaren hohen Änderungsfrequenz). Darüber hinaus kommen aufgrund dv-technischer Anforderungen Komponenten hinzu (z.B. Plausibilitätskontrollen, Dateien öffnen bzw. schließen). Die Realisierung der Komponenten geschieht in Form von Programmen, Makros und Moduln.

An die Entwicklung und Dokumentation der Komponenten sind folgende Forderungen zu stellen:

▷ Einheitlicher Aufbau (Normierung)

▷ Übersichtliche Gestaltung (z.B. Struktogramme, Entscheidungstabellen)

▷ Überschaubare Größe

▷ Normierte Schnittstellen.

3.4 Leistungsbeschreibung, DV-Grobkonzept erstellen

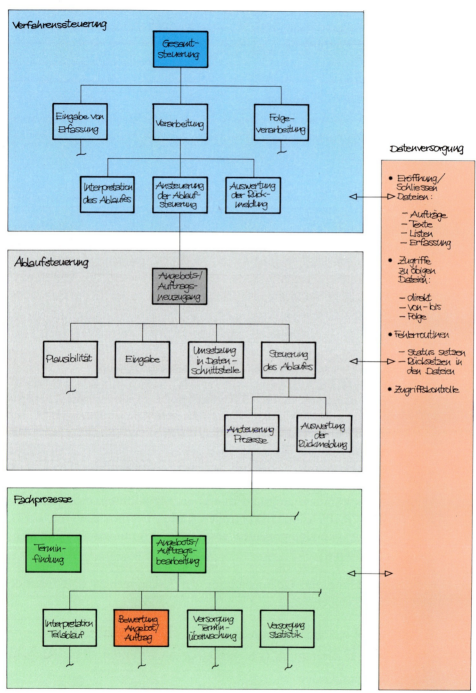

Bild 3.11 DV-Verfahrensstruktur

Hierdurch werden erreicht:

▷ Austauschbarkeit von Komponenten (klare Schnittstellen)
▷ Bildung von Arbeitseinheiten, wodurch in der Realisierungsphase I eine Arbeitsteilung möglich wird
▷ Betreuungsfreundlichkeit in der Einsatzphase
▷ Transparenz.

Das Ergebnis der Strukturierung wird in Abhängigkeit der Größe des DV-Verfahrens in einer bzw. in mehreren Komponentenübersicht(en) festgehalten. Die Komponenten sind nach der Strukturierung der Daten, der Auswahl der Speicherungsform und der Datenträger um die Dateien zu ergänzen.

Man kann zwei Arten von Verfahrensabläufen unterscheiden:

▷ Verfahren, gegliedert in mehrere hintereinander ablaufende Programme.

Die Verarbeitungsdaten laufen dabei schubweise durch die einzelnen Programme. Die dazu notwendigen Stammdaten werden entweder sequentiell oder im Direktzugriff verarbeitet. Die symbolische Darstellung dieser Abläufe entspricht dem herkömmlichen Datenflußplan

▷ Verfahren, bestehend aus einem Programm.

Jede einzelne zu verarbeitende Date (ein Satz) wird durch alle für die vollständige Bearbeitung notwendigen Programmkomponenten geführt. Die Steuerung übernehmen die hierarchisch strukturierten Steuerungsebenen.

Der zweite Verfahrensablauf hat folgende Vor- und Nachteile gegenüber dem ersten.

Vorteile:

Wegfall wiederholter Datenein- und -ausgaben (vielfaches Durchschleusen der Daten).
Keine Gerätehantierung während des Ablaufs.

Nachteile:

Es müssen alle Verfahrensfunktionen im Arbeitsspeicher stehen, was entweder einen sehr großen Speicher erfordert, oder eine DV-Anlage mit virtuellem Speicherkonzept voraussetzt.
Die für die Bearbeitung notwendigen Daten müssen im direkten Zugriff stehen; dies erhöht den Peripheriebedarf.

3.4 Leistungsbeschreibung, DV-Grobkonzept erstellen

Speicherkonzept

Zur Planung des Speicherkonzepts gehören das Festlegen
- der Speichermedien und Gerätetypen
- der Speicherungsform
- der Strukturierung der Daten.

▷ Speichermedien und Gerätetypen

Die Auswahl der Speichermedien und Gerätetypen wie
- Band
- Platte
- Karte
- Arbeitsspeicher
- Mikrofilm etc.

hängt ab von den

äußeren Einflüssen wie
- im Rechenzentrum vorhandene Hardware
- Anlieferung durch vorgelagerte Verfahren
- Weitergabe an Folgeverfahren

und den verfahrensspezifischen Einflüssen wie
- durchzuführende Aktionen mit den Daten
- Anzahl der Sortierungsläufe
- Zugriffsart auf die Dateien
- Vorhandensein zentraler Dateien
- Erweiterung des Datenbestandes während des Durchlaufes.

▷ Speicherungsform

Mit der Speicherungsform wird die physische Verknüpfung der Datenelemente auf einem Speichermedium festgelegt. Bei der Auswahl ist zu beachten, welche der möglichen logischen Verknüpfungen (Datenstrukturen) benötigt werden. Als physische Verknüpfung gibt es die
- physische Nachbarschaft
- Verkettung
- Adreßrechnung.

3.4 Leistungsbeschreibung, DV-Grobkonzept erstellen

Durch Kombination dieser Verknüpfungen können mehrere Speicherungsformen gebildet werden (Bild 3.12). Die gebräuchlichsten sind:

Fortlaufende Speicherung
- seriell
- sequentiell
- indexsequentiell

Gestreute Speicherung

Verkettete Speicherung.

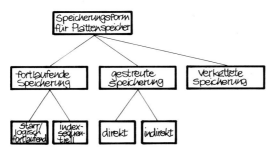

Bild 3.12 Speicherungsformen für Plattenspeicher

Fortlaufende Speicherung

Bei der fortlaufenden Speicherung werden die Datenelemente über die physische Nachbarschaft verknüpft. Wenn die Sätze nach einem Sortierbegriff (Ordnungsbegriff, Schlüssel) auf- oder absteigend sortiert sind, liegt eine logisch fortlaufende Speicherung – **sequentiell** (Bild 3.13) vor. Sind sie unsortiert, d.h. ihrem zeitlichen Anfall entsprechend gespeichert, so spricht man von einer **seriellen** Struktur – starr fortlaufende Speicherung (Bild 3.14).

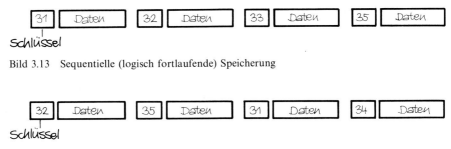

Bild 3.13 Sequentielle (logisch fortlaufende) Speicherung

Bild 3.14 Serielle (starr fortlaufende) Speicherung

3.4 Leistungsbeschreibung, DV-Grobkonzept erstellen

Bei der **indexsequentiellen** Speicherung kommt zum Datenbereich ein Tabellenbereich (Index) hinzu. Durch den Index wird der Suchvorgang beschleunigt, da jedem Schlüssel mit Hilfe einer Indextabelle die jeweils zugehörige Speicheradresse zugeordnet wird (Tabelle 3.2).

Indexbereich		Datenbereich					
Ordnungs-begriff	Speicher-adresse	Speicher-adresse	Ordnungs-begriff	Name	Vor-name	Umsatz	...
01317	001	001	0 13 17	Meier	Hans	7000	.....
01319	002 →	002	0 13 19	Schmidt	Otto	9000	.....
01325	003	003	0 13 25	Huber	Karl	0300	.....
.	.	.	.	.	.	.	

Tabelle 3.2 Indexsequentielle Speicherung

Gestreute Speicherung

Bei der gestreuten Speicherung besteht ein rechnerischer Zusammenhang zwischen dem Schlüsselbegriff des Datensatzes und der zugehörigen Satzadresse (Bild 3.15).

Bei der **direkten** Adressierung besteht ein unmittelbarer Zusammenhang zwischen dem Ordnungsbegriff des Satzes und seiner Speicheradresse. Nachteilig

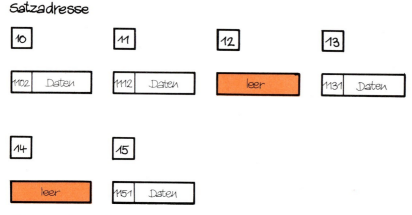

Bild 3.15 Gestreute Speicherung

ist, daß in der Praxis kaum geeignete Schlüssel gefunden werden, die die Gefahr von Lücken auf den Speichermedien ausschließen.

Bei der **indirekten** Adressierung wird die Speicheradresse über einen Algorithmus ermittelt. Es besteht die Gefahr von Doppelbelegungen.

Verkettete Speicherung

Bei der verketteten Speicherung wird die logische Verbindung zwischen den Datensätzen dadurch hergestellt, daß in jedem Datensatz die Adresse des Datensatzes gespeichert wird, der diesem nach dem logischen Zusammenhang folgt. Eine Folge auf diese Weise verbundener Datensätze wird als Kette bezeichnet. Wenn der Speicherplatz (Anker) des ersten Satzes bekannt ist, können über die Verkettung alle Sätze wieder aufgefunden werden (Bild 3.16).

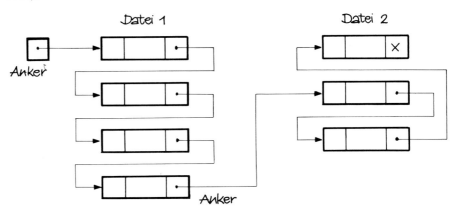

Bild 3.16   Verkettete Datensätze

▷ Strukturierung der Daten

Im Zusammenhang mit der Auswahl des Datenträgers und der Verarbeitung ist die Strukturierung der Daten vorzunehmen. Dabei muß man beachten, daß nicht ständig

unterschiedliche Satzarten gelesen werden müssen, um einen Verarbeitungsschritt abzuschließen

Daten verdichtet werden

Datenformate geändert werden

3.4 Leistungsbeschreibung, DV-Grobkonzept erstellen

gleiche Datenbestände auf andere Datenträger gebracht werden (häufige Ein-/Ausgabevorgänge)

redundante Daten gespeichert werden

sortiert wird.

Darüber hinaus ist beim Aufbau der Sätze zu berücksichtigen, daß trotz unterschiedlicher Satzarten einer Datei ein konstanter Aufbau über alle Satzarten erreicht wird.

Im einzelnen sind festzulegen:

▷ Satzaufbau mit Beschreibung der Daten (Formular 3.2)
▷ Hierarchie der Satzarten (Bild 3.17)
▷ Blocklängen (siehe Teil II, Kapitel 8 Laufzeitschätzung und Optimierung der Blocklängen).

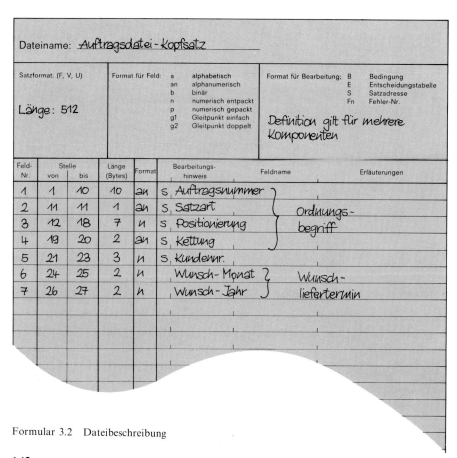

Formular 3.2 Dateibeschreibung

3.4 Leistungsbeschreibung, DV-Grobkonzept erstellen

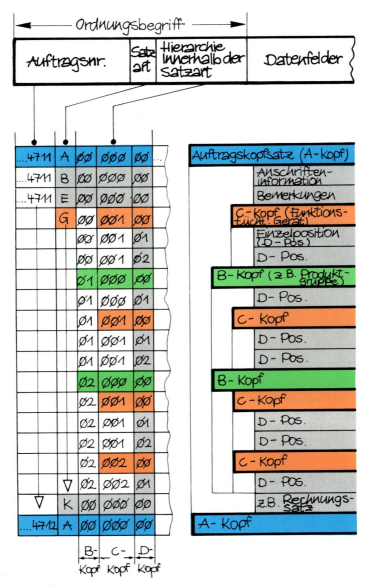

Bild 3.17
Aufbau des Ordnungsbegriffes und Hierarchie für die Datei „Auftragsbestand"

3.4 Leistungsbeschreibung, DV-Grobkonzept erstellen

Wenn Verfahrensstruktur und Speicherkonzept festgelegt sind, muß die Komponentenübersicht um die Dateien (Bild 3.18) ergänzt und – falls notwendig – ein Datenflußplan erstellt werden (Bild 3.19 und Bild 3.20). Dieser enthält die Verarbeitungsgänge des Verfahrens und zeigt deren Verknüpfung. Zum Erstellen des Datenflußplanes sind folgende Aussagen zu erarbeiten bzw. aus dem fachlichen Feinkonzept Seite 105 ff zu entnehmen:

Datenträger
Datenträgerinhalt
Sortierung der Daten
Datenmengen
Richtung der Datenströme
Bearbeitungsreihenfolge
Art der Bearbeitung.

Beschreibung der Komponenten

Für jede Komponente ist die Beschreibung entweder aus dem fachlichen Feinkonzept zu entnehmen, oder bei neuen DV-Funktionen zu erstellen (Name und Bezifferung sind aus der Komponentenübersicht zu übernehmen). Eine Komponente enthält entweder steuernde Funktionen – zur Steuerung der hierarchisch niedriger liegenden Komponenten – oder ausführende Funktionen.

Für die Formulierung sollten

▷ Entscheidungstabellen (siehe Bild 3.21)

▷ Ablaufpläne oder Struktogramme (Erläuterung auf Seite 182 ff)

verwendet werden.

Daten- und Ablaufsicherheit

Datensicherheit

Für die im fachlichen Feinkonzept geforderte Datensicherheit (Seite 118) ist die dv-technische Realisierung vorzusehen. Zum Beispiel ist für besonders zu „schützende" Dateien eine Satzschutzfunktion gegen Änderungen durch Fremdprogramme zu erarbeiten.

3.4. Leistungsbeschreibung, DV-Grobkonzept erstellen

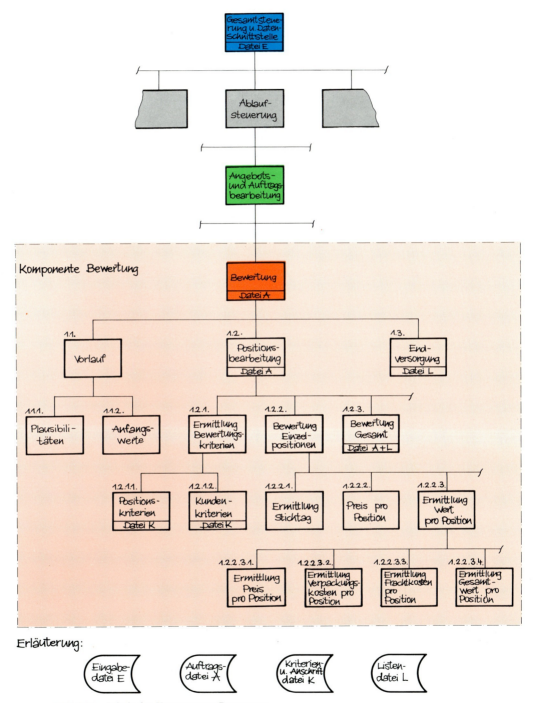

Bild 3.18 Inhalt der Komponente Bewertung

3.4 Leistungsbeschreibung, DV-Grobkonzept erstellen

	Bearbeiten allgemein	Mit diesem Sinnbild sind alle Bearbeitungsvorgänge wie Datenerfassung oder Programme darzustellen
	Eingabe von Hand	Eingabe von Steuer-, Kontroll- oder Korrekturdaten von Hand
	Anzeige	Anzeige in optischer oder akustischer Form, z.B. Kurvenschreiber, Summer
	Datenträger allgemein	Dieses Sinnbild ist zu verwenden, wenn der Datenträger nicht näher bestimmt werden soll oder bei der Konzipierung eines Verfahrens die Datenträgerart noch nicht feststeht
	Datenträger Random-Access	Die Speicherart (z.B. Magnetplatte) ist im Sinnbild anzugeben. Kommen mehrere Speicher in Frage, so ist der Alternativspeicher als Bemerkung anzugeben
	Schriftstück	Hierzu gehören gedruckte Listen, maschinenlesbare Belege, Vordrucke usw.
	Lochkarte	Soweit möglich, ist die Art der LK anzugeben, z.B. Materialkarte, Bewegungen usw.
	Lochstreifen	
	Magnetband	Zum Symbol sind File-Nr. und bei einem Ausgabeband die Sperrfrist anzugeben
	Übergangsstelle	Der Übergang kann von mehreren Stellen aus, aber nur zu einer Stelle hin erfolgen. Zusammengehörige Übergangsstellen müssen die gleiche Bezeichnung tragen
	Bemerkung	Dieses Sinnbild kann an jedes andere Sinnbild angefügt werden
	Flußlinie	Vorzugsrichtungen sind von oben nach unten von links nach rechts Das Ende einer Flußlinie muß immer mit einer Pfeilspitze in Flußrichtung versehen sein
	Transport von Datenträgern	Soll der Transport von Datenträgern besonders hervorgehoben werden, so ist das Ende der Flußlinie mit Doppelpfeil in Flußrichtung zu versehen und die Empfangs- bzw. Absendestelle anzugeben
	Datenübertragung	Datenfernübertragung, z.B. über Telexverbindung, Telefonleitung

Bild 3.19 Sinnbilder für Datenflußpläne (DIN 66001)

3.4 Leistungsbeschreibung, DV-Grobkonzept erstellen

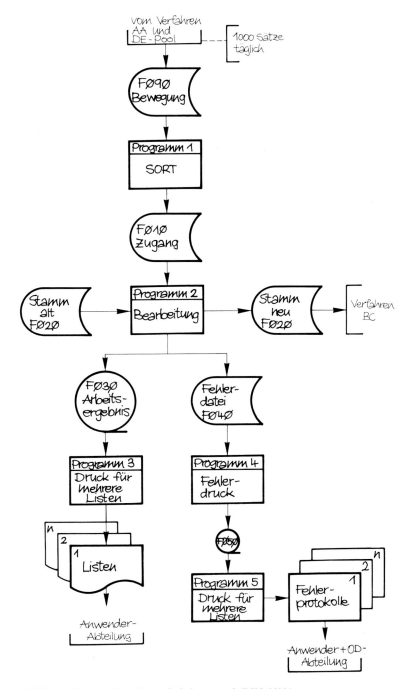

Bild 3.20 Beispiel eines Datenflußplanes nach DIN 66001

3.4 Leistungsbeschreibung, DV-Grobkonzept erstellen

Ablaufsicherheit

Es sollten Wiederanlaufroutinen (Fixpunkte) für die Komponenten vorgesehen werden, die länger als eine halbe Stunde ablaufen. Wenn mit Plattendateien im Direktzugriff gearbeitet wird, deren Sicherstellung (z.B. kopieren auf Band) länger als eine halbe Stunde dauert, sollte die Zeitspanne zwischen den Sicherungen größer als die dreifache Sicherstellungszeit sein.

Bei Dialogsystemen mit Direktänderungsmöglichkeit sind – sofern der Hersteller von DV-Anlagen keine ausreichenden Sicherungsroutinen anbietet – entsprechend dem Problem Sicherungen der Daten/Dateien vor bzw. nach der Veränderung vorzunehmen.

Eine absolute Ablaufsicherheit verursacht gerade bei größeren Dialogsystemen einen erheblichen Aufwand (z.B. Doppelanlage im Synchronlauf).

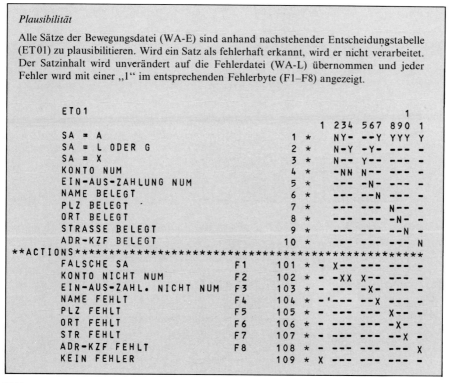

Bild 3.21 Beschreibung der Komponente „Plausibilität"

3.4 Leistungsbeschreibung, DV-Grobkonzept erstellen

Vorhandene Software

Das Verwenden vorhandener Software (Bild 3.22) stellt eine Möglichkeit dar, die Realisierungskosten des Verfahrens mitunter erheblich zu senken. Entsprechend der bereits beschriebenen Vorgehensweise (Seite 47), sind Recherchen nach vorhandener Software anzustellen.

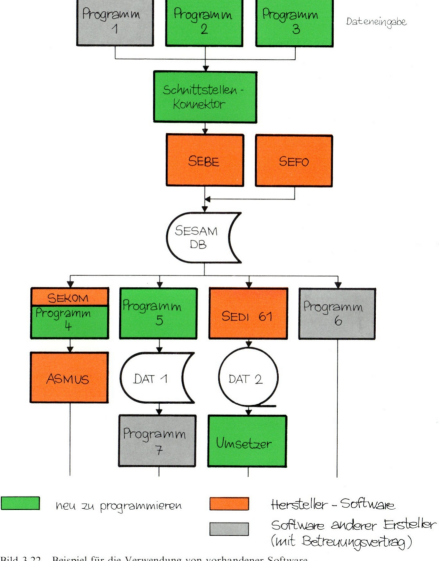

Bild 3.22 Beispiel für die Verwendung von vorhandener Software

3.4 Leistungsbeschreibung, DV-Grobkonzept erstellen

Ist ein geeignetes Softwareprodukt gefunden, so

sind die Schnittstellen zu untersuchen und evtl. Anpassungsmodule zu planen

sind mit dem Ersteller die Bedingungen zu klären, unter denen das Produkt erworben werden kann und wer die Betreuung übernimmt

ist zu prüfen ob der Aufwand für die Anpassung geringer als eine Eigenentwicklung ist.

Damit nach oder während der Programmierung nicht ständig Stellungnahmen abgegeben werden müssen, warum diese oder jene Software nicht verwendet worden ist, muß das Prüfergebnis der während der DV-Grobplanung untersuchten Softwareprodukte dokumentiert werden.

Hierbei sollten folgende Punkte enthalten sein:

▷ Name des Produkts

▷ Hersteller

▷ Softwareklasse (System-, Anwender-, Standard-Software)

▷ Kurzbeschreibung der Funktionen

▷ Vergleichskriterien

▷ Vergleichsergebnisse

▷ Begründung der Übernahme oder Ablehnung.

Hardwarekonfiguration

Wie beim Betriebssystem, wird man auch hier meist nur auf vorhandener Hardware (installierter Hardware) aufbauen können. Die Hardware soll zwar eine Richtschnur bei der Planung, aber kein „Korsett" sein. Typ und Anzahl der benötigten Platten- und Bandgeräte sowie Typ und Größe der Zentraleinheit sind festzulegen.

Reichen Geschwindigkeit und/oder Kapazität nicht aus, so ist die notwendige Hardware zu beantragen.

In der Planungsphase II *muß* die benötigte Hardwarekonfiguration festgelegt bzw. beantragt werden. Verbleibende Begrenzungen und Einschränkungen – die sich auf die Verfahrensentwicklung auswirken – sind genau zu beschreiben.

Ausbaustufen

Leistungsumfang und Realisierungszeit bedingen bei großen Verfahren häufig eine Entwicklung in Ausbaustufen. Dies hat den Vorteil, daß Teile des Verfahrens frühzeitig eingesetzt werden können und aus dieser „Piloterprobung" Erfahrungen für die Weiterentwicklung gewonnen werden. Dabei ist darauf zu achten, daß die ursprüngliche Verfahrensstruktur über alle Ausbaustufen erhalten bleibt.

Das Festlegen des Leistungsumfanges der Ausbaustufen sollte gemeinsam mit den Anwendern anhand der Parameter

▷ Priorität der einzelnen Verfahrensteile

▷ fachliche und dv-technische Strukturierungsmöglichkeit

▷ zur Verfügung stehende Zeit

▷ zur Verfügung stehende Anzahl von Mitarbeitern

▷ Ausbildungs- und Wissensstand der Mitarbeiter

vorgenommen werden.

Eine Hilfe bei dieser Auswahl kann eine Zusammenfassung sein, die zeigt, welchen Aufwand/Termine welche Komponente verursacht, und wenn es sich um eine Entwicklung für mehrere Anwender handelt, welche Anwender welche Komponenten fordern oder wünschen.

Die Entscheidung der Fachleute ist für eine spätere Vorlage bei der Entscheidungsinstanz zu dokumentieren (Bild 3.23).

Anforderungen an das Realisierungspersonal

Damit für die Realisierung die geeigneten Mitarbeiter angefordert bzw. ausgebildet werden können, sind die Anforderungen an diese Mitarbeiter zu beschreiben, und zwar mindestens nach den Punkten

▷ Aufgabenbezeichnung

▷ Schwerpunkt der Tätigkeit

▷ Programmiererfahrung

▷ Betriebssystemkenntnisse

▷ Spezialkenntnisse (z.B. Erfahrungen mit dem Einsatz von Datenbanksystemen).

Bild 3.24 zeigt beispielhaft einen Anforderungskatalog für das Realisierungspersonal nach Komponenten gegliedert.

3.4 Leistungsbeschreibung, DV-Grobkonzept erstellen

Anforderungen	Entscheidung *)	Aufwand/Termin MM	Aufwand/Termin Dat	Anwender 1	Anwender 2	Anwender 3	...
Datenübertragung							
— Direktauskunft	J	30	4.77	O	X	X	
— Direktänderung	N	40	—	X	—	—	
⋮							
Datenweitergabe							
— Poco-Erweiterung	V	10	2. Ausbaustufe	X	X	O	
⋮							

Legende:

J ≙ wird realisiert
N ≙ wird nicht realisiert
V ≙ wird in einer späteren Ausbaustufe realisiert

X ≙ gefordert
O ≙ gewünscht
— ≙ nicht nötig

*) die Begründungen liegen als Anlage bei

Bild 3.23 Beispiel einer Anwenderanforderungsmatrix

3.4 Leistungsbeschreibung, DV-Grobkonzept erstellen

Zwischenspeichersystem

Besetzung

3 bis 4 Mitarbeiter mit guten allgemeinen DV-Kenntnissen; Programmierkenntnissen in Assembler; Betriebssystemkenntnissen, Praxis im Umgang mit Datenbanksystemen (z.B. SESAM)

Matrizenprogramm

Besetzung

1 Mitarbeiter mit guten Kenntnissen in der Matrizenrechnung, Erfahrung in der Lösung der Fachprobleme der Anwender;

2 Mitarbeiter mit Assembler- und FORTRAN IV-Kenntnissen

Direktauskunft

Besetzung

1 bis 2 Mitarbeiter mit SESAM-Executive-Kenntnissen, pragmatisch psychologischen Kenntnissen (um die Möglichkeiten des Datensichtgerätes abschätzen zu können).

Gelegentliche Unterstützung durch Anwender

Zeitreihenanalyse

Besetzung

2 Mitarbeiter mit guten Prognosekenntnissen, insbesondere der Trendberechnung, Saisonbereinigung und Konjunkturprognosen und FORTRAN IV-Kenntnissen

---

Bild 3.24
Beispiel eines Anforderungskataloges für das Realisierungspersonal
nach Komponenten gegliedert

Softwaretechniken

Unter „Softwaretechniken" sind Techniken (z.B. Entscheidungstabellen), Methoden (z.B. top down approach, „Normierte Programmierung") und Tools (z.B. COLUMBUS, APG) zu verstehen, die zur Realisierung der DV-Verfahren angewendet werden können.

Viele der vorhandenen Softwaretechniken sind bei richtiger Anwendung geeignet, die Softwareentwicklungskosten zu senken und die Qualität der Software (siehe Seite 20) zu verbessern.

Die wachsende Anzahl der angebotenen Techniken und Methoden führt oft zu Schwierigkeiten bei der richtigen Auswahl. Man muß frühzeitig ermitteln, welche Auswirkungen die Verwendung einer bestimmten Softwaretechnik auf die Eigenschaften (Herstellungs-, Ablauf-, Betreuungseigenschaften) der zu erstellenden Komponenten hat. Darüber hinaus muß bei allen Überlegungen,

3.4 Leistungsbeschreibung, DV-Grobkonzept erstellen

welche Softwaretechnik verwendet werden soll, berücksichtigt werden, daß anfangs immer

▷ ein Schulungsaufwand

▷ eine Lernphase

▷ eine nicht zu unterschätzende Überzeugungsarbeit

bei den Anwendern einer Softwaretechnik notwendig ist.

Sinnvoll ist es, wenn man eine neue Softwaretechnik nach der Auswahl (Bild 3.25) bei einem überschaubaren Softwareprojekt als „Pilotfall" auf ihre Wirksamkeit hin überprüft. Die gewonnenen Erkenntnisse können dann für eine Abteilung oder das Unternehmen zu einer Vorschrift für die Anwendung dieser Softwaretechnik führen. Dabei sollte die Verträglichkeit – d.h. die Möglichkeit der parallelen Anwendung mehrerer Softwaretechniken innerhalb eines Verfahrens bzw. Programms – besonders beachtet werden.

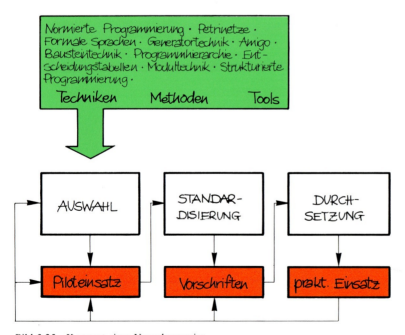

Bild 3.25 Konzept einer Vorgehensweise

Softwaretechniken wie

▷ Entscheidungstabellentechnik

▷ Strukturierte Programmierung

▷ Normierte Programmierung

▷ Generatortechnik

haben sich bereits weitgehend durchgesetzt.

Sonstige Anforderungen und Bedingungen

Simulationsprogramme

Wenn bestimmte Geräte oder Komponenten erst zu einem späteren Zeitpunkt vorhanden sind oder benutzt werden können, müssen deren Funktionen durch hierfür zu erstellende Komponenten simuliert werden. Dadurch ist sichergestellt, daß fertige Komponenten getestet werden können.

Restriktionen

Beim Erstellen des Grobkonzeptes wird man u.U. auf Hard- und Softwarerestriktionen stoßen, die bei der Realisierung zu berücksichtigen sind und daher im Grobkonzept festgehalten werden müssen.

3.4 Leistungsbeschreibung, DV-Grobkonzept erstellen

Checkpunkte

Betriebsart

▷ Sind Anzahl und Standort der Dialoggeräte berücksichtigt?

▷ Liegt ein Wirtschaftlichkeitsvergleich zwischen Stand- und Wählleitung vor?

▷ Stimmen Anforderung der durchschnittlichen Benutzungsrate und Anforderung der Responsezeit überein?

▷ Stimmen die voraussichtlichen Ablaufkosten mit den genehmigten überein?

▷ Sind die Leistungen der Hardcopy-Geräte und/oder Ferndrucker berücksichtigt?

▷ Liegt ein mit den Anwendern abgestimmtes Konzept der Benutzungsberechtigung vor?

Verfahrenstruktur

▷ Werden durch die DV-Strukturierung die fachlichen Prozesse zerschnitten?

▷ Sind die Datenein/ausgaben getrennt von den Fachprozessen?

▷ Haben die Komponenten einen
  einheitlichen Aufbau
  übersichtliche Gestaltung
  überschaubare Größe und
  normierte Schnittstellen?

▷ Ist das Ergebnis der Strukturierung in einer Komponentenübersicht und einem Datenflußplan festgehalten?

Speicherkonzept

▷ Sind Speichermedium und Gerätetyp festgelegt?

Hardwarekonfiguration

▷ Reicht die Kapazität des Arbeitsspeichers für das geplante Verfahren aus?

▷ Reicht die Kapazität der externen Speicher für das geplante Verfahren aus?

▷ Stehen geeignete Datenerfassungsgeräte zur Verfügung?

▷ Reicht die Kapazität der Datenübertragungseinheiten aus?

▷ Steht genügend Rechenzeit zum Betrieb des Verfahrens zur Verfügung?

Ausbaustufen
▷ Wird der Leistungsumfang des Verfahrens stufenweise realisiert?
▷ Sind die Ausbaustufen mit dem jeweiligen Leistungsumfang festgelegt?

Daten- und Ablaufsicherheit
▷ Existiert ein Eingabekontrollsystem für die Datenersteingabe, das auch Kombinationskontrollen durchführt und Fehlerhinweise ausgibt?
▷ Wurde darauf geachtet, daß Fehler gesammelt in einer Fehlerliste ausgegeben werden?
▷ Werden fehlerhafte Daten von der Verarbeitung ausgeschlossen und kann festgestellt werden, um welche Daten es sich gehandelt hat, damit eine Neueingabe nach der Fehlerkorrektur möglich ist?

Prüfung vorhandener Software
▷ Können die verlangten, aber nicht vorhandenen Funktionen in die Komponente eingebaut werden?
▷ Ist die Komponente modular aufgebaut und können die Einzelkomponenten ausgetauscht werden?
▷ Entspricht die Komponente den Datensicherheits- und Datenschutzanforderungen?
▷ Kann die Komponente auf der vorhandenen DV-Anlage betrieben werden?
▷ Ist eine serielle und wahlweise Verarbeitung der Dateien möglich?
▷ Kann der Dateiänderungsdienst leicht durchgeführt werden?
▷ Besteht für die Komponente eine Betreuungsvereinbarung?
▷ Besteht die Möglichkeit einer Unterstützung bei der Implementierung?
▷ Sind die Anpassungskosten der Komponente geringer als die Neuentwicklungskosten?

Softwaretechnik
▷ Ist die Verwendung von Softwaretechnik, -methoden, -tools vorgesehen?
▷ Sind die Auswirkungen auf die Herstellungs-, Ablauf-, Betreuungseigenschaften geklärt?
▷ Sind die Mitarbeiter soweit geschult bzw. erfahren, daß sie die Softwaretechniken anwenden können?
▷ Wenn nicht, sind Kurse und Praktika geplant?

3.5 Leistungsbeschreibung abstimmen

Zweck

Die Leistungsbeschreibung muß mit den betroffenen Fachabteilungen hinsichtlich

▷ Vollständigkeit
(sind alle Aufgaben abgedeckt?)
▷ Richtigkeit
(sind die geplanten Ergebnisse richtig?)
▷ Realisierbarkeit
(ist das fachliche Konzept dv-technisch realisierbar?)

abgestimmt werden. Eine geeignete Methode, die Abstimmung durchzuführen, stellt der „Walk through" dar (siehe Seite 403).

Erläuterung

Die Leistungsbeschreibung muß gemeinsam von je einem Vertreter der Auftraggeber- und Auftragnehmerseite unterschrieben und freigegeben werden. Die Unterlage wird archiviert und unterliegt einem Austausch- und Änderungsdienst. Es muß überprüft werden, ob alle Angaben im Entwicklungsantrag noch zutreffen, insbesondere der Anteil der für die Planungsphase II angenommenen Kosten und Termine.

Einen Vorschlag für die Gliederung der Dokumentation zeigt Bild 3.26.

3.5 Leistungsbeschreibung abstimmen

Leistungsbeschreibung

I. Fachliches Feinkonzept

1. Gesamtproblematik
2. Beschreibung der Prozesse, Prozeßablauf, Prozeßstruktur
3. Beschreibung der Daten, fachliches Speicherkonzept
   Beschreibung der Datenströme
   Datenlexikon
   Kriterien zur Auswahl der Speichermedien
   Datenstruktur
4. Schlüsselsysteme
5. Anforderungen an die Belege
6. Anforderungen an die Datenerfassung
7. Beschreibung der Auswertungen
   Auswertungsinhalt, Auswertungsform
   Auswertungsträger, Auswertungshäufigkeit
8. Organisatorische und technische Anforderungen
9. Datensicherheits- und Datenschutzanforderungen
10. Offene Punkte

II. DV-Grobkonzept

1. Datenflußplan
2. Verfahrensstruktur
3. Speicherkonzept
   Dateibeschreibung
     Speichermedien
     Speicherungsform
   Satzstrukturen
4. Beschreibung der Komponenten
5. Festlegung der dv-technischen Bedingungen
   Betriebsart
   Betriebssystem
   Hardwarekonfiguration
   Softwaretechniken
6. Anlagen (z.B. Beispiele)

Bild 3.26
Beispiel für die Gliederung der Dokumentation der Leistungsbeschreibung

3.6 Vorläufige Testzeiten planen

Zweck

Für die dv-technische Realisierung eines Verfahrens können erhebliche Rechenzeiten erforderlich sein. Damit die Entwicklungszeit nicht durch Rechenzeitengpässe verlängert wird, ist der Rechenzeitbedarf zu planen.

Erläuterung

Im DV-Grobkonzept wurden bereits grundsätzliche Angaben gemacht zu
▷ Verfahrensstruktur
▷ Hardwareanforderungen
▷ Softwareanforderungen
▷ Personalanforderungen.

Diese Angaben ermöglichen eine grobe Rechenzeitschätzung.

Folgende Werte können für eine grobe Schätzung verwendet werden:
▷ Bei stapelorientiertem Testbetrieb etwa 10 h Testzeit je Mann-Monat geplanter Programmierzeit (siehe Teil II, Kapitel 2 Projektzeitschätzung)
▷ Bei dialogorientiertem Testbetrieb etwa 50 h Terminalzeit (Logon-Zeit) je Mann-Monat geplanter Programmierzeit.

Unter Berücksichtigung dieser Schätzgrößen und der Einflußgrößen wie

    Umfang, Schwierigkeitsgrad der Programme

    Qualität der Systemsoftware

    Qualifikation der Programmierer

    Art des Testbetriebes

ist die Testzeitplanung von dem DV-Planer bzw. dem Chefprogrammierer durchzuführen.

Umfang, Schwierigkeitsgrad der Programme

Je umfangreicher, komplexer die Programme sind und je mehr Statements sie enthalten, desto mehr Fehler in der Logik und/oder Codierung sind möglich.

Qualität der Systemsoftware

Entscheidend ist die Qualität der Testhilfen (siehe hierzu Seite 210 ff), je besser sie sind, desto schneller können Fehler gefunden werden.

3.6 Vorläufige Testzeiten planen

Qualifikation der Programmierer

Gut ausgebildete und erfahrene Programmierer machen bei der Programmerstellung weniger Fehler; sie sind mit Testhilfen vertraut und verkürzen durch deren gezieltes Anwenden die Zeit für die Fehlersuche.

Für schwierige Fälle sollten System- und Programmierbetreuer verfügbar sein.

Art des Testbetriebs

Open-Shop-Testbetrieb

Im Open-Shop-Testbetrieb kann der Programmierer steuernd in den Ablauf eingreifen und dadurch mehrere Fehler je Test beheben. Die Anlage wird jedoch meist durch einen Benutzer blockiert. Da der Programmierer selbst anwesend ist, besteht die Gefahr einer mangelnden Testvorbereitung. Da schlecht vorhersehbar ist, wie lange die Tests dauern, kommt es entweder zu Stillstandszeiten der DV-Anlage oder zu Wartezeiten der anderen Programmierer.

Test im Open-Shop-Betrieb ist nur in den Fällen sinnvoll, wo der Programmierer wirklich steuernd eingreifen muß und eine Simultanarbeit nicht möglich ist.

Closed-Shop-Testbetrieb

Der Closed-Shop-Testbetrieb erzwingt eine bessere Testvorbereitung, da Mängel hierbei (z.B. falsche Steuerkarten) zum Abbruch des Tests führen. Der Ablauf im Rechenzentrum wird nicht durch die Anwesenheit von Programmierern gestört, die Möglichkeiten der Simultanarbeit können voll genutzt werden – die Anlage wird besser ausgelastet. Die Qualität des Testbetriebs hängt ab von der Qualifikation des Operators. Es gibt nur wenig Möglichkeiten, auf unvorhergesehene Fehler zu reagieren; die Anzahl der benötigten Testläufe gegenüber dem Open-Shop-Betrieb steigt.

Dialogtest

Der Dialogtest dürfte durch den gebotenen Systemkomfort die beste Testmöglichkeit sein. Der Programmierer hat Kontakt mit der DV-Anlage; er kann schrittweise testen, unverzüglich auf Fehler reagieren und dadurch schneller ein Programm fehlerfrei erstellen. Eine sorgfältige Schulung im Dialogtest ist notwendig, um die Vorteile voll nutzen und die Testzeiten verkürzen zu können.

3.7 Nachfolgelasten klären

Zweck

Um späteren, möglicherweise langwierigen Verhandlungen vorzubeugen, ist festzulegen, wer die Nachfolgelasten trägt, wobei zwischen Durchführung der Nachfolgeaktivitäten und Übernahme der Kosten unterschieden werden muß. Diese Festlegung ist von der Entscheidungsinstanz nach Abstimmung mit den betroffenen Abteilungen vorzunehmen.

Erläuterung

Nachfolgelasten können entstehen durch:

▷ Änderungen von Gesetzen, Verordnungen
▷ Einsatz weiterer Ausbaustufen
▷ Änderung der fachlichen Aufgabenstellung
▷ Einsatz eines anderen Betriebssystems
▷ Anpassung an spätere übergeordnete Verfahren
▷ Verbesserung des Verfahrens aufgrund neuer Erkenntnisse und Möglichkeiten
▷ Pflegeverpflichtungen gegenüber Anwendern
▷ Anpassung des Verfahrens für andere Anwender
▷ Einsatzunterstützung.

Es muß geklärt werden:

▷ Welche Abteilung die Nachfolgeaktivitäten durchführt
▷ Welche Abteilung die Kosten trägt
▷ Wie Änderungen dokumentiert werden sollen
▷ Welche Stellen von einer Änderung informiert werden sollen.

3.8 Schulungsplan erstellen

Zweck

Durch Schulungsmaßnahmen sollen die später mit dem Verfahren arbeitenden Mitarbeiter die notwendigen Kenntnisse erhalten.

Erläuterung

Zum Erstellen des Schulungsplanes sind nachstehende Maßnahmen durchzuführen:

- ▷ Klären der Anforderungen des neuen Verfahrens an das Rechenzentrumspersonal und die Anwender
- ▷ Prüfen der Voraussetzungen, die die Mitarbeiter mitbringen
- ▷ Festlegen der Gebiete, auf denen Schulungsmaßnahmen notwendig sind
- ▷ Festlegen, durch wen die Schulung durchgeführt werden soll; in Frage kommen

    externe Schulung durch den DVA-Hersteller

    eigene Schulungsveranstaltungen für

    RZ-Personal
    Einweisung in das Verfahrenshandling (Laden des Systems, Zuweisungen, usw.)

    Anwender
    Einweisung in die Verfahrensnutzung (z.B. Hantierung der Ein-Ausgabegeräte, Formalismus der Dialogführung. Was kann das System, was muß der Anwender tun?)
- ▷ Festlegen der Schulungstermine.

Hinweis

Der zeitliche Vorlauf zwischen Schulung und Produktiveinsatz soll drei bis sechs Monate nicht überschreiten.

Da Schulungsmaßnahmen genehmigt werden müssen, sind die Anträge rechtzeitig zu stellen.

3.9 Phasenabschluß durchführen

Zweck und allgemeine Erläuterung

Siehe hierzu 1.8 „Phasenabschluß durchführen".

Phasenspezifische Erläuterung

Die Entscheidungsinstanz benötigt am Ende der Planungsphase II die Ergebnisse der Leistungsbeschreibung.

Die Abstimmungsergebnisse mit den betroffenen Anwenderabteilungen aus dem „Walk through" müssen protokolliert vorliegen.

Zur Genehmigung der Realisierungsphase I muß der dafür erwartete Aufwand ermittelt werden.

Dieser Zeitaufwand ergibt sich im wesentlichen durch

▷ Erstellen der Spezifikation
▷ Programmierung
▷ Aufbau der Stammdaten
▷ Test.

Für das Ermitteln der Programmierzeit gibt es verschiedene Verfahren, die im Teil II, Kapitel 2 Projektzeitschätzung beschrieben sind.

Der Endtermin für die Programmierung hängt u.a. auch davon ab, wie lange Änderungswünsche berücksichtigt werden sollen.

Die Terminplanung sollten erfahrene Teammitglieder durchführen.

3.10 Information und Entscheidung

Zweck und allgemeine Erläuterung

Siehe hierzu 1.9 „Information und Entscheidung".

Phasenspezifische Erläuterung

Der Entscheidungsinstanz wird die Leistungsbeschreibung vorgestellt um über das weitere Vorgehen entscheiden zu können.

Nachstehende Punkte sind zu beachten:

▷ Beschluß über Maßnahmen zum Beheben der in dieser Phase aufgetretenen Schwierigkeiten

▷ Behandlungsmodus von Änderungsanträgen

▷ Übernahme der Nachfolgelasten

▷ Geplante Vorgehensweise und Termine für die folgende Phase

▷ Benennung der beteiligten Mitarbeiter bzw. der Dienststellen

▷ Zu erwartender Aufwand (u.a. Genehmigung der voraussichtlichen Testkosten)

▷ Zu erwartende Schwierigkeiten und Vorschläge zu ihrer Behebung.

Die Entscheidungsinstanz kann folgende Entscheidungen treffen:

Entscheidung	Konsequenzen
Genehmigung der Leistungsbeschreibung	Verabschieden der weiteren Vorgehensweise
Genehmigung von Teilen des fachlichen Fein- und des DV-Grobkonzeptes	Neuentwicklung/Änderung der beanstandeten Teile. Evtl. andere Zusammensetzung der Mitarbeiter
Ablehnung des fachlichen Fein- und/oder des DV-Grobkonzeptes	Neuentwicklung des Konzeptes. Evtl. Wiederholung der Planungsphase II oder Einstellung des Projektes
Änderung der Aufgabenstellung	Wiederholung der betroffenen Arbeiten in der Planungsphase I und II

4 Realisierungsphase I

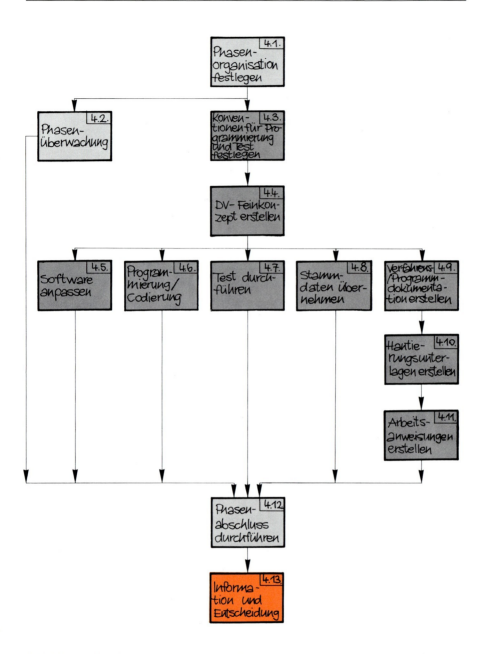

Bild 4.1 Netzplan für die Realisierungsphase I

4 Realisierungsphase I

Einführung

In der Realisierungsphase I wird auf der Grundlage der Leistungsbeschreibung zunächst das DV-Feinkonzept in Form von Spezifikationen (DV-Pflichtenheft, Pflichtenheft für ein Programm, Aufgabenstellung für ein Programm) als Arbeitsunterlage für die Programmierung erstellt. Anschließend sind die Verfahrensteile zu programmieren, zu testen und die Hantierungsunterlagen und Arbeitsanweisungen zu erstellen. Aufgrund der Testergebnisse wird am Ende der Realisierungsphase I entschieden, ob der Probebetrieb durchgeführt werden kann.

Die Ausführlichkeit des DV-Feinkonzepts hängt stark von der Komplexität des jeweiligen Verfahrens ab. Die hier dargestellte Vorgehensweise gibt die Maximallösung wieder. Bild 4.1 zeigt den Netzplan für die Realisierungsphase I.

4.1 Phasenorganisation festlegen

Zweck und allgemeine Erläuterung

Siehe hierzu 1.3 „Phasenorganisation festlegen".

Phasenspezifische Erläuterung

Die Tätigkeiten der Realisierungsphase I haben überwiegend dv-technischen Charakter.

Wesentliche Einflußgrößen für die Organisationsform und die Zusammensetzung der Programmier- und Testgruppe sind der Umfang des Verfahrens und die Anzahl der beteiligten Personen.

Als Formen der Abwicklung sind möglich:

▷ Programmier- und Testgruppe sind getrennt
▷ Programmier- und Testgruppe sind identisch
▷ Gemischtes Team.

Die Programmiergruppen können im Rahmen der vorhandenen Aufbauorganisation oder als Team installiert sein. Stets sollte der Gruppenführer, Chefprogrammierer, Teamleiter in dieser Phase derjenige sein, der auf der dv-technischen Seite alle Arbeiten bis ins Detail kontrollieren kann, um u.a. bei Problemen neue Lösungswege aufzuzeigen.

In der Schlußphase der Testarbeiten sind die Anwenderbelange durch eine Beteiligung in der Testgruppe bzw. durch die Zurverfügungstellung von Produktivdaten zu berücksichtigen. Tabelle 4.1 zeigt die Personal-Tätigkeitsmatrix für die Realisierungsphase I.

4.1 Phasenorganisation festlegen

Phasentätigkeiten	Entscheidungsinstanz	Projektleitung	Anwender	Fachplaner/ DV-Organisator/ Verfahrensplaner	DV-Planer/ Softwareentwickler/ Chefprogrammierer	Programmierer	Rechenzentrum	Bemerkung
4.1. Phasenorganisation festlegen	a	b						
4.2. Phasenüberwachung		a						Bericht an Entscheidungsinstanz
4.3. Konventionen für Programmierung und Test festlegen					a	m	m	System-/ Programmierberatung einschalten
4.4. DV-Feinkonzept erstellen					a	m		
4.5. Software anpassen					b	a		
4.6. Programmierung/ Codierung					b	a		
4.7. Test durchführen					a	m		System-/ Programmierberatung einschalten
4.8. Stammdaten übernehmen			m		a		m	
4.9. Verfahrens-/Programmdokumentation erstellen					a	a		
4.10. Hantierungsunterlagen erstellen					a	a	b	
4.11. Arbeitsanweisungen erstellen			b	a	a			
4.12. Phasenabschluß durchführen		a			m		m	
4.13. Information und Entscheidung	a	b						

a ausführend, b beratend, m mitwirkend
Tabelle 4.1   Personal-Tätigkeitsmatrix für die Realisierungsphase I

4.2 Phasenüberwachung

Zweck und allgemeine Erläuterung

Siehe hierzu 1.4 „Phasenüberwachung".

Phasenspezifische Erläuterung

Der Aufwand in der Realisierungsphase I entsteht überwiegend durch die Tätigkeiten „Spezifikationen erstellen", „Programmierung/Codierung" und „Test durchführen".

Der Erstellungsaufwand für die Spezifikationen hängt stark ab von der Qualität der Leistungsbeschreibung. Wurde diese nicht ausreichend detailliert, so entsteht hier ein erheblicher Mehraufwand durch Unklarheiten, Rückfragen, etc.

Ähnliches gilt auch für den Aufwand bei der Programmierung, der von der Güte der Spezifikationen beeinflußt wird. Die Freigabe übernimmt der verantwortliche DV-Planer bzw. Chefprogrammierer.

In dieser Phase fallen oft mehr als 40% der Gesamtkosten für ein DV-Projekt an.

Erhebliche Kostenüberschreitungen können durch Testzeiten verursacht werden, die durch mangelnde Planung und/oder Sorgfalt bei der Programmierung, aber auch durch eine ungenügende Testvorbereitung/Testüberwachung entstehen.

In dieser Phase ist besonders auf die begleitende Dokumentation zu achten.

Die in einem Unternehmen gültigen Konventionen und Richtlinien sind nur so wirkungsvoll wie die Kontrolle der Einhaltung.

4.3 Konventionen für Programmierung und Test festlegen

Zweck

Um die Entwicklungs- und Pflegekosten zu senken, sind u.a. Vorschriften für die Programmierung und Testdurchführung notwendig; sie sollten von Praktikern aufgestellt und neuen Erkenntnissen ständig angepaßt werden (siehe Teil II, Kapitel 5 Konventionen und Richtlinien für die Programmierung).

Erläuterung

Konventionen für die Programmierung

Durch die Einhaltung von Konventionen (Bild 4.2) sollen einheitliche Verfahren hinsichtlich Aufbau, Schnittstellen und angewandter Softwaretechnik erreicht werden.

Daraus ergeben sich folgende Vorteile:

▷ Einzelne Komponenten (Modul, Makro, Programm) sind leichter austauschbar

▷ Die Änderung und Pflege der Komponenten kann schneller durchgeführt werden

▷ Die Einarbeitung neuer Mitarbeiter wird erleichtert

▷ Die Testdurchführung und Fehlersuche wird effizienter.

Als Nachteile können dabei auftreten:

▷ Mehr Codieraufwand

▷ Möglicherweise nicht optimale Komponenten hinsichtlich Laufzeit und Speicherbedarf.

Konventionen für die Testdurchführung

Um eine reibungslose Testdurchführung zu gewährleisten, sollten Vorschriften herausgegeben werden, so z.B.:

▷ Komponenten sind durch den Ersteller zu testen. Der Integrationstest ist unter Beteiligung des Anwenders bzw. einer Testgruppe durchzuführen (siehe Seite 215ff)

▷ Testhilfen, die während des Testes dem Programmierer helfen, aber z.B. aus Datensicherheitsgründen im Produktivbetrieb nicht verwendet werden dürfen, sind gesondert aufzuführen

4.3 Konventionen für Programmierung und Test festlegen

darf nicht verwendet werden	sollte verwendet werden
ENVIRONMENT DIVISION	
APPLY ... TO FORM-OVERFLOW ON (Zeilenzählung verwenden) SAME AREA FOR	
DATA DIVISION	
RENAMES REDEFINES verwenden	BLOCK CONTAINS ... RECORDS FILLER immer dann, wenn das Feld nicht angesprochen wird (Ausnahme bei Übernahme mit COPY) RECORD CONTAINS ... CHARACTERS REDEFINES Redefinierende Datennamen müssen die redefinierten Datennamen enthalten VALUE wenn in der WORKING-STORAGE SECTION zu Beginn ein fester Anfangswert benötigt wird
PROCEDURE DIVISION	
ADD CORRESPONDING	COMPUTE soll der Übersichtlichkeit halber bei umfangreichen arithmetischen Operationen angewendet werden. Hier sind mehrere ADD, SUBTRACT, MULTIPLY und DIVIDE unübersichtlich
MOVE CORRESPONDING bei Einhaltung der Datennamenkonventionen nicht möglich SUBTRACT CORRESPONDING ALTER GO TO (auch GO TO DEFENDING ON)	Ausnahme: nur innerhalb einer SECTION und in Vorwärtsrichtung und bei Schleifenbildung innerhalb einer SECTION
PERFORM THRU IF Verknüpfte negierte Abfragen	

Bild 4.2
Beispiele für Programmierkonventionen bei der Verwendung von COBOL-Anweisungen

4.3 Konventionen für Programmierung und Test festlegen

▷ Es ist – wenn Hardware und Betriebssystem es ermöglichen (z.B. BS 2000) – im Dialog zu testen
▷ Vorhandene Konventionen des Rechenzentrums für den Ablauf des Testbetriebes sind einzuhalten
▷ Testkosten müssen genehmigt werden
▷ Es sind die Standardsteuerkartensätze des Rechenzentrums zu verwenden
▷ Testläufe sind im Testtagebuch festzuhalten
▷ Formulare für die Testdurchführung (Testanweisungen) sind vorzuschreiben (Formular 4.1).

Hinweis

Sind keine Konventionen vorhanden, so sollte die Entwicklung eines größeren Verfahrens zum Anlaß genommen werden, bestehende Richtlinien zu übernehmen oder eigene zu entwickeln.

4.3 Konventionen für Programmierung und Test festlegen

An Rechenzentrum			Von OD-Abteilung Bearb. Programmierer	Tel. xxxx		Testanweisung für DVA 4004/35/45/55 Verfahrens-Programm-Name Angaben zur Verrechnung			TESTBEISPIEL→TESTB				
Test-Nr.	Datum	Testfreigabe	E	F	Auszuführende Arbeiten Übersetzen	Binden	Testen	Bibliotheken Primärpr.	Makro	Modul	Phasen	Betriebssystem	Laufzeit in Min.	Bearbeitungsvermerke Eing.-Datum	Erledigung Datum	Bearbeiter

Test-Nr.	Datum	Testfreigabe	E	F	Übersetzen	Binden	Testen	Primärpr.	Makro	Modul	Phasen	Betriebssystem	Laufzeit in Min.	Eing.-Datum	Datum	Bearbeiter
1	2.8.76	Chefprogramm.	X		X	X	X	X	X	X	X	1000	10	2.8.76		Operator
2	3.8.76	Chefprogramm.	X		X	X	X	X	X	X	X	1000	10	3.8.76		Operator
3	4.8.76	Chefprogramm.	X				X				X	1000	10	4.8.76		Operator
4																
5																

Bemerkungen des Programmierers

Test-Nr.	
1	Band bitte wieder zurück!
2	"
3	Formularpapier B4711 nötig; Band zurück!
4	
5	

Bemerkungen des Operators

Test-Nr.	
1	Falsche Steuerkarten; Abnormales Ende!
2	o.k.
3	Statt Papier B47/11; weißes Papier.
4	
5	

E: Eigentest   F: Ferntest
S 5050 Testanweisung für DVA 20.000 7.75 2007

Programmname			Test 1,2 COBOL	LNKEDT	TESTB	3 TESTB
Kernspeicherbedarf und Zusatzangaben für Ladeaufruf	mit Monitor		100	100	50	50
	ohne Monitor					
Gerätetyp	SYSnnn	Sperrfrist Archivar E/A				
MP	000-007 TEST P1		X	X	X	X
MP	040 TEST P3	EA			X	X
MB	020 eigenes Band	E			X	X
MB	030 Arbeitsband	A			X	X
DR	LST SPOOL		X	X	X	X

Formular 4.1   Beispiel einer Testanweisung

4.4 DV-Feinkonzept erstellen

Zweck

Ergebnis des DV-Feinkonzepts sind die Spezifikationen für das Verfahren; sie stellen die detaillierte Festlegung der dv-technischen Realisierung dar. Damit wird vor der eigentlichen Programmierung (dem Schreiben von Befehlen) eine Verfeinerung der DV-Struktur aus der Leistungsbeschreibung nach dem „top-down-Prinzip" vorgenommen. Hier geht es nicht mehr um fachliche, sondern nur um dv-technische Belange.

Erläuterung

Eine Spezifikation ist für jede Komponente zu erstellen.

Bei der Erstellung der Spezifikation sind nachstehende Punkte zu erarbeiten:

Zielsetzung der Komponente

Detaillierung der DV-Lösung je Komponente
    Strukturierung
    Programmorganisationsplan
    Externe Datenschnittstellen
    Beschreibung der Strukturblöcke

DV-technische Voraussetzungen
    Betriebssystem, Betriebsart, Hardwarekonfiguration
    Softwaretechniken
    Programmier- und Benutzersprachen
    Vorhandene Software
    Datensicherheit

Sonstige Anforderungen und Bedingungen
    Anwendung
    Simulation
    Prüfung von Aufwand und Terminen
    Ermittlung der voraussichtlichen Laufzeit
    Dokumentation.

Zielsetzung der Komponente

Die Zielsetzung der Komponente ist – ohne auf anwendungsspezifische Einzelheiten einzugehen – zu beschreiben. Der Text kann als Bemerkungseintrag in die Komponente übernommen werden.

4.4 DV-Feinkonzept erstellen

Beispiel

```
REMARKS.*******************************************
*         *  IN DIESEM PROGRAMM WERDEN ALLE AUFTRAGSBEWE-  *
*         *  GUNGSDATEN NACH DEN IN DEN AUSWAHLPARAMETER-  *
*         *  KARTEN ANGEGEBENEN KRITERIEN AUFGELISTET.     *
*         *                                                *
*         *  INNERHALB DIESER KRITERIEN ERFOLGEN SUMMIER-   *
*         *  UNGEN UND AUFLISTUNG IN DER VOM ANWENDER VOR-  *
*         *  GEGEBENEN REIHENFOLGE DER ZEILEN-NUMMERN IN    *
*         *  DEN ZEILENPARAMETERKARTEN.                     *
*         *                                                *
*         *  IN DER LISTE AUFTRAGSBEWEGUNG WERDEN DIE       *
*         *  AUFTRAGSEINGANGS- UND UMSATZ- DATEN, IN DER    *
*         *  LISTE VE-STATISTIK DIE UMSATZ- UND AUFWANDS-   *
*         *  DATEN ANGEDRUCKT.                              *
*         **************************************************
```

Detaillierung der DV-Lösung je Komponente

Strukturierung

Die Komponenten werden unter dv-technischen Belangen strukturiert, dabei entstehen Strukturblöcke.

Es ist eine Ausführlichkeit notwendig, nach der andere Programmierstellen die Programmierung ohne wesentliche Rückfragen durchführen können. Bei der Strukturierung ist auf folgendes zu achten:

▷ Die Struktur der Komponente ist durch Unterteilen und Ausfüllen schrittweise von oben nach unten zu verfeinern. Das Ergebnis sind die Strukturblöcke

▷ Die Ausarbeitung ist in „Ebenen" vorzunehmen. Eine Ebene entsteht durch Beiordnung sich im Detaillierungsgrad entsprechender Strukturblöcke

▷ Mit der Ausarbeitung der nachfolgenden Ebene darf frühestens begonnen werden, wenn die vorangegangene hinreichend ausgefüllt und festgelegt worden ist. Eine Strukturblockebene ist dann hinreichend ausgearbeitet, wenn die

Anzahl der ihr angehörenden Strukturblöcke feststeht

Schnittstellen jedes Blocks zur nachfolgenden Ebene genau beschrieben sind

Mehrzahl der Strukturblöcke auch inhaltlich voll ausgefüllt sind (d.h., daß ohne weiteren Kommentar danach programmiert werden kann). Inhaltlich – fachlich oder dv-technisch – noch nicht festgelegte Strukturblöcke sind mit dem Hinweis auf spätere Ergänzung zu umreißen.

▷ Nachstehende Forderungen sollten bei der Bildung der Strukturblöcke außerdem beachtet werden. Sie sollten eine überschaubare Größe haben, d.h.,

nicht mehr als eine Entscheidungstabelle enthalten

etwa 200 Anweisungen bzw. 20 unabhängige Bedingungen nicht überschreiten.

▷ Ein- und Ausgaben sind in getrennten Strukturblöcken durchzuführen.

Programmorganisationsplan

Das Ergebnis der Strukturierung einer Komponente wird im Programmorganisationsplan (Bild 4.3) dargestellt; er beinhaltet die Programmstruktur, und zwar hierarchisch als Strukturbaum. Dabei sind „Hierarchische Strukturblöcke" mit einer festen Verankerung in der Hierarchie und „Zentrale Strukturblöcke" mit der Möglichkeit der Ansteuerung von mehreren Strukturblöcken aus zu unterscheiden.

Beim Erstellen des Programmorganisationsplanes ist zu beachten:

▷ Die verbindenden Linien im Programmorganisationsplan müssen die Verkehrswege zwischen den Strukturblöcken wiedergeben.

▷ Zwischen den Strukturblöcken ist nur ein vertikaler sprungfreier Verkehr zugelassen, d.h. Blöcke einer Ebene dürfen sich gegenseitig nicht aufrufen.

▷ Zentrale Strukturblöcke sind abgesetzt von den hierarchischen darzustellen und sollten mit allen Eingängen gekennzeichnet werden.

▷ Verwendete Namen sollten mit denen des späteren Quellprogrammes übereinstimmen.

▷ Die Benummerung der Strukturblöcke sollte so ausgeführt werden, daß ihre Stellung in der Hierarchie deutlich wird.

Externe Datenschnittstellen

Hier sind komponentenbezogen die Ein-/Ausgaben detailliert zu beschreiben, bzw. aus der Leistungsbeschreibung zu übernehmen. Folgende Einzeltätigkeiten sind erforderlich:

▷ Die Satzaufbauten und -strukturen sind mit Datenformat und Erläuterung für die externen Daten entsprechend der Leistungsbeschreibung zu übernehmen und zu ergänzen (Formular 4.2). Für die notwendigen Zwischendaten und -dateien sind sie festzulegen.

4.4 DV-Feinkonzept erstellen

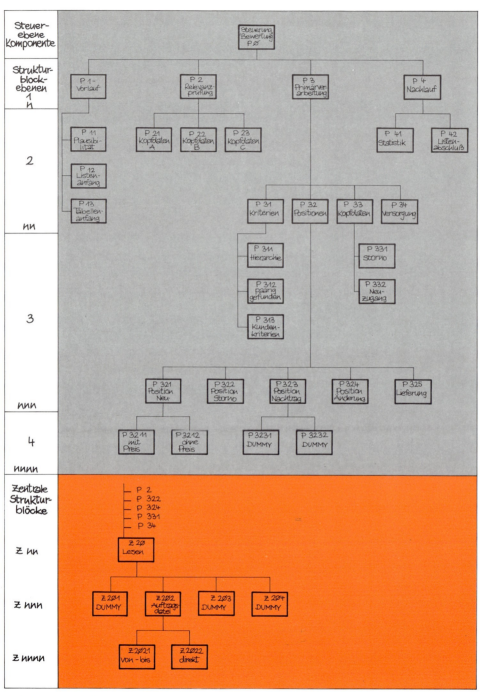

Bild 4.3 Beispiel für einen Programmorganisationsplan

4.4 DV-Feinkonzept erstellen

Dateiname: Auftragsdatei-Kopfsatz

Satzformat: (F, V, U)

Länge: 512

Format für Feld:
- a alphabetisch
- an alphanumerisch
- b binär
- n numerisch entpackt
- p numerisch gepackt
- g1 Gleitpunkt einfach
- g2 Gleitpunkt doppelt

Format für Bearbeitung:
- B Bedingung
- E Entscheidungstabelle
- S Satzadresse
- Fn Fehler-Nr.

Definition gilt für mehrere Komponenten

Feld-Nr.	Stelle von	Stelle bis	Länge (Bytes)	Format	Bearbeitungs-hinweis	Feldname	Erläuterungen
1	1	10	10	an	S	Auftragsnummer	
2	11	11	1	an	S	Satzart	Ordnungs-
3	12	18	7	n	S	Positionierung	begriff
4	19	20	2	an	S	Kettung	
5	21	23	3	n	S	Kundennr.	
6	24	25	2	n		Wunsch-Monat	Wunsch-
7	26	27	2	n		Wunsch-Jahr	liefertermin

Dateiname: WA-A

Satzformat: (F, V, U)

V

Format für Feld:
- a alphabetisch
- an alphanumerisch
- b binär
- n numerisch entpackt
- p numerisch gepackt
- g1 Gleitpunkt einfach
- g2 Gleitpunkt doppelt

Format für Bearbeitung:
- B Bedingung
- E Entscheidungstabelle
- S Satzadresse
- Fn Fehler-Nr.

Feld-Nr.	Stelle von	Stelle bis	Länge (Bytes)	Format	Bearbeitungs-hinweis	Feldname	Erläuterungen
1	1	10	10		S X(10)	WA-AUF-NR	
2	11	11	1		S X	WA-SATZART	
3	12	13	2		S 99.	WA-POS-B	entspricht
4	14	16	3		S 999.	WA-POS-C	Feld Nr. 3 in
5	17	18	2		S 99.	WA-POS-D	Leistungsbeschr.
6	19	20	2		S XX.	WA-KETT	
7	21	23	3		999	WA-KD-NR	
8	24	25	2		99	WA-WT-MON	
9	26	27	2		99	WA-WT-JAHR	

Formular 4.2 Dateibeschreibung

4.4 DV-Feinkonzept erstellen

▷ Das Datennamenverzeichnis bzw. Datenlexikon des Verfahrens ist auf Vollständigkeit, Überschneidungen und Widersprüche zu prüfen bzw. zu bereinigen.

▷ Es ist zu prüfen, ob man für die Datendefinitionen und die Ein-/Ausgabekomponenten die in mehreren Komponenten benötigt werden nicht „vorgefertigte" Routinen zur Verfügung stellen kann; dies trifft besonders für die Verfahren zu, die in einem Programm realisiert werden (siehe Seite 137).

Große Vorteile ergeben sich bei Änderungen und Ergänzungen, da diese zentral ausgeführt werden und durch Binden des Programmsystems in allen Komponenten enthalten sind.

Beschreibung der Strukturblöcke

Jeder Strukturblock ist hinsichtlich
    Eingabe, Verarbeitung und Ausgabe
zu beschreiben.

Für die Eingabe sind die Datensätze bzw. Eingabeparameter zu beschreiben, mit denen der betroffene Strukturblock arbeitet (u.U. genügt ein Querverweis auf die „Externen Datenschnittstellen").

Unter Verarbeitung werden die Lösungswege für den betroffenen Strukturblock beschrieben. Die Darstellung der Verarbeitung ist mit Hilfe eines Programmablaufplanes, eines Struktogrammes (Bild 4.4) oder einer Entscheidungstabelle vorzunehmen. Bereits vorhandene Entscheidungstabellen sind zu übernehmen.

Hinweis:

Die Struktogramm-Darstellung ist den bisherigen Programmablaufplänen vorzuziehen, da u.a. das strikte Denken in Blockstrukturen zu „wohlstrukturierten", gut lesbaren und damit pflegeleichteren Komponenten führt (Bild 4.4).

Unter Ausgabe erfolgt die Beschreibung der durch die Verarbeitung entstehenden Ausgaben (Daten, Listen, Bildschirm etc.).

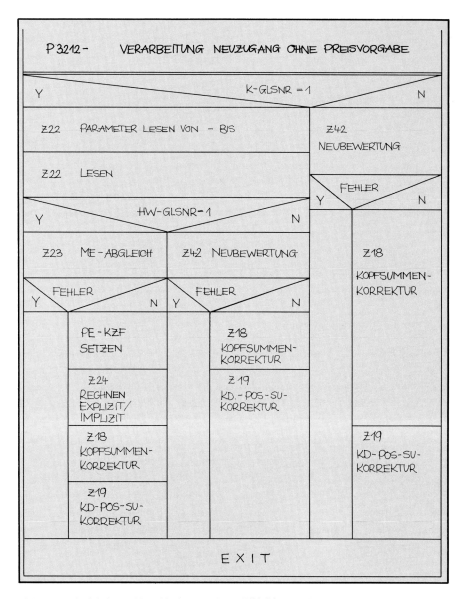

Bild 4.4 Beispiel des Strukturblocks P3212 aus Bild 4.3

4.4 DV-Feinkonzept erstellen

DV-technische Voraussetzungen

Betriebssystem, Betriebsart, Hardwarekonfiguration

Die Entscheidung über diese Punkte ist bereits in der Planungsphase II gefallen. Für den Programmierer sind diese Angaben in die Spezifikation zu übernehmen.

Softwaretechniken

Die für die weitere Realisierung in Frage kommenden Softwaretechniken (Techniken, Methoden, Tools) sind in der Spezifikation vorzuschreiben. Die Auswahl der Techniken ist unter Berücksichtigung der im DV-Grobkonzept (siehe Seite 153 ff) angegebenen Bedingungen auszuwählen.

Da dieses Buch kein Softwaretechniklehrbuch ist – in dem alle Techniken und Querbeziehungen beschrieben und bewertet werden – erheben die anschließenden Angaben keinen Anspruch auf Vollständigkeit.

Strukturierte Programmierung

Die Vorgehensweise, die der Strukturierten Programmierung zugrunde liegt, ist in den Leitfaden voll eingearbeitet. Diese Entwicklungstechnik stellt zwar anfangs höhere Anforderungen an die Mitarbeiter, jedoch sind die so entstehenden Komponenten wohlstrukturiert und damit gut lesbar, leicht zu pflegen und mit weniger Fehlern behaftet.

Die vorgegebenen Struktogramme können – wenn Vorübersetzer zur Verfügung stehen (z.B. COLUMBUS) – mit einfachen Kommandos unmittelbar in Befehle umgesetzt werden. Die Gegenüberstellung der Grundelemente des Ablaufplanes und der Struktogramme zeigt Bild 4.5. Im Bild 4.6 sind die Konstruktionsmöglichkeiten (Sequenz, Auswahl, Wiederholung) und die Darstellung sowie die Sprachelemente unter Verwendung des Vorübersetzers COLUMBUS dargestellt. In Bild 4.7 ist eine Problemlösung mit Hilfe eines konventionellen Ablaufplans und eines Struktogramms gegenübergestellt. Die vom Vorübersetzer erzeugten Struktogramme eignen sich gut zur unmittelbaren Dokumentation (Bild 4.13).

Entscheidungstabellen

Entscheidungstabellen stellen ein Hilfsmittel dar zum Beschreiben komplexer, voneinander abhängigen Entscheidungssituationen; diese werden anhand ihrer Bedingungen und Aktionen tabellarisch dargestellt. Regeln verknüpfen

4.4 DV-Feinkonzept erstellen

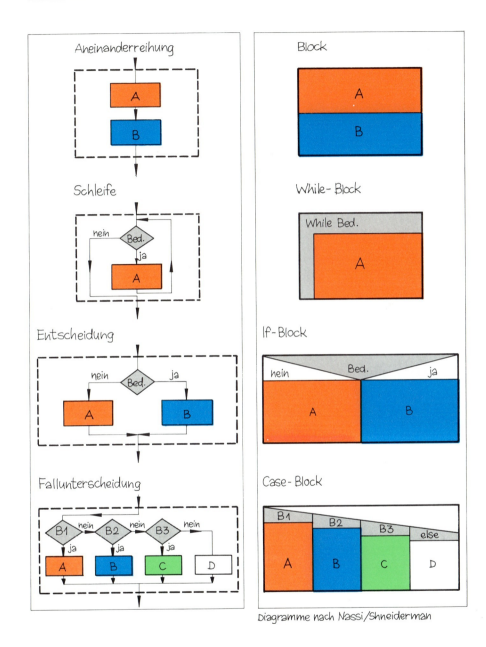

Bild 4.5
Gegenüberstellung: Grundelemente der Ablaufpläne und Grundelemente der Struktogramme

4.4 DV-Feinkonzept erstellen

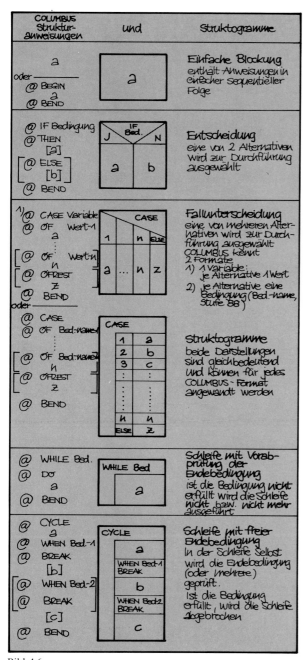

Bild 4.6
Konstruktionsmöglichkeiten, Darstellung und Sprachelemente
der Strukturierten Programmierung

4.4 DV-Feinkonzept erstellen

Programmablaufplan (nach DIN 66001)

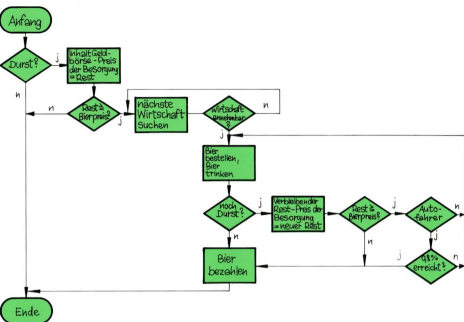

nach strukturierter Programmierung

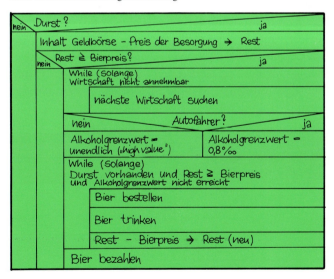

Bild 4.7
Gegenüberstellung: Problemlösung mit Ablaufplan und Struktogramm

4.4 DV-Feinkonzept erstellen

die Bedingungen und die Aktionen. Durch Entscheidungstabellen sind Widersprüche und Redundanzen leicht festzustellen. Entscheidungstabellen sind selbstdokumentierend, daher ist kein zeichnerisches Darstellen und Beschreiben notwendig. Vorübersetzer (z.B. CORTET) übertragen sie in Programmiersprachen.

Normierte Programmierung

Wesentliche Steuerungsfunktionen einer Komponente wie Mischen der Eingabedateien, Steuerung der Gruppenwechsel, werden mit einer vorgegebenen Methode gelöst. Die zusätzliche Normierung der Namensvergabe und die Festlegung der Hierarchie des Aufbaus machen diese Methode zu einer wirkungsvollen Unterstützung für den Programmierer.

Bei Verwendung eines Vorübersetzers (z.B. APG) wird für COBOL-Programme ein Rahmenprogramm mit Ablaufsteuerung erstellt, in das die Benutzerroutinen eingefügt werden.

Generatortechnik

Mit der Generatortechnik (Bild 4.8) kann man Programmieraufgaben, die häufig auftreten und sich nur geringfügig voneinander unterscheiden, wirtschaftlicher lösen als durch eine jeweilige Neuprogrammierung. Tabelle 4.2 zeigt, wann es sinnvoll sein kann, einen Generator einzusetzen. Dabei wird ein allgemein gehaltenes Grundprogramm durch maschinelle Bearbeitung an den Individualfall angepaßt. Sobald eine Aufgabe mehr als drei bis fünf mal im Prinzip gleich, im Detail jedoch unter unterschiedlichen Bedingungen gelöst werden muß, sollte man prüfen, ob hierfür nicht eine generative Lösung wirtschaftlich ist, da heute komfortable Standard-Software vorhanden ist, die eine Generatorkonstruktion unterstützt (z.B. GPSP).

Häufige Änderungen	J	J	N	N
An vielen Stellen des Primärprogrammes	J	N	J	N
Generator-Einsatz	X			
Parametergesteuerter Interpreter		X		
Neuprogrammieren			X	
Vom Programmierer im Programm ändern				X

Tabelle 4.2   Entscheidungshilfe für den Einsatz von Generatoren

4.4 DV-Feinkonzept erstellen

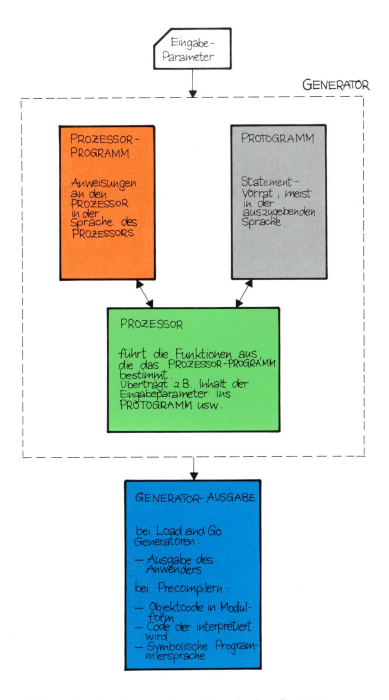

Bild 4.8 Elemente und prinzipielle Arbeitsweise eines Generators

4.4 DV-Feinkonzept erstellen

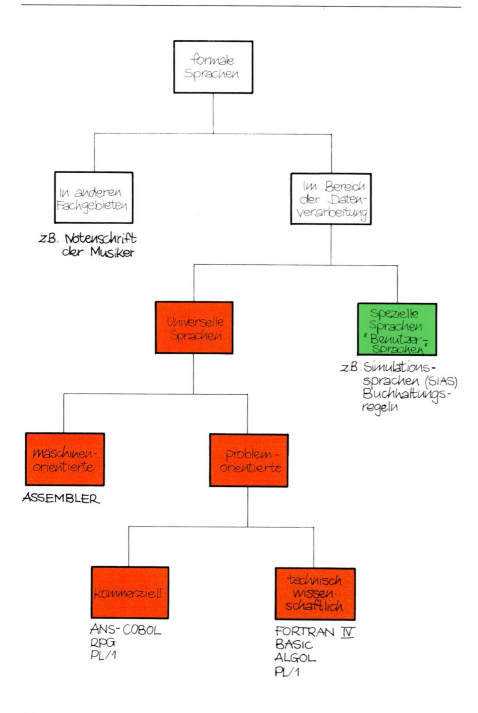

Bild 4.9   Klassifizierung der formalen Sprachen

4.4 DV-Feinkonzept erstellen

Programmier- und Benutzersprachen

Die in Form von Entscheidungstabellen und Struktogrammen vorliegenden Aufgabenlösungen müssen in einer für die DV-Anlage verständlichen Sprache formuliert werden. Die zur Mensch-Maschine-Kommunikation entwickelten formalen Sprachen (Bild 4.9) lassen sich – abhängig vom Umfang ihres Anwendungsbereiches – in universelle Sprachen und in spezielle Sprachen einteilen.

Universelle Sprachen

Sie werden in maschinen- und problemorientierte Sprachen eingeteilt. Aus der großen Menge vorhandener Sprachen werden in der Praxis weniger als zehn in größerem Umfang angewendet (siehe Bild 4.10).

Eine grobe Bewertung der problemorientierten Sprachen zeigt Tabelle 4.3.

Benutzersprachen

Benutzersprachen kann man als problemorientierte Programmiersprachen für spezielle Anwendungen bezeichnen. Unter anderem können sie sich durch

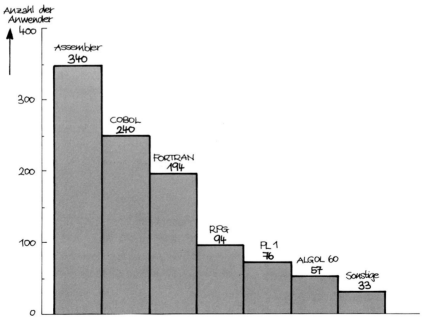

Bild 4.10 Anwendungsfälle von Programmiersprachen bei 470 Anwendern in der Bundesrepublik (Stand 1975)

4.4 DV-Feinkonzept erstellen

KRITERIEN \ SPRACHEN	ALGOL	BASIC	FORTRAN	COBOL	PL/1	RPG
FÜR WELCHE AUFGABEN GEEIGNET	t-w	t-w	m-t	k	alles	k/Listen
LEISTUNGSFÄHIGE EIN-AUSGABEBEFEHLE	nein	nein	aufgabenbedingt	ja	ja	aufgabenbedingt
STANDARDFUNKTIONEN	ja	ja	ja	nein	ja	nein
UNTERSTÜTZT STRUKTURIERTE PROGRAMMIERUNG	ja	nein	bedingt	bedingt	ja	nein
SCHREIBAUFWAND	gering	gering	gering	groß	relativ gering	sehr gering
DIALOGUNTERSTÜTZTE PROGRAMMERSTELLUNG	nein	ja	nein/IFOR	nein	nein	nein
TESTHILFEN	nein	nein	ja	ja	ja	nein
DOKUMENTATION (selbstkommentierender Code)	nein	nein	nein	ja	ja	nein
LERNAUFWAND	1W	1W	2W	3W	2x2W	3T

t-w technisch-wissenschaftlich, m-t mathematisch-technisch, k kommerziell, W Woche, T Tag

Tabelle 4.3   Eigenschaften der problemorientierten Programmiersprachen

nachstehende Merkmale von den allgemeinen problemorientierten Programmiersprachen unterscheiden:

▷ Benutzersprachen werden zum Lösen ganz spezieller Probleme eines Fachgebietes entwickelt
▷ Die Anzahl der Sprachelemente ist im allgemeinen relativ gering, da zum Formulieren von Spezialproblemen meist wenige Sprachelemente ausreichen
▷ Anweisungsformate und Sprachelemente orientieren sich an der Sprache des Fachgebietes (Fachsprache) und erleichtern dem DV-Laien den Umgang mit DV-Verfahren
▷ Durch die Abbildung von Teilproblemen/-aufgaben in Anweisungen bzw. Sprachelementen können vorstrukturierte Problemlösungen angeboten werden, die nicht nur die Formulierung, sondern auch das Finden von Problemlösungen erleichtern

▷ Benutzersprachanweisungen werden interpretativ und meist unmittelbar nach ihrer Formalprüfung abgearbeitet
▷ Die Formalprüfung (Syntaxprüfung) wird von allgemein verwendbaren Syntaxprüfprogrammen durchgeführt.

Benutzersprachen können in drei Klassen mit steigendem Komfort eingeteilt werden:
▷ Benutzersprachen mit Anweisungen im starren, spaltengebundenen Format
▷ Benutzersprachen mit Anweisungen im Makroaufrufformat mit Stellungs- und Schlüsselwortoperanden (auch Kommandoformat genannt)
▷ Benutzersprachen mit formatfreien Anweisungen.

In Abhängigkeit des zu lösenden Fachproblems und der Verfahrensumwelt ist zu entscheiden, ob der Einsatz einer Benutzersprache sinnvoll ist. Beeinflußt wird die Entscheidung u.a. auch dadurch, ob eine bereits vorhandene Sprache eingesetzt werden kann, da in diesem Fall kein Aufwand für die Entwicklung der Sprache und des Interpreters anfällt.

Es ist festzulegen, welche Programmiersprache für welche Komponente zu verwenden ist. Die Festlegung kann auch lauten: generell ist COBOL zu verwenden.

Vorhandene Software

Bereits im DV-Grobkonzept wurde festgelegt, welche Standard-Software bzw. vorhandene Software zu verwenden und welche Anpassungen notwendig sind. Die Angaben sind dem DV-Grobkonzept zu entnehmen, und wenn nötig zu detaillieren.

Datensicherheit

An Angaben sind festzulegen:

Die in der Leistungsbeschreibung festgelegten Datensicherheits- und Datenschutzmaßnahmen sind im DV-Feinkonzept so zu detaillieren, daß sie programmierbar sind.

Bild 4.11 zeigt ein Beispiel für die Protokollierung von Fehlern und Warnungen und die Konsequenzen des Fehlers.

4.4 DV-Feinkonzept erstellen

Meldung	Bedeutung	Maßnahme/Antwort
B1000	**Vorgabekennziffer** in Eingabedaten Falsch	U 800 [1)] Eingabesatz wird abgelehnt
B1005	**Vorgabekennziffer** 3800 nicht zulässig, da Werkzeugverwenderdatei nicht vorhanden	U 800 Eingabesatz wird abgelehnt
B1010	**Auftragskennziffer** falsch, (stimmt nicht mit Steuer-LK überein)	U 800 Eingabesatz wird abgelehnt
B1025	**Termin** nicht numerisch	U12 Eingabesatz wird abgelehnt
B1030	**Termin** liegt nicht zwischen Heute und Heute + 157 WOCHEN	U12 Eingabesatz wird abgelehnt
		[1)] wird in dem angegebenen Unterprogramm (Unnn) geprüft

Bild 4.11   Protokollierung von Fehlern und Warnungen

4.4 DV-Feinkonzept erstellen

Sonstige Anforderungen und Bedingungen

Anwendung

Hier können – falls dies für notwendig erachtet wird – Beispiele für die Anwendung und Initialisierung des DV-Verfahrens angegeben werden (z.B. Einrichtung von Dateien, Generierung gewünschter Funktionen).

Simulation

Die nach dem DV-Grobkonzept für bestimmte Verfahrensteile und Geräte notwendigen Simulationen sind so zu beschreiben, daß hierfür Programme erstellt werden können.

Prüfung von Aufwand und Terminen

In der Planungsphase II, 3.9 „Phasenabschluß durchführen" wurde bereits eine Aufwandsschätzung für die einzelnen Komponenten abgegeben; abhängig davon wurden Termine festgelegt. Bei bzw. nach dem Erstellen der Spezifikationen kann es notwendig sein, diese Angaben zu überarbeiten. Mögliche Gründe hierfür sind z.B.:

▷ Schwierigkeitsgrad der Aufgabe höher als erwartet

▷ Personalkapazität zu gering

▷ Qualifikation der Programmierer nicht ausreichend.

Ermitteln der voraussichtlichen Laufzeit

Bei der Wirtschaftlichkeitsrechnung (siehe Teil II, Kapitel 3 Wirtschaftlichkeitsprüfung von DV-Verfahren) sind neben den Entwicklungskosten des DV-Verfahrens die späteren Ablaufkosten ein entscheidender Einflußfaktor. Da in den Spezifikationen alle DV-Details eindeutig feststehen, sollte für zeitkritische Komponenten eine genauere Laufzeitschätzung (siehe Teil II, Kapitel 6 Laufzeitschätzung und Optimierung von Blocklängen) durchgeführt werden. Das Ergebnis kann u.U. noch zu Änderungen führen.

Dokumentation

Nach Abschluß jeder einzelnen Spezifikation ist das Ergebnis zu dokumentieren und bei Änderungen zu aktualisieren. Bild 4.12 zeigt ein Beispiel für die Gliederung der Dokumentation.

4.4 DV-Feinkonzept erstellen

Spezifikationen

1. Zielsetzung
2. Detaillierung der DV-Lösung
2.1. Programmorganisationsplan
2.2. Externe Datenschnittstellen
   Satzaufbau
   Satzstruktur
   Datenformate (einschl. Länge und Name)
2.3. Beschreibung der Strukturblöcke

   Beschreibung Strukturblock 1
   Eingabe
   Verarbeitung
   Ausgabe

   Beschreibung Strukturblock 2
   Eingabe
   Verarbeitung
   Ausgabe
   .
   .
   .
   .

   Beschreibung Strukturblock n
   Eingabe
   Verarbeitung
   Ausgabe
3. DV-technische Voraussetzungen
   Betriebssystem, Betriebsart, Hardwarekonfiguration
   Softwaretechniken
   Verwendung vorhandener Software
   Normen und Vorschriften
   Datensicherheit
4. Anwendungsbeispiele

Bild 4.12 Gliederungsvorschlag für die Dokumentation der Spezifikationen

4.4 DV-Feinkonzept erstellen

Checkpunkte

▷ Ist die Zielsetzung der Komponente beschrieben?
▷ Liegt der Programmorganisationsplan vor?
▷ Sind die „Hierarchischen Strukturblöcke" von den „Zentralen Strukturblöcken" getrennt?
▷ Ist bei den „Zentralen Strukturblöcken" gekennzeichnet, von welchen „Hierarchischen Strukturblöcken" sie benutzt werden?
▷ Stimmt die Benummerung der Strukturblöcke mit ihrer Stellung in der Hierarchie überein?
▷ Sind die einzelnen Strukturblöcke hinsichtlich der Eingabe, Verarbeitung, Ausgabe beschrieben?
▷ Liegt je Datei eine Dateibeschreibung in tabellarischer und/oder graphischer Form vor?
▷ Stimmen File-Namen in der Dateibeschreibung mit den File-Namen im Datenflußplan überein?
▷ Sind alle für die Bearbeitung relevanten Satzarten beschrieben?
▷ Sind in den Satzbeschreibungen alle relevanten Daten-Felder aufgeführt?
▷ Sind für die Daten-Felder aussagekräftige Namen vergeben worden (die auch von der Programmierung benutzt werden können)?
▷ Ist die Dateiorganisation vollständig beschrieben (z.B. ISAM-Schlüssel)?
▷ Sind die in der späteren Realisierung zu verwendenden Softwaretechniken vorgeschrieben?
▷ Werden die erkannten Fehler und die notwendigen Konsequenzen bzw. Maßnahmen protokolliert?
▷ Sind die zu simulierenden Verfahrensteile beschrieben?
▷ Wurde die voraussichtliche Laufzeit errechnet?
▷ Wurde die Wirtschaftlichkeitsrechnung überprüft?

4.5 Software anpassen

Zweck

In der Leistungsbeschreibung (siehe Seite 149 ff) wurde festgelegt, welche Software-Komponenten übernommen werden können. Eine Übernahme hat folgende Vorteile:

▷ Vermeiden von Doppelarbeit

▷ Schnelle Verfügbarkeit

▷ Weitgehende Fehlerfreiheit

▷ Geringerer Aufwand gegenüber Eigenentwicklung.

Entspricht die vorhandene Software nicht voll den Anforderungen, so muß sie angepaßt werden.

Erläuterung

Voraussetzungen für das Übernehmen bzw. Anpassen von Software sind eine vollständige Dokumentation und eine übersichtliche Strukturierung. Die geplanten Änderungen sind mit dem Hersteller abzusprechen.

Beim Anpassen ist zu versuchen, möglichst ohne Eingriffe in die Software auszukommen, da sonst die Pflegeverpflichtung des Herstellers erlischt. Durch Schnittstellenprogramme – die z.B. Datensätze umstrukturieren – kann man das Softwareprodukt u.U. ohne Eingriff anpassen.

Falls die vorhandene Software selbst geändert wird, muß der Anwender die Betreuung für das geänderte Produkt übernehmen.

Sind die Änderungswünsche auch für andere Anwender interessant, so sollte man anstreben, diese Änderungen durch den Hersteller durchführen zu lassen.

4.6 Programmierung / Codierung

Zweck

Umsetzen der DV-Spezifikationen in Module, Makros, Programme mit Hilfe von Programmiersprachen, Vorübersetzern (Beispiel mit COLUMBUS Bild 4.13) und Generatoren.

Erläuterung

Wenn der Programmierer nicht der Ersteller der Spezifikation ist, hat er sich in die Aufgabenstellung einzuarbeiten und sie hinsichtlich

    Vollständigkeit
    Verständlichkeit
    Widerspruchsfreiheit

zu prüfen. Unklarheiten sind zusammen mit dem Verfasser der Spezifikation zu beseitigen. Änderungen dürfen nur nach Abstimmung vorgenommen werden.

Beim Umsetzen der Programmlogik in eine ablauffähige Komponente werden nachstehende Forderungen gestellt:

▷ Festgelegte Programmiersprache verwenden
▷ Einhaltung der vorgegebenen Normen und Vorschriften
▷ Ablaufsicherheit der Komponenten
▷ Optimierung der Ablaufgeschwindigkeit
▷ Einfache Hantierung.

Einhaltung der vorgegebenen Normen und Vorschriften

Die festgelegten Normen und Vorschriften sind einzuhalten. Allgemein gilt:

▷ Verzicht auf Programmiertricks
▷ Kein Ausnutzen der Schwächen des Betriebssystems oder des Compilers
▷ Vermeiden von unnötigen Sprüngen und vielen Schaltern und Weichen
▷ Keine geräteabhängige Programmierung
▷ Verzicht auf spezielle Druckvorschubstreifen.

4.6 Programmierung/Codierung

```
COBOL   COLUMN                              DATE 09/11/78   TIME 09:57:50   PROC    1
SRC.NO  SRC.NO
 458     457    +P-STEUERUNG+                                                          |
 458     457    |-@ENTRY :TYP=M:------------------------------------------------1-001-|
 462     458  **|   @PASS P1-PROG-KOPF.                                                |
         459    |   *  SOLANGE LIEFER- ODER AUFTRAGSDATEN VORHANDEN : KUNDENGRUPPE     |
 463     460    |   +-@WHILE--------------------------------------------------2-002-|
 465     461    |   |   NOT ( H20-AUFTRAGSDATENENDE AND H22-LIEFERDATENENDE )           |
 466     462    |   |-@DO-----------------------------------------------------2-003-|
         463    |   |   *     KUNDENGRUPPE.                                            |
 469     464  **|   |   @PASS P2-KUNDENGRUPPE-KOPF.                                    |
         465    |   |   *  SOLANGE GRUPPE NICHT WECHSELT: SCHEINNUMMER                 |
 470     466    |   |   +-@WHILE----------------------------------------------3-002-|
 472     467    |   |   |   H25-GRUPPE-AKTUELL = H20-GRUPPE-AUFTRAG OR H22-GRUPPE-LIEFER|
 473     468    |   |   |-@DO-------------------------------------------------3-003-|
         469    |   |   |   *   SCHEINNUMMER                                           |
 476     470  **|   |   |   @PASS P3-SCHEINNR-KOPF.                                    |
         471    |   |   |   *  ASCHEIN-ZUVIEL,ASCHEIN-FEHLT,LSCHEIN-FEHLT ODER NORMAL AU
         471    |   |   |      SWAEHLEN                                                |
 477     472    |   |   |   +-@CASE--------------------------------------------4-002-|
 478     473    |   |   |   |-@OF-H24-SCHEINNR-AKTUELL = H19-SCHEINNR-NEXTAUFTR---4-003-|
 483     474  **|   |   |   |   @PASS P4-ASCHEIN-ZUVIEL.                               |
 484     475    |   |   |   |-@OF-H20-SCHEINNR-AUFTRAG > H22-SCHEINNR-LIEFER------4-004-|
 491     476  **|   |   |   |   @PASS P5-ASCHEIN-FEHLT.                                |
 492     477    |   |   |   |-@OF-H20-SCHEINNR-AUFTRAG < H22-SCHEINNR-LIEFER------4-005-|
 499     478  **|   |   |   |   @PASS P6-LSCHEIN-FEHLT.                                |
 500     479    |   |   |   |-@OFREST------------------------------------------4-006-|
 504     480  **|   |   |   |   @PASS P7-NORMAL.                                       |
 505     481    |   |   |   +-@END---------------------------------------------4-007-|
 506     482    |   |   +-@END-------------------------------------------------3-004-|
 508     483  **|   |   @PASS P8-KUNDENGRUPPE-FUSS.                                    |
 509     484    |   +-@END-----------------------------------------------------2-004-|
 511     485  **| @PASS P9-PROG-FUSS.                                                  |
 512     486    +-@END---------------------------------------------------------1-002-|


COBOL   COLUMN                              DATE 09/11/78   TIME 09:57:50   PROC    6
SRC.NO  SRC.NO
 643     580    +P5-ASCHEIN-FEHLT+                                                     |
 643     580    |-@ENTRY------------------------------------------------------1-001-|
         581    |   * ERSATZAUFTRAGSSCHEIN AUS LIEFERSCHEIN ERZEUGEN UND AUSGEBEN      |
 645     582    |   MOVE SPACES TO Z02-ERSATZAUFTRAGSSCHEIN.                           |
 646     583    |   MOVE E2-SCHEINNR-LIEFER TO Z02-SCHEINNR-ERSATZ.                    |
 647     584    |   MOVE K55-LKZ-NEIN TO Z02-LKZ.                                      |
 648     585    |   MOVE K54-FKZ-ASCHEIN-FEHLT TO Z02-FKZ.                             |
 649     586    |   MOVE ZERO TO Z02-BESTELLWERT Z02-BESTELLTE-POS .                   |
 650     587    |   MOVE ZERO TO Z02-GELIEFERTE-POS.                                   |
 651     588    |   MOVE Z02-ERSATZAUFTRAGSSCHEIN TO A1-VORTRAGSSATZ.                  |
 652     589  **|   @PASS Z3-AUS-BAND.                                                 |
 653     590    |   +-@WHILE----------------------------------------------------2-002-|
 655     591    |   |   H24-SCHEINNR-AKTUELL = H22-SCHEINNR-LIEFER                     |
 656     592    |   |-@DO-------------------------------------------------------2-003-|
         593    |   |   * LIEFERWERTESTATISTIK AKTUALISIEREN                           |
 659     594  **|   |   @PASS Z5-STATISTIK.                                            |
         595    |   |   * LIEFERSCHEIN VERSORGEN UND AUSGEBEN                          |
 660     596    |   |   MOVE E2-LIEFERSCHEIN TO A1-VORTRAGSSATZ.                       |
 661     597    |   |   MOVE K54-FKZ-ASCHEIN-FEHLT TO A1-FKZ.                          |
 662     598    |   |   MOVE K55-LKZ-WIEDERHOLEN TO A1-LKZ.                            |
 663     599  **|   |   @PASS Z3-AUS-BAND.                                             |
 664     600  **|   |   @PASS Z2-EIN-LSCHEIN.                                          |
 665     601    |   +-@END-------------------------------------------------------2-004-|
 667     602    +-@END-----------------------------------------------------------1-002-|
```

Bild 4.13   Mit einem Vorübersetzer erzeugte Struktogramme

Ablaufsicherheit der Komponenten

Die Vorgaben der Leistungsbeschreibung bzw. der Spezifikation sind einzuarbeiten, so u.a.

▷ formale und logische Prüfung aller Eingabedaten
▷ für jede Modifikation des Programmablaufes von außen ist eine definierte Steuerkennziffer festzulegen
▷ falls ausnahmsweise Konsoleingaben angefordert werden, ist das Format in Apostrophen vorzugeben und vollständig zu prüfen. Bei Fehlern ist zur Anforderung zurückzuspringen
▷ Vergleichs- und Hilfsfelder sollten zum Programmbeginn und – wenn betroffen –, bei jedem Gruppenwechsel auf einen definierten Zustand gebracht werden.

Optimierung der Ablaufgeschwindigkeit

Die Ablaufzeit ist nicht nur zu minimieren, sondern unter Berücksichtigung der Betreuungsfreundlichkeit, der Ablaufsicherheit und des Kernspeicherbedarfs zu optimieren. Optimiert werden sollte nach der Programmierung, denn das wichtigste Qualitätsmerkal besteht in der Zuverlässigkeit und Änderbarkeit von Software.

Nachstehende Maßnahmen sind jedoch schon bei der Programmierung zu beachten:

▷ Verwenden von zweckmäßigen Blocklängen (siehe Teil II, Kapitel 6 Laufzeitschätzung und Optimierung der Blocklängen)
▷ Verwenden von mindestens zwei Ein-/Ausgabebereichen
▷ Vermeiden langsamer Geräte. Druckausgabe auf Band oder mit SPOOL-Betrieb, Speichern von Daten- und Steuerkarten auf Band oder Platte
▷ Verwenden von Wechseleinheiten
▷ Vermeiden von Blattschreiberein- und -ausgaben (Bild 4.14).

Ausgaben auf die Konsole sollten nur dann erfolgen, wenn der Operator Hantierungen durchführen muß. Die Ausgaben müssen kurz, aber eindeutig sagen, was zu tun ist. Konsolmeldungen kosten etwa 30% der Verfahrenslaufzeit.

4.6 Programmierung/Codierung

Erläuterung:

Beim Auswerten der Wartezeit auf Operatorbedienung zeigt sich, daß bis Meßpunkt 9 (16 Uhr) ein durchschnittlicher Wert von 29,4% der Gesamtzeit, ab Meßpunkt 9 ein Wert von 28,5% erreicht wird. Jeweils um diesen Betrag reduziert sich die Leistung der DV-Anlage. Für die nähere Untersuchung dieser Werte wurden die Blattschreibermeldungen dieses Tages ausgewertet. Alle 15 s fand eine Operatorkorrespondenz statt.

Bild 4.14   Auswertung einer Rechenzentrumsuntersuchung

Einfache Hantierung

Je weniger personelle Tätigkeiten erforderlich sind, desto weniger Fehlermöglichkeiten gibt es. Vom Operator sollten nur wirklich notwendige Hantierungen (wie z.B. Bandwechsel, Folgespule einhängen) gefordert werden. Wenn möglich, sind sie per Programm auf Richtigkeit zu prüfen. Vom Anwender darf die Hantierung möglichst keine Systemkenntnisse erfordern. Die Steuerungsmöglichkeiten sollen für den Anwender leicht erlernbar, nicht zu umfangreich   und wenn möglich – fachbezogen (z.B. fachbezogene Dialogsprache) sein.

Softwareprüffeld

Das Softwareprüffeld dient der Qualitätskontrolle der Ergebnisse der Softwareentwicklung nach vorgegebenen Anforderungen. Für diese Kontrolle sind die Konventionen und Richtlinien (siehe Teil II, Kapitel 5 Konventionen und Richtlinien für die Programmierung) Maßstab. Damit die Prüfung erleichtert und möglichst vom subjektiven Einfluß des Prüfers freigehalten wird, sollte man eine weitgehende Formalisierung der Prüfung anstreben. Aufgrund bestehender Softwareprüffelder werden nachfolgende Erfahrungen mitgeteilt:

Durchführung der Prüfung

▷ Zu jeder Frage des Fragenkatalogs gibt es nur ganz bestimmte vorgeschriebene Wertungen, auf die der Prüfer sich festlegen muß (z.B. Ja/Nein oder Immer/Selten/Nie).

▷ Zu jeder der somit möglichen Wertungen gibt es einen Standard-Kommentar. Die Standard-Kommentare sind gespeichert.

▷ Ein Programm schreibt einen Diagnose-Bericht mit den Standard-Kommentaren, der durch Eingabe der Frage-Nr. und deren Wertung angestoßen wird.

▷ Die Kommentare werden nach Gewichtigkeit sortiert; die Anzahl der Kommentare wird nach Gewichtung ausgegeben.

▷ Die unpersönliche, maschinelle Form des Diagnose-Berichtes soll auch dazu beitragen, psychologische Barrieren abzubauen.

Ergebnis der Prüfung

Anhand des Prüfergebnisses werden in Form einer Diskussion eventuelle Mißverständnisse oder andere Gründe, die zur Nichteinhaltung der Konventionen führten, geklärt.

Durch das Prüfverfahren wird nicht nur eine Verbreitung der Konventionen erwartet, sondern auch eine Rückwirkung auf die Anwendbarkeit der Richtlinien selbst.

Die häufigsten Mängel – aufgrund durchgeführter Prüfungen – waren:

▷ Mangelhafte bzw. keine Kommentare

▷ Keine Programmstruktur erkennbar

▷ Zu häufige bzw. „gefährliche" Verwendung von GO TO

▷ Mangelhafte Verwendung von Schaltern

▷ Seltene Verwendung von Bedingungsnamen

▷ Falsche Anwendung von Literalen.

Daraus abgeleitete Schulungsmaßnahmen führten zu einer erheblichen Verbesserung der Programme.

4.6 Programmierung/Codierung

Checkpunkte

Hier sind die wesentlichen Prüffragen eines Softwareprüffeldes für COBOL-Programme aufgeführt.

Erläuterung der verwendeten Symbole:

Römische Ziffern (I bis V) symbolisieren eine Klasseneinteilung, die anhand der Bedeutung der Fragen für die Änderbarkeit vorgenommen wurde (Klasse I: größte Bedeutung).

Aussagen Symbole

IR	Irrelevant	I	Immer
NP	Nicht prüfbar	M	Meistens
J	Ja	S	Selten
T	Teilweise	NI	Nie
N	Nein	NT	Nein mit Text
A	Angemessen	NA	Nein wegen AMIGO
V	Viel		

Hinweis

Die nachfolgend fettgedruckten Aussagen stellen das erwünschte Ergebnis dar.

Angaben zum geprüften Programm:

Programmname — Lines of Code, Procedure Div.
Programmversion — Name, Dienststelle des Prüfers
Datum der Liste — Datum der Prüfung
Lines of Code, Gesamtzahl

Generelles	Klasse	Aussagen
Enthält die COBOL-Diagnostikliste Fehlermeldungen einer Klasse >0?	V	**IR-N-J**
Ist der Name des Autors, Dienststelle, Ort, Telefon-Nr. vorhanden?	V	**J**-T-N
Sind unter SECURITY die geforderten Angaben enthalten (Übergabe-Version und gegebenenfalls Änderungen mit Änderungsnummern)?	V	**J**-T-N

4.6 Programmierung/Codierung

	Klasse	Aussagen
Ist in REMARKS oder mit *-Karten zu Beginn des Programms eine kurze Beschreibung der Funktionen des Programms angegeben?	IV	**J-N**
Befindet sich am Beginn jeder Section eine Kurzbeschreibung?	III	**I-M-S-NI**
Enthalten Strukturblöcke für zusammengehörige Aufgaben innerhalb einer Section eine Kurzbeschreibung?	III	**M-S-NI**
Ist beim Aufruf externer Module eine Kurzbeschreibung angegeben?	III	**IR-I-M-S-NI**
Werden Programm-Modifikationen (Abschaltung von Anweisungen durch * in Spalte 7) mit Kurzbeschreibungen erklärt?	III	**J-T-N**
Vorkommen von Kommentaren in der Liste?	III	**A-S-NI**

Form

	Klasse	Aussagen
Ist die Liste übersichtlich formatiert		
– durch Trennung von Divisions, Datenbereichen und Sections	V	**I-M-S-NI**
– durch Einrücken des JA-Zweiges und NEIN-Zweiges bei IF-Anweisungen	II	**I-M-S-NI**
– durch Einrücken der Aktion(-en) bei Sonderausgängen (AT END, INVALID KEY bei READ, SEARCH, RETURN Sortfile)?	IV	**I-M-S-NI**
Beginnen bei IF Anweisungen: Bedingung JA-Zweig NEIN-Zweig ELSE jeweils in einer eigenen Zeile?	II	**I-M-S-NI**
Sind höhere Stufen der DATA-DIVISION eingerückt geschrieben?	IV	**I-M-S-NI**
Sind die Stufennummern in Sprüngen > 2 vergeben?	IV	**I-M-S-NI**
Beginnen die PICTURE-Klauseln, wo möglich, in der gleichen Spalte?	V	**I-M-S-NI**

4.6 Programmierung/Codierung

	Klasse	Aussagen
Sind die Paragraphennamen in eine eigene Zeile geschrieben?	IV	**I-M-S-NI**
Ist nur eine Anweisung pro Zeile geschrieben?	III	**I-M-S**
Sind auch die Anweisungen mit einem Punkt abgeschlossen, deren Syntax das nicht erfordert?	V	**I-M-S**

Programm-Organisation

Falls der Programmorganisationsplan nicht vorhanden ist, wird das Aufrufsystem des Programms graphisch dargestellt, indem die Sections durch rechteckige Kästchen symbolisiert werden und für jede zwischen ihnen hergestellte Beziehung (PERFORM) eine Verbindungslinie gezeichnet wird. Als zentral gekennzeichnete Unterprogramme sind von diesem Graphen getrennt zu zeichnen.
Entspricht das Aufrufsystem den Regeln der Baumstruktur:

	Klasse	Aussagen
– werden alle Sections nur von der in der Hierarchie darüberliegenden Ebene aufgerufen	I	**J-NT-N**
– werden alle Sections nur von einer Stelle aus aufgerufen?	I	**J-NT-N**
Läßt sich an der Numerierung die Hierarchie der Unterprogramme (Strukturblöcke) erkennen?	II	**I-M-S-NI-NA**
Entspricht die Reihenfolge der Unterprogramme in der Liste einer Systematik der Baumstruktur?	II	**J-N**
Sind die zentralen Unterprogramme in der Liste durch entsprechende Namen erkennbar?	I	**J-N**
Sind die zentralen Unterprogramme in der Liste hinter den hierarchischen zusammengefaßt?	II	**J-T-N**
Haben die Sections eine überschaubare Größe (bis zu etwa 200 Anweisungen)?	III	**I-M-S-NI**

Struktur	Klasse	Aussagen
Entsprechen die Sections der obersten Ebenen den aus der Programmkurzbeschreibung ersichtlichen Grundfunktionen?	I	**J**-T-N-NA-NP
Sind Sections, die Problemlogik enthalten, nur ausnahmsweise im zentralen Teil realisiert?	I	**J**-N

Steuercode		
Werden die Unterprogramme nur mit PERFORM angesprungen und nur über EXIT verlassen (kein GO TO Sprung aus Perform-Bereich)?	I	**J**-N
Wird GO TO nur zu – Schleifenbildung – Fallunterscheidung (CASE) – Behandlung von Ausnahmebedingungen (AT END, INVALID KEY) – Sprung aus Ende der Section – Realisierung von verschachtelten IF's verwendet?	II	**M**-N
Existieren teilweise sich überlappende Schleifen?	II	N-**J**
Bezeichnen Schalter-Namen den Verarbeitungszustand?	I	**M**-S-NI
Symbolisieren die Werte von Schaltern den Zustand der Schalter (nicht 0, 1 sondern JA, NEIN)?	II	**M**-S-NI
Werden zu Abfragen von verschlüsselten Feldinhalten Bedingungsnamen (Stufe 88) verwendet?	II	**IR**-**M**-S
Werden zu Abfragen von Statusvariablen Bedingungsnamen (Stufe 88) verwendet?	II	**IR**-**M**-S

4.6 Programmierung/Codierung

Spezielle Sprachelemente

Wurden folgende Sprachelemente verwendet:	Klasse	Aussagen
– SAME AREA FOR (Environment Division)	IV	**N**-J
– APPLY....TO FORM OVERFLOW ON (Environment Division)	IV	**N**-J
– RENAMES (Data Division)	IV	**N**-J
– ALTER	II	**N**-J
– PERFORM THRU	II	**N**-J
– ADD CORRESPONDING	IV	**N**-J
– SUBTRACT CORRESPONDING?		
Existiert nur ein STOP RUN bzw. RETURN?	II	**J**-N
Existieren neben STOP RUN bzw. RETURN noch STOP-Anweisungen die zum Beenden des Programms dienen?	V	**N**-J
Existiert nur ein ENTRY?	II	**IR**-**J**-N
Existiert neben RETURN noch STOP RUN?	II	**IR**-N-**J**

Namensgebung

	Klasse	Aussagen
Sind Bereiche und Felder der FILE SECTION nach der vorgegebenen Norm benannt?	III	**I**-M-S-NI
Sind Bereiche und Felder der WORKING-STORAGE SECTION nach der vorgegebenen Norm benannt?	III	**I**-M-S-NI
Sind Tabellen und Indizes nach der vorgegebenen Norm benannt?	III	**IR**-**I**-M-S-NI
Wurden aussagekräftige Datennamen verwendet (neben den anderen vorgeschriebenen Angaben)?	III	**J**-T-N
Wurden aussagekräftige Kapitelnamen verwendet (neben der vorgeschriebenen Numerierung)?	II	**J**-T-N
Sind Kapitel und Paragraphen nach der vorgegebenen Norm benannt?	III	**I**-M-S-NI
Sind Paragraphennamen innerhalb einer Section aufsteigend numeriert?	III	**I**-M-S-NI

4.6 Programmierung/Codierung

	Klasse	Aussagen
Ist eine Konstante mit Programm-Namen, Datum, Version etc. zu Beginn der WORKING STORAGE vorhanden?	IV	**J**-N

Sonstiges

	Klasse	Aussagen
Existieren mehrfach verwendete Literale in der Procedure Division?	III	**N**-J
Werden Konstante der Working-Storage Section mit VALUE belegt?	IV	**M**-S-NI
Ist die Zuordnung zwischen Subskripten und Tabellen erkennbar?	IV	**IR**-J-N
Wird COMPUTE statt einer Folge einzelner Operationen verwendet?	IV	**IR**-M-S
Sind die Hilfsfelder aufsteigend numeriert und in der entsprechenden Reihenfolge aufgeschrieben?	III	**J**-T-N
Gibt es für jede Datei pro Verarbeitungsmodus jeweils nur eine Ein- und/oder eine Ausgabe-Anweisung?	III	**J**-N

4.7 Test durchführen

Zweck

Der Test dient dem Beseitigen formaler und logischer Fehler im Programmablauf sowie dem Überprüfen der Schnittstellen zwischen den Komponenten; er soll zeigen, daß das DV-Verfahren die geforderten Leistungen erbringt.

Erläuterung

Beim Durchführen der Tests müssen folgende Punkte beachtet werden:

Testschritte

Testorganisation, Teststrategie

Testhilfen
    Fehleranalyse
        Programmspeicherabzüge
            Ablaufverfolgende Testhilfen
    Auswerten von Ergebnissen
        Datenträgerauszüge
        Datenträgervergleich
    Sprachbezogene Testsysteme

Testdaten, Testdateien

Testzeitbedarf

Komponenten-, Integrations- und Verfahrenstest
    Methode der Testdurchführung
    Einzelschritte der Testdurchführung
    Überprüfung des Zeitverhaltens

Testverfolgung.

Beim Erstellen von Software nimmt der Test im Verhältnis zu Planung und Programmierung viel Zeit in Anspruch und übersteigt häufig die Termin- und Kostenvorstellungen. In diesem Zeitraum kommen zu den Personalkosten noch die Rechenzeitkosten hinzu.

Testschritte

Der Test beginnt nachdem die ersten Komponenten fertig programmiert sind und endet mit der endgültigen Übernahme des DV-Verfahrens durch den Anwender (Bild 4.15).

4.7 Test durchführen

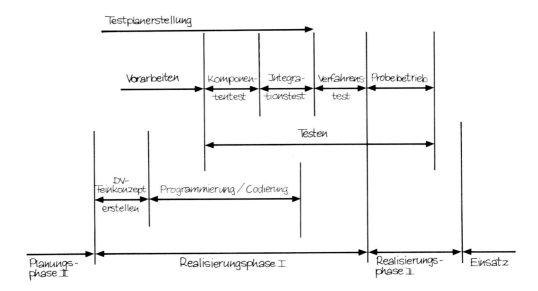

Bild 4.15 Testphasen

Die gesamte Dauer des Testes läßt sich entsprechend dem Testziel in Testschritte unterteilen; nämlich den

▷ Komponententest

▷ Integrationstest

▷ Verfahrenstest

▷ Probebetrieb (siehe Seite 250).

Testorganisation, Teststrategie

Für einen erfolgreichen und termingerechten Testablauf müssen die Aufgaben der einzelnen Testschritte in Form des Testplans präzisiert werden.

Festzulegen sind:

Sachlich

▷ Reihenfolge des Tests der Komponenten

▷ mögliche Testhilfen

▷ zu bildende Testdateien

▷ Dokumentation der Testergebnisse

4.7 Test durchführen

Zeitlich

▷ Zeiten und Termine der Testschritte

▷ Wann welche Stelle Testdaten liefert

▷ Welche Rechenzeiten wann zur Verfügung stehen müssen

▷ Welche Testhilfen wann bereitgestellt werden müssen.

Bei der Planung der Termine der einzelnen Testschritte ist die vom Rechenzentrum benötigte Turn-Around-Zeit zu berücksichtigen.

Erfahrungen haben gezeigt, daß bei umfangreicheren DV-Entwicklungen (etwa ab fünf Mann-Jahren) Planung und Durchführung der Testschritte von einer eigenen Gruppe – der „Testgruppe" – wahrgenommen werden sollten.

Mitarbeiter dieser Testgruppe sind

▷ der Chefprogrammierer (Seniorprogrammierer)

▷ Programmierer

▷ DV-Planer und falls notwendig

▷ Vertreter der Anwenderabteilung.

Die durchzuführenden Aufgaben sind

▷ Entwickeln/Bereitstellen von Testhilfen

▷ Erstellen/Bereitstellen von Testdaten

▷ Ermitteln und Bestellen der benötigten Testzeiten

▷ Test der Komponenten sowie Integrations- und Verfahrenstest.

Testhilfen

Die Testhilfen erleichtern und beschleunigen die Testarbeiten, wie

Fehleranalyse

Auswerten der Ergebnisse

Formulierung von Testabläufen.

Stehen keine geeigneten Testhilfen zur Verfügung, so sollte geklärt werden, ob sich eine spezielle Entwicklung lohnt.

▷ Fehleranalyse

Die Fehleranalyse wird erleichtert durch

Programmspeicherabzüge
sie geben den Zustand eines Programms zum Zeitpunkt des Abbruchs wieder; das Auffinden von Fehlern bei höheren Programmiersprachen erfordert Kenntnisse über

    Maschinendarstellung der Befehle

    Tabellendarstellung des Betriebssystems

    Übersetzungsmechanismen des Compilers.

Daher sollte es in jeder Programmiergruppe mindestens einen Spezialisten hierfür geben.

Ablaufverfolgende Testhilfen

Falls das Programm normal beendet wird, aber falsche Ergebnisse bringt, nutzt ein Programmspeicherabzug wenig, da er den Endzustand des Programms zeigt.

Um solche Fehler zu finden, ist eine dynamische Überwachung der Programmabläufe notwendig. Die höheren Programmiersprachen (COBOL, FORTRAN) enthalten meist Sprachelemente, mit denen dies möglich ist. Nachteilig ist hier jedoch, daß diese Testhilfen zur Übersetzungszeit festgelegt werden müssen.

Vorteilhaft sind die Testhilfen, bei denen erst zur Programmlaufzeit die Testpunkte festgelegt werden können (z.B. IDA, DEBUG).

▷ Auswerten der Ergebnisse

Beim Testauswerten sollen hauptsächlich Dateiinhalte sichtbar gemacht werden. Darüber hinaus kann man die Auswertung durch Datenträgervergleiche ergänzen – falls Sollwerte als Datei vorliegen.

Datenträgerauszüge

Damit können Dateninhalte von Platte, Band etc. sichtbar gemacht werden. Bei sequentieller Speicherungsform lassen sich leicht Anfangspositionierung und Begrenzung angeben.

4.7 Test durchführen

Datenträgervergleich

Hiermit ist es möglich, große Datenmengen auf ihre Identität maschinell zu überprüfen.

▷ Formulierung von Testabläufen

Neuere Betriebssysteme (BS 2000) stellen Testsysteme für einzelne Programmiersprachen zur Verfügung (IFOR, CODE), mit denen leicht Testabläufe formuliert und durchgeführt werden können.

Sprachelemente solcher Testsysteme ermöglichen die Funktionen:

    Vorbereiten und Korrigieren des Quellcodes

    Übersetzen des Quellcodes

    Ausführen des Programms

    Fehlersuche

    Erstellen von Testdaten.

Testdaten, Testdateien

Testdaten

Testdaten müssen erstellt werden, damit alle Funktionen eines Verfahrensteiles gezielt getestet werden können.

Möglichkeiten der Testdatenerstellung:

Personelle Erstellung (synthetische Daten die Bezug nehmen auf Funktion, Logik und Schnittstellen)

Einsatz von Testdatengeneratoren (TESTDAT, IDA)

Verwendung der beim Anwender existierenden Daten

Erzeugen durch bereits ausgetestete Verfahrensteile.

Bei der Zusammenstellung sind Dateninhalt, Datenmengen und der Einfluß der Testschritte wie

    Komponententest

    Integrationstest

    Verfahrenstest

zu berücksichtigen.

4.7 Test durchführen

▷ Testdaten für den Komponententest

Für den Komponententest werden für die Bewegungsdaten „fiktive" (synthetische) Testdaten erstellt. Bei Stammdateien bezieht man sich auf bereits vorhandene „Echtdaten". Der Umfang ist klein zu halten. Die Bewegungsdaten sind vom Programmierer selbst zu erstellen.

Da der Aufwand für die Erstellung von Testdaten für alle möglichen Kombinationen sehr groß sein kann, sollten die Daten für die ersten Tests nach der Methode der „minimalen Wege" so gewählt werden, daß alle Zweige einer Komponente wenigstens einmal durchlaufen werden (siehe Teil II, Kapitel 7 Minimierung der Testfälle mit Hilfe der Eliminationsmethode). Durch ein solches Vorgehen sind auch Aussagen über die minimale Anzahl und die Struktur der zu verwendenden Testdaten möglich.

Die so gewonnene minimale Anzahl von Testdaten wird um sogenannte „kritische" Fälle erweitert, wie z.B.

Gruppenwechsel

maximale und minimale Inhalte von Wertfeldern (z.B. Wert „$\emptyset$")

maximale und minimale Belegung von internen Tabellen (z.B. Tabelle ohne Eintrag)

Überprüfung der Fehlerausgänge (z.B. unzulässiger Wert).

▷ Testdaten für den Integrationstest

Für den Integrationstest werden die Testdaten vom Chefprogrammierer, dem Verfahrensplaner oder von der Testgruppe erstellt.

▷ Testdaten für den Verfahrenstest

Die für den Verfahrenstest notwendigen Daten sollten vom Anwender zur Verfügung gestellt werden und eine repräsentative Menge der Produktivdaten darstellen.

Testdaten sollten für die gesamte Lebensdauer als Standardtestdatenpaket gesammelt und aufbewahrt werden. Auch Testergebnisse sollten in Form von Banddateien aufgehoben werden, um bei späteren Änderungen und den anschließenden Tests mit dem gleichen Standardtestdatenpaket einen maschinellen Ergebnisvergleich (z.B. TPCOMP) durchführen zu können.

4.7 Test durchführen

Testdateien

Für das Erstellen von Testdateien stehen Betriebssystemkomponenten zur Verfügung, wie

▷ Dateiumsetzer

▷ Dateiaufbereiter

▷ Testdatengeneratoren.

Dateiumsetzer werden dann angewendet, wenn bestimmte Datenträger oder auch Dateiorganisationen für den Testablauf benötigt werden.

Mit Hilfe eines Dateiaufbereiters lassen sich schnell zahlreiche Datensätze erstellen; dies ist möglich durch Kopieren einzelner Sätze, deren Inhalt dann nach Bedarf modifiziert wird. Die gewünschte Dateiorganisation gewinnt man durch eine Dateiumsetzung.

Die in den Betriebssystemen vorhandenen Testdatengeneratoren erzeugen anhand der Beschreibung der

Dateiorganisation

Sätze der Datei

Bildungsalgorithmen für die einzelnen Feldinhalte

die gewünschte Datei.

Testzeitbedarf

Eine grobe Testzeitabschätzung zur Ermittlung der Kosten des DV-Verfahrens war bereits bei der Wirtschaftlichkeitsrechnung und bei der Tätigkeit „3.6. Vorläufige Testzeiten planen" notwendig. Da zum jetzigen Zeitpunkt die Problemstellung detailliert in Form von Spezifikationen vorliegt, müssen genauere Angaben gemacht werden. Wie schwierig das Ermitteln der Testzeit ist, zeigen nachfolgende Einflußgrößen:

▷ Verwendete Softwaretechnik

▷ Testmethode

▷ Testerfahrung der Programmierer.

Aufgrund von Untersuchungen wurden Formeln und Algorithmen entwickelt, trotzdem bleibt die Errechnung der Testzeiten problematisch. Die Güte der Schätzung hängt primär von den Erfahrungen des verantwortlichen Chefprogrammierers ab. Nachstehende Schätzwerte können als Richtschnur verwendet werden:

▷ Bei stapelorientiertem Testbetrieb 10 h Testzeit je Mann-Monat geplanter Programmierzeit

▷ Bei dialogorientiertem Testbetrieb 50 h Terminalzeit (Logon-Zeit) je Mann-Monat geplanter Programmierzeit.

Komponenten-, Integrations- und Verfahrenstest

Der Test dient dem Beseitigen formaler und logischer Fehler (Tabelle 4.4) im Programmablauf sowie dem Überprüfen der Schnittstellen zwischen den Komponenten und zu anderen Verfahren. Er soll durch Kontrolle erzeugter bzw. geänderter Daten den Nachweis der richtigen Funktion erbringen.

Fehlerklasse	Erläuterung
logische Fehler	Schleifenfehler (unendliche Schleife oder nicht n mal durchlaufen), falsche Sprungadressen, fehlende bzw. falsche Bereichslöschungen
maschinenabhängige Fehler	z.B. Rundungs- und Überlauffehler
Spezifikationsfehler	Sie können sowohl Funktions- als auch Sprachspezifikationsfehler sein. Sie haben ihre Ursache in einer schlechten oder unvollständigen Dokumentation oder auch in einer unpräzisen schriftlichen Festlegung

Tabelle 4.4   Fehlerklassen

Methode der Testdurchführung

Bei der konventionellen Verfahrensentwicklung ist es üblich, jede Komponente eines Verfahrens separat in einem Testrahmen zu testen und dann zu „integrieren". Wegen der oft mangelnden Klarheit über Schnittstellen und Wechselwirkungen zwischen den Komponenten, kommt es hier häufig zu langen Verzögerungen bei der Fertigstellung des Verfahrens. Wurden die Komponenten nach dem Top-Down-Prinzip geplant und spezifiziert, so beginnt der Test mit der höchsten Ebene wobei fehlende Strukturblöcke auf einfache Weise simuliert werden (Test-Dummies). Sind die Testläufe erfolgreich abgeschlossen, so wird jeder Strukturblock der nächst niederen Ebene nacheinander zugeschaltet. Da die höheren Stufen weitgehend fehlerfrei sind, werden sich die Fehlerquellen jeweils auf die neu hinzugekommenen Strukturblöcke beschränken. Ist eine Komponente dieser Ebene bereits ausgetestet, kann mit dem Test der nächst niederen begonnen werden. So vermeidet man das Erstellen aufwendiger Testrahmen und der Testaufwand wird erheblich reduziert.

4.7 Test durchführen

Für programmtechnische Einheiten, die nicht selbständig ablauffähig sind – wie z.B. Makros, Prozeduren – müssen Testrahmen-Komponenten erstellt werden, die zum Testbeginn bereits verfügbar sein müssen.

Einzelschritte der Testdurchführung

Einzelschritte sind

Komponententest durchführen
    Schreibtischtest
    Maschinentest

Integrationstest durchführen

Verfahrenstest durchführen.

▷ Komponententest durchführen

Hierbei testet der Programmierer die von ihm entwickelte Komponente.

Dieser Test soll die formale und logische Richtigkeit der betreffenden Komponente und ihre Schnittstellen nach außen prüfen. Die dazu nötigen Testdaten – die die Gesamtheit aller Testfälle repräsentieren – werden vom Programmierer selbst erstellt (Seite 212).

Schreibtischtest

Vor den Maschinentests ist die Logik und Codierung der Komponente durch den Programmierer zu prüfen, um leicht erkennbare Fehler auszuschalten und damit Rechenzeit zu sparen.

Im Einzelnen ist zu prüfen:

    Formale Richtigkeit der einzelnen Statements

    Übereinstimmung der Codierung mit dem Programmablaufplan

    Programmlogik (z.B. Entscheidungen und daraus folgende Aktionen auf Vollständigkeit und Richtigkeit)

    Verarbeitungs- und Rechenregeln

    Ausgangswerte und Ergebnisse von Rechenoperationen (z.B. mögliche Länge der Ergebnisfelder, Vorzeichen usw.)

    Datenträgerorganisation (z.B. Block- und Satzdefinitionen)

    Formaler Aufbau von Ergebnissen (z.B. Listen, Tabellen, Dateien).

Der Schreibtischtest sollte unter Mitwirkung eines nicht an der Programmerstellung beteiligten Programmierers durchgeführt werden.

4.7 Test durchführen

Maschinentest

Jede Komponente wird überprüft, ob sie die richtigen Wege durchläuft und die gewünschten Ergebnisse erbringt. Dazu sind die unter Seite 210ff beschriebenen Hilfsmittel zu verwenden.

▷ Integrationstest durchführen

Hierbei werden die freigegebenen Komponenten ins Gesamtsystem (-verfahren) integriert. Es werden hauptsächlich die Schnittstellen der Komponenten untereinander und weniger die Funktionen der Komponenten getestet.

Die für die Tests notwendigen Testdaten erstellt der Chefprogrammierer oder die Testgruppe; sie können noch durch Daten des Anwenders oder Planers ergänzt werden.

Diese Tests sollten außerdem Aufschluß geben über
- Zeitverhalten
- Bedienbarkeit
- Benutzerfreundlichkeit
- Ablaufsicherheit

des Verfahrens.

▷ Verfahrenstest durchführen

Wurde bisher weitgehend mit „synthetischen" Daten getestet, so wird der Verfahrenstest mit Daten des Anwenders – also mit „Echt-Daten" – durchgeführt. Der Schwerpunkt dieser Tests liegt auf dem Nachweis der Funktionstreue aus der Sicht des Anwenders. Hierbei werden Mängel in der Ablaufsicherheit und im Stabilitätsverhalten sichtbar. Der Anwender hat die Ergebnisse zu beurteilen.

Überprüfung des Zeitverhaltens

Die Kosten für die Abwicklung eines Verfahrens werden im wesentlichen durch die Laufzeit, den Kernspeicherbedarf (nicht bei virtuellem Speicher), den Peripheriebedarf, die Datenübertragungskosten und die Anmietung von Zusatzgeräten (z.B. Terminal) bestimmt, wobei bei Stapel-Verfahren die Laufzeit die Hauptrolle spielt. Die wichtigsten Einflußfaktoren auf die Laufzeit sind:
- cpu (central processing unit) -Zeit
- Peripheriebearbeitungszeit einschließlich der Zugriffszeiten
  Wartezeiten auf Gerätebedienung und Konsolverkehr.

4.7 Test durchführen

Beim Verfahrenstest sind die obengenannten Zeiten besonders bei häufig laufenden Verfahren einer sehr genauen Prüfung zu unterziehen, um durch:

- Ändern der Jobzusammenstellung
- Ändern der Plattenspeicherorganisation
- Verzicht auf Blattschreibermeldungen
- Verwenden anderer Geräte (z.B. Band statt Drucker)

eine Verbesserung des Zeitverhaltens zu ermöglichen. Alle Aktionen (Rechnen, Übertragen, speicherresidentes Suchen etc.) laufen in der cpu-Zeit auf. Der Ersteller des Verfahrens muß bei der Prüfung der cpu-Zeit in erster Näherung überschauen können, ob der Wert in einer realistischen Relation zur Gesamtzeit liegt oder nicht.

Bei Zweifeln oder einer unrealistischen Relation sollte bei häufig laufenden Verfahren und bei hohen cpu-Zeiten das Programm mit einem Meßsystem (z.B. Softwaremonitor) überprüft werden. Man spricht dann von einer hohen cpu-Zeit, wenn eine Reduzierung der cpu-Zeit um ca. 10% auch eine nennenswerte Reduzierung der Laufzeit und damit der Kosten bedeutet.

Testverfolgung

Nach dem Testlauf werden die Ergebnisse (Istwerte) mit den Sollwerten verglichen. Die Verwendung von Klarsichtmasken erleichtert das Auffinden der Istwerte in den betreffenden Listen.

Die Abwicklung der Testläufe ist in einem Testtagebuch festzuhalten; es enthält die Informationen:
- Identifikation des Testfalls
- Datum, wahlweise auch die Uhrzeit
- Testergebnis
- Fehlerursache
- Korrekturen
- Sonstige Störungen.

Bei zeitkritischen Komponenten ist noch die Laufzeit festzuhalten. Während des Komponententests wird ein Testtagebuch von jedem Programmierer geführt. Für alle weiteren Testphasen gibt es nur noch ein Tagebuch.

Die erfolgreich abgeschlossenen Testfälle lassen Aussagen über den Testfortschritt zu. Während des Komponententests ist es zweckmäßig, den Arbeitsfortschritt regelmäßig zu erfassen und auszuwerten. Diese Aufgabe übernimmt der Chefprogrammierer oder Projektleiter.

4.7 Test durchführen

Checkpunkte

Allgemeines

▷ Wurden alle Testhilfen des Betriebssystems auf ihre Anwendbarkeit geprüft?
▷ Sind zusätzliche spezielle Testhilfen vorgesehen und in Auftrag gegeben?
▷ Wurde geprüft, ob zeitliche Optimierungen notwendig sind?
▷ Müssen Dialoge simuliert werden?
▷ Wurde überprüft, ob Testrahmenprogramme zu entwickeln sind?

Komponententest, Integrationstest, Verfahrenstest

▷ Ist die Zusammenarbeit zwischen den Programmteilen überprüft worden?
▷ Sind die Sicherungsanforderungen alle erfüllt?
▷ Sind die Zwischenergebnisse richtig?
▷ Sind die Endergebnisse sachlich und formell richtig?
▷ Wurde jeder Weg des Programms mindestens einmal durchlaufen?
▷ Ist die Testdokumentation vollständig?
▷ Ist die Bedienung zweckmäßig?
▷ Ist die Kernspeicherbelegung akzeptabel?
▷ Ist die Ablaufzeit akzeptabel?

Testdurchführung

▷ Anfangsroutine: Ist die Dateieröffnung erprobt? Sind Anfangsbedingungen gesetzt?
▷ Rechenroutinen: Sind alle Formeln überprüft?
▷ Dateiaufbau: Sind Blocklänge, Etikettierung und Blockfaktor überprüft?
▷ Listenformate: Sind Blattwechsel, Vorschub, Überlauf überprüft?
▷ Gruppenwechsel: Werden sie vollzählig und richtig erkannt?
▷ Grenzwerte: Werden Schleifen oder sonstige Routinen auch bei Grenzwerten richtig ausgeführt?
▷ Verknüpfungen: Laufen die Programmverknüpfungen in jeder Variante richtig ab?
▷ Overlay-Technik: Wird das Laden von Programmsegmenten richtig ausgeführt?

4.7 Test durchführen

▷ Fixpunkt: Funktionieren Fixpunkt und Wiederanlauf?
▷ Abhängigkeiten: Sind alle zulässigen Abhängigkeiten überprüft (AND- und OR-Beziehungen)?
▷ Daten mit unterschiedlichen Vorzeichen: Wurde der Test mit positiven und negativen Daten durchgeführt?
▷ Endroutine: Werden die Abschlußarbeiten durchgeführt?

4.8 Stammdaten übernehmen

Zweck

Bereits für den Verfahrenstest müssen die Stammdaten in der für das Verfahren verarbeitungsfähigen Form vorliegen. Dazu kann es notwendig sein, daß bestehende Dateien, Karteien oder Unterlagen in eine neue Speicherungsform überführt bzw. auf einen neuen Datenträger übernommen werden müssen.

Erläuterung

Bei der Planung der Übernahme der Stammdaten müssen die Einflußgrößen

▷ bisherige und neue Form der Speicherung
▷ Menge der zu übernehmenden Daten
▷ Änderungshäufigkeit der Daten

beachtet werden.

Vor der Übernahme der Stammdaten sind diese auf Richtigkeit und Vollständigkeit zu prüfen.

Die Stammdaten sollten möglichst an einem Stichtag übernommen werden. Ist dies nicht möglich, so muß das Umstellen sukzessive bis zu einem definierten Termin ablaufen, wobei alle Neuaufnahmen von Daten in der neuen Form durchgeführt werden.

Für Datenbestände, die bereits maschinell abgespeichert sind und bei denen sich ausschließlich der Satzaufbau bzw. die Speicherungsform ändert, sollte man für die Übernahme ein Umsetzprogramm einsetzen.

4.8 Stammdaten übernehmen

Checkpunkte

▷ Kann zwischen Stammdatenneuaufnahme und -änderung unterschieden werden?

▷ Kann zwischen Sperrung und (physikalischer) Löschung eines Stammsatzes unterschieden werden?

▷ Wird gewährleistet, daß ein Ordnungsbegriff nicht mehrmals vergeben wird?

▷ Sind die Ordnungsbegriffe durch Prüfziffern gesichert?

▷ Wird vermieden, daß falsche Stammdaten verarbeitet werden?

▷ Werden Sperrungen und Reaktivierungen von Stammsätzen gesondert von normalen Änderungen behandelt?

▷ Wird das versehentliche Löschen von Stammdaten verhindert?

▷ Werden Stammsatzlöschungen protokolliert?

4.9 Verfahrens-/Programmdokumentation erstellen

Zweck

Ein DV-Verfahren bzw. Programm muß so dokumentiert sein, daß es anhand seiner Dokumentation auch durch sachverständige Dritte ohne große Schwierigkeiten innerhalb einer angemessenen Frist abgewickelt, betreut, geprüft und hinsichtlich seiner Verwendbarkeit für ähnliche Aufgabenstellungen beurteilt werden kann. D.h. eine Verfahrens-/Programmdokumentation bzw. Produktdokumentation wird benötigt zur

▷ Suche von Fehlern, die während der Produktivläufe auftreten

▷ Durchführung von Programmänderungen und notfalls zur Rekonstruktion des Programms

▷ Einarbeitung des Betreuungspersonals (z.B. bei Übergabe des Verfahrens/Programms an andere Abteilungen)

▷ Erfüllung gesetzlicher Auflagen

▷ Durchführung von DV-Verfahrensprüfungen.

Die **projektbegleitende** Tätigkeit „Produktdokumentation erstellen" wird erst hier näher erläutert, da bis zu diesem Zeitpunkt in den in vorgelagerten Phasen erstellten Dokumenten (z.B. Leistungsbeschreibung, Spezifikation) in größerem Umfang Änderungen möglich sind (z.B. Walk through, Test). Siehe auch Dokumentation innerhalb von Teil II, Kapitel 8 Software Engineering.

Erläuterung

Die Produktdokumentation teilt sich auf in die

    Entwicklungsdokumentation

    Anwendungsdokumentation

    Betreuungsdokumentation.

▷ Entwicklungsdokumentation

Sie umfaßt zweckmäßigerweise

    das fachliche Grobkonzept einschließlich Istaufnahme

    die Leistungsbeschreibung

für jede selbständig ablaufende Komponente (Programm) eines Verfahrens
- die Spezifikation
- Quellprogrammliste (bzw. auch Presource beim Einsatz von Precompiler)
- das Übersetzerprotokoll
- das Binderprotokoll
- eine verbale Kurzbeschreibung der Programme
- die Übergabeprotokolle (siehe Seite 256 ff).

▷ Anwendungsdokumentation

Sie beinhaltet sowohl die Dokumentation für das Rechenzentrum, als auch die für die Anwenderabteilung.

Die Dokumentation der Hantierung des Verfahrens umfaßt
für das Rechenzentrum (siehe Seite 226 ff).
- eine Übersicht für die Arbeitsvorbereitungs- und Prüfgruppe (AVP)
- einen Terminplan (Ablaufzeitpunkte des Verfahrens)
- den Beleglauf
- die Datenerfassungsanweisung
- die Hantierungsvorschriften für Zusatzmaschinen und die DV-Anlage
- den Gerätebelegungsplan

für die Anwenderabteilung (siehe Seite 237 ff)
- Verfahrensbeschreibung
- Ausfüllanweisung für Datenerfassung
- Maßnahmenkatalog zur Fehlerbehandlung
- Checkliste der Auswertungen
- Hantierungsvorschriften für die Terminals und Hardcopygeräte
- Anweisungen für die Benutzungen von Dialogprogrammen.

▷ Betreuungsdokumentation

Sie besteht im wesentlichen aus der Entwicklungsdokumentation ergänzt um die Änderungsanträge, Übergabeprotokolle und Analyseauswertungen.

Die verantwortliche Stelle hat darauf zu achten, daß alle Unterlagen vollständig, richtig, aktuell sowie taktgleich an allen Stellen geändert in die Dokumentation eingebracht werden.

4.9 Verfahrens-/Programmdokumentation erstellen

Beim Erstellen und der Pflege der DV-Dokumentation ist zu beachten, daß

die Empfänger von Unterlagen, die in den Änderungsdienst einbezogen sind, auch registriert werden

die Richtigkeit der von einem DV-Verfahren bzw. -Programm erbrachten Ergebnisse nicht nur durch die interne Revision, sondern auch durch externe Prüfer (z.B. Finanzamt, Träger der Sozialversicherung) nachgeprüft werden kann

die notwendigen Unterlagen zu einem Verfahren vollständig, fortlaufend, aktuell in der Dokumentation vorhanden sein müssen

die Dokumentation aufgrund vorgegebener Unterlagenarten und einer entsprechenden Ablageordnung einen einheitlichen Aufbau hat

gleiche Formblätter und Sinnbilder für die zu erstellenden Unterlagen verwendet werden

Regeln zum inhaltlichen Aufbau der DV-Unterlagen Beachtung finden

durch ein entsprechendes Dokumentations-Nummernschema die Unterlagen archivierbar werden

die Formulierung kurz und präzise gehalten wird.

Die Projektleitung ist bis zur Übergabe des Verfahrens verantwortlich für Erstellen und Pflege der einzelnen Unterlagen der Verfahrensdokumentation. Nach Übergabe des Verfahrens an die Anwender und das Rechenzentrum geht die Verantwortung für die Dokumentation auf die verfahrensbetreuende Stelle über.

4.10 Hantierungsunterlagen erstellen

Zweck

Um eine reibungslose Abwicklung im Rechenzentrum zu gewährleisten, benötigen die Operatoren und die Arbeitsvorbereitungs- und Prüfgruppe Hantierungsunterlagen.

Erläuterung

Beim Erstellen der Hantierungsunterlagen ist zu berücksichtigen:

▷ Vollständigkeit
  Alle Informationen müssen auf den vorgesehenen Formblättern vorhanden sein.

▷ Übersichtlichkeit
  Dem Abwicklungspersonal ist es möglich, alle erforderlichen Informationen sofort zu finden, wenn sie einheitlich dargestellt und beschrieben sind.

▷ Eindeutigkeit
  Alle Angaben müssen eindeutig sein; dem Abwicklungspersonal dürfen keine Entscheidungen zugemutet werden.

Folgende Unterlagen werden benötigt:

Arbeitsvorbereitungs- und Prüfgruppenübersicht (AVP)

Sie gibt einen Überblick über die von der AVP-Gruppe vorzunehmenden Arbeiten (Formular 4.3 und Formular 4.4). Sie ist von der verfahrensentwickelnden Stelle und/oder AVP zu erstellen.

Terminplan

Er zeigt den zeitbezogenen Ablauf aller Arbeiten eines Verfahrens nach Zeitpunkten und Zeitdauer. Der Terminplan ist von der verfahrensentwickelnden Stelle gemeinsam mit dem Anwender und in Abstimmung mit dem Rechenzentrum zu erstellen (Tabelle 4.5).

Täglicher Lauf	Zusätzlicher Lauf jeden letzten Freitag des Monats	Zusätzlicher Lauf jeden letzten Tag des Geschäftshalbjahres
B0211; B0212; B0213 (RUN B021A)	B0220 (RUN B022A)	B0221 (RUN B0308)

Tabelle 4.5 Terminplan für das Verfahren B02

4.10 Hantierungsunterlagen erstellen

Anlieferung	a) LK	b) ~~LS~~	c) ~~MB~~	d) ~~Begleitzettel~~
von Anwender-abt.	Anwender		Tel.: 5025	

Vorarbeiten-Vorprüfung(en)

- ⊗ Eintrag im Gerätebelegungsplan (ESPAP)
- ⊗ LK-Vorbereitung (Steuerkarten)
- ◯ Sonstiges

Nacharbeiten/Abschlußarbeiten

- ◯ Summenkontrolle
- ◯ Vollständigkeitskontrolle
- ◯ LK-Bearbeitung
- ⊗ Listenbearbeitung
  - ⊗ trennen
  - ◯ schneiden
  - ⊗ binden
- ◯ Sonstiges

Versand   Anwenderabtl.   Herrn Anwender 1   Tel.: 4711
                              Herrn Anwender 2   Tel.: 4712

- ⊗ Listen
- ◯ BS-Protokoll
- ◯ E/A Lochstreifen
- ⊗ E/A Lochkarten   -"-
- ◯ E/A Magnetband
- ◯ Belege

Formular 4.3   Übersicht für die von AVP durchzuführenden Arbeiten

4.10 Hantierungsunterlagen erstellen

Datei-Bezeichnung:	BB0211-341/BB0211-241/BB0211-441/
Schreibdichte:	800 bpi [X] 1600 bpi [ ] [ ]
Spulen- (Archiv) Nr.:	BB0050 / BB1105 / BB1005 / /
Erl.-Vermerk:	
Job-Name:	B021
KSP-Bedarf:	115 KB
Ladeaufruf:	RUN B021A. BRBLSM

Formular / **Lochband**

Listen-Nr.	Bezeichnung	Formular-Bezeichnung	n-fach	Zeilen/Zoll	Anzahl Durchläufe	Länge	Kanal/Zeile(n)	Bemerkungen	Erl.-Vermerk
1	---	---	1	6	1	Standard			

Nachbearbeitung

Listen-Nr.	Ränder weg ja/nein	separieren ja/nein	Schneiden/Reißen 4"	6"	7½"	8"	12"	Doppel-schnitt ja/nein	Sonstiges	Kleben ja/nein	Kopfleiste binden m./o. Pappe	Buch-form m./o. Pappe	Versand ja/nein	Erl.-Vermerk
1	ja	ja						nein	---	ja	---	mit	ja	

Bemerkungen: Versand an Anwenderabteilung, Herrn Anwender 1 und Herrn Anwender 2

Formular 4.4   Von AVP durchzuführende Nacharbeiten

4.10 Hantierungsunterlagen erstellen

Beleglauf

Der Beleglauf ist eine schematische Darstellung mit Terminangaben, die den Durchlauf der Belege in einem Verfahren zeigt; er kann Bestandteil der AVP-Übersicht sein und ist von der verfahrensentwickelnden Abteilung zu erstellen.

Datenerfassungsanweisung

Sie enthält das Vorgehen zum Erfassen der Daten. Dazu gehört die Form des Urbeleges sowie Art und Aufbau des zu erstellenden Datenträgers. Die Datenerfassungsanweisung dient den Stellen, die die Daten erfassen als Bedienungsanleitung und ist von der verfahrensentwickelnden Stelle zu erarbeiten (Formular 4.5).

Hantierungsvorschriften für Zusatzmaschinen

Unter Hantierungsvorschriften für Zusatzmaschinen wird verstanden:
▷ Bedienungsanleitungen für Off-line-Geräte (z.B. konventionelle Lochkartenmaschinen, wie Mischer etc.)
▷ Aufträge bzw. Filmprotokolle COM
▷ Aufträge zur Mikroverfilmung.

Sie zeigen, wie und mit welchem Material die entsprechenden Arbeiten abzuwickeln sind.

Die Bedienungsanleitung für Off-line-Geräte wird in Zusammenarbeit mit der verfahrensentwickelnden Stelle erarbeitet.

Das Formblatt „Filmprotokoll/Auftrag COM" (Formblatt 4.6.) wird von der Anwenderabteilung – d.h. der Stelle, die den Verfilmungsauftrag erteilt – erstellt, vom Rechenzentrum ergänzt und an die verfilmende Stelle weitergeleitet, dort vervollständigt und dem Auftraggeber mit dem Filmmaterial zurückgeschickt.

Der „Auftrag zur Mikroverfilmung" dient als erstmaliger Auftrag an die verfilmende Stelle und dort zugleich als Unterlage zur Erstellung der entsprechenden Verfilmungsprogramme und Arbeitsunterlagen. Die Erstellung erfolgt durch die verfahrensentwickelnde Stelle, ggf. unter Mitwirkung der Mikrofilmstelle.

4.10 Hantierungsvorschriften erstellen

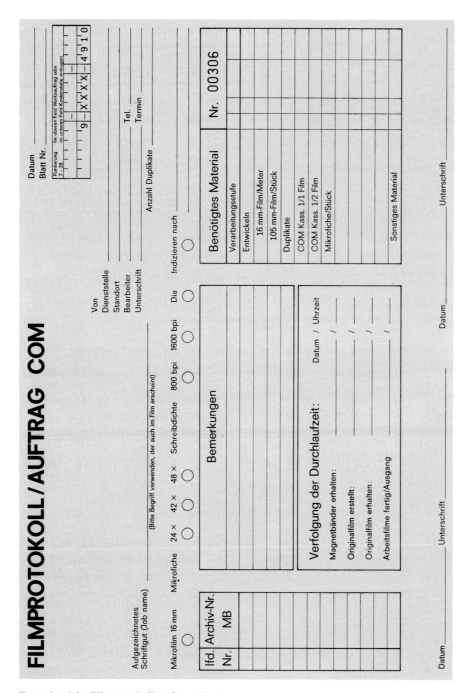

Formular 4.5 Filmprotokoll/Auftrag COM

4.10 Hantierungsvorschriften erstellen

Hantierungsvorschriften für die DV-Anlage

Hierunter versteht man Bedienungsanleitungen, aus denen hervorgeht, wie der Operator ein Programm während des Ablaufs in der DV-Anlage zu behandeln hat. Die Hantierungsvorschriften sind von der verfahrensentwikkelnden Abteilung zu erstellen.

Zur Hantierungsvorschrift gehören:

▷ Deckblatt
  Das Deckblatt enthält Daten für die Einleitung eines Jobs. Die Angaben sind deshalb auf einen Job bezogen anzugeben (Formular 4.7).

▷ Geräte- und Dateiübersicht
  Es sind die Angaben über die Dateien und physikalischen Geräte einzutragen (Formular 4.8).

▷ Lochkartenleser-, Lochstreifenleser-, Druckerhantierung (Formular 4.9).

▷ Parameterkartenübersicht
  Sind spezifische Parameterkarten (z.B. Vorlaufsteuerkarten) notwendig, so sind in einem Vordruck die abzulochenden Daten spaltengerecht anzugeben.

▷ Steuerkarten für den Job-Lauf
  Die erforderlichen Steuerkarten für den Job-Lauf, das Auftragssteuerungssystem und sonstige Programmkarten sind in einer Liste aufzuführen.

▷ Blattschreibermeldung
  Die vom Anwender programmierten Blattschreibermeldungen und die eventuell erforderlichen Antworten des Operators sind je Programm aufzuführen. Bei Fehlermeldungen, die zum Programmabbruch führen, sind Hinweise für die erforderlichen Maßnahmen anzugeben.

4.10 Hantierungsunterlagen erstellen

Betrifft: B021					MK: M	Feld muß ausgefüllt sein
					K	Feld kann ausgefüllt sein
Belege:					NA: N	0 bis 9 einschl. Vorz. oder Space
					A	zusätzlich Alpha- oder Sonderzeichen
anliefernde Abtlg.: Anwenderabteilung					Format: L	linksbündig erfassen, nicht ausnullen
					R	rechtsbündig erfassen, ausnullen
					S	spaltengerecht lt. Eintrag
empfangende Abtlg.:					V	volles Feld, je Spalte gültiges Zeichen
					X	ausrichten auf Komma, ausnullen (z.B. 5 Stellen vor und 2 Stellen nach Komma: X 5/2)
Datenträger: Magnetband					erfassen auf:	erfassen mit:
					verbindlich gültig ab:	

Satzaufbau des Datenträgers

Feld-Nr.	Feld-Bezeichnung	Stellen von	Stellen bis	MK	NA	Format	Bemerkung
1	BA (Belegart)						muß vorhanden sein
2	AP (Arbeitsprogramm)						falls leer, ausnullen
3	L/A (Los/Anzahl)						falls leer, ausnullen
4	blank						
5	Zeichnungs-Nr.						muß vorhanden sein
6	blank						
7	Nr. Arbeitsgang						muß vorhanden sein
8	blank						
9	Arbeitsplatz						muß vorhanden sein
10	Kostenstelle						muß vorhanden sein
11	Lohngruppe						muß vorhanden sein
12	Minuten % Stck. mit 2 Kommastellen						falls leer, springen
13	ZA (Zahlabschnitt)						muß vorhanden sein
14	Kenn-Nr.						muß vorhanden sein
15	Menge						falls leer, springen

Formular 4.6 Datenerfassungs- und Prüfanweisung

4.10 Hantierungsunterlagen erstellen

Betriebssystem:	BS 1000				
JOB-Name	B021				
Kernspeicherbedarf:	minimal	115K	Bytes		
	maximal	115K	Bytes		

Steuerkarten katalogisiert: [x]

Benötigte Pheripherie:

Gerät	Geräte-Typ	Anz.	Gerät	Geräte-Typ	Anz.
Lochkarteneingabe	R	1	Magnetband 7-Spur		
Lochkartenausgabe			Magnetband 9-Spur		4
Lochstreifeneingabe			Magnetplattenspeicher	B	2
Lochstreifenausgabe			Magnetkartenspeicher		
Drucker 1bahnig					
Drucker 2bahnig	L	1			

Sonstige Angaben:

Verrechnungsklasse	4	Datenfernübertragung	
Rechenintensiv		E/A-intensiv	x

Turnus: täglich   Laufzeit je Turnus: 60 min.

Formular 4.7   HTV-DVA-Deckblatt

4.10 Hantierungsunterlagen erstellen

Programm-Name	BB0211		BB0212		BB....	
Kernsp.-Bedarf	115 KB		90 KB		KB	
Wiederanlauf?	bei Abbruch des Jobs	○	bei Abbruch des Jobs	○	bei Abbruch des Jobs	○
	nach Fixpunktausgabe	⊗	nach Fixpunktausgabe	○	nach Fixpunktausgabe	○
Grundzuordnung	Overlays vorhanden	⊗	Overlays vorhanden	⊗	Overlays vorhanden	○

		1		2		3
1	021		SYS021		SYS028	
		E	B0211C	E	B0212C	
			BB0211-341		BB0211-341	
2	020		SYS020		SYS029	
		E/A	B0211B	A	B0212C	
			BB0211-241		BB0216-241	
3	028		SYS028			
		A	B0211A			
			BB0211-341			
4	029		SYS029			
		A/E	B02111			
			BB0211-241			
5	LST		SYSLST			
			B02112			
			BB0211-741			
6	IPT		SYSIPT			
		E	B02113			
			BB0211-141			
7	026		SYS026			
		A/E	B02114			
			BB0211-541			
8						
9						
10						

Job .... 1 Hold-Nr./symbol. Gerätename   2 E/A / Datei-Link-Name   3 Dateibezeichnung

Formular 4.8   HTV-DVA Geräte- und Dateiübersicht

4.10 Hantierungsunterlagen erstellen

LKE/LKA Symb. Gerätename LKE `S Y S I P T`   Symb. Gerätename LKA

KA	Kartenbezeichnung	E/A	Aufbew. Frist	erf. Hardware-Zusätze	Bemerkungen
4F	Verbund-LK	E			
4K	"	"			
5M	"	"			
5P	"	"			Reihenfolge der LK
5-	"	"			unsortiert
5+	"	"			

LSE/LSA Symb. Gerätename LSE   Symb. Gerätename LSA

Satz Art	Rollenbezeichnung	E/A	Aufbew. Frist	Betriebsart	Fehler- meld.	Parity	Bemerkungen

Drucker Symb. Gerätename `S Y S L S T`

Formular	Formularbezeichnung	Bahn l/r	n-fach	Zeilen/ Zoll	Bemerkungen (Formulareinstellung usw.)
1	Normalpapier	1	4		

Lochband

Formular	Länge	Kanal												Bemerkungen
		1	2	3	4	5	6	7	8	9	10	11	12	
1	72			Standard										Lochung in Zeile
2														Lochung in Zeile
3														Lochung in Zeile
4														Lochung in Zeile

Formular 4.9 Lochkartenleser-, Lochstreifenleser- und Druckerhantierungsvorschriften

4.10 Hantierungsunterlagen erstellen

Gerätebelegungsplan

Der Gerätebelegungsplan zeigt die für einen Ablauf benötigten Datenträger, die Reihenfolge ihrer Zurverfügungstellung und die dann notwendige Hantierung. Er wird von der verfahrensentwickelnden Stelle und/oder AVP erstellt (Formular 4.10).

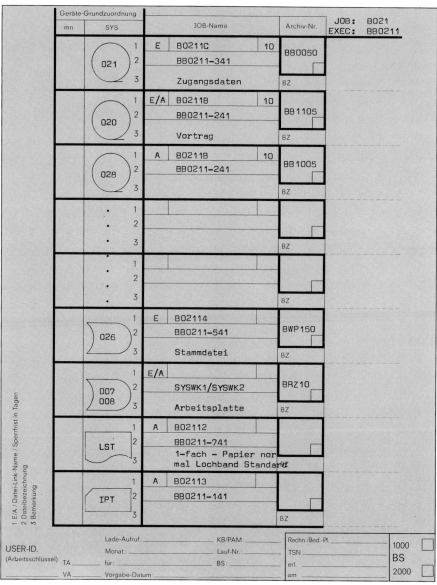

Formular 4.10 Gerätebelegungsplan

4.11 Arbeitsanweisungen erstellen

Zweck

Für sämtliche Tätigkeiten in den Anwenderabteilungen müssen zusammen mit den Anwendern Arbeitsanweisungen erstellt werden.

Erläuterung

Arbeitsanweisungen legen fest, wie in den Fachabteilungen die Daten zur maschinellen Verarbeitung aufbereitet und nach der Verarbeitung weiterbehandelt werden müssen wie:

    Ausfüllanweisung für Datenerfassung
    Maßnahmenkatalog zur Fehlerbehandlung
    Checkliste der Auswertungen
    Hantierungsvorschriften für die Terminals und Hardcopys
    Anweisungen für die Benutzung der Dialogprogramme.

Eine Arbeitsanweisung sollte aus einem Text- und einem Anlagenteil bestehen.

Der Textteil sollte enthalten:

▷ Eindeutige Benennung der Arbeitsvorschrift

▷ Dokumentations-Nr. und Name der herausgebenden Stelle

▷ Registratur-Nr. der verwaltenden Stelle

▷ Ausgabedatum

▷ Ausgabe-Nr.

▷ Name, Telefon und Funktion des Verfassers

▷ Freigabevermerk des Verfassers

▷ Freigabevermerk

▷ Verzeichnis der Anlagen mit Herkunftsnachweis bzw. Standorthinweis für solche Anlagen, die nicht beigefügt werden können (Bücher, Karteien usw.).

Der Anlagenteil soll enthalten:

▷ Eindeutige Benennung jeder Anlage

▷ Zuordnungshinweis

▷ Leervordrucke für alle zu bearbeitenden Belege entsprechend der Anzahl der Ausfüllvarianten.

4.12 Phasenabschluß durchführen

Zweck und allgemeine Erläuterung

Siehe hierzu „1.8 Phasenabschluß durchführen".

Phasenspezifische Erläuterung

Für den Abschluß der Realisierungsphase I muß ein Bericht über die Testergebnisse erstellt werden, der neben einer Kostenaufstellung die realisierten Funktionen, die Änderungen gegenüber der Planung sowie die aufgetretenen Schwierigkeiten enthält. Für die Genehmigung des Probebetriebes müssen auch die Hantierungsvorschriften und Arbeitsanweisungen verabschiedet sein.

Bei der Terminplanung für die Realisierungsphase II sind mögliche Schwierigkeiten bei der organisatorischen Anpassung und beim Durchführen des Probebetriebes zu berücksichtigen. Zeitliche Verschiebungen können z.B. durch terminliche Engpässe wegen nicht verschiebbarer Abschlußarbeiten entstehen.

4.13 Information und Entscheidung

Zweck und allgemeine Erläuterung

Siehe hierzu „1.9 Information und Entscheidung".

Phasenspezifische Erläuterung

Da die Entscheidungsinstanz über die Freigabe des Probebetriebes entscheiden soll, muß sie über die realisierte DV-Lösung und die Ergebnisse des Testverlaufs informiert werden.

Erläuterung

Zur Entscheidung über das weitere Vorgehen sind nachstehende Punkte zu behandeln:

▷ Maßnahmenbeschluß zur Behebung der in dieser Phase aufgetretenen Schwierigkeiten

▷ Geplante Schulungsmaßnahmen

▷ Vorschläge zur Durchführung des Probebetriebes

▷ Geplante Vorgehensweise und Termine bei der Umstellung

▷ Benennung der beteiligten Personen bzw. der Dienststellen

▷ Erwarteter Aufwand für den Probebetrieb und die organisatorische Anpassung

▷ Zu erwartende Schwierigkeiten bei der Durchführung des Probebetriebes und der organisatorischen Anpassung.

Die Entscheidungsinstanz kann folgende Entscheidungen treffen:

Entscheidung	Konsequenzen
Genehmigung der DV-Lösung und der Testergebnisse	Verabschiedung der weiteren Vorgehensweise; Freigabe der Realisierungsphase II
Genehmigung von Teilen der DV-Lösung	Neuentwicklung/Änderung der beanstandeten Teile. Evtl. andere Zusammensetzung der Mitarbeiter
Ablehnung der Testergebnisse	Durchführung weiterer Testläufe

5 Realisierungsphase II

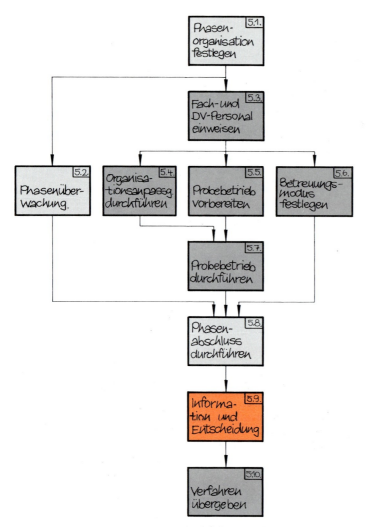

Bild 5.1   Netzplan für die Realisierungsphase II

5 Realisierungsphase II

Einführung

In der Realisierungsphase II wird der Arbeitsablauf in den Anwenderabteilungen an das neue Verfahren angepaßt. Hierfür ist es notwendig, die betroffenen Mitarbeiter zu schulen und in das neue Verfahren einzuweisen. Die Erprobung des Verfahrens und seine Eingliederung in den Rechenzentrums-Betrieb und in die Anwenderabteilung schließen die Verfahrensentwicklung ab. Bild 5.1 zeigt den Netzplan für die Realisierungsphase II.

5.1 Phasenorganisation festlegen

Zweck und allgemeine Erläuterung

Siehe hierzu 1.3 „Phasenorganisation festlegen".

Phasenspezifische Erläuterung

In der Realisierungsphase II sind die Maßnahmen zur organisatorischen Anpassung durch die Vertreter der Anwenderabteilungen durchzuführen. Die Ablauffolge ist gemeinsam zwischen Entwicklern und Anwendern festzulegen.

Damit ein störungsfreier Produktivlauf gewährleistet wird, müssen die Entwickler die vom Verfahren betroffenen Mitarbeiter in den Verfahrensablauf einarbeiten. Gemeinsam wird dann der Probebetrieb durchgeführt. Tabelle 5.1 zeigt die Personal-Tätigkeitsmatrix für die Realisierungsphase II.

5.1 Phasenorganisation festlegen

Phasentätigkeiten \ Verantwortliche Personen bzw. Stellen	Entscheidungsinstanz	Projektleitung	Anwender	Fachplaner/ DV-Organisator/ Verfahrensplaner	DV-Planer/ Softwareentwickler/ Chefprogrammierer	Programmierer	Rechenzentrum	Bemerkung
5.1. Phasenorganisation festlegen	a	b						
5.2. Phasenüberwachung		a						
5.3. Fach- und DV-Personal einweisen			a	b				
5.4. Organisationsanpassung durchführen			m	a	a		b	Information des Rechenzentrums bei Terminabweichungen
5.5. Probebetrieb vorbereiten				a	a			
5.6. Betreuungsmodus festlegen	a	b	b					
5.7. Probebetrieb durchführen			a				a	
5.8. Phasenabschluß durchführen		a	m	m	m		m	
5.9. Information und Entscheidung	a	b						
5.10. Verfahren übergeben				a	a			

a ausführend, b beratend, m mitwirkend

Tabelle 5.1 Personal-Tätigkeitsmatrix für die Realisierungsphase II

5.2 Phasenüberwachung

Zweck und allgemeine Erläuterung

Siehe hierzu 1.4 „Phasenüberwachung".

Phasenspezifische Erläuterung

In der Realisierungsphase II ist darauf zu achten, daß durch Umstellungsarbeiten die Abwicklung der „normalen" Tagesaufgaben nicht behindert wird. Dies gilt auch für die Einweisungsmaßnahmen, die rechtzeitig begonnen werden müssen und deren Erfolg überprüft werden muß.

Durch den Probebetrieb wird das Verfahren hinsichtlich der Kriterien

Funktionsinhalt
Ordnungsmäßigkeit
Hantierungssicherheit
Wirtschaftlichkeit

beurteilt.

5.3 Fach- und DV-Personal einweisen

Zweck

Durch die Einweisung des Anwenderpersonals und des DV-Personals soll erreicht werden:
- ▷ Sichere Abwicklung des Verfahrens
- ▷ Nutzung aller im neuen Verfahren enthaltenen Funktionen
- ▷ Überzeugung des Anwenders von der Zweckmäßigkeit des Verfahrens (Motivation).

Erläuterung

Bei der Einweisung sind drei Zielgruppen zu unterscheiden
    Anwender
    Rechenzentrumspersonal
        Arbeitsvorbereitungs- und Prüfgruppe (AVP)
        Datenerfassungspersonal
        Bedienungspersonal (DVA)
    Pflegepersonal.

Einen Überblick über die jeweiligen Einweisungsschwerpunkte gibt die Tabelle 5.2.

Vorbereitung der Einweisung

Wird die Einweisung von den Verfahrensentwicklern durchgeführt, so empfiehlt es sich – falls einschlägige Erfahrungen nicht vorhanden sind – bei der Vorbereitung die Beratung durch Mitarbeiter zu nutzen, die über folgende Kenntnisse verfügen:
- ▷ Schulungs- und Arbeitstechniken
- ▷ Schulungsmedien
- ▷ Didaktik etc.

Bei der Vorbereitung zur Einweisung ist zu berücksichtigen:
- ▷ Welcher Teilnehmerkreis muß informiert werden und wie ist dessen Einstellung zum neuen Verfahren?

5.3 Fach- und DV-Personal einweisen

▷ Welche Teilnehmergruppen müssen gebildet werden? Teilnehmergruppen können nach funktionalen oder hierarchischen Gesichtspunkten zusammengesetzt werden. Dabei ist darauf zu achten, daß in jeder Gruppe Personen mit einer positiven Einstellung zum neuen Verfahren vertreten sind.

▷ Zu welchen Terminen können Informationsveranstaltungen bei den Anwendern durchgeführt werden, ohne daß diese in Zeiten mit hoher Arbeitsbelastung fallen?

Durchführung der Einweisung

Alle wesentlichen Aussagen sind in knapper, übersichtlicher Form (Tabellen, Merkblättern) den Teilnehmern zur Verfügung zu stellen.

Die theoretische Unterweisung ist durch Fallbeispiele zu untermauern:

▷ Zusammenstellung von Tätigkeiten für häufig vorkommende Arbeitsabläufe (z.B. Standarddialoge)

▷ Darstellung von Anwendungsfällen des Verfahrens und Erarbeitung der notwendigen Tätigkeiten durch die Teilnehmer.

5.3 Fach- und DV-Personal einweisen

Betroffene Gebiet	Wer muß auf welchem Gebiet eingewiesen werden?		
	Anwender	RZ-Personal (DVA, AVP, DE)	Pflegepersonal
Fachliche Aspekte des Verfahrens	▷ Verfahrensablauf ▷ Rechenalgorithmen ▷ Schlüsselsysteme ▷ Einbettung in die Organisation	–	▷ Verfahrensablauf ▷ Rechenalgorithmen ▷ Schlüsselsysteme
Ablauforganisation	▷ Belege ▷ Datenfluß ▷ Termine ▷ Ergebnisverwertung ▷ Datensicherung und -schutz	▷ Belege ▷ Datenfluß ▷ Termine – ▷ Datensicherung und -schutz	▷ Belege ▷ Datenfluß – ▷ Datensicherung und -schutz
dv-technische Aspekte des Verfahrens	–	–	▷ Programmdokumentation ▷ Programmiertechnik ▷ Programmierkonventionen ▷ Schnittstellenkonventionen ▷ Dateiorganisation ▷ Verfahrensstruktur
Hantierung Batchprogramme	–	▷ Gerätezuweisungen ▷ Fehlerbehandlung ▷ Laden des Programms	▷ Dateizuweisungen ▷ Fehlerbehandlung
Dialogprogramme	▷ Dialogformate ▷ Fehlerbehandlung ▷ Programmaufruf ▷ Dateizuweisung ▷ Bedienung der Terminals/Hardcopygeräte	–	▷ Dialogformate ▷ Fehlerbehandlung ▷ Programmaufruf ▷ Dateizuweisung

Tabelle 5.2   Einweisungsmatrix

5.4 Organisationsanpassung durchführen

Zweck

Vorbereiten und Durchführen von Maßnahmen, die zu der in der Leistungsbeschreibung festgelegten Ablauf- und Aufbauorganisation in der Anwenderabteilung führen.

Erläuterung

Eine Unterbrechung des Arbeitsflusses durch Umstellungsarbeiten darf zu keinen Arbeitsrückständen führen (z.B. darf die Abwicklung der Fertigungsplanung mit DV nicht dazu führen, daß Fertigungsaufträge für die Werkstatt fehlen). Daher sind die Maßnahmen zur Änderung der Organisation – wie z.B. Neufestlegung von Aufgaben, Verteilern etc. – sorgfältig vorzubereiten. Grundlage der Organisationsanpassung ist die im fachlichen Feinkonzept festgelegte Ablauf- und Aufbauorganisation. Zu ihrer Realisierung sind Umstellungsmaßnahmen zu entwickeln.

Für jede Maßnahme ist zu prüfen, ob und wie weit sie sich über den eigentlichen Anwendungsbereich hinaus auswirkt. Gegebenenfalls sind zusätzlich vorübergehend flankierende Maßnahmen zu ergreifen.

Alle Maßnahmen werden auf gegenseitige Abhängigkeit geprüft und entsprechend terminiert. Die Maßnahmen werden in Verantwortung der betroffenen Anwenderabteilungen durch die an der Vorbereitung beteiligten Mitarbeiter durchgeführt.

Hinweis

Aus den Erkenntnissen bei der Durchführung des Probebetriebs können sich noch zusätzliche organisatorische Anpassungsarbeiten ergeben.

5.4 Organisationsanpassung durchführen

Checkpunkte

▷ Sind die Verteiler neu festgelegt worden?
▷ Ist eine Terminliste für die einzelnen Schritte vorhanden?
▷ Sind alle Schnittstellen zu anderen Verfahren und Abteilungen berücksichtigt?
▷ Sind die Bestimmungen des Betriebsverfassungsgesetzes berücksichtigt (Einschaltung des Betriebsrates)?
▷ Sind zum Umstellungszeitpunkt die neuen Formulare und Belege vorhanden?
▷ Sind Übergangsregelungen zu treffen?
▷ Sind alle Betroffenen über die Neuverteilung der Aufgaben und Zuständigkeiten informiert?
▷ Ist der nahtlose Übergang von der alten zur neuen Tätigkeit für jeden Mitarbeiter sichergestellt?
▷ Muß eine Arbeitsplatz- bzw. Stellenbeschreibung angefertigt werden?
▷ Ist das Schlüssel- und Abkürzungsverzeichnis komplett?
▷ Ist das Kontroll- und Sicherheitssystem in die Organisation integriert?

5.5 Probebetrieb vorbereiten

Zweck

Im Probebetrieb wird das Zusammenspiel zwischen dem Verfahren und seiner Umwelt getestet; er dient nicht der verfahrensinternen Fehlersuche, sondern soll den Produktiveinsatz simulieren, um Aufschlüsse, z.B. über das Zeitverhalten und die Hantierungssicherheit des Verfahrens sowie den Kenntnisstand der Anwender, zu geben. Dieses Ziel kann nur erreicht werden, wenn eine dem Produktivbetrieb möglichst ähnliche Situation geschaffen wird.

Erläuterung

Es gibt zwei Möglichkeiten des Probebetriebs:

Simulation
> Sie ist notwendig, wenn die mit dem Verfahren zu lösende Aufgabe sporadisch oder in größeren Zeitabständen auftritt.

Parallellauf
> Er ist möglich, wenn es sich um in kurzen Zeitabständen regelmäßig anfallende Aufgaben handelt.

Es ist zweckmäßig, den Parallellauf anzustreben, da

▷ keine Testdaten erstellt werden müssen

▷ die Ergebniskontrolle durch Vergleich mit dem bisherigen Verfahren möglich ist

▷ die Zeitbedingungen automatisch gegeben sind.

Im Rahmen der Vorbereitung sind folgende Arbeiten durchzuführen:

▷ Vorbereiten der neuen Belege, Formulare etc.

▷ Personaleinsatzpläne erstellen, abstimmen und verteilen

▷ Information der Beteiligten über geplante Aktivitäten

▷ Beschaffen der notwendigen Daten

▷ Festlegen der Dauer des Probebetriebes

▷ Terminliche Abstimmung mit Rechenzentrum und Anwenderabteilungen

▷ Planen des zeitlichen Datenanfalles

▷ Einrichten einer Anwenderberatung.

5.6 Betreuungsmodus festlegen

Zweck

Um die Leistungsfähigkeit des Verfahrens über die Dauer seines Einsatzes zu erhalten, muß ein Betreuungsmodus festgelegt werden; er gibt an welche Personen für die Pflege und Weiterentwicklung der Programme und Dateien zuständig sind.

Erläuterung

Betreuung der Programme

Pflegeursachen können sein:

    Bereinigung von aufgetretenen Fehlern

    Anpassung aufgrund von Gesetzes- und/oder fachlichen/organisatorischen Änderungen

    Anpassung an Betriebssystem- bzw. Hardwareänderungen.

    Weiterentwicklung des Verfahrens

Die Betreuungsvereinbarung zwischen Anwender und Organisationsabteilung sollte enthalten:

    Betreuende Abteilung

    Form der Dokumentation der Änderungen

    Form der Freigabe geänderter Verfahrensversionen

    Form der Übergabe der geänderten Version an das Rechenzentrum

    Geschätzter Betreuungsaufwand pro Jahr und Kostenübernahme

    Standort der gesamten Verfahrensdokumentation.

Hinweis

Es wird empfohlen, für die Betreuung Mitarbeiter einzusetzen, die an der Verfahrensentwicklung beteiligt waren. Ist dies nicht möglich, so sollte zumindest bekannt sein, wo solche Mitarbeiter erreicht werden können.

Pflege der Dateien/Daten

Es muß festgelegt werden, welche Abteilung wann welche Daten ändern bzw. neu aufnehmen darf. Dies ist besonders bei einer hohen Verfahrensintegration notwendig.

5.7 Probebetrieb durchführen

Zweck

Der Probebetrieb gibt dem künftigen Anwender erstmals Gelegenheit, mit dem neuen Verfahren zu arbeiten und sich von der Zweckmäßigkeit des Einsatzes zu überzeugen.

Der Verfahrensentwickler erhält Aufschlüsse über das Verhalten des Verfahrens im Produktivlauf und über den Wissensstand der Anwender.

Erläuterung

Beim Probetrieb ist zu beachten:

▷ Sämtliche Unterlagen, die während des Probebetriebes anfallen, sind zu sammeln, um den Ablauf rekonstruieren zu können

▷ Wenn zeitliche Probleme für den Verfahrensablauf gesehen werden, ist für alle Tätigkeiten der zeitliche Ablauf festzuhalten

▷ Während des Probebetriebes sind von allen Beteiligten „Meckerlisten" zu führen, in denen Kritik am Verfahren festgehalten wird (z.B. zur Hantierbarkeit, Zeitdauer, Übersichtlichkeit der Eingaben/Ausgaben).

Analyse der Ergebnisse

Nach Beendigung des Probebetriebes treffen sich Verfahrensentwickler, Rechenzentrums- und Anwendervertreter zu einem Kritikgespräch, in dem die Ergebnisse des Probebetriebes analysiert werden.

Gegenstand der Ergebnisanalyse sind:

▷ Inhaltliche Richtigkeit der Ergebnisse

▷ Formale Richtigkeit der Ergebnisse

▷ Hantierbarkeit des Verfahrens

▷ Zeitverhalten des Verfahrens

▷ Wirtschaftlichkeit des Verfahrens

▷ Ablaufprobleme.

Aus den Ergebnissen des Kritikgesprächs können sich nachstehende Konsequenzen ergeben:

▷ Beheben von aufgetretenen Fehlern bzw. Mängeln
▷ Beheben von Abweichungen zwischen den im Verfahrenskonzept festgelegten Anforderungen und dem Verfahren
▷ Erweitern des Verfahrens um zusätzliche Funktionen
▷ Zusätzliche organisatorische Anpassungen
▷ Zusätzliche Einweisungs- bzw. Schulungsmaßnahmen.

Bis auf das Erweitern um zusätzliche Funktionen sind die Anforderungen unverzüglich durchzuführen. Der Aufwand für die Verfahrenserweiterung ist zu ermitteln, evtl. ein Entwicklungsantrag zu formulieren und der Entscheidungsinstanz im Rahmen des Abschlußberichtes vorzulegen.

5.8 Phasenabschluß durchführen

Zweck und allgemeine Erläuterung

Siehe hierzu 1.8 „Phasenabschluß durchführen".

Phasenspezifische Erläuterung

Nach dem Durchführen des Probebetriebes müssen zum Abschluß des Projektes folgende Arbeiten durchgeführt bzw. abgeschlossen werden:

Anfertigen eines Abschlußberichts, der der Entscheidungsinstanz zur Genehmigung vorgelegt wird; er enthält die Angaben

- Ergebnisse des Probebetriebs
- Vorschläge über die Behandlung von Änderungswünschen
- Kostennachweis für das Gesamtprojekt
- Wirtschaftlichkeit des Verfahrens aufgrund der Ergebnisse des Probebetriebs
- Begründung von Planabweichungen bei der Entwicklung
- Terminvorschlag für die Einführung des Verfahrens.

Abschluß der Projektdokumentation und Überprüfen auf Vollständigkeit

Abschluß der Produktdokumentation und Überprüfen auf Vollständigkeit.

Hinweis

Bei einer systematischen Vorgehensweise nach dem Phasenprinzip müssen sich bei einer Kostenüberschreitung die Abweichungen exakt nachweisen und begründen lassen. Der Nachweis dient auch dazu, Fehler bzw. Fehleinschätzungen zu erkennen, um daraus entsprechende Lehren bzw. Konsequenzen ziehen zu können.

5.9 Information und Entscheidung

Zweck und allgemeine Erläuterung
Siehe hierzu 1.9 „Information und Entscheidung".

Phasenspezifische Erläuterung

Aufgrund des Abschlußberichtes prüft die Entscheidungsinstanz, ob die vorgegebenen Ziele erreicht worden sind bzw. die vorliegenden Arbeitsergebnisse zum Einführen des Verfahrens ausreichen.

Es sind u.a. zu nachstehenden Fragen Entscheidungen zu treffen:
▷ Ist das Verfahren in der vorliegenden Form wirtschaftlich, oder muß der Auftrag zur Verfahrensoptimierung gegeben werden?
▷ Welche Änderungswünsche, die sich bei dem Probebetrieb ergaben, sollen berücksichtigt werden?
▷ Wann sollen die Änderungen durchgeführt werden und wer soll sie durchführen?
▷ Ist eine Wiederholung des Probebetriebs notwendig?
▷ Genehmigung des Betreuungsmodus.
▷ Wann soll der Produktivbetrieb beginnen?
▷ Wann und in welcher Form soll eine Verfahrensanalyse durchgeführt werden (siehe Seite 266)?

Die Entscheidungsinstanz kann bezüglich der weiteren Vorgehensweise nachstehende Entscheidungen treffen:

Entscheidung	Konsequenz
Genehmigung des Abschlußberichtes	Beginn Produktivbetrieb (Übergabe an RZ oder Anwenderabteilung)
Teilweise Genehmigung des Abschlußberichtes	Veranlassung von Änderungen, erneuter Probebetrieb

5.10 Verfahren übergeben

Zweck

Vor dem Produktiveinsatz ist das Verfahren an das Rechenzentrum und die Anwenderabteilung zu übergeben.

Erläuterung

Die einzelnen Schritte der ordnungsgemäßen Übergabe in der zeitlichen Reihenfolge sind:

▷ Bestätigung durch die Revision, daß das Verfahren geprüft wurde (nur bei extern prüfungspflichtigen Verfahren)
▷ Freigabe durch den Anwender
    Der Anwender bestätigt durch seine Unterschrift
    die Übereinstimmung der Ergebnisse mit den in der Leistungsbeschreibung geforderten
    die Richtigkeit, Vollständigkeit und Verständlichkeit der Beschreibung
    das Einverständnis mit den Verfahrensablaufkosten
▷ Übergabe an das Rechenzentrum und die Anwenderabteilung.

Zur Kontrolle der ordnungsgemäßen Übergabe füllt das RZ die in Formular 5.4 gezeigte Übernahmecheckliste aus.

Eine störungsfreie Abwicklung im Rechenzentrum erfordert folgende Unterlagen:

▷ Übergabeprotokoll mit Rechenzentrumsauftrag (Formular 5.1 und Formular 5.2)
▷ Kurzbeschreibung des Verfahrens
▷ Hantierungsunterlagen (siehe Seite 226ff).

Die Anwenderabteilung benötigt folgende Teile der Verfahrensdokumentation:

▷ Übergabeprotokoll (Formular 5.3)
▷ Entwicklungsantrag
▷ Fachliches Grobkonzept einschließlich der Istaufnahme
▷ Leistungsbeschreibung
▷ Arbeitsanweisungen (siehe Seite 237).

Jede der genannten Stellen unterschreibt auf dem Übergabeprotokoll, das einen Bestandteil der Verfahrensdokumentation darstellt.

Hinweis

Das Rechenzentrum benötigt zur Übernahme von Verfahren einen zeitlichen Vorlauf von etwa einer Woche zum Durchführen von Kontrollaufgaben.

5.10 Verfahren übergeben

RZ-Auftrag für-regelmäßig-einmalig-durchzuführende Arbeiten	
	Datum: 23.7.76

Von	An
Anwender/Fachabtl.	Rechenzentrum
Dienststelle/Anschrift	Dienststelle
Anwender 1	AVP
Bearbeiter/Tel.	Anschrift

Durchzuführende Arbeit(en):

- Steuerkarten vorbereiten
- Job durchführen
- Listen separieren

Verfahrensnummer:	B02 - BTA
Verfahrensbezeichnung:	Auftragsabwicklung

Job/Programm(e):

B021   B0211, B0212, B0213   tgl.
B022   mtl.
B030   halbjährl.

Termin: ab September 1976 tgl.

geschätzte Maschinenzeit: 1 Std.

Angaben zur Verrechnung:

Job	Arb.-Schl.	Kst.-St.	%-Satz	Kst.-St.	%-Satz
B021	Kostenstelle der Fachabtl.			100	
B022	- " -		100		
B030	- " -		100		

Freigabe des Anwenders	Auftragsübernahme durch RZ
Vertrieb / 4711	RZ / 4712
Dienststelle/Tel.	Dienststelle/Tel.
23.7.76 — Anwender	28.7.76 — Anwender
Datum — Unterschrift	Datum — Unterschrift

Formular 5.1   Auftrag für durchzuführende Arbeiten

5.10 Verfahren übergeben

Von (Freigabe:)	Entwickler	4710	An (übernommen:)	Abwickler	4750
	Name	Telefon		Name	Telefon
Dienststelle: OD-Abteilung			Dienststelle: Rechenzentrum		
4.8.76	Entwickler		19.8.76	Abwickler	
Datum	Unterschrift		Datum	Unterschrift	

Projekt-/Verfahrensbezeichnung: **Auftragsabwicklung**

PI-Nummer: **B021** Einsatztermin: **ab September 1976**

DVA: Betriebssystem und Version: **BS 1000**

1. Programm Datenträger

☐ LK ☐ MB Archiv-Nr.:
☒ MP Archiv-Nr.: **BWP090**

G[1]	E[2]	Name	Vers.	Datum	G[1]	E[2]	Name	Vers.	Datum
N	C	B.0.2.1.1	0.1	05.02.76					
N	C	B.0.2.1.2	0.2	06.02.76					
N	C	B.0.2.1.3	0.1	05.02.76					

[1] G Grund: N Neuaufnahme, Ä Änderung, L Löschung
[2] E Elementart: C Phase, R Modul, M Makro, S Primärprogramm

2. Unterlagen Ablaufsteuerkarten/Anzahl:
Programmsteuerkarten/Anzahl:
Sonstige Unterlagen

Unterlage	Kennung/Seite	Unterlage	Kennung/Seite
Kurzbeschreibung	5		
Hantierungsunterlagen			
– AVP-Übersicht			
– Terminplan			
– Beleglauf			
– DE-Anweisung			
– HTV-DVA			
– Externer Speicherablaufplan			

Änderungsmitteilung:

Rückfragen an: **Entwickler, Tel.: 4710**

Formular 5.2 Übergabeprotokoll zwischen Entwicklungsabteilung und Rechenzentrum

5.10 Verfahren übergeben

Von (Freigabe:)	Entwickler	4710	An (übernommen:)	Anwender	4711
	Name	Telefon		Name	Telefon
OD-Abteilung			Fachabteilung		
Dienststelle			Dienststelle		
2.8.76	Entwickler		12.8.76	Anwender	
Datum	Unterschrift		Datum	Unterschrift	

Projekt-/Verfahrensbezeichnung:
Angebots-/Auftragsabwicklung B02-BTA

PI-Nummer:

Einsatztermin: ab September 1976

DVA:

Betriebssystem und Version: BS 1000

1. Programm siehe RZ-Übergabe Datenträger

☐ LK ☐ MB Archiv-Nr.:
☐ MP Archiv-Nr.:

G¹⁾	E²⁾	Name	Vers.	Datum	G¹⁾	E²⁾	Name	Vers.	Datum

¹⁾G Grund: N Neuaufnahme, Ä Änderung, L Löschung
²⁾E Elementart: C Phase, R Modul, M Makro, S Primärprogramm

2. Unterlagen   Ablaufsteuerkarten/Anzahl:
Programmsteuerkarten/Anzahl:

Sonstige Unterlagen

Unterlage	Kennung/Seite	Unterlage	Kennung/Seite
Entwicklungsantrag	6		
Fachliches Grobkonzept einschl. Istaufnahme	30		
Leistungsbeschreib.	60		
Spezifikationen:			
B0211-100	12		
B0211-110	10		
B0211-120	18		
.			
.			
.			

Änderungsmitteilung:
Entwickler, Tel.: 4711

Rückfragen an:

Formular 5.3 Übergabeprotokoll zwischen Entwicklungsabteilung und Anwenderabteilung

5.10 Verfahren übergeben

Checkliste zur Verfahrensübernahme						
Verfahren						
Verfahrensnummer						
AVP Sachbearbeiter						

Unterlagen-bereitstellung:	erforder-lich je	Entwickler		Rechenzentrum		
		vorhanden	entfällt	in Ordnung	unvoll-ständig	fehlt
1) Allgemein: RZ-Auftrag mit Angaben zur Verrechnung	Verfahren					
Übergabeprotokoll/Änderungsmitteilung	Programm					
Unterlagen-/Programm-Übersicht	Verfahren					
Job's als RUN gespeichert	Job					
2) AVP HTV: Datenflußplan	Verfahren					
Beleglauf und DE-Anweisungen	Verfahren					
Terminplan	Verfahren					
Arbeitsanweisung AVP	Job					
Abstimmanweisung (ASK)	Verfahren					
Verfahrensbeschreibung	Verfahren					
HTV-Zusatzmaschinen (Sort, LSÜ etc.)	Job					
Formularmuster (als Schneidemuster)	Job					
Dateibeschreibungen	Verfahren					
Datenträgersicherung (z.B. Feuer, Gener.)	Verfahren					
Datenträgerbedarf	Verfahren					
3) DVA HTV: Deckblatt	Job					
Geräte und Dateiübersicht	Job					
LK, LS, Druckerblatt	Job					
BS-Meldungen (Stop Katalog)	Job					
Parameterbeschreibung, Parameterkarten	Job					
Steuerkartenauflistung	Job					
BS-Protokoll bei Fixpunktausgabe Beispiel: Wiederanlauf	Job					
Probedruck (nur bei Formular)	Job					
4) ESPAP	Job					

Formular 5.4 Checkliste zur Verfahrensübernahme

6 Einsatzphase

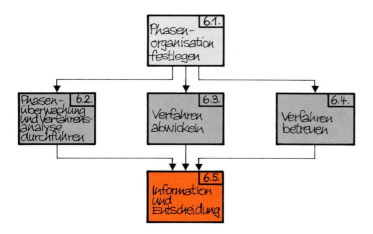

Bild 6.1 Netzplan für die Einsatzphase

6 Einsatzphase

Einführung

Mit der Übergabe des Verfahrens von der entwickelnden Stelle an das Rechenzentrum und an die Anwenderabteilung ist die Entwicklungsarbeit abgeschlossen. Die jetzt beginnende Phase des Einsatzes beinhaltet:

▷ Einsatz des Verfahrens zur Lösung der Aufgaben der Anwenderabteilung

▷ Pflege, Änderung und Weiterentwicklung des Verfahrens, die von der Anwenderabteilung oder dem Rechenzentrum veranlaßt und von der OD-Abteilung durchgeführt wird.

Die Einsatzphase endet mit dem Ablösen des Verfahrens durch ein neues Verfahren.

Während der Einsatzphase fallen die Betreuungsarbeiten an, wie sie unter „3.7 Nachfolgelasten klären" und „5.6 Betreuungsmodus festlegen" dokumentiert worden sind. Darüber hinaus soll eine Beurteilung des Verfahrens in Form einer Soll-Ist-Analyse nach einem vorgegebenen Zeitraum durchgeführt werden.

Die Einsatzphase unterscheidet sich von den übrigen Phasen dadurch, daß die Aufgaben, die in dieser Phase durchzuführen sind, nicht nacheinander, sondern gleichzeitig vollzogen werden. Die Folge ist eine modifizierte Phasenorganisation und Phasenüberwachung. Bild 6.1 zeigt den Netzplan für die Einsatzphase.

6.1 Phasenorganisation festlegen

Zweck

Um einen reibungslosen und wirtschaftlichen Verfahrenseinsatz zu erreichen, müssen
   Anwenderabteilung
   Rechenzentrum
   OD-Abteilung, sowie evtl.
   Revision
in einem Vereinbarungsrahmen zusammenarbeiten.

Erläuterung

Die Anwenderabteilung ist dafür verantwortlich, daß die

▷ Aufträge zur Abwicklung rechtzeitig an das Rechenzentrum erteilt werden

▷ Eingabedaten zur Verfügung stehen

▷ Ergebnisse des Verfahrens auf ihre Richtigkeit und Vollständigkeit geprüft werden

▷ OD-Abteilung frühzeitig benachrichtigt wird, wenn das Verfahren an geänderte Aufgabenstellungen angepaßt werden soll.

Das Rechenzentrum ist dafür verantwortlich, daß die

▷ Voraussetzungen (z.B. Rechenzeit, Personal, Datenträger) für die Abwicklung gegeben sind

▷ Aufträge der Anwenderabteilung termingerecht und ordnungsgemäß ausgeführt werden

▷ Aufwendungen für die Abwicklung möglichst gering gehalten werden.

Die OD-Abteilung ist dafür verantwortlich, daß der Ablauf von der Datenerfassung bis zur Abwicklung im Rechenzentrum und der organisatorische Ablauf innerhalb der Abteilung eindeutig festgelegt und kostengünstig ist.

In dieser Phase besteht die Entscheidungsinstanz im wesentlichen aus den Vertretern der Anwenderabteilung. Beratend können OD-Leiter und/oder Rechenzentrumsleiter hinzugezogen werden. Tabelle 6.1 zeigt die Personal-Tätigkeitsmatrix für die Einsatzphase.

6.1 Phasenorganisation festlegen

Verantwortliche Personen bzw. Stellen / Phasentätigkeiten	Entscheidungsinstanz	Projektleitung	Anwender	Fachplaner/ DV-Organisator/ Verfahrensplaner	DV-Planer/ Softwareentwickler/ Chefprogrammierer	Programmierer	Rechenzentrum	Bemerkung
6.1. Phasenorganisation festlegen			a		m		m	
6.2. Phasenüberwachung und Verfahrensanalyse durchführen		m		m		a	m	
6.3. Verfahren abwickeln			m				a	
6.4. Verfahren betreuen		m		a*	a*	a		*Mitwirkung nur bei Änderungen
6.5. Information und Entscheidung	a*			b	b		b	*Entscheidungsinstanz besteht im wesentlichen aus Vertretern der Anwender

a ausführend, b beratend, m mitwirkend

Tabelle 6.1   Personal-Tätigkeitsmatrix für die Einsatzphase

6.2 Phasenüberwachung und Verfahrensanalyse durchführen

Zweck

Der Verfahrenseinsatz wird überwacht mit dem Ziel, die Qualität des Verfahrens zu beurteilen, um Hinweise zur Verbesserung des Verfahrens, bzw. einen Anstoß für eine Neuentwicklung geben zu können.

Erläuterung

Das Überwachen des Verfahrenseinsatzes ist gemeinsam von der OD-Abteilung und der Anwenderabteilung durchzuführen.

Nachstehende Werte sind schriftlich für einen Zeitraum festzuhalten:
▷ Rechenzeiten der Verfahren bzw. Programme
▷ Zeitaufwand für die Datenerfassung in den Anwenderabteilungen
▷ Anzahl der Betreuungsfälle gegliedert nach
  Programmfehlern
  Hantierungsfehlern
  Inhaltsänderungen
    gesetzlicher Art
    organisatorischer Art
  Änderungen durch dv-technische Gegebenheiten
▷ Höhe des Betreuungsaufwands (Personalaufwand und Testaufwand) gegliedert nach
  Pflegefällen
  Änderungsfällen
  Weiterentwicklungsfällen.

Das Überwachen der im Einsatz befindlichen Verfahren ist eine Daueraufgabe.
▷ Bei „normalem Verlauf" werden die Aufschreibungen für die in bestimmten Zeitabschnitten durchzuführende Verfahrensanalyse benötigt.
▷ Bei außergewöhnlichen Vorgängen – z.B. sehr starker Zunahme der Änderungen aus organisatorischen Gründen – ist die Entscheidungsinstanz zu benachrichtigen.

In zu vereinbarenden Abständen (maximal zwei Jahre) ist eine Verfahrensanalyse hinsichtlich Abwicklungs- und Betreuungsaufwand, Sicherheits- und Funktionsverbesserungen und eine Wirtschaftlichkeitsrechnung durchzuführen. Besonders wichtig ist die Verfahrensanalyse im ersten Jahr des Produktiveinsatzes, da sich aus der Analyse ergebende Änderungen bzw. Verbesserungen die Wirtschaftlichkeit des Verfahrens wesentlich beeinflussen.

Schwerpunkte bei der Verfahrensanalyse sind

▷ Aufwand an Abwicklung und Betreuung
▷ Nutzung der Funktionen des Verfahrens
▷ Anzahl und Inhalt der Verfahrensänderungsanträge
▷ Überprüfen der Dokumentation
▷ Aufzeigen von Verbesserungsmöglichkeiten.

Zum Bestimmen und Überprüfen der Höhe des Abwicklungs- und Betreuungsaufwands sind die Rechenzeiten, der Zeitaufwand für die Datenerfassung in der Anwenderabteilung und der Betreuungsaufwand heranzuziehen und mit den Sollvorgaben zu vergleichen. Diese Werte wurden in 5.6. „Betreuungsmodus festlegen" in Form eines Budgets festgelegt.

Die Abweichungen sind zu dokumentieren und die Ursachen zu ermitteln, wenn eine festgelegte Höhe (z.B. >10%) überschritten wird. Der Soll-/Ist-Vergleich im Rahmen der Verfahrensanalyse gibt Anhaltspunkte ab, wann und mit welcher Zielsetzung ein Verfahren modernisiert oder abgelöst werden soll.

Weiter ist zu überprüfen, ob in den Produktivläufen der gesamte Funktionsvorrat des Verfahrens genutzt wird, oder ob bestimmte Funktionen von der Anwenderabteilung zwar gefordert wurden, aber aus mangelnder Fachkenntnis oder mangelnder Schulung von den Sachbearbeitern nicht genutzt werden und die verlangten Auswertungen in Form von Listen, Statistiken etc. von den einzelnen Adressaten auch wirklich für die Erfüllung ihrer Aufgabe eingesetzt werden.

Hinweis

Häufen sich in der Einsatzphase Kritik und Änderungswünsche zum Leistungsumfang und Ablauf, so ist zu überprüfen, ob es sich hierbei um nicht realisierte Anforderungen, oder um nachträgliche – während des Einsatzes festgestellte – Zusatzwünsche handelt.

Die Ergebnisse der Verfahrensanalyse sind schriftlich festzuhalten; abschließend ist die vorhandene Wirtschaftlichkeitsrechnung aufgrund der ermittelten Werte zu überprüfen.

Aufgrund der Verfahrensanalyse und der Wirtschaftlichkeitsrechnung ist der „Entscheidungsinstanz" vorzuschlagen, ob das Verfahren

▷ angepaßt, verbessert, erweitert oder
▷ durch eine Neuentwicklung bzw. Übernahme eines vorhandenen ersetzt werden soll.

6.3 Verfahren abwickeln

Zweck

Mit dem Produktiveinsatz des Verfahrens soll der geplante Rationalisierungserfolg (siehe Teil II, 3 Wirtschaftlichkeitsprüfung von DV-Verfahren) verwirklicht werden.

Erläuterung

An der Verfahrensabwicklung sind die Anwenderabteilung und das Rechenzentrum beteiligt. Das Bindeglied zwischen Anwender und Rechenzentrum ist die Arbeitsvorbereitungs- und Prüfgruppe.

Die Aufgaben der an der Verfahrensabwicklung Beteiligten sind für Verfahren im Stapelbetrieb in Bild 6.2 und für Verfahren im Dialogbetrieb in Bild 6.3 dargestellt.

Bei stapelorientierten Verfahren gehen die vom Anwender kommenden Belege an die Datenerfassung. Sie werden auf formale Richtigkeit geprüft und gemäß der Datenerfassungs- und Prüfanweisung (siehe Seite 232) auf verarbeitungsfähigen Datenträgern (Lochkarten, Magnetbänder oder -platten) erfaßt. Dabei übernimmt der Anwender die terminliche Abstimmung mit der Datenerfassungsstelle und trägt die Verantwortung für die termingerechte Bereitstellung der erfaßten Daten für die AVP. Die AVP bereitet entsprechend dem Terminplan (siehe Seite 226) und den AVP-Übersichten (siehe Seite 227 und Seite 228) die maschinelle Abwicklung vor. Dazu gehört auch die Bereitstellung der notwendigen Datenträger (siehe HTV-DVA-Geräteübersicht, Seite 234) und evtl. spezieller Formulare (z.B. Lieferscheine, Rechnungen).

Nach der maschinellen Abwicklung kommen die Ergebnisse (Datenträger, Listen) zur weiteren Bearbeitung gemäß Beleglauf an die AVP. Von dort gehen die aufbereiteten Ergebnisse an die Anwenderabteilung.

Bei Verfahren im Dialogbetrieb (Bild 6.3) werden die vom Anwender erfaßten Daten über eine Leitung (Stand- oder Wählleitung) an das in die DV-Anlage „geladene" Verfahren übertragen und dort nach einer Plausibilitierung (ggf. mit Korrektur über Terminal) direkt verarbeitet. Bei „intelligenten" Terminals kann die Prüfung auch vor der Übertragung durchgeführt werden (siehe Teil II, Kapitel 5 Datenerfassung).

Die Ergebnisse werden – sofern sie ein bestimmtes Volumen nicht überschreiten – direkt über Terminal oder Hardcopy-Gerät ausgegeben. Ansonsten werden die Ergebnisse über die AVP mit entsprechender Nachbearbeitung an die Anwenderabteilung geleitet.

6.3 Verfahren abwickeln

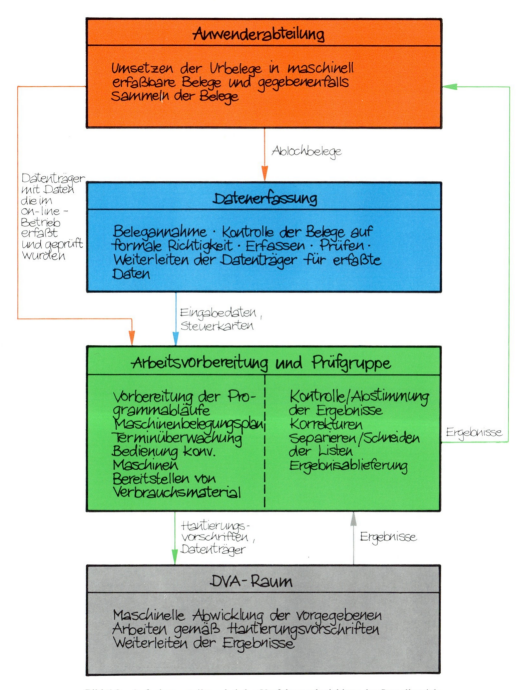

Bild 6.2 Aufgabenverteilung bei der Verfahrensabwicklung im Stapelbetrieb

6.3 Verfahren abwickeln

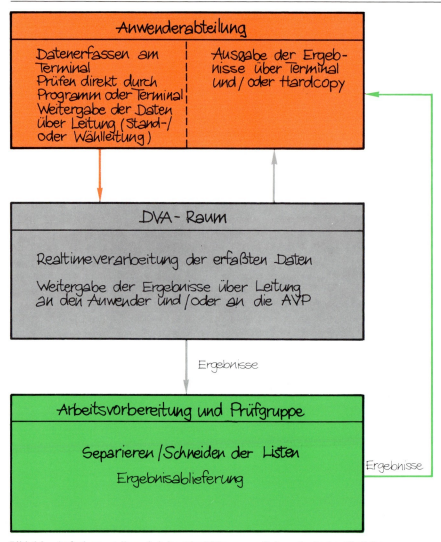

Bild 6.3 Aufgabenverteilung bei der Abwicklung von dialogorientierten Verfahren

Um die Effizienz der Abwicklung zu steigern, sollte das Rechenzentrum
▷ die Abwicklung (Operating) ständig (am besten maschinell) kontrollieren und ggf. Maßnahmen (z.B. Schulung des Operatorpersonals) einleiten
▷ Engpaßanalysen an der DV-Anlage zur Optimierung der Hardwarekonfiguration durchführen
▷ die „Mehrleistungen" neuer Betriebssystemversionen dem zu erwartenden Umstellungsaufwand gegenüberstellen und die Einführung davon abhängig machen.

6.4 Verfahren betreuen

Zweck

Damit die Leistungsfähigkeit und Zielsetzung eingeführter Verfahren erhalten bleibt, müssen sie betreut werden. Die Verfahrensbetreuung umfaßt die Pflege und die Weiterentwicklung des Verfahrens. Unter Pflege wird die Erhaltung der Leistungsfähigkeit, unter Weiterentwicklung die Verbesserung des Verfahrens und die Einarbeitung zusätzlicher Wünsche des Anwenders verstanden (siehe Tabelle 6.2).

Ein Softwareprodukt unterliegt selbstverständlich keinem Verschleiß; deshalb hängt die Lebensdauer eines Softwareproduktes allein davon ab, wie weit es dem Zweck, für den es entwickelt wurde, im Laufe der Zeit noch gerecht wird.

Die verfahrensbetreuende Stelle (i.a. eine Stelle innerhalb der OD-Abteilung) wurde in 5.6 „Betreuungsmodus festlegen" bestimmt, ebenso wurde die Betreuungsvereinbarung zwischen Anwender und Organisationsabteilung getroffen.

Teilgebiet	Inhalt	Art der Änderung (Beispiele)
Pflege des Verfahrens	Erhaltung der Leistungsfähigkeit des Verfahrens	▷ Programmfehler bereinigen ▷ Hantierungsfehler bereinigen ▷ Dokumentationsfehler bereinigen ▷ Fehler im organischen Ablauf bereinigen ▷ Anpassen an zwingende Organisationsänderungen ▷ Anpassen an betriebssystem- bzw. rechenzentrumsbedingte Änderungen
Weiterentwicklung des Verfahrens	Verbesserung des Verfahrens	▷ Integration mit anderen Verfahren, Nahtstellen ▷ Bedienungs- und Benutzungskomfort verbessern ▷ Verfahrensstruktur verbessern ▷ Ablaufkosten senken (Laufzeit, cpu-Zeit, Geräte)
	Einarbeitung zusätzlicher Anwenderwünsche	▷ Einbau zusätzlicher bzw. Austausch von Teilfunktionen ▷ Erstellung zusätzlicher Auswertungen ▷ Änderung der Lauffrequenz (statt halbjährlich z.B. vierteljährlich) ▷ Umstellung auf Dialogbetrieb

Tabelle 6.2 Verfahrensbetreuung: Teilgebiete, Inhalt und Änderungsbeispiele

6.4 Verfahren betreuen

Erläuterung

Der Aufwand für die Betreuung im Einsatz befindlicher DV-Verfahren steigt mit zunehmender DV-Durchdringung und belastet heute schon die OD-Abteilungen bis zu 50% ihrer Kapazität. Um den Betreuungsaufwand zu mindern bzw. in Grenzen zu halten, müssen zusätzlich zu den bei der Entwicklung zu berücksichtigenden Regeln, Genehmigungsverfahren für die Vorgehensweise bei Verfahrensänderungen entwickelt, eingeführt und eingehalten werden. Eine organisierte Verfahrensbetreuung verhindert weitgehend, daß unvollständig dokumentierte, also personengebundene Verfahren entstehen.

Untersuchungen haben ergeben, daß der Betreuungsaufwand zum größten Teil von Änderungswünschen der Anwender und Organisationsänderungen verursacht wird, während der Aufwand für Fehlerbereinigung und Änderungen aus Gesetzesgründen i.a. gering ist.

Lediglich zu Beginn des Verfahrenseinsatzes und nach größeren Änderungen kommt es vor, daß die Fehlerrate kurzfristig höher liegt. Betreuungsarbeiten, die durch Umstellungen der Hardware oder Systemsoftware ausgelöst werden, sind relativ selten und in den meisten Fällen nicht mit großem Aufwand und besonderen Schwierigkeiten verbunden.

Vorgehensweise bei Fehlerbereinigungen/Änderungen

Vorgehensweise und Umfang der Verfahrensänderung hängen weitgehend von der Art der Änderung bzw. Fehlerart ab.

Programm- und Hantierungsfehler

Führen diese Fehler zum Programmabbruch, so sind sie telefonisch zu melden und von der betreuenden Stelle unverzüglich zu beheben; sonst sind solche Fehler in einem Änderungsantrag der betreuenden Stelle – wenn möglich mit Angabe des Verfahrensteils und mit dem Fehlernachweis (z.B. Listenausdruck) – zu melden. Die betreuende Stelle hat zu prüfen, ob der weitere Verfahrensablauf gewährleistet ist; abhängig davon wird mit dem Anwender der Zeitpunkt der Fehlerbereinigung festgelegt.

Zwingende Organisations- oder Gesetzesänderungen

Diese Anpassungsnotwendigkeiten sind in einem Änderungsantrag mit Hinweisen (Beschreibung), Begründung und Terminforderung an die betreuende Stelle zu übergeben. Die betreuende Stelle prüft die Wünsche, erarbeitet die Maßnahmen und legt den Termin der Anpassungen fest.

6.4 Verfahren betreuen

Verbesserung des Verfahrens,
Einarbeitung zusätzlicher Anwenderwünsche

Diese Änderungsanträge sind über einen bestimmten Zeitraum zu sammeln, um die Änderung und/oder Weiterentwicklung zielgerichtet durchführen zu können. Es ist zu verhindern, daß Änderungen (Erweitern und Ersetzen von Funktionen) als laufende Verfahrenspflege durchgeführt werden, da die unkontrollierte laufende Realisierung verbunden mit hohen Kosten schrittweise zu einem neuen Verfahren führt.

Die Änderungsanträge sind zu prüfen, ob die Anwenderwünsche eindeutig beschrieben sind und eine Begründung sowie der zu erwartende Nutzen angegeben sind. Die betreuende Stelle erarbeitet die notwendigen Maßnahmen, ermittelt den voraussichtlichen Aufwand, die Zeitdauer, die benötigte Mitarbeiterkapazität und schlägt einen möglichen Änderungstermin vor, der mit dem Anwender abgestimmt wird.

Genehmigungsverfahren

Liegt für ein Verfahren eine Betreuungs- und damit auch eine Pflege- und Anpassungsvereinbarung vor, so fallen Aufwendungen für Fehlerbereinigungen/Änderungen wie Programm- und Hantierungsfehler, aber auch zwingende organisatorische und gesetzliche Änderungen sowie „kleine" Entwicklungen – wenn sie eine vorgegebene Höchstgrenze (z.B. 3 MM/Jahr) nicht überschreiten – unter diese Regelung und bedürfen keiner weiteren Genehmigung.

Gibt es für die gesamte Verfahrensbetreuung eine koordinierende Stelle, die in bestimmten Zeitabständen zusammentritt, um die Änderungsanträge zu sichten und sie hinsichtlich Priorität und Durchführungsmöglichkeit zu bewerten, so sind die Anträge, die der Verbesserung bzw. Weiterentwicklung des Verfahrens dienen und die über der Höchstgrenze liegen, diesem Gremium – kann auch der Entscheidungsausschuß sein – vorzulegen.

Durchführung der Änderungen

Die Fehlerbereinigung/Anpassung erfordert Änderungen in den Dokumenten in Abhängigkeit von den Auswirkungen der Fehler/Anpassung.

Folgende Änderungsmöglichkeiten treten auf:
▷ Fachliche Änderungen mit Auswirkungen auf das DV-Konzept
▷ Änderungen des DV-Konzepts
▷ Änderung der DV-Abwicklung im Rechenzentrum

6.4 Verfahren betreuen

▷ Änderungen im fachl. Konzept ohne Änderung des DV-Konzepts
▷ Änderung in der Verfahrensabwicklung.

Erfordert die Fehlerbereinigung/Anpassung eine Programmänderung oder -erweiterung, so ist diese zu testen. In Abhängigkeit von der Größe und Komplexität der Programmänderung sind

▷ Schreibtisch-
▷ Komponenten-
▷ Integrations- und
▷ Verfahrenstest

durchzuführen.

Es wird empfohlen, das Standardtestdatenpaket (siehe Seite 213) bei größeren Programmänderungen und -erweiterungen einzusetzen.

Die zu ändernden Unterlagen werden durch Austauschblätter mit einem Übergabeprotokoll aktualisiert.

Modernisierung/Ablösung eines DV-Verfahrens

Die Gründe für die Modernisierung/Ablösung eines DV-Verfahrens können auf folgenden Mängeln beruhen:

▷ Die Aufgaben der Anwenderabteilung haben sich so stark geändert, daß ein Anpassen des vorhandenen Verfahrens unwirtschaftlich ist
▷ Das Verfahren hat einen Stand erreicht, daß der
  Aufwand für Betreuung im Vergleich zur Aufgabe, die das Verfahren hat, zu hoch wird, Fehler schwierig zu finden sind und Auswirkungen von Änderungen oder Erweiterungen nicht sicher vorhersehbar sind.
▷ Das Verfahren kann durch die Vorteile neuer Software (z.B. Datenbanken, Steuersysteme) oder eines neuen Betriebssystems oder durch eine bessere Verfahrensstruktur wirtschaftlicher werden bezüglich
  cpu-Zeit
  Hauptspeicherbelegung
  Belastung peripherer Geräte
  Bedienungs- und Benutzungskomfort.
▷ Die Anforderungen neuer Hardware-Generationen oder -Konfigurationen erfordern eine Neuentwicklung.

▷ Unterschiedliche für einzelne Aufgabengebiete entwickelte Verfahren sollen durch eine integrierte Lösung ersetzt werden
▷ Die Ergebnisse des Verfahrens stehen zu spät zur Verfügung (Umstellung auf Realtime erforderlich).

Die Modernisierung eines Verfahrens kann sowohl dessen Struktur (Gliederung des Verfahrens, Definition der Schnittstellen zwischen den Verfahrensteilen) als auch die Gestaltung einzelner Verfahrensteile (Programme, Modulen, Prozeduren, etc.) betreffen.

Erhält das Verfahren eine neue Struktur, so ist zu prüfen, inwieweit man Teile des bisherigen Verfahrens in die neue Struktur einfügen kann und welche Teile geändert oder neu entwickelt werden müssen.

Abschließend ist zu ermitteln, welchen Aufwand die Modernisierung/Ablösung nach sich zieht und welche Einsparungen und Verbesserungen erzielt werden. Es ist festzulegen, wer die Kosten trägt und wer die Arbeiten in welcher Zeit durchführt. Der Entwicklungsantrag ist der Entscheidungsinstanz zur Begutachtung und Genehmigung vorzulegen.

6.5 Information und Entscheidung

Zweck und allgemeine Erläuterung
Siehe hierzu 1.9 „Information und Entscheidung".

Phasenspezifische Erläuterung

Die Entscheidungsinstanz entscheidet aufgrund der in 6.2 „Phasenüberwachung und Verfahrensanalyse durchführen" ermittelten Ergebnisse:

▷ Das Verfahren muß um zusätzliche Funktionen erweitert werden
▷ Verfahrensteile bzw. Programme sind mittels Softwaretuning im Zeitverhalten zu verbessern
▷ Änderungen müssen im organisatorischen Ablauf in der Anwenderabteilung vollzogen werden
▷ Welche vorgeschlagenen Betreuungsmaßnahmen zu welchem Zeitpunkt durchgeführt werden
▷ Ob und welche Teile eines Verfahrens modernisiert werden
▷ Das Verfahren durch eine Neuentwicklung abzulösen.

Fällt die Entscheidung, das DV-Verfahren durch ein neues zu ersetzen, so muß der Anstoß für eine Neuentwicklung gegeben werden, womit der Softwareentwicklungsprozeß neu beginnt.

Teil II

Planungs- und Realisierungs- hilfen

1 Planung, Steuerung und Überwachung von Organisations- und DV-Vorhaben

Einführung

Die Festlegung, welche Organisations- und DV-Vorhaben in Angriff genommen werden und ihre ordnungsmäßige und wirtschaftliche Abwicklung setzen ein Instrumentarium zur Planung, Steuerung und Überwachung voraus.

Mit einem solchen Instrumentarium sollen die Grundsätze des Software-Entwicklungsprozesses, wie in Teil I beschrieben, erfüllt werden, d.h.:

▷ Die zu realisierenden Vorhaben müssen nach den Prioritäten entsprechend den Unternehmerzielen ausgewählt werden

▷ für jedes geplante Vorhaben ist eine Wirtschaftlichkeitsrechnung zu erstellen.

▷ Der jeweilige Aufwand für
Entwicklung (Personal-/Sachmittelkosten, Kosten für das Rechenzentrum)
Abwicklung
Betreuung (Pflege, Anpassung, Weiterentwicklung)

ist zu planen und im Rahmen eines Soll-Istvergleichs je Phase und für die Gesamtentwicklung zu überwachen; er bildet u.a. die Grundlage für das Beurteilen einer Phase bzw. für die Freigabe der folgenden Phase.

▷ Die jeweiligen Steuer- und Informationsebenen
Projektleiter (oder Planungs- bzw. Realisierungsverantwortlicher)
Abteilungsleiter
Entscheidungsinstanz

müssen zur Steuerung und Entscheidung die entsprechend detaillierten Informationen erhalten.

Daher muß ein System zur Planung, Steuerung und Überwachung folgende Komponenten enthalten, die in ein Berichtssystem zu integrieren sind:

▷ OD-Rahmenplanung

▷ Projektbildung

▷ Teilaufgabenbildung und Entwicklungsabrufe

▷ Zeit- und Kostenerfassung

▷ Projektfortschreibung und -auswertung.

1 Planung, Steuerung und Überwachung von Organisations- und DV-Vorhaben

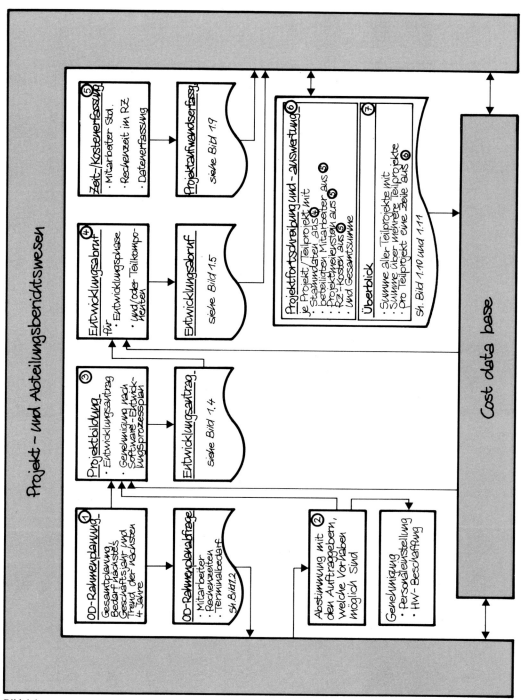

Bild 1.1
Zusammenwirken der Elemente des Planungs-, Steuerungs- und Überwachungsinstrumentariums

1 Planung, Steuerung und Überwachung von Organisations- und DV-Vorhaben

Das weiter unten beschriebene System kann sowohl für die Steuerung einzelner großer OD-Projekte, als auch für die Steuerung von Abteilungen, in denen projektbezogen gearbeitet wird, angewendet werden. Die Elemente des Instrumentariums und ihr Zusammenwirken zeigt Bild 1.1.

OD-Rahmenplanung

Die OD-Rahmenplanung (Gesamtplanung) stellt eine Zusammenfassung der geplanten Org-DV-Vorhaben und der zu ihrer Durchführung notwendigen Kapazitäten dar; sie basiert im wesentlichen auf den Bedarfsabfragen der Anwenderabteilungen für die einzelnen Aufgabengruppen, wie z.B. Forschung und Entwicklung, Auftragsabwicklung, Rechnungswesen und berücksichtigt die von der Unternehmensleitung gesetzten Prioritäten.

Die Bedarfsabfrage je Anwenderabteilung enthält für das nächste Geschäftsjahr exakte Zahlen und für die jeweils vier folgenden Jahre Trendangaben, die jährlich angepaßt werden.

Die Bedarfsabfrage muß enthalten:
▷ Anzahl der Mannmonate (MM) für die Entwicklung neuer Verfahren bzw. für deren Betreuung
▷ Aufwand an Rechenzeit für Test bzw. Abwicklung
▷ Bedarf an Terminalstunden für die Abwicklung.

Diese Angaben werden benötigt, um einen Abgleich der Anforderungen mit der zur Verfügung stehenden Personal- und Rechnerkapazität durchführen zu können und u.U. daraus resultierende Personalbeschaffung oder Investitionen rechtzeitig anstoßen zu können. Bild 1.2 zeigt einen Ausschnitt aus einer Personal- und Rechenzeitbedarfsabfrage.

Ein solches Vorgehen führt meist zu einer rechtzeitigen und richtigen Hardware-Investitionsbeschaffung mit geringen Abweichungen.

Als weitere Planungsgröße ist heute die Anzahl der gewünschten Terminals zu beachten, da die einzelnen Typen von DV-Anlagen nur eine bestimmte maximale Anzahl von Terminals mit akzeptablen Responsezeiten bedienen können. Die Installation eines Terminals kann deshalb nicht nur die Kosten für die Anschaffung, sondern ein Vielfaches an zusätzlichen Anlageinvestitionen verursachen.

1 Planung, Steuerung und Überwachung von Organisations- und DV-Vorhaben

OD-Rahmenplanabfrage GJ 79/80

Anwender: Vertrieb Sonderanlagen

Projekte / Personal in MM	EA*	Ist 78/79	Plan 79/80	Trend 80/81	81/82	82/83	83/84
Disposition	E	3	10	–	–	–	–
Angebotsbearbeitung	B	–	–	2	2	2	2
Rechnungserstellung alt	E	10	15	–	–	–	–
Rechnungserstellung neu	B	–	2	4	2	1	1

* EA Einsatzart
   E   Entwicklung
   B   Betreuung

Verfahren / RZ-Bedarf in Std. Monatsdurchschnitt	Ist 78/79	Plan 79/80	Trend 80/81	81/82	82/83	83/84
ANGEBOT 1	10	12	–	–	–	–
ANGEBOT 2	–	–	7	7	8	8
TADIA 3	20	22	–	–	–	–
TADIA 4	–	–	14	14	14	14

Bild 1.2   OD-Rahmenplanabfrage, Ausschnitt

Für die Personalbedarfsplanung bzw. die Planung der mit der vorhandenen Personalkapazität abzuwickelnden Vorhaben ist die zur Verfügung stehende Nettokapazität der Abteilung/Dienststelle ausschlaggebend. Bild 1.3 zeigt ein

1 Planung, Steuerung und Überwachung von Organisations- und DV-Vorhaben

Beispiel für die Ermittlung der zur Verfügung stehenden Kapazität für die im OD-Rahmenplan gewünschten Vorhaben.

Es hat sich gezeigt, daß nur etwa 70% der Bruttokapazität jedes Mitarbeiters bzw. der Abteilung/Dienststelle für die Projektarbeit ansetzbar sind. Da anzustreben ist, daß OD-Stellen als sich selbsttragende Dienstleistungsabteilungen arbeiten, wird mit Hilfe dieser Planung auch der Personalkostensatz für 1 MM bzw MJ ermittelt.

Bruttokapazität eines Mitarbeiters:	248 Tage
abz. Urlaub, Krankheit und sonstige Abwesenheit	37 Tage
Anwesenheit	211 Tage
abz. Weiterbildung	11 Tage
Nettokapazität eines Mitarbeiters	200 Tage
bzw. bei ≈ 20,66 Tage/Monat	9,7 MM
Abteilungsleistung:	
Netto bei z.B. 60 Mitarbeitern	582 MM
abz. Verwaltung, Mitarbeiterführung	23 MM
abz. Mitarbeitereinarbeitung durch Fluktuation (je MA ≈ 6 MM)	22 MM
abz. Vorleistungen	40 MM
verrechenbare Leistung	497 MM

Daraus ergibt sich für die Gesamtabteilung/Projekt eine Leistung von 8,3 MM je Mitarbeiter.

Bild 1.3   Beispiel für die Personalkapazitätsermittlung

Aus der vorhandenen Personalkapazität und den geplanten abzuwickelnden Vorhaben sind u.U.

▷ Beschaffung von Personal (mit Schwerpunkt fachlicher oder dv-technischer Ausbildung)

▷ Schulungsaktivitäten (besonders dv-technische)

abzuleiten.

Projektbildung

Für jede geplante Rationalisierungsmaßnahme ist ein Entwicklungsantrag (Bild 1.4) mit Wirtschaftlichkeitsrechnung zu erarbeiten.

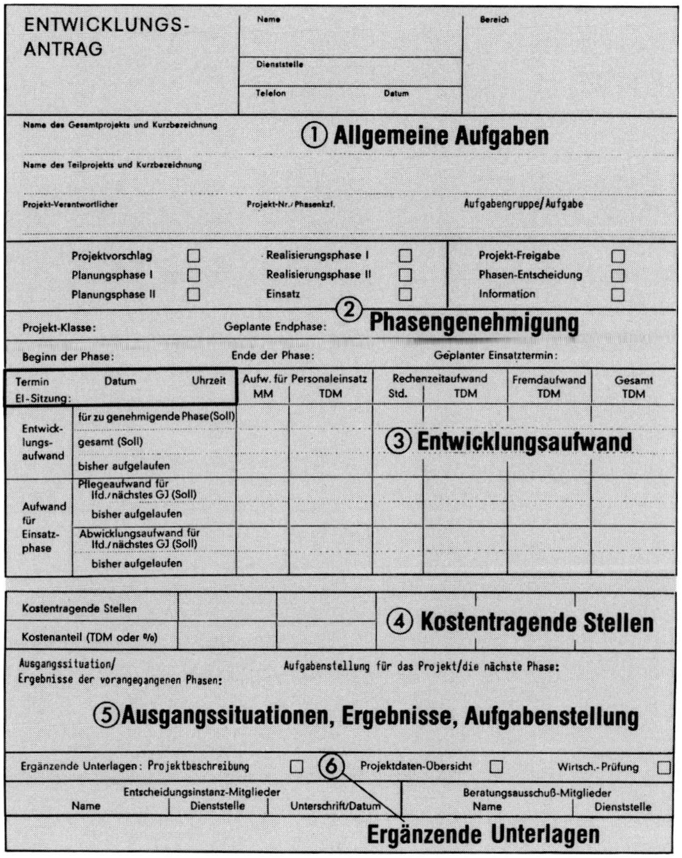
ENTWICKLUNGS-ANTRAG
Name | Bereich
Dienststelle
Telefon | Datum

Name des Gesamtprojekts und Kurzbezeichnung
① Allgemeine Aufgaben
Name des Teilprojekts und Kurzbezeichnung
Projekt-Verantwortlicher | Projekt-Nr./Phasenkzl. | Aufgabengruppe/Aufgabe

Projektvorschlag ☐ | Realisierungsphase I ☐ | Projekt-Freigabe ☐
Planungsphase I ☐ | Realisierungsphase II ☐ | Phasen-Entscheidung ☐
Planungsphase II ☐ | Einsatz ☐ | Information ☐
② Phasengenehmigung
Projekt-Klasse: | Geplante Endphase:
Beginn der Phase: | Ende der Phase: | Geplanter Einsatztermin:

Termin El-Sitzung: Datum / Uhrzeit		Aufw. für Personaleinsatz MM	TDM	Rechenzeitaufwand Std.	TDM	Fremdaufwand TDM	Gesamt TDM
Entwicklungsaufwand	für zu genehmigende Phase (Soll)						
	gesamt (Soll)						
	bisher aufgelaufen						
Aufwand für Einsatzphase	Pflegeaufwand für lfd./nächstes GJ (Soll)						
	bisher aufgelaufen						
	Abwicklungsaufwand für lfd./nächstes GJ (Soll)						
	bisher aufgelaufen						

③ Entwicklungsaufwand

Kostentragende Stellen
Kostenanteil (TDM oder %)
④ Kostentragende Stellen

Ausgangssituation/ Ergebnisse der vorangegangenen Phasen: | Aufgabenstellung für das Projekt/die nächste Phase:
⑤ Ausgangssituationen, Ergebnisse, Aufgabenstellung

Ergänzende Unterlagen: Projektbeschreibung ☐ ⑥ Projektdaten-Übersicht ☐ Wirtsch.-Prüfung ☐
Entscheidungsinstanz-Mitglieder: Name | Dienststelle | Unterschrift/Datum
Beratungsausschuß-Mitglieder: Name | Dienststelle
Ergänzende Unterlagen

Bild 1.4 Entwicklungsantrag (siehe auch Teil I, Formular 1.2)

Dies gilt unabhängig davon, ob eine personelle Abwicklung betrieblicher Aufgaben verändert oder durch ein DV-Verfahren abgelöst wird, ein DV-Verfahren durch ein anderes ersetzt, ein DV-Verfahren weiterentwickelt oder mit Unterstützung der Datenverarbeitung Aufgaben abgewickelt werden, die bisher „personell" nicht durchzuführen waren. Hierbei ist entsprechend den Tätigkeitsschritten, wie sie 1.7 „Entwicklungsantrag erstellen" verlangt und entsprechend der Vorgehensweise im Teil II Kapitel 3 Wirtschaftlichkeitsprüfung von DV-Verfahren vorzugehen. Dabei ist die Zeit- und Kostenplanung ein wichtiger, aber häufig schwieriger Punkt, da man zu Zeitpunkten, zu welchen erst unvollständige Angaben über den genauen Projektinhalt und die Vorgehensweise vorliegen, bereits Aussagen über den Aufwand machen soll. Um diese Planungsunsicherheit zu verringern, werden verschiedene Schätzverfahren (siehe Teil II, Kapitel 2 Projektzeitschätzung), wie das

▷ Analogieverfahren mit einer cost date base
▷ Prozentsatzverfahren
▷ Faktorenverfahren

angeboten. Bei ihrer Anwendung ist stets das Zustandekommen der Werte zu beachten. Die Ermittlung durch erfahrene Fachplaner und Chefprogrammierer vermindert die Gefahr von groben Vorhersagefehlern.

Für große Projekte, die mit Hilfe von Netzplänen strukturiert werden, befindet sich auf Seite 296 ff eine Erläuterung der Netzplantechnik.

Teilaufgabenbildung und Entwicklungsabrufe

Die entsprechend der OD-Rahmenplanung angegebenen und danach durch Entwicklungsantrag genehmigten Vorhaben zerlegt man zur besseren Planung und Steuerung in mehrere entweder parallel oder hintereinander zu entwickelnde/betreuende „Teilaufgaben" (personen- und/oder funktionsbezogen). Diese Teilaufgaben werden durch entsprechende Entwicklungsabrufe (Bild 1.5) vorgegeben. Bei der Bildung von Teilaufgaben ist

▷ die Struktur des Gesamtverfahrens
▷ die Höhe des geschätzten Aufwands und
▷ die Anzahl der für die geplante Entwicklung einzusetzenden Mitarbeiter

zu berücksichtigen.

Die Entwicklungsabrufe werden von der Anwenderabteilung und der verfahrensentwickelnden Stelle erarbeitet; sie ermöglichen eine

▷ Vereinbarung zwischen Auftraggeber und verfahrensentwickelnder Stelle hinsichtlich Art der durchzuführenden Aufgaben (Neuentwicklung, Betreuung), Umfang der Tätigkeit, Höhe des Aufwands und Terminstellung

▷ Projektsteuerung für die Abteilungs- bzw. Projektleitung durch Plan/Ist-Vergleiche und

▷ Verrechnung der Leistung der verfahrensentwickelnden Stelle und des Rechenzentrums an den jeweiligen Kostenträger für genehmigte Entwicklungs- und Betreuungsvorhaben.

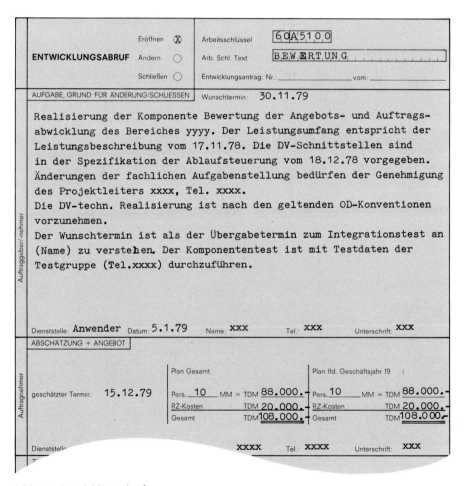

Bild 1.5 Entwicklungsabruf

Bis zu einem Aufwand von etwa 15 bis 20 MM kann es sinnvoll sein, für den ganzen Entwicklungsprozeß nur eine Teilaufgabe zu bilden. Bei größeren Verfahren kann man sowohl für die einzelnen Phasen der Softwareentwicklung als auch für die einzelnen Komponenten ab der Realisierungsphase getrennte Teilaufgaben vorgeben. Im Beispiel (Bild 1.5) ist für die Komponente „Bewertung", Bild 1.6 (aus Teil I, Seite 145, Bild 3.18), die Teilaufgabe formuliert.

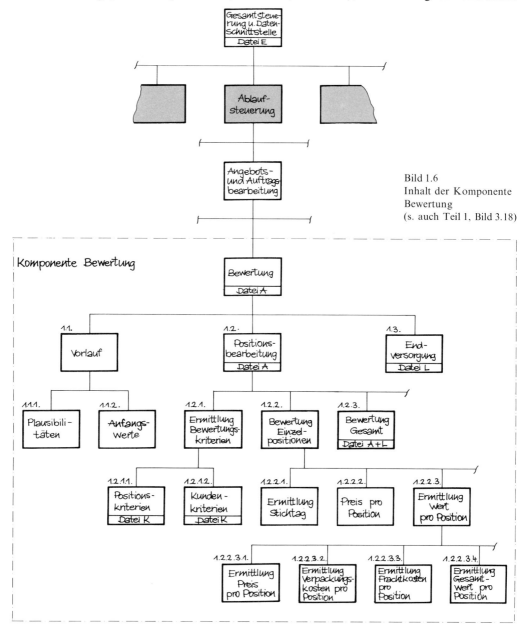

Bild 1.6
Inhalt der Komponente Bewertung
(s. auch Teil 1, Bild 3.18)

Den Teilaufgaben werden zur Erfassung und Kontrolle Arbeitsschlüssel bzw. Kostenstellen zugeordnet. Da erst eine Vollzeiterfassung eine umfassende Transparenz herstellt, müssen auch alle sonstigen anfallenden Tätigkeiten (z.B. Urlaub, Krankheit, Weiterbildung) Arbeitsschlüsseln zugeordnet werden. Bild 1.7 zeigt den Aufbau eines Arbeitsschlüssels, Bild 1.8 das Beispiel „sonstiger" Tätigkeiten.

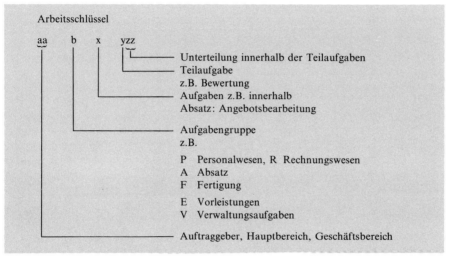

Bild 1.7   Aufbau eines Arbeitsschlüssels

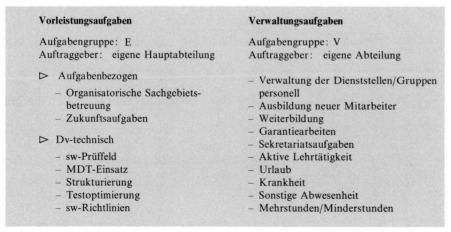

Bild 1.8   Beispiel von Vorleistungs- und Verwaltungsaufgaben

1 Planung, Steuerung und Überwachung von Organisations- und DV-Vorhaben

Nach dem Erarbeiten der Teilaufgaben und abhängig von der Entwicklungsabrufterminierung (geplante Termine) entsteht der Einsatzplan für die Mitarbeiter, d.h. die Zuordnung der Mitarbeiterkapazität zu Projekten/Entwicklungsabrufen.

Der Personaleinsatzplan zeigt:

▷ Anzahl der erforderlichen Mitarbeiter für jedes Projekt
   Wer beginnt wann?
   Wann ist der Mitarbeiter produktiv?
▷ benötigte Qualifikation
   Projektleiter
   Systemanalytiker
   Software-Experten
   Programmierer
   RZ-Personal
▷ Ausfallzeiten
   Ferien
   Feiertage
   Ausbildung
▷ Mitarbeiter aus Anwenderbereichen

Zeit- und Kostenerfassung

Die Grundlage jeder Projektauswertung ist die Aufwandserfassung von Personal, Rechenzeiten und sonstigen Sachkosten.

Zum Erfassen der Personalaufwendungen füllt jeder Mitarbeiter täglich bzw. monatlich die Projekt-Aufwandserfassung aus (Bild 1.9).

Die jeweilig angefallenen Zeiten werden stundenweise bestimmten Aufgaben (nach Schlüsselverzeichnis) und entsprechenden Checkpoints (Phasen) zugeordnet.

Unter produktiven Tätigkeiten werden Tätigkeiten verstanden, die für die einzelnen Projekte der Anwenderabteilungen bzw. Bereiche anfallen (Checkpunkte 0 bis 9).

Zeitaufwand für Vorleistungen und sonstige Zeiten (z.B. Urlaub, Verwaltung) werden unter „U" und einem bestimmten Arbeitsschlüssel erfaßt.

1 Planung, Steuerung und Überwachung von Organisations- und DV-Vorhaben

Wesentliche Inhalte sind:

▷ Mitarbeiter-Kennung (z.B. Gruppe und Mitarbeiter-Nr.)

▷ Arbeitsschlüssel

▷ Checkpunkte (entsprechend den Phasen von Teil I)

0	Entwickl.-Antrag	→	Projektvorschlag
1	Fachl. Grobkonzept	→	Planungsphase I
2	Fachl. Feinkonzept	→	Planungsphase II
3	DV-Grobkonzept		
4	Spezifikation	→	Realisierungsphase I
5	Programmierung		
6	Test		
7	Probebetrieb	→	Realisierungsphase II
8	Übergabe		
9	Produktiveinsatz	→	Einsatzphase
U	Undefiniert	→	für sonstige Tätigkeiten

▷ Anzahl der Stunden je Arbeitsschlüssel

▷ Projektbezeichnung (zur Kontrolle)

▷ Gesamtstunden mit Mehr- oder Minderstunden zu den Sollstunden.

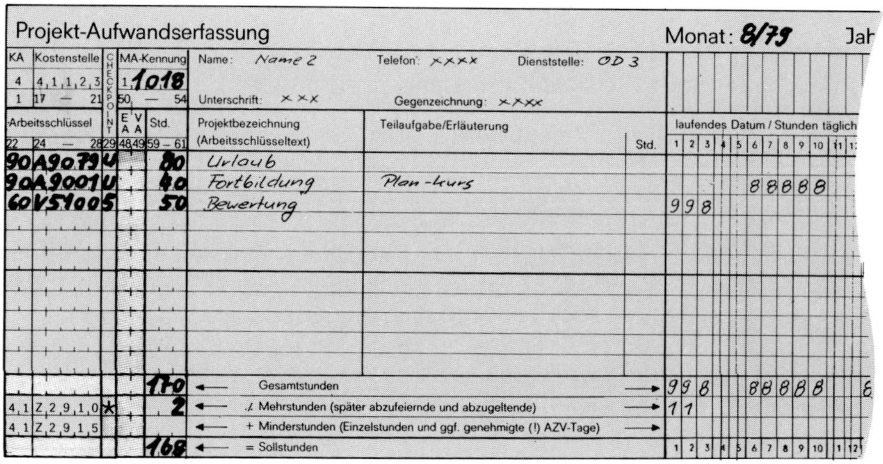

Bild 1.9   Projekt-Aufwandserfassung

Um die Testkosten erfassen zu können, werden Arbeiten im Rechenzentrum nur angenommen, wenn der Auftrag den Arbeitsschlüssel enthält. Im Stapelbetrieb liegt dem RZ-Auftrag eine Vorlaufkarte bei; im Dialogbetrieb beinhaltet das Logon-Kommando den Arbeitsschlüssel. Damit ist sichergestellt, daß keine Arbeit im Rechenzentrum ohne Zuordnung zu einem Projekt (Arbeitsschlüssel) durchgeführt wird. Auch andere Arbeiten – z.B. die Datenerfassung – sind ebenfalls dem Arbeitsschlüssel zuzuordnen.

Projektfortschreibung und -auswertung

Die Fortschreibung und Auswertung der Projektdaten, wie Mitarbeiteraufwand, Rechenzentrumskosten und der Vergleich mit den Plandaten ermöglichen projekt- und abteilungsbezogene Auswertungen. Solche Auswertungen stellen die Basis dar für die Steuerung der Projekte und verbessern künftige Aufwandsschätzungen, wenn sie in entsprechender Form in einer cost data base abgespeichert werden.

Außerdem entstehen aus der Fortschreibung Verrechnungsdaten, welche dem Auftraggeber/Anwender eine Kostenverfolgung ermöglichen.

Ein Beispiel für eine Projektauswertungs- und -steuerungsübersicht zeigt Bild 1.10. Die Übersicht enthält alle Daten für eine notwendige Projektverfolgung:

▷ Planwerte für Mitarbeiter- und Testaufwand
▷ Beteiligte Personen mit den geleisteten Stunden
▷ Stand des Projekts (Checkpunkt)
▷ Bisher aufgelaufener Mitarbeiter- und Testaufwand.

```
P R O J E K T - A U S W E R T U N G  U N D  - S T E U E R U N G

  ARBEITSSCHLUESSEL      PROJEKTVERANTWORTUNG    AUFTRAGGEBER
  60V5100                NAME 1                  ANWENDERFACHABTL.
  BEWERTUNG              OD-ABTL. 3
                               ①
-----------------------------|------------------------------------------------------------------------------------
 MITARBEITER                 | 01/79| 02/79| 03/79| 04/79| 05/79| 06/79| 07/79| 08/79| 09/79|
 KENNUNG  NAME               |  STD |  STD |  STD |  STD |  STD |  STD |  STD |  STD |  STD |

  10012   NAME 1             |   10      5                   10     20      5      2
  11018   NAME 2         ③   |  150    160    168    150    160     50     50     50    140
  11021   NAME 3             |                                80    130     40     20     20

 MA-STD./PROJEKT             |  160 |  165 |  168 |  150 |  250 |  200 |   95 |   72 |  160 |

                          ④
-----------------------------|------------------------------------------------------------------------------------
 PROJEKTFORTSCHRITT          | 01/79| 02/79| 03/79| 04/79| 05/79| 06/79| 07/79| 08/79| 09/79|
 (CHECK-POINT)               |  STD |  STD |  STD |  STD |  STD |  STD |  STD |  STD |  STD |

  0  ENTW.ANTRAG/PROJ.LTG    |   10      5                   10     20      5      2
  1  FACHL. GROBKONZEPT      |
  2  FACHL. FEINKONZEPT      |
  3  DV-GROBKONZEPT          |   20
  4  SPEZIFIKATION           |  130    160    168     80           40 ④ₐ
  5  PROGRAMMIERUNG          |                         70    240   140     90     50     30
  6  TEST                    |                                                    20    130
  7  PROBEBETRIEB            |
  8  UEBERGABE               |
  9  PRODUKTIVEINSATZ        |
-----------------------------|------------------------------------------------------------------------------------
 MA-MONATE/PROJEKT           |  1,0 |  1,0 |  1,0 |  0,9 |  1,6 |  1,2 |  0,6 |  0,4 |  1,0 |
-----------------------------|------------------------------------------------------------------------------------

-----------------------------|------------------------------------------------------------------------------------
 MA-KOSTEN GESAMT       DM   | 8800 | 8800 | 8800 | 7920 |14080 |10560 | 5280 | 3520 | 8800 |
=============================|====================================================================================
 RZ-KOSTEN GESAMT       DM   |      |      |      |      |  600 |  500 |  300 | 1000 | 3000 |
=============================|====================================================================================
 GESAMTKOST./PROJEKT   TDM   |  8,8 |  8,8 |  8,8 |  7,9 | 14,7 | 11,0 |  5,6 |  4,5 | 11,8 |
=============================|====================================================================================

 ENDTERMIN: 12:79           AUFWAND:|         MITARBEITER         |    RECHENZENTRUM    |
                                    |-----------------------------|---------------------|
    EINSATZART: ENTWICKLUNG         |   IN MONATEN   |   IN TDM   |       IN TDM        |
                                    |----------------|------------|---------------------|
                                    | IST |PLAN | %  | IST | PLAN | IST | PLAN |   %   |
                                    |-----|-----|----|-----|------|-----|------|-------|
               ②          LFD.GJ.   | 10,4|  10 |104 |  92 |   88 |  10 |   20 |  50   |
                          VORJAHRE  |  0,0|     |    |     |      | 0,0 |      |       |
                          GESAMT    | 10,4|  10 |104 |  92 |   88 |  10 |   20 |  50   |
                                    |-----------------------------------------------------|
```

1 Planung, Steuerung und Überwachung von Organisations- und DV-Vorhaben

```
         DATUM 9. 12. 79
         AUSW.: NOVEMBER 79




---------------------------------------------
10/79| 11/79| 12/79|    AUFLAUF
 STD |  STD |  STD |   STD      MA-MON.
---------------------------------------------
 10      5              67        0,4
150    120            1348        8,2
                       290        1,8
---------------------------------------------
160  | 125  |         1705       10,4
---------------------------------------------



---------------------------------------------
10/79| 11/79| 12/79|    AUFLAUF
 STD |  STD |  STD |   STD      MA-MON.
---------------------------------------------
 10      5              67        0,4
                                  0,0
                                  0,0
                       200        0,1
                      5780        3,5
                       620        3,9
150     60             360        2,2
        60              60        0,3
                                  0,0
                                  0,0
---------------------------------------------
1,0  | 0,7  |                    10,4
---------------------------------------------


---------------------------------------------
8800 | 6160 |        ⑤ 91.520
=============================================
=============================================
4000 | 1000 |        ⑥ 10.400
=============================================
12,8 |  7,2 |        ⑦ 101,9
=============================================


 P R O J E K T   |
-----------------|
      IN TDM     |
-----------------|
IST | PLAN | %  | ⑧
----|------|----|
102 | 108  | 94 |
    |      |    |
102 | 108  | 94 |
-----------------
```

Bild 1.10
Projekt-Auswertungs-
und
-steuerungsübersicht

Aus der Projektauswertungs- und -steuerungsübersicht lassen sich je Projekt nachstehende Aussagen treffen:

① zeigt Projektbezeichnung und Arbeitsschlüssel, außerdem den Projektverantwortlichen mit Name und Abteilung und den Auftraggeber

② erfaßt die Plandaten gesamt und für das laufende Geschäftsjahr und den Endtermin dieses Projektes (hier 12/79)

Die Daten von ① und ② sind dem Projektstammsatz entnommen, der durch den Entwicklungsabruf (Bild 1.5) aufgebaut wird.

③ Hier sind alle Mitarbeiter mit ihrer Gruppe/Stelle und ihren für das Projekt geleisteten Stunden aufgeführt. Diese Daten stammen aus der Projekt-Aufwandserfassung (Bild 1.9)

④ Stand der Arbeiten an dieser Aufgabe. Der Checkpunkt wird der Projekt-Aufwandserfassung entnommen (Bild 1.9). Bei ungestörtem Ablauf müssen die Stundenangaben von links oben nach rechts unten laufen

④a zeigt z.B., daß während der Programmierung Änderungen notwendig wurden, die nochmals ein „Zurück" zur Spezifikation bedeuteten. Der dadurch verursachte Mehraufwand von 40 Stunden Spezifikation, 10 bis 15 Stunden Koordinierung (siehe Checkpunkt 0) und der Arbeitsaufwand für die teilweise Neuprogrammierung muß durch einen Änderungsantrag belegt sein, da in diesem Beispiel der Gesamtaufwand von 10 MM auf 11 MM und damit die Personalkosten von DM 88 000 auf DM 96 800 steigen

⑤ Bisher aufgelaufene Personalkosten
Beim Vergleich dieses Wertes mit ② erkennt man, daß eine Überschreitung des Plansatzes vorliegt; unter Berücksichtigung von ④a liegen die Werte jedoch im Plan

⑥ Bisher aufgelaufene Kosten für Testarbeiten und sonstige Sachkosten

⑦ Gesamtkosten bestehend aus ⑤ und ⑥

⑧ Gesamtüberblick bestehend aus ② und ⑤ bis ⑦
Hiermit erhält man einen guten Überblick über die wichtigsten Daten der Teilaufgabe. Diese Daten sind auch Bestandteil der Liste aller Projekte der laufenden Geschäftsperiode (Bild 1.11)

1 Planung, Steuerung und Überwachung von Organisations- und DV-Vorhaben

Für die Gesamtkontrolle einer Abteilung bzw. eines größeren Projektes wird monatlich eine Auswertung erstellt, bei der je Arbeitsschlüssel eine Zeile erscheint (Bild 1.11).

Damit hat man die Möglichkeit, sich aufgrund der Einzeldaten die Projekte herauszusuchen, bei denen eine nähere Analyse mit den Einzeldaten (Bild 1.10) notwendig erscheint.

```
        PROJEKT-AUSWERTUNG UND -STEUERUNG   xxxx        xxxx                        BLATT:    4
        PLAN/IST VERGLEICH LAUFENDES GESCHAEFTSJAHR                            DATUM: 30.01.80

ARBEITSSCHLUESSEL              |EA |TERMIN |   MITARBEITER   | RZ-KOSTEN  TDM  | PROJEKT-KOSTEN TDM
                               |   |       |        MM       |                 |
                               |   | MM.JJ | IST | PLAN |  % | IST | PLAN |  % | IST | PLAN  |  %
-------------------------------|---|-------|-----|------|----|-----|------|----|-----|-------|----
30V5933 BETREULG RELIEF 2      | A | 09.80 | 2,5 |  10  | 25 |  0  |  30  |  0 |  24 |   129 | 18
30V5990 RP AUFTR.BEARBEITUNG   | E | 03.80 | 3,9 |   4  | 97 | 10  |  16  | 62 |  48 |    56 | 85

30V5...                        |   |       |48,4 | 172  | 28 |119  | 501  | 23 | 596 | 2.208 | 26

30V7731 PFL PREISDAT OEV INL   | P |   .   | 0,0 |   3  |  0 |  0  |  10  |  0 |   0 |    40 |  0
30V7735 PFL PREDAT             | P |   .   | 2,9 |   6  | 48 | 11  |  12  | 91 |  40 |    71 | 56
30V7737 PFL HK-DATEI           | P |   .   | 0,6 |   3  | 20 |  0  |   3  |  0 |   5 |    33 | 15
30V7744 PFL BEWERT SYST PUK 4  | P |   .   | 0,1 |   3  |  3 |  0  |   3  |  0 |   1 |    33 |  3
30V7745 ENTWICKLUNG PREDAT     | E | 03.81 | 2,5 |  17  | 14 | 10  |  34  | 29 |  35 |   202 | 17

30V7...                        |   |       | 6,1 |  32  | 19 | 21  |  62  | 33 |  81 |   379 | 21

30V....                        |   |       |55,8 | 206  | 27 |140  | 568  | 24 | 690 | 2.612 | 26

30W1033 VERIP KOMPR-NEU        | E |   .   | 0,9 |   4  | 22 |  2  |   8  | 25 |  11 |    48 | 22
30W1504 STUDIE FG AUFWAND/ULR  | E |   .   | 0,0 |   0  |  0 |  0  |   0  |  0 |   0 |     0 |  0
30W1604 FG VERTRIEBSRECHNUNG   | P |   .   | 5,1 |   8  | 63 |  2  |   6  | 33 |  52 |    85 | 61
30W1605 MWST ERHOEHUNG         | P |   .   | 0,0 |   0  |  0 |  0  |   0  |  0 |   0 |     0 |  0
30W1960 PROV-ABRECHNG AUSL     | E |   .   | 0,0 |   0  |  0 |  0  |   0  |  0 |   0 |     0 |  0
30W1962 UL-INVENTUR            | P |   .   | 0,2 |   2  | 10 |  1  |   1  |100 |   3 |    21 | 14

30W1...                        |   |       | 6,2 |  14  | 44 |  5  |  15  | 33 |  66 |   154 | 42

30W2201 PKR-VERTRIEBSST.PFLEG  | P | 09.80 | 2,1 |  10  | 21 | 12  |  20  | 60 |  33 |   119 | 27
30W2203 PKR ZUSATZ AUSW.2      | E | 09.80 | 0,0 |   3  |  0 |  0  |  10  |  0 |   0 |    40 |  0
30W2205 PKR SESAM-V11          | E | 09.80 | 0,0 |   3  |  0 |  0  |  10  |  0 |   0 |    40 |  0
30W2209 PKR ZVZ-DATEN          | E | 12.79 | 2,2 |   2  |110 |  0  |   5  |  0 |  22 |    25 | 88

30W2...                        |   |       | 4,3 |  18  | 23 | 12  |  45  | 26 |  55 |   224 | 24

30W3214 BESTANDSRECHNG.PS KKN  | P |   .   | 0,2 |   1  | 20 |  1  |   3  | 33 |   3 |    13 | 23

30W3...                        |   |       | 0,2 |   1  | 20 |  1  |   3  | 33 |   3 |    13 | 23

30W....                        |   |       |10,7 |  33  | 32 | 18  |  63  | 28 | 124 |   391 | 31

                               |   |       |119,2| 391  |    |     |      |    | 452 | 4.907 | 29
                               | P |   .   |     |      |    |     |      |    |     |       | 51
                               | E | 00.00 |     |      |    |     |      |    |     |       |  0
```

Bild 1.11   Überblick über alle Projekte

Bei größeren Projekten kann es sinnvoll und notwendig sein, die Projektplanung, aber auch die Steuerung mit Hilfe von Netzplänen durchzuführen.

Zur Erläuterung wird daher an dieser Stelle die Netzplantechnik kurz beschrieben.

Netzplantechnik

Die Netzplantechnik stellt eine Methode dar zur

▷ Analyse

▷ Beschreibung

▷ Planung

▷ Steuerung

▷ Überwachung

von Projektabläufen auf der Grundlage von Netzplanmodellen; sie dient zunächst der Ablauf- und Terminplanung, wie sie zu Beginn jeder Phase in der Tätigkeit „Phasenorganisation festlegen" durchgeführt wird sowie der Projektsteuerung und -überwachung. Darüber hinaus können Kosten und Personaleinsatz geplant und überwacht werden.

Die Anwendung der Netzplantechnik bringt folgende Vorteile:

▷ Der Netzplan gibt eine gute Übersicht über die Projektstruktur und die Ablauffolge der Tätigkeiten

▷ Exakte Terminsteuerung

▷ Erkennen des Einflusses von Störungen auf den Terminablauf

▷ Erkennen der Bedeutung der einzelnen Tätigkeitsdauern für das Projekt, insbesondere der „kritischen" Tätigkeiten

▷ Verkürzen der Projektdauer möglich

▷ Gezielter Finanzmittel- und Personaleinsatz.

MPM-Netzplan

Grundlage für die Netzplanmodelle ist die Graphentheorie. Die drei wesentlichen Modelle sind:

CPM   CRITICAL PATH METHOD
PERT   PROGRAM EVALUATION AND REVIEW TECHNIQUE
MPM   METRA POTENTIAL METHODE

Mit den Anwendersoftwareprogrammen

SINETIK (CPM, PERT, MPM)

SINET (MPM)

lassen sich die genannten Netzplanmodelle dv-maschinell berechnen.

Erfahrungen aus Einsatzfällen haben gezeigt, daß für die Abwicklung von DV-Projekten besonders MPM geeignet ist. Bei dieser Methode wird der Zusammenhang zwischen dem Projekt und dem Netzplan dadurch hergestellt, daß die Tätigkeiten in Kästchen, den Knoten des Netzes und die Anordnungsbeziehungen der Tätigkeiten durch die Pfeile des Netzes dargestellt werden. Die Richtung der Pfeile entspricht dem Projektablauf.

Eine Tätigkeit ist ein zeitbeanspruchender Abschnitt in dem Projekt. Für jede Tätigkeit wird der Zeitaufwand geschätzt bzw. ermittelt, wie im Teil II, Kapitel 2 Projektzeitschätzung beschrieben. Die Anzahl der Tätigkeiten für ein Projekt hängt vom speziellen Anwendungsfall ab.

Eine Anordnungsbeziehung gibt die zeitliche Abhängigkeit zweier Tätigkeiten wieder. Als Vorgänger wird diejenige Tätigkeit verstanden, von der eine Anordnungsbeziehung ausgeht. Die Tätigkeit, auf die die Anordnungsbeziehung zeigt, wird Nachfolger genannt. Man unterscheidet zwei Arten von Anordnungsbeziehungen:

Positive Anordnungsbeziehung

Durch die positive Anordnungsbeziehung wird der *minimale* zeitliche Abstand zweier Tätigkeiten festgelegt.

▷ Die Tätigkeit B kann frühestens Z Zeiteinheiten nach dem Beginn (Ende) der Tätigkeit A beginnen (enden). Bild 1.12 zeigt die Anfangs-, Ende-, Sprung- und Normalfolge.

Negative Anordnungsbeziehung

Durch die negative Anordnungsbeziehung wird der *maximale* zeitliche Abstand zweier Tätigkeiten festgelegt.

▷ Die Tätigkeit B muß W Zeiteinheiten nach dem Beginn (Ende) der Tätigkeit A beginnen (enden) (Bild 1.12).

Eine Kombination von minimalen und maximalen Anordnungsbeziehungen ist möglich (Bild 1.1). Ist der Zeitwert Z gleich dem Ziffernwert des Zeitwertes W, so wird ein Beginn-/Endzeitpunkt festgelegt; ist dagegen Z kleiner als der Ziffernwert W, so wird ein Zeitraum definiert. Der Fall, daß Z größer als der Ziffernwert W ist, ist logisch falsch (Bild 1.13).

1 Planung, Steuerung und Überwachung von Organisations- und DV-Vorhaben

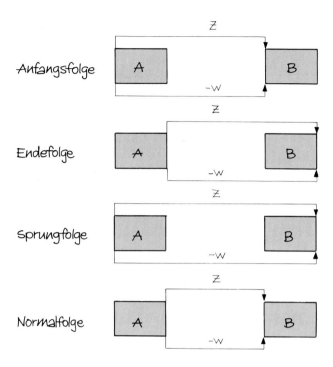

Bild 1.12 Anordnungsbeziehungen bei MPM

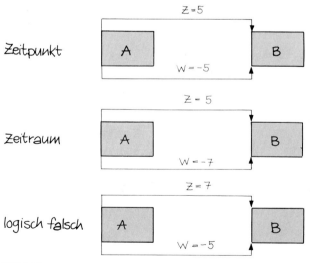

Bild 1.13
Kombinationen von positiven und negativen Anordnungsbeziehungen

298

1 Planung, Steuerung und Überwachung von Organisations- und DV-Vorhaben

Da die Zeitwerte für die Tätigkeiten [z.B. A(2) bedeutet zwei Zeiteinheiten für die Tätigkeit A] und die Anordnungsbeziehungen unterschiedlich sein können, ist es möglich, Überlappungen und Wartezeiten zu erfassen. Ist die vorhergehende Tätigkeitsdauer kleiner als der Zeitwert der Anordnungsbeziehung, so heißt dies, daß nach Abschluß der betreffenden Tätigkeit noch eine bestimmte Zeit verstreichen muß, damit die anschließende Tätigkeit beginnen kann (Bild 1.14). Wenn die Tätigkeitsdauer jedoch größer ist, so bedeutet dies, daß die betreffende Tätigkeit nur zu einem Teil abgeschlossen sein muß, damit die anschließende beginnen kann (Bild 1.15).

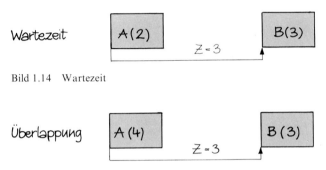

Bild 1.14 Wartezeit

Bild 1.15 Überlappung

Wird die Zeitdauer der Anordnungsbeziehung so gewählt, daß sie mit der vorhergehenden Tätigkeitsdauer übereinstimmt, so wird zum Ausdruck gebracht, daß die Tätigkeiten lückenlos aufeinander folgen sollen (Bild 1.16).

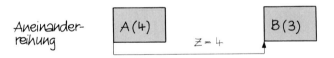

Bild 1.16 Aneinanderreihung

Netzplanaufstellung

Netzpläne werden in zwei Stufen entwickelt
1. Aufstellung des Strukturnetzes für das Projekt.
   In dieser Stufe wird das Projekt in seine Tätigkeiten und deren gegenseitige Abhängigkeiten zerlegt.

1 Planung, Steuerung und Überwachung von Organisations- und DV-Vorhaben

2. Bemessung der Tätigkeiten
   Hierbei wird den Tätigkeiten durch Erfahrungswerte oder berechnete Werte die Zeitdauer und die Kosten sowie der geplante Personaleinsatz zugeordnet. Zur Ermittlung sollen dabei die Verfahren, wie sie im Teil II, Kapitel 2 Projektzeitschätzung und Kapitel 3 Wirtschaftlichkeitsprüfung von DV-Verfahren, herangezogen werden.

Das Ergebnis kann zunächst in einer Tätigkeitsliste (Tabelle 1.1) dokumentiert werden, um es anschließend als Netzplan zu zeichnen (Bild 1.17).

Tätigkeit		Anordnungsbeziehung
Tätigkeitsbeschreibung	Tätigkeitsdauer	Welche Tätigkeiten müssen vorher beendet sein?
A	7	—
B	3	—
C	9	1, 2
D	3	2
E	4	2
F	5	3, 4

Tabelle 1.1 Tätigkeitsliste

Die Trennung von Strukturanalyse und Bemessung hat die Vorteile, daß jederzeit während des Projektablaufes Strukturänderungen vorgenommen werden können, zum anderen können die Schätzungen für die Tätigkeitsdauer und -kosten sowie Personaleinsatzbedarf geänderten Verhältnissen leicht angepaßt werden. Die erstellte Planung ist keineswegs einmalig, sondern durch die Projektüberwachung laufend anzupassen.

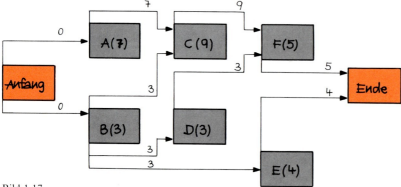

Bild 1.17
Strukturplan mit Zeitwerten für die Tätigkeiten und die Anordnungsbeziehungen

Terminrechnung

Mit den Zeitwerten der Tätigkeiten werden folgende Projektdaten errechnet:

▷ Frühestmögliche Beginn- und Abschlußzeitpunkte der Tätigkeiten und damit auch der

▷ Frühestmögliche Endtermin des Projektes

▷ Spätestzulässige Beginn- und Abschlußzeitpunkte der Tätigkeiten

▷ Spielraum (Pufferzeit, Schlupfzeit) der einzelnen Tätigkeiten und die kritischen Wege in dem Projekt.

Hinrechnung

Bei dem ersten Schritt der Hinrechnung (in Pfeilrichtung) werden nur die Anordnungsbeziehungen mit positiven Zeitwerten berücksichtigt:

▷ Der frühestmögliche Beginntermin einer Tätigkeit ist gleich dem des frühestmöglichen Vorgängers plus dem Zeitwert der Anordnungsbeziehung

▷ Laufen auf eine Tätigkeit mehrere Anordnungsbeziehungen zu und führt deren Berechnung zu unterschiedlichen frühestmöglichen Beginnterminen, so ist der größte Wert zu nehmen (Modellbedingung)

▷ Der frühestmögliche Abschlußtermin einer Tätigkeit ist gleich dem eines frühestmöglichen Beginntermins plus der Tätigkeitsdauer.

Bei dem zweiten Schritt der Hinrechnung ist der Einfluß der negativen Anordnungsbeziehung – soweit vorhanden – auf die ermittelten frühesten Beginntermine zu prüfen und diese, wenn notwendig, zu korrigieren.

▷ Das Projektende wird durch die größte Zeitdauer der frühestmöglichen Abschlußzeitpunkte der letzten Tätigkeiten im Projektablauf bestimmt.

Rückrechnung

Ausgehend von dem errechneten Projektendtermin werden bei der Rückrechnung (gegen die Pfeilrichtung) die spätestzulässigen Beginn- und Abschlußzeitpunkte auch wieder in zwei Schritten berechnet, indem zuerst nur die positiven Anordnungsbeziehungen berücksichtigt werden und dann der Einfluß der negativen.

▷ Führen mehrere Anordnungsbeziehungen auf eine Tätigkeit zu und ergibt die Berechnung unterschiedliche spätestzulässige Termine, so ist der Wert mit der geringsten Zeitdauer zu nehmen (Modellbedingung).

Kritischer Weg

Die Zeitspannen, um die eine Tätigkeit zwischen dem frühestmöglichen und spätestzulässigen Beginn- bzw. Abschlußzeitpunkt verschoben werden darf, ohne daß dies Einfluß auf die übrigen Projekttermine hat, wird Gesamtspielraum genannt.

▷ Tätigkeiten mit dem Spielraum Null werden kritisch genannt

▷ Eine Folge von kritischen Tätigkeiten wird kritischer Weg genannt.

Tabelle 1.2 zeigt die Terminrechnung zu dem Netzplan Bild 1.17.

Tätigkeits-bezeichnung	Tätig-keitsdauer	Frühest-möglicher Beginn	Spätest-zulässiges Ende	Frühest-mögliches Ende	Spätest-zulässiger Beginn	Spielraum
A	7	0	7	7	0	0
B	3	0	7	3	4	4
C	9	7	16	16	7	0
D	3	3	16	6	13	10
E	4	3	21	7	17	14
F	5	16	21	21	16	0

Tabelle 1.2   Terminrechnung

Der Tabelle ist zu entnehmen, daß das Projekt nach 21 Zeiteinheiten (Tage, Wochen, Monate) abgewickelt ist.

Einsatz von Anwendersoftwareprogrammen

Bei Projekten mit mehr als 50 Tätigkeiten bietet sich das Planen und Überwachen mit den Anwendersoftwareprogrammen SINETIK oder SINET an. Die Programme führen vor den Berechnungen zum einen logische Prüfungen hinsichtlich der Netzstruktur durch, zum anderen werden die Eingabedaten auf formale Richtigkeit hin überprüft. Außerdem bietet die maschinelle Bearbeitung wahlweise Ausgaben nach verschiedenen Sortierkriterien an, wie z.B.

Tätigkeitsnummer	Spätester Endtermin
Frühester Anfangstermin	Tätigkeitsdauer
Spätester Anfangstermin	Spielraum
Frühester Endtermin	Abteilung

Die Terminangaben können als relative Daten bzw. Kalenderdaten in Form von Listen (Tabelle 1.3) oder als Balkendiagramm (Tabelle 1.4) ausgegeben werden.

1 Planung, Steuerung und Überwachung von Organisations- und DV-Vorhaben

```
S I E M E N S   N E T Z P L A N T E C H N I K   4 0 0 4
              T E R M I N P L A N U N G    M P M
```

PROJEKT (AUFT): AUFTRAGSBEARBEITUNG   TAGESDATUM:
TEILPROJEKT: NETZPLAN VOM: SEITE: 1
ZEITEINHEIT: TG   WOCHENEINTEILUNG: WS   RECHNUNGSART: PO   LAUFKENNZEICHEN: NM- 1
SORTIERUNG: 0001   PROJEKTBEGINN: 3. 1.77

RANG	TAETIGKEITSNR.	KN	DAUER	AS	GE	FRUEH. TERMIN BEG.	FRUEH. TERMIN ENDE	SPAET. TERMIN BEG.	SPAET. TERMIN ENDE	SPIELRAUM	PN	ABTLG.	BESCHREIBUNG DER TAETIGKEIT
0	1 *	1	3	0	S	3JAN77	5JAN77	3JAN77	5JAN77	0		OD-FA	PROBLEM-UND AUFGABENFORMULIERUNG
1	2	1	1	0		7JAN77	7JAN77	7JAN77	7JAN77	0		OD-FA	GENEHMIGUNG DER VORUNTERSUCHUNG
2	3	1	2	0		7JAN77	10JAN77	10JAN77	11JAN77	1		OD-FA	TEAM ZUSAMMENSTELLEN
2	4	1	2	0		7JAN77	10JAN77	10JAN77	11JAN77	1		OD	PHASENORGANISATION FESTLEGEN
2	5	1	2	0		7JAN77	10JAN77	7JAN77	10JAN77	0		OD	GROBNETZPLAN UND ENTWICKL.AUFWAND
3	6	1	6	0		12JAN77	19JAN77	12JAN77	19JAN77	0		OD	ORIENTIERUNGSDATEN SAMMELN
4	7	1	2	0		20JAN77	21JAN77	20JAN77	21JAN77	0		OD	ENTWICKLUNGSANTRAG
5	8	1	2	0		24JAN77	25JAN77	24JAN77	25JAN77	0		OD-FA	INFORMATION U. ENTSCHEIDUNG
6	9	1	6	0		26JAN77	2FEB77	26JAN77	2FEB77	0		OD	VORBEREITUNG IST-AUFNAHME
7	10	1	4	0		3FEB77	8FEB77	3FEB77	8FEB77	0		OD	INFO VON ABT.LEITERN
8	11	1	12	0		10FEB77	25FEB77	10FEB77	25FEB77	0		OD	INTERVIEW MIT SACHBEARBEITER
9	12	1	6	0		1MRZ77	8MRZ77	1MRZ77	8MRZ77	0		OD	KONTROLLE DER IST-AUFNAHME
10	13	1	3	0		9MRZ77	11MRZ77	9MRZ77	11MRZ77	0		OD	IST-ABLAUFDIAGRAMM
11	14	1	6	0		14MRZ77	21MRZ77	14MRZ77	21MRZ77	0		OD	IST-ANALYSE
12	15	1	4	0		14MRZ77	17MRZ77	18MRZ77	23MRZ77	4		OD	IST-KRITIK
12	16	1	8	0		14MRZ77	23MRZ77	14MRZ77	23MRZ77	0		OD-FA	IDEALKONZEPT
12	17	1	2	0		14MRZ77	15MRZ77	22MRZ77	23MRZ77	6		OD-FA	ZIELDEFINITION
13	18	1	12	0		24MRZ77	12APR77	24MRZ77	12APR77	0		OD	FACHLICHES GROBKONZEPT
14	19	1	6	0		13APR77	20APR77	13APR77	20APR77	0		OD-FA	ABSTIMMUNG GROBKONZEPT
15	20	1	3	0		21APR77	25APR77	21APR77	25APR77	0			
6	21	1	25	0		26APR77	1JUN77	26APR77	1JUN77	0			
	22	1	15	0		25MAI77	16JUN77	25MAI77	16JUN77				
	23	1	12	0		20JUN77	5JUL77	20JUN77					

Tabelle 1.3 DV-Protokoll für Terminplanung

1 Planung, Steuerung und Überwachung von Organisations- und DV-Vorhaben

```
                SIEMENS  NETZPLANTECHNIK  4004
                    BALKENDIAGRAMM  MPM

PROJEKT (AUFT): AUFTRAGSBEARBEITUNG              TAGESDATUM:
TEILPROJEKT:                                     NETZPLAN VOM:
ZEITEINHEIT: TG  WOCHENEINTEILUNG: WS  RECHNUNGSART: PO  LAUFKENNZEICHEN: NM- 1
SORTIERUNG: 0001                                 PROJEKTBEGINN: 3. 1.77

                                                                                 SEITE:  1
                                                                                 BLATT:  1

TAETIGKEIT ( )  ABTLG JAN77          FEB77          MR277          APR77          MAI77
BESCHREIBUNG  TAETIGKEIT ...

 1    OD-FA  xxx
PROBLEM-UND AUFGABENFORMUL.
IERUNG
 2    OD-FA   x
GENEHMIGUNG DER VORUNTERSU.
CHUNG
 3    OD-FA     xxx
TEAM ZUSAMMENSTELLEN
 4    OD          xx*
PHASENORGANISATION FESTLEG.
EN
 5    OD           xx
GROBNETZPLAN UND ENTWICKL.
AUFWAND
 6    OD              xxxxxx
ORIENTIERUNGSDATEN SAMMELN
 7    OD                    xx
ENTWICKLUNGSANTRAG
 8    OD-FA                    xx
INFORMATION U. ENTSCHEIDUN
G
 9    OD                        xxxxxx
VORBEREITUNG IST-AUFNAHME
10    OD                              xxxx
INFO VON ABT.LEITERN
11    OD                                  xxxxxxxxxxxx
INTERVIEW MIT SACHBEARBEIT
ER
12    OD                                              xxxxxx
KONTROLLE DER IST-AUFNAHME
13    OD                                                      xxx
IST-ABLAUFDIAGRAMM
14    OD                                                          xxxxxx
T-ANALYSE
      OD                                                                 xxx
```

Tabelle 1.4 DV-Protokoll Balkendiagramm

304

1 Planung, Steuerung und Überwachung von Organisations- und DV-Vorhaben

Kosten- und Personaleinsatzplanung

Kostenplanung

Für die Errechnung der Kosten wird in der Regel angenommen, daß die Kosten der Tätigkeiten proportional zur Vorgangsdauer anfallen. Zur Bestimmung der Projektkosten werden die Vorgangskosten über die Projektzeit addiert. Dazu werden folgende Daten benötigt:

▷ Daten der Terminplanung

▷ Daten über die Kosten einer Tätigkeit oder einer Gruppe von Tätigkeiten oder eines Bezugzeitraumes.

Personaleinsatzplanung

Die Zeitplanung wird unter der Voraussetzung eines bestimmten Personalbedarfs durchgeführt. Ordnet man diese Zahlen den Tätigkeiten und den errechneten Terminen zu, so kann man einen Belastungsplan aufstellen (Bild 1.18).

Bei dieser Vorgehensweise kann berücksichtigt werden, daß eine Tätigkeit durchaus verschiedene Arten von Arbeitskräften beanspruchen kann. Durch eine vorgegebene Kapazitätsgrenze kann man leicht sehen, zu welchen Terminen Kapazitätsunter- bzw. -überschreitungen auftreten.

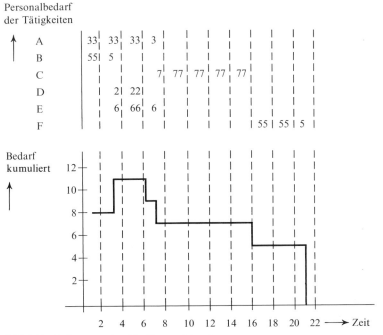

Bild 1.18 Belastungsplan für Personaleinsatz

2 Projektzeitschätzung

Einführung

Mit Hilfe der Methoden der Projektzeitschätzung sind Aufwandsschätzungen für

▷ das Gesamtprojekt

▷ die Projektphasen

▷ die einzelnen Tätigkeiten in den Phasen

durchzuführen. Die Schwierigkeit bei der Schätzung besteht darin, daß zu Zeitpunkten (siehe hierzu Teil I, Tätigkeiten „Phasenorganisation festlegen"), zu welchen erst unvollständige Angaben über den Verfahrensinhalt und die weitere Vorgehensweise vorliegen, bereits Aussagen über den Erstellungsaufwand getroffen werden sollen. Um diese Planungsunsicherheit zu verringern, wurden verschiedene Schätzverfahren, wie das

▷ Analogieverfahren

▷ Prozentsatzverfahren

▷ Faktorenverfahren

entwickelt. Bei ihrer Anwendung ist stets das Zustandekommen der Werte zu beachten. Die Ermittlung durch erfahrene Fachplaner und Chefprogrammierer vermindert die Gefahr von groben Vorhersagefehlern.

Im folgenden werden die Schätzverfahren vorgestellt und die Vorgehensweise bei der Projektzeitschätzung beschrieben.

Projektzeitschätzverfahren

Analogieverfahren

Bei den Analogieverfahren wird auf Erfahrungen zurückgegriffen, die mit ähnlichen Projekten gemacht wurden. Hierzu werden Ähnlichkeitskriterien ermittelt und hinsichtlich ihrer Wichtigkeit bewertet.

Da bei der Anwendung des Analogieverfahrens das Ermitteln/Übernehmen von Erfahrungswerten das Hauptproblem darstellt, müssen diese Werte gesammelt und gespeichert werden. Solche Kostensammlungen und Aufzeichnungen über Projektverläufe werden auch „cost data base" genannt.

2 Projektzeitschätzung

Die günstigste Form der Informationserfassung bilden Projektberichte. Merkmale, nach denen die Projektberichte ausgewählt werden sollen, sind in Tabelle 2.1 zusammengestellt. Daten aus Kostenerfassungssystemen, lokale Datensammlungen, Studien, Jahresberichte, Produktstatistiken und Literaturveröffentlichungen stellen weitere Informationsquellen für den Aufbau einer cost data base dar.

Bei cost data base müssen die Erfahrungswerte mindestens nach folgenden Gesichtspunkten auswertbar sein:

▷ Aufwand für Software bei Neuentwicklung, Umstellung, Kauf
▷ Produktivitätskennzahlen für Entwicklung und Betreuung
▷ Einflüsse unterschiedlicher Methoden und Hilfsmittel auf Kosten, Zeit und Qualität

Daraus ergibt sich, daß man bei genügend Erfahrungswerten in der Lage sein muß,

▷ eine zuverlässige Abschätzung des zu erwartenden Aufwands zu erhalten
▷ Entscheidungshilfen für die richtige Auswahl von Methoden und Hilfsmitteln zur Rationalisierung der Entwicklung und Betreuung zu bekommen und
▷ Werte für Plausibilitätskontrollen bei der Aufwandsplanung zu erhalten (z.B. ist die geplante Rechenzeit für den Test realistisch?).

Bewertung

Existieren genügend Aufwandswerte abgeschlossener Projekte, ist die Anwendung einfach. Die ermittelten Schätzwerte lassen relativ genaue Schlüsse auf den zu erwartenden Zeitbedarf zu. Das Analogieverfahren ist jedoch nur dann sinnvoll anwendbar, wenn von vielen früheren Verfahrensentwicklungen die Zeiten und deren Zustandekommen exakt aufgezeichnet wurden. Da es ausschließlich auf Vergangenheitswerten beruht, dürfen die Werte nicht kritiklos verwendet werden.

Prozentsatzverfahren

Inhalt

Bei diesem Verfahren wird der Zeitaufwand für die einzelnen Phasen als Prozentsatz der Gesamtzeit für die Verfahrensentwicklung ausgedrückt. Eine mögliche Aufteilung hierfür zeigt Tabelle 2.2. Das Prozentsatzverfahren eignet sich daher nur dann zur Bestimmung des Zeitaufwandes, wenn mindestens die erste Phase abgeschlossen ist.

2 Projektzeitschätzung

Identifikation
  – Projektname, Beginn und Ende des Projektes
  – Aufgabenstellung (z.B. Neuentwicklung, Betreuung, Kauf)
  – Fachgebiet (z.B. Auftragsabwicklung, Fertigungssteuerung)

Ergebnisse
  – Anzahl der Anweisungen (aufgeteilt nach Befehlen, Konstanten, Kommentaren) in der Programmiersprache
  – Anzahl DIN-A4-Seiten (aufgeteilt nach Entwicklungs- und Anwendungsdokumentation)
  – Anzahl Programme, durchschnittliche Modulgröße
  – Anzahl Fehler (Entwurfsfehler, Codierfehler, Kommunikationsfehler)

Aufwand
  – Anzahl Mannmonate
  – Anzahl Rechnerstunden (log on/cpu-Zeit bei Dialoggeräten)
  – Fremdkosten
  – Verteilung der Mannmonate und Rechnerstunden über die Zeit
  – Mannmonate und Rechnerstunden je Produkt und Teilprodukt (z.B. Spezifikation, Modul, Programm, Verfahren)
  – Anzahl Mitarbeiter (Berufsjahre, Fluktuation)
  – Aufwand je Fehler (Fehlerbehebungsdauer, Aufwand für Analyse, Behebung)

Methoden, Hilfsmittel
  (welche wurden eingesetzt, abgelehnt; Einsatzerfahrungen, Einsatzempfehlungen; gemessener Rationalisierungseffekt) bei den Haupttätigkeiten (s. Seite 391f):
  – Entwerfen
  – Implementieren
  – Testen
  – Dokumentieren
  – Verwalten/Steuern
  – Messen

Umgebungsbedingungen, Randbedingungen, Erkenntnisse
  – Betriebssystem
  – Innovationsgrad des Projektes
  – Einflüsse durch Organisation, Rechenzentren, Managemententscheidungen, geographische/räumliche Verhältnisse, usw.
  – Schätzabweichungsanalyse (wo hatte man sich verschätzt, Begründung)
  – Besonderheiten des dv-technischen Lösungsweges
  – Bezugszahlen (z.B. Kosten je Mannmonat, Rechnerstunde)
  – spezielle Kennzahlen und Erkenntnisse, die aus dem Projekt gewonnen wurden

Tabelle 2.1 Zusammenstellung der wichtigsten Kenndaten

Bewertung

Die Gesamtprojektzeit ist erst nach Abschluß der ersten Phase zu ermitteln. Hierzu wird der bisher aufgelaufene Aufwand in die Zukunft extrapoliert. Wenn in der ersten Stufe geringe Vorleistungen erbracht werden, ergibt sich ein niedriger Gesamtaufwand, der infolge von Nacharbeiten in den letzten Phasen nicht eingehalten werden kann. Je größer und komplexer das Projekt ist, desto mehr Verwaltungs- und Planungsaufwand fällt an. Diese Faktoren schlagen sich nicht ausreichend im Aufwand der ersten Phase nieder.

Die in Tabelle 2.2 genannten Prozentwerte verschieben sich, wenn das Entwicklungsvorhaben einen hohen Aufwand für die fachliche Lösung erfordert, z.B. durch einen geplanten Einsatz bei mehreren Anwendern, viele Abstimmgespräche, hohen Innovationsgrad der fachlichen Lösung.

Projektvorschlagsphase		Formulierung der Aufgabe Vorstudie Entwicklungsantrag	$\approx 5\%$	
Planungsphase I	Fachlicher Aufwand	Fachliches Idealkonzept Istaufnahme/-analyse Fachliches Grobkonzept	$\approx 10\%$	
Planungsphase II		Fachliches Feinkonzept	$\approx 20\%$	$\approx 25\%$
		DV-Grobkonzept	$\approx 5\%$	
Realisierungsphase I	DV-Aufwand	DV-Feinkonzept	$\approx 15\%$	
		Programmierung	$\approx 10\%$	$\approx 50\%$
		Test	$\approx 25\%$	
Realisierungsphase II		Anwenderschulung Probebetrieb	$\approx 10\%$	

Tabelle 2.2
Mögliche Aufteilung der Projektzeit auf die einzelnen Phasen (Durchschnittswerte)

Faktorenverfahren zur Schätzung des fachlichen und dv-technischen Aufwandes

Inhalt

Das im folgenden beschriebene Verfahren ermöglicht eine getrennte Schätzung des fachlichen und dv-technischen Aufwandes. Der gesamte Aufwand, der für ein Verfahren benötigt wird, ist die Summe aus beiden Einzelgrößen.

$$\boxed{\text{Gesamtaufwand} = \text{Fachlicher Aufwand} + \text{DV-Aufwand}} \qquad (1)$$

2 Projektzeitschätzung

Die Schnittstelle zwischen den beiden Einzelgrößen liegt in der Planungsphase II zwischen der Erarbeitung des fachlichen Feinkonzeptes und dem DV-Grobkonzept.

Schätzung des Zeitbedarfs für die fachliche Lösung

Der zeitliche Aufwand für die Erarbeitung der fachlichen Lösung hängt von folgenden Faktoren ab:

FU Problemumfang, der durch die Anzahl der fachlichen Funktionen bzw. Aufgaben gegeben ist

FT fachliche und organisatorische Tätigkeiten

FE verfügbare und erforderliche Erfahrungen über die zu untersuchenden Aufgabengebiete.

Die Werte für die einzelnen Faktoren müssen in Abhängigkeit von der gegebenen oder erwarteten Situation während des Planungsprozesses aus Bild 2.1 sowie aus den Tabellen 2.3 und 2.4 ermittelt werden. Sie werden miteinander multiplikativ verknüpft und ergeben den Zeitbedarf in Mann-Monaten.

$$\text{Fachlicher Aufwand} = FU \cdot FT \cdot FE \tag{2}$$

FU Problemumfang, Anzahl der fachlichen Aufgaben

Der Problemumfang wird bei der Aufwandsschätzung durch die Anzahl der fachlichen Aufgaben, die das Verfahren erfüllen soll, berücksichtigt. Man wird solche fachlichen Aufgaben eines Aufgabenbaumes betrachten, die geschlossene Gebiete repräsentieren. Dies sind die Aufgaben der zweiten Ebene des Aufgabenbaumes (siehe Seite 45). Der für die Anzahl der fachlichen Aufgaben entsprechende Faktor FU kann aus der Kurve Bild 2.1 entnommen werden. Sollte sich der Problemumfang auf mehr als 20 fachliche Aufgaben ausweiten, so kann man meist größere Aufgabengebiete in geschlossene Teilaufgaben untergliedern, für die der Aufwand jeweils gesondert geschätzt wird.

FT Fachliche und organisatorische Tätigkeiten

Die Werte für den Einfluß der fachlichen und organisatorischen Tätigkeiten auf den Planungsprozeß sind der Tabelle 2.3 zu entnehmen und untereinander additiv zu verknüpfen.

Fachliche und organisatorische Tätigkeiten	Wenig	Mittel	Viel
Definition der Aufgabenstellung	0	0,1	0,2
Umfang der Istaufnahme	0,9	1,0	1,1
Organisatorische Änderungen	0	0,15	0,3
Fachliche Grundlagenarbeit	0	0,15	0,3
Organisatorische Abwicklungsschwierigkeiten	0	0,1	0,3

Tabelle 2.3   Fachliche und organisatorische Tätigkeiten

Die einzelnen Einflußfaktoren haben folgende Bedeutung:

▷ Definition der Aufgabenstellung
  Sind Aufgabenstellung und Umfang des Projektes eindeutig festgelegt, so ist der Wert für „wenig" zu übernehmen. Muß die genaue Aufgabenstellung erst erarbeitet werden, so gilt die Spalte „viel".

▷ Umfang der Ist-Aufnahme
  Liegt eine Beschreibung des derzeitigen Zustands vor, so ist der Faktor für „wenig" anzusetzen. Dieser ist auch zu verwenden bei Entwicklungsvorhaben mit einem hohen Innovationsgrad, bei dem der Istzustand keine Rolle spielt. Muß eine umfangreiche Ist-Aufnahme oder die Erhebung unter erschwerten Bedingungen durchgeführt werden (z.B. Entwicklung für mehrere Standorte), ergibt sich der Wert für „viel".

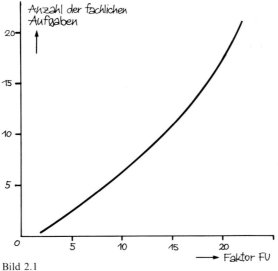

Bild 2.1
Abhängigkeit des Faktors Problemumfang (FU) von der Anzahl der fachlichen Aufgaben

▷ Organisatorische Änderungen
In der Regel hat die Einführung eines neuen DV-Verfahrens auch organisatorische Änderungen zur Folge, die geplant und in ihrer Auswirkung untersucht werden müssen. Muß die Ablauforganisation geändert werden, so ist dies durch den Faktor „viel" zu berücksichtigen.

▷ Fachliche Grundlagenarbeit
Sind für das geplante Verfahren die fachlichen Lösungsalgorithmen bekannt, wie z.B. bei einer Debitorenbuchhaltung, so ist keine oder höchstens „wenig" fachliche Grundlagenarbeit erforderlich. Bei der Entwicklung strategischer Planungsverfahren wird z.B. „mittel" bis „viel" Grundlagenarbeit notwendig sein.

▷ Organisatorische Abwicklungsschwierigkeiten
Organisatorische Abwicklungsschwierigkeiten können z.B. auftreten durch häufigen Personalwechsel im Team, Abstimmungsprobleme bei verschiedenen Anwendern, Verfahrensentwicklungen an verschiedenen Orten, Widerstände gegen das geplante Verfahren usw.

FE Verfügbare bzw. erforderliche Erfahrung

Der Faktor für den Einfluß der Problemkenntnisse FE stellt einen Mittelwert für das Planungsteam dar. Zu seiner Ermittlung wird für jeden an der Planung beteiligten Mitarbeiter die persönliche auf die Aufgabe bezogene Qualifikation, entsprechend der Tabelle 2.4 festlegt, indem die verfügbare Erfahrung der für die Aufgabe erforderlichen gegenübergestellt wird. Aus den einzelnen Faktoren ist das arithmetische Mittel zu bilden, das die problembezogene Qualifikation des Teams wiedergibt.

Verfügbare Erfahrung	Erforderliche Erfahrung		
	Wenig	Einige	Viel
Gute Kenntnisse des Aufgabengebiets und Projekterfahrung	1,0	1,0	1,05
Kenntnisse des Aufgabengebiets und Projekterfahrung	1,0	1,1	1,15
Keine Kenntnisse des Aufgabengebiets, aber Projekterfahrung	1,05	1,15	1,25
Keine Kenntnisse des Aufgabengebiets und keine Projekterfahrung	1,15	1,3	1,5

Tabelle 2.4 Bewertung der Erfahrung

2 Projektzeitschätzung

Schätzung des Zeitbedarfs für die dv-technische Lösung

Der zeitliche Aufwand für die Erarbeitung des dv-technischen Teils ist abhängig von den Faktoren:

DU Programmumfang
DT Programmiertätigkeiten
DE Erfahrung der Programmierer
DO organisatorische Abwicklungsschwierigkeiten
DW Verwendbarkeit
DS Programmiersprache.

Die sechs Faktoren werden untereinander multiplikativ verknüpft und ergeben so den Zeitbedarf für den dv-technischen Teil in Mann-Monaten.

$$\boxed{\text{DV-Aufwand} = DU \cdot DT \cdot DE \cdot DO \cdot DW \cdot DS} \tag{3}$$

DU Programmumfang

Der Programmumfang wird ausgedrückt durch die Anzahl der Befehle/Anweisungen in der jeweiligen Programmiersprache. Die Ermittlung sollte unter Zugrundelegung der Zahl der Aufgaben des Verfahrens erfolgen, in dem gesondert für jede Aufgabe die Zahl der Anweisungen geschätzt wird. Hierbei sind auch Aufgaben mit reinen Steuerungsteilen zu berücksichtigen. (Diese detailliertere Betrachtung erlaubt eine genauere Ermittlung des Programmumfanges.) Bei der Ermittlung der Anzahl der Befehle ist zu beachten, daß für Programmteile, die im Verfahren mehrmals aufgerufen werden, die Anzahl nur einmal berücksichtigt werden darf.

Die Faktoren DU wurden durch Analyse abgeschlossener Projekte ermittelt. Sie gelten für Programmgrößen bis zu etwa 40 000 Befehle (Bild 2.2).

DT Programmiertätigkeiten

Die Größe des Faktors ist davon abhängig, wie schwierig z.B. die Datenbewegungen, Kontroll- und Sicherheitsprüfungen usw. zu programmieren sind. Bewertet werden darf hierbei nur der Schwierigkeitsgrad, nicht aber die Menge der Befehle. Diese wird durch den Faktor DU Programmumfang berücksichtigt.

2 Projektzeitschätzung

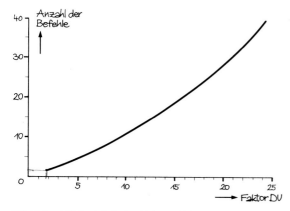

Bild 2.2 Abhängigkeit des Faktors DU von der Anzahl der Befehle in Tausend

Die einzelnen Tätigkeiten in Tabelle 2.5 haben folgenden Inhalt:

▷ Datenbewegung
Es wird hierunter das Sortieren, Mischen, Verdichten, Umgruppieren und Löschen von Daten verstanden

▷ Kontroll- und Sicherheitsprüfungen
Vollständigkeitskontrollen, Plausibilitätskontrollen, Dateizugriffskontrollen und die dazu gehörenden Fehlerroutinen

▷ Dateiorganisation
Programmierung der Suchbefehle, Lesen der Tabellen und das hiermit verbundene Indizieren

Programmiertätigkeiten	Faktor		
	Einfach/ Wenig	Mittel	Schwer/ Viel
Datenbewegung	0,2	0,3	0,4
Kontroll- und Sicherheitsprüfungen	0,2	0,3	0,4
Dateiorganisation	0,4	0,6	0,8
Arithmetische Operationen	0,1	0,3	0,5
Komponentenstruktur	0,1	0,2	0,3
Erwartete Änderungen in der Leistungsbeschreibung	0,2	0,4	0,6

Tabelle 2.5 Bewertung der Programmiertätigkeiten

▷ Arithmetische Operationen
Rechenbefehle, wie Addieren, Dividieren etc.

▷ Komponentenstruktur
Notwendige Programmverbindungen, Fixpunkt- und Restartmöglichkeiten

▷ Erwartete Änderungen in der Leistungsbeschreibung
Wenn *keine* Leistungsbeschreibung erstellt wurde, sind die Werte für „Schwer/Viel" mit zwei zu multiplizieren. Der Begriff „einfach" ist mit wenigen leichten Änderungen gleichzusetzen, der Begriff „mittelschwer" mit vielen kleinen Änderungen bzw. einigen schwierigen und der Begriff „schwer" mit einschneidenden Konzeptveränderungen, die zu einer teilweisen Wiederholung des Programmerstellungsprozesses führen.

DE Erfahrung der Programmierer

Bezüglich der Qualifikation für die spezielle Aufgabe wird bei den Programmierern zwischen den folgenden Kategorien unterschieden (siehe Tabelle 2.6).

Chefprogrammierer:
Mehrjährige Erfahrung in der Programmierung, gute Kenntnisse des Betriebssystems, Erfahrung in dem Aufgabengebiet, mehrere Programmiersprachen

Programmierer:
Mindestens zwei Jahre Programmiererfahrung (möglichst zwei Programmiersprachen, eine größere Aufgabe abgeschlossen)

Programmieranfänger:
Grundkenntnisse der einzusetzenden Programmiersprache

Programmierer in Ausbildung:
Kenntnisse einer Programmiersprache ohne Anwendungserfahrung

Zur Ermittlung des Einflußfaktors für die Programmiererfahrung wird für jeden Mitarbeiter, der full-time an der Entwicklung mitarbeiten soll, aus der Tabelle 2.6 der entsprechende Faktor entnommen. Aus den einzelnen Faktoren wird der Mittelwert gebildet, der die Qualifikation des Teams widerspiegelt.

Programmiererfahrung	Faktor
Chefprogrammierer	0,8
Programmierer	1,0
Programmieranfänger	1,6
In Programmierausbildung	2,4

Tabelle 2.6 Programmiererfahrung

2 Projektzeitschätzung

Organisatorische Abwicklungsschwierigkeiten	Faktor
keine – wenig	0,8
normal	1,0
viel	1,3

Tabelle 2.7
Organisatorische Abwicklungsschwierigkeiten

DO Organisatorische Abwicklungsschwierigkeiten

▷ Verfahrensentwicklung an verschiedenen Orten mit häufigen Abstimmarbeiten

▷ häufiger Wechsel der Programmierer

▷ großes Team mit internen Kommunikationsschwierigkeiten

▷ hoher Schulungsaufwand bei Anwendern und/oder Rechenzentrum

Wenn keine derartigen Schwierigkeiten vorliegen, ist der Wert für „keine – wenig", wenn geringe Schwierigkeiten zu erwarten sind, der Wert für „normal", anderenfalls der Faktor für „viel" zu übernehmen (Tabelle 2.7).

DW Verwendbarkeit

Soll ein Programm bei verschiedenen Anwendern eingesetzt werden, so muß bei seiner Konzeption ein größerer Aufwand für die Parametrisierung erbracht werden. Bei Programmentwicklungen für mehrere Anwender ist daher gegenüber Individuallösungen ein Faktor von 1,2 anzusetzen, der den Mehraufwand für die Parametrisierung berücksichtigt (Tabelle 2.8).

DS Programmiersprache

Bei der Programmierung in einer problemorientierten Sprache müssen im Durchschnitt nur $2/3$ der Befehle gegenüber einer maschinenorientierten Sprache geschrieben werden. Da jedoch ein Teil des Codieraufwands aufgabenabhängig, aber sprachenunabhängig ist, beträgt die Aufwandsersparnis bei der Verwendung von problemorientierten Sprachen nur etwa 20% (Tabelle 2.9).

Verwendbarkeit	Faktor
Mehrfachverwendbar	1,2
Individuallösung	1,0

Tabelle 2.8
Verwendbarkeit

Programmiersprache	Faktor
Assembler	0,85
COBOL, FORTRAN	1,0

Tabelle 2.9
Einfluß der Programmiersprache

Bewertung

Durch die Trennung in einen fachlichen Aufwandsteil und DV-Aufwandsteil, kann eine Schätzung dann erfolgen, wenn ausreichende Informationen über den Schwierigkeitsgrad und Umfang des geplanten Verfahrens vorliegen, wodurch die Schätzgenauigkeit erhöht wird. Das Faktorenverfahren zur Schätzung des fachlichen und dv-technischen Aufwands berücksichtigt nicht alle Faktoren, die den Aufwand für ein Entwicklungsvorhaben bestimmen, so fehlen z.B. Faktoren über mögliche Zeiteinsparungen, die durch die Verwendung bestimmter Softwaretechniken, wie normierte oder strukturierte Programmierung erzielt werden können.

Vorgehensweise bei der Projektzeitschätzung

Die einzelnen Projektzeitschätzverfahren lassen sich aufgrund der benötigten Angaben, die das jeweilige Verfahren kennzeichnen, nur zu bestimmten Zeitpunkten in den verschiedenen Phasen des Projektablaufs zu Aufwandsschätzungen heranziehen. Neben den Einsatzzeitpunkten unterscheiden sie sich durch unterschiedliche Detaillierungsgrade und Schätzgenauigkeit.

Die Aufwandsplanung zieht sich über den ganzen Softwareentwicklungsprozeß hin. Dabei sollen die einmal ermittelten Planwerte den tatsächlichen Aufwandswerten gegenübergestellt und die Planung durch erneutes Anwenden der Verfahren ständig verbessert werden.

Die im folgenden beschriebene Vorgehensweise zeigt einen möglichen Weg, wie die verschiedenen Projektzeitschätzverfahren in den einzelnen Phasen der Entwicklung eingesetzt werden können.

Einsatzmöglichkeiten in der Projektvorschlagsphase

Für eine erste grobe Gesamtaufwandsschätzung, wie sie im Entwicklungsantrag gefordert wird, kann beim Vorliegen von Vergangenheitswerten das Analogieverfahren verwendet werden. Durch Aufstellen eines Netzplanes kann man für die einzelnen Tätigkeiten den Aufwand durch Analogieschlüsse schätzen und erhält den Gesamtaufwand und einen „vorläufigen" Projektendtermin. Grundlage hierfür sind die Phasennetzpläne Teil I, Bild 1.4, 2.1, 3.1, 4.1 und 5.1. Eine Schätzung des Gesamtaufwandes mit Hilfe der Gleichungen 2 und 3 ist problematisch, da vor allem die Schätzung der Anzahl der Befehle zu diesem Zeitpunkt sehr ungenau sein wird.

Die in der Projektvorschlagsphase geschätzten Werte sind nur als Orientierungsdaten anzusehen.

Einsatzmöglichkeiten in den Planungsphasen

Nach Vorliegen des fachlichen Grobkonzeptes kann eine genauere Schätzung des fachlichen Aufwandes mit Hilfe der Gleichung 2 durchgeführt werden, da die Anzahl der fachlichen Aufgaben bekannt ist.

Verbesserte Schätzungen für den DV-Aufwand sind nach Vorliegen des DV-Grobkonzeptes (Planungsphase II) möglich, da jetzt der Programmumfang überblickt werden kann.

Der phasenbezogene Aufwand kann mit Hilfe eines Phasennetzplanes (siehe Teil I, Bild 2.1, 3.1) durch Analogieschlüsse vorhandener phasenbezogener Zeitaufschreibungen ähnlicher Projekte oder mit dem Prozentsatzverfahren ermittelt werden.

Das Prozentsatzverfahren sollte erst nach Abschluß der Planungsphase I angewandt werden, da eine Schätzung, die auf dem Aufwand der Projektvorschlagsphase aufbaut, zu große Fehlermöglichkeiten mit sich bringen kann.

Einsatzmöglichkeiten in den Realisierungsphasen

Am Ende der Planungsphase II – es liegt die Leistungsbeschreibung vor – kann der zu realisierende DV-Aufwand für jede Komponente mit Hilfe der Gleichung 3 ermittelt werden. Für die Abschätzung des Phasenaufwands können wieder Netzpläne (siehe Teil I, Bild 4.1, 5.1), das Analogieverfahren oder Prozentsatzverfahren herangezogen werden.

3 Wirtschaftlichkeitsprüfung von DV-Verfahren

Einführung

Für jede geplante Rationalisierungsmaßnahme und damit auch jede Softwareentwicklung ist eine Wirtschaftlichkeitsrechnung durchzuführen. Aufgrund des voraussichtlichen Rationalisierungserfolgs – d.h. Kostensenkung oder Leistungssteigerung – ist über die Realisierung des geplanten DV-Verfahrens und über den Zeitpunkt des Verfahrenseinsatzes zu entscheiden.

Dies gilt, ob nun eine bisher personelle Abwicklung betrieblicher Aufgaben durch ein DV-Verfahren abgelöst, ein DV-Verfahren durch ein anderes ersetzt, ein DV-Verfahren weiterentwickelt oder mit Unterstützung der Datenverarbeitung Aufgaben abgewickelt werden, die „personell" nicht durchgeführt werden konnten.

Rationalisierungserfolg

Man kann drei Klassen von Rationalisierungserfolgen unterscheiden:

▷ Werden Aufgaben, die bisher personell oder mit einem nicht adäquaten DV-Verfahren erledigt wurden, kostengünstiger abgewickelt, so ist dieser Rationalisierungserfolg unmittelbar ergebniswirksam.

▷ Um einen Rationalisierungserfolg zu erreichen, müssen zusätzliche Aufgaben erledigt werden, die eigentlich außerhalb des DV-Verfahrens liegen. Dies sind Aufgaben, die man auch ohne die Möglichkeit des DV-Einsatzes – z.B. personell – wahrnehmen würde oder müßte, die aber mit DV-Einsatz kostengünstiger abzuwickeln sind. Dieser Rationalisierungserfolg ist ausschließlich mittelbar ergebniswirksam.

▷ Mit der Möglichkeit des DV-Einsatzes nimmt man erstmals eine Aufgabe wahr, die ohne DV-Einsatz nur mit einem Aufwand hätte bewältigt werden können, der größer als der bewertbare Nutzen gewesen wäre, oder die durch den Einsatz der DV überhaupt erst gelöst werden kann. Dieser Rationalisierungserfolg ist unmittelbar ergebniswirksam.

Die Wirtschaftlichkeit von DV-Verfahren wird beeinflußt von der Wirtschaftlichkeit

▷ der OD-Abteilung (Entwicklungs- und Pflegeabteilung)

▷ der Anwenderabteilungen
▷ des Rechenzentrums.

Die in diesen Bereichen anfallenden Kosten stellen die wesentlichen Faktoren in der Wirtschaftlichkeitsrechnung dar.

Die Wirtschaftlichkeit von OD-Abteilungen wird bestimmt durch die

▷ Eigenschaften der von ihr erstellten Softwareprodukte, wie:
  Laufzeit- und speicherökonomisches Auslegen der Verfahren
  Hantierungsfreundlichkeit im Rechenzentrum und im Anwenderbetrieb
  Pflegefreundlichkeit
  Qualität der Dokumentation.

▷ Rationelle Erstellung der Softwareprodukte
  Kennzeichen dafür sind:
  Qualifikation des Projektmanagements
  Phasengerechtes Erarbeiten des Softwareproduktes
  Ausbildungsstand der Software-Entwickler
  Das Vorhandensein von Richtlinien für Verfahrensstrukturierung, Programmierung und Test.

Die Wirtschaftlichkeit im Anwenderbereich wird stark von der Güte des Verfahrens beeinflußt. Die Verfahrenskonzeption muß die Möglichkeiten der Datenverarbeitung nutzen und nicht nur eine 1:1 Umstellung des bisher personellen Ablaufs sein. Darüber hinaus ist die organisatorische Eingliederung von entscheidender Bedeutung für die Wirtschaftlichkeit, wie

▷ Organisation der Datenerfassung von der Datenquelle bis zum Empfänger
▷ Organisation des Ablaufs beim Anwender und im Rechenzentrum
▷ Integration mit anderen Stellen und vor- bzw. nachgelagerten Verfahren.

Die Wirtschaftlichkeit von Rechenzentren wird allgemein durch die Verrechnungseinheit „Rechnerstunde" (in DM) ausgedrückt, wobei diese „Verrechnungseinheit" sich aus den Kosten für Anschaltzeit, cpu-Zeit, Peripheriebedarf und belegten externen Speicherplatz zusammensetzt.

Diese Verrechnungseinheiten dürfen jedoch nicht als absoluter Leistungsmaßstab gesehen werden, sondern in Relation zu Faktoren wie

▷ Anlagenauslastung
▷ Reaktionszeiten
▷ Arbeitsspeichergröße

▷ Peripherieausstattung
▷ Betriebssystemeigenschaften
▷ Qualität der Arbeitsvorbereitung und des Operating.

Wirtschaftlichkeitsrechnung

Grundlagen

Das Entwickeln und Einführen eines DV-Verfahrens stellt ein Rationalisierungsvorhaben dar; bei der Wirtschaftlichkeitsrechnung wird die Methode der Verfahrensvergleichsrechnung angewandt. Damit entfällt das Problem der Leistungsmessung; an seine Stelle tritt das Problem der leistungsbezogenen Kostenermittlung für das Vergleichsverfahren.

Als dynamisches Investitionsrechnungsverfahren wird die Zinsfußrechnung empfohlen; beim Verwenden eines statischen Verfahrens bietet sich die Kostenvergleichsrechnung an. Beide Verfahren sind um eine Rentabilitäts- und Amortisationszeitrechnung zu ergänzen.

Die Rechnung für das Ermitteln der Wirtschaftlichkeit eines DV-Verfahrens soll höchstens für einen Einsatzzeitraum von fünf Jahren durchgeführt werden, da erfahrungsgemäß durch den Fortschritt in soft- und hardwaretechnologischer Sicht die Verfahren dann veraltet sind.

Die Wirtschaftlichkeit von DV-Verfahren unterteilt sich in eine
    direkte (rechnerische, quantifizierbare) und eine
    indirekte (nicht quantifizierbare) Wirtschaftlichkeit.

Direkte Wirtschaftlichkeit

Die direkte Wirtschaftlichkeit ergibt sich aus der Gegenüberstellung

| ▷ einmalige Entwicklungskosten für das DV-Verfahren und
▷ laufende Kosten für das DV-Verfahren | zu | ▷ laufende Kosten des derzeitigen Verfahrens
▷ ± Korrekturposten |

Die Ermittlung der direkten Wirtschaftlichkeit läuft in zwei Schritten ab, der Kostenerfassung und der Rentabilitätsrechnung.

3 Wirtschaftlichkeitsprüfung von DV-Verfahren

Kostenerfassung

Einmalige Entwicklungskosten für das DV-Verfahren sind Kosten für

▷ Istaufnahme

▷ Konzeption des Verfahrens (Leistungsbeschreibung, Spezifikationen)

▷ Programmierung

▷ Testvorbereitung und Testläufe

▷ Stammdatenerfassung, Aufbau und Stammdateien

▷ Dokumentation, Schulung, Sachmittel.

Laufende Kosten für das DV-Verfahren sind Kosten, die zum Zwecke der ständigen Nutzung (Abwicklung und Pflege) anfallen wie

▷ Datenerfassung

▷ Datenübertragung

▷ Laufzeiten

▷ Verfahrenspflege

▷ Personelle Abwicklung

▷ Arbeitsanweisungen, Dokumentation.

Laufende Kosten für das bisherige Verfahren können Kosten für ein personelles Verfahren oder Kosten für ein abzulösendes DV-Verfahren sein (Formular 3.1). Die Abwicklungskosten lassen sich meist exakt erst beim Probebetrieb feststellen. Vor Übergabe des Verfahrens ist deshalb eine abschließende Wirtschaftlichkeitsprüfung ratsam. Nach einer bestimmten Zeit des Einsatzes sollten die Kosten für die Abwicklung überprüft, etwaige Abweichungen analysiert und bei späteren Wirtschaftlichkeitsrechnungen berücksichtigt werden.

Korrekturposten (ertrags- oder kostenwirksam) können z.B. ,,Zinsersparnis durch Bestandssenkung" sein.

Rentabilitätsrechnung

Die Rentabilität eines DV-Verfahrens sollte einheitlich durch Errechnen der Marginal-Rendite ermittelt werden.

Als Marginal-Rendite der Investition gilt der nach der internen Zinsfußmethode in einer Einnahmen-/Ausgabenrechnung ermittelte Zinssatz für das einzelne Investitionsobjekt über dessen wirtschaftliche Lebensdauer gesehen (Dynamisches Verfahren).

3 Wirtschaftlichkeitsprüfung von DV-Verfahren

Kostenerfassung (Bearbeiterbogen)

Wirtschaftlichkeitsprüfung des DV-Verfahrens
Auftragsbearbeitung

Formular-Nr. 11/4
UB/ZAbt:
GB/HAbt:
Antrags-Nr.:
Datum: 10/77

0	Geschäftsjahr 10/77 Geplanter Laufzeitbeginn 10/78	Bearb.-Dauer Masch.-Zeit	Verrechnungssatz T – DM	Kosten DM
	Einmalige Kosten des geplanten Verfahrens (I)			
1	Ist-Aufnahme	7 MM	8,0	56,0
2	Konzipierung (Pflichtenheft, Flußpläne, Beschreibungen usw.)	4 MM	8,0	32,0
3	Programmierung, Codierung (mit Ablaufplänen, HTV)	7 MM	8,0	56,0
4	erstmalige Stammdatenaufnahme Bearbeitungsdauer / Maschinenzeit	2 MM / 5 Std.	8,0 / 0,7	20,0
5	Test-Vorbereitung und -Auswertung	2 MM	8,0	16,0
6	Maschinen-Test (einschließlich Parallelläufe)	70 Std.	0,7	49,0
7	Sonstiges (Schulung, Einführung und Umstellung, Dokumentation, Arbeitsanweisungen usw.)	2 MM	8,0	16,0
				245,0
	Laufende Kosten des geplanten Verfahrens (I)			
8	Datenerfassung (soweit nicht in Pos. 10)	414 TSD.LK	0,50 DM pro Stück	207,0
9	Datenübertragung (soweit nicht in Pos. 10)			
10	Maschinenkosten	450 Std.	0,7	315,0
11	Verfahrenswartung und -pflege Bearbeitungsdauer / Maschinenzeit	2 MM / 14 Std.	8,0	26,0
12	Kosten der personellen Abwicklung	7 MJ	66,0	462,0
13	Sonstiges (soweit nicht in Pos. 10; z.B. Material, Dokumentation, Arbeitsanweisungen usw.)			
				1010,0
	Laufende Kosten des derzeitigen Verfahrens/Vergleichsverfahrens (II)			
16	Personalkosten	16,5 MJ	66,0	1089,0
17	Maschinenkosten			
18	Sonstiges			
	Korrekturposten, abschätzbare Größen			DM
19				

Formular 3.1   Kostenerfassungsbogen

323

Der interne Zinsfuß bezeichnet den Zinssatz, bei dem die Summe der abgezinsten Rückflüsse ($\hat{=}$ Barwert) gleich den einmaligen Investitionsausgaben ist. Als reine Geldflußrechnung stellt sie nur auf Einnahmen und Ausgaben ab. Damit sind alle „kalkulatorischen Kosten" wie Abschreibung, kalkulatorische Zinsen außer Ansatz zu lassen.

Die ermittelte Marginal-Rendite der Investition muß bei dem gegebenen Aufbau der Rechnung die

▷ Dividende auf das Eigenkapital

▷ Rücklagenzuführung

▷ Ertragssteuern

▷ Zinsen für Fremdkapital

decken.

Indirekte Wirtschaftlichkeit

Die Vor- und Nachteile des DV-Verfahrens, die zwar einen Einfluß auf die Wirtschaftlichkeit haben, aber nicht oder nur schwer in Geldeinheiten ausgedrückt werden können, werden mit Hilfe der Multifaktorenmethode erfaßt und durch einen Koeffizienten (Scoring-Wert) ausgedrückt. Die systematische Bewertung geht auf das Konzept der Nutzwertanalyse zurück. Ein Beispiel für eine Multifaktorrechnung zeigt Formular 3.2.

Die Anzahl der Kriterien kann geändert werden. Die relative Stärke des Einflusses jedes Kriteriums auf die Wirtschaftlichkeit des DV-Verfahrens wird durch einen Gewichtungsfaktor ausgedrückt (Spalte B).

Die Gewichtsfaktoren sagen aus
1 geringfügige Bedeutung
2 durchschnittliche Bedeutung
3 große Bedeutung.

Die Verbesserung/Verschlechterung, die das geplante Verfahren im Vergleich zum bisherigen Verfahren bezüglich jeder Einflußgröße mit sich bringt, wird durch einen Punktwert (Spalte A) ausgedrückt.

Bewertung und Gewichtung sind vom Anwender unter Mitwirkung der Entwickler durchzuführen.

Die Summe der Produkte aus Bewertungspunkten und Gewichtungsfaktoren (Summe Spalte C) wird durch die Summe der Gewichtsfaktoren (Summe Spalte B) dividiert.

3 Wirtschaftlichkeitsprüfung von DV-Verfahren

Nicht-quantifizierbare Kriterien

Wirtschaftlichkeitsprüfung des DV-Verfahrens
Auftragsbearbeitung

Datum:

	Beschreibung	A Punkte	B Gewichtungs- faktoren	C Punkte × Gewichtungsfaktoren
0	Bewertung des geplanten Verfahrens im Vergleich zum derzeitigen Verfahren/ Vergleichsverfahren im Hinblick auf die Erfüllung der genannten Kriterien anhand folgender Punkteskala: ± 3 = erhebliche ± 2 = deutliche } Veränderung (Verbesserung, Verschlechterung) ± 1 = geringfügige 0 = keine Veränderung			

Nicht-quantifizierbare Kriterien

		A	B	C
1	Schnelligkeit der Informationsauslieferung (rasches Zurverfügungstellen)	3	1	3
2	Aktualität der gewonnenen Informationen	3	3	9
3	Rechtzeitiges Zurverfügungstellen der Informationen	0	2	0
4	Zusätzliche Informationen (z. B. durch statistische Auswertungsmöglichkeiten, Erweiterung des Berichtswesens)	3	3	9
5	Genauigkeit der Informationen (z. B. Rechengenauigkeit)	2	2	4
6	Relevanz (Qualität) der Informationen (Aussagekraft und Übersichtlichkeit der Informationen, Auswahl und Aufbereitung der Informationen)	1	1	1
7	Sicherheit (Ablaufsicherheit, Fehlerwahrscheinlichkeit, Datenfehleranfälligkeit)	1	3	3
8	Möglichkeit von Terminverkürzungen im Anwenderbereich	2	1	2
9	Anwenderfreundlichkeit (z. B. Vereinfachung durch Datenabbau)	1	2	2
10	Bedienungs- und Pflegefreundlichkeit	1	2	2
11	Flexibilität (z. B. Änderungsfreundlichkeit gegenüber Veränderung von Organisation, Datenvolumen, Datenstruktur; Sonderfälle)	−1	1	−1
12	Kontroll-, Abstimm- und Überwachungsmöglichkeiten	3	3	9
13	Korrekturmöglichkeiten und -aufwand	−1	3	−3
14	Transparenz des Verfahrensablaufs (Übersichtlichkeit)	2	2	4
15	Transparenz und Straffheit der Organisation	2	1	2
16	Kapazitätsreserven (Auffangbereitschaft bei Arbeitsspitzen oder Beschäftigungszunahme)	3	3	9
17	Abhängigkeit von Fachpersonal	−1	2	−2
18	Umstellungsrisiko (langfristige Bindung an das Verfahren, Starrheit der Organisation)	−2	2	−4
19				
20				
21	Summen		37	49

Koeffizient für nicht-quantifizierbare Faktoren (Wirtschaftlichkeitskoeffizient)

22	Koeffizient der nicht-quantifizierbaren Vor- und Nachteile des geplanten DV-Verfahrens (Pos. 21, Summe C : Summe B)	1,32
23	Verbale Bedeutung des Koeffizienten gemäß Punkteskala (Pos. 0; ggf. Interpolation) geringfügige bis deutliche Verbesserung	

Formular 3.2   Multifaktorenrechnung

3 Wirtschaftlichkeitsprüfung von DV-Verfahren

Das Ergebnis bezeichnet den „Wirtschaftlichkeitskoeffizienten" für die nichtquantifizierbaren Faktoren.

Die Problematik der Methode liegt vor allem darin, daß die Subjektivität beim Bewerten und Gewichten nie ganz ausgeschaltet werden kann; dennoch stellt die Multifaktorenmethode ein wertvolles Hilfsmittel dar zum gedanklichen Durchdringen und Aufbereiten der Imponderabilien eines DV-Verfahrens.

Der Koeffizient sollte nicht allein als Gütezeichen des Verfahrens angesehen, sondern es sollte stets auch das Zustandekommen dieses Wertes betrachtet werden.

Rechenverfahren zum Ermitteln der Wirtschaftlichkeit

Bei den Rechenverfahren unterscheidet man die
    einfache Planungsrechnung und die
    ausführliche Planungsrechnung.

Einfache Planungsrechnung

Bei dieser Kostenvergleichsrechnung (Tabelle 3.1) wird für den Planungszeitraum (fünf Jahre) eine gleichbleibende Kostenkonstellation unterstellt und ein Durchschnittsjahr betrachtet.

Wirtschaftlichkeitsprüfung (einfache Planungsrechnung) des geplanten DV-Verfahrens: Auftragsbearbeitung

Laufende Kosten des derzeitigen Verfahrens ./. Laufende Kosten des geplanten Verfahrens	1 089 000 DM 1 010 000 DM
Jährliche Kostendifferenz × Planungszeitraum in Jahren	+ 79 000 DM 5
./. Einmalige Kosten des geplanten Verfahrens	+ 395 000 DM 245 000 DM
Gesamtkostendifferenz	**+ 150 000 DM**

Amortisationszeit: etwa 3 Jahre

Tabelle 3.1 Einfache Planungsrechnung

3 Wirtschaftlichkeitsprüfung von DV-Verfahren

Diese Rechnung ist nur anwendbar, wenn

▷ im Planungszeitraum gleichbleibende Kostendifferenzen erwartet oder

▷ kleinere Verfahren bzw. Teilgebiete betrachtet werden, oder aber

▷ eine ausführliche Planungsrechnung wegen schwieriger bzw. wegen im ersten Planungsstadium fehlender Zukunftsvorstellungen nur schwer möglich ist.

Entscheidungskriterium ist die Gesamtkostendifferenz des betrachteten Zeitraums. Zusätzlich kann auch die Amortisationszeit und die Marginalrendite ermittelt werden.

Gegebenenfalls dient diese „Kurzfassung" auch der Beantwortung der Frage, mit welchen Kostenansätzen eine bestimmte Gesamtkostendifferenz ($\hat{=}$ Rationalisierungseffekt) erzielt werden kann.

Ausführliche Planungsrechnung

Bei dieser Rechnung handelt es sich um einen Kostenvergleich, bei dem die zukünftige Kostenentwicklung für das derzeitige Verfahren für den Planungszeitraum ab Beginn des geplanten Einsatzes des neuen DV-Verfahrens für jedes der fünf Planungsjahre angesetzt wird.

Beim Erfassen der Daten für die Planungsrechnung soll man insbesondere zu erwartende Entwicklungstendenzen wie beispielsweise steigendes Lohn- und Gehaltsniveau oder steigendes Arbeitsvolumen berücksichtigen.

Bezüglich der abschätzbaren Größen wird so vorgegangen, daß z.B. abschätzbare Einsparungen durch das neue Verfahren dem derzeitigen Verfahren als laufende Kosten angelastet werden. Bei den einmaligen Kosten sind nicht nur die bis zum Betrachtungszeitpunkt angefallenen, sondern auch später entstehende Entwicklungskosten zu berücksichtigen. Das können Kosten für Weiterentwicklung im Rahmen der geplanten nächsten Ausbaustufe sein, oder für erwartete größere Änderungen, die nicht unter die Verfahrenspflege fallen (Formular 3.3).

Für die Wirtschaftlichkeitsbetrachtung ist die „Gesamtkostendifferenz" (Formular 3.3, Pos. 29) des betrachteten Zeitraums als Entscheidungskriterium anzusehen.

3 Wirtschaftlichkeitsprüfung von DV-Verfahren

Formular 3.3
Ausführliche Planungsrechnung

Ausführliche Fassung

Wirtschaftlichkeitsprüfung von DV-Verfahren, Verfahrensvergleich

Formular-Nr. 11/1
UB/ZAbt:
GB/HAbt:
Antrags-Nr.:
Datum: 10/77

Beschreibung und Begründung der Verfahren

1 Kurzangaben zum geplanten Verfahren (I)

Auftragsbearbeitung mit DV-Verfahren

2 Kurzangaben zum bestehenden Verfahren/Vergleichsverfahren (II)

Auftragsabwicklung personell

Grunddaten des geplanten Verfahrens (I)

		Gesamt
3	Durchschnittliche monatliche Maschinenlaufzeit/Turnus	36 – 40 Std.
4	geplanter Laufzeitbeginn	Oktober 1978
5	Planungszeitraum in Jahren/Geschäftsjahr	5 Jahre

Einmalige Kosten für das geplante Verfahren (I)

		in TDM
6	Istaufnahme	56,0
7	Konzipierung	32,0
8	Programmierung, Codierung	56,0
9	Stammdatenaufnahme	20,0
10	Testvorbereitung und -auswertung	16,0
11	Maschinen-Test	49,0
12	Sonstiges	16,0
13		
14		
15		
16	**Einmalige Kosten Gesamt**	245,0

Laufende Kosten der Verfahren

			I	II
17	Datenerfassung	+ 5 % jährl.	1.142,2	
18	Datenübertragung		–	
19	Maschinenkosten	bleibt gleich	1.575,0	
20	Verfahrenswartung und -pflege	+ 10 % Personalk. jährl.	147,8	
21	Kosten der personellen Abwicklung	+ 10 % – " – jährl.	2.820,5	6.648,5
22	Sonstiges			
23				
24				
25				
26				
27	**Laufende Kosten der Verfahren Gesamt**		5.685,5	6.648,5
28	**Differenz der laufenden Kosten (Verfahren II – I)**		963,0	

Gesamtkostendifferenz, Marginal-Rendite

29	**Gesamtkostendifferenz** (Pos. 28 – Pos. 16)	718,0
30	**Marginal-Rendite der einmaligen Kosten** (Rendite-Kennziffer)	ca. 51 %

Nicht-quantifizierbare Faktoren, Angaben zum Risiko

31	**Koeffizient für nicht-quantifizierbare Faktoren** (–3 ≤ K ≤ +3) Berechnung siehe Tabelle 3.2.	1,32
32	Amortisationszeit ...2... Jahre/Differenz zum Planungszeitraum (Pos. 5) ...3... Jahre	
33	Kritische Werte a) b) c)	
34	Personaleinsparungen a) 8 Sachbearbeiter b) c)	

3 Wirtschaftlichkeitsprüfung von DV-Verfahren

usätzliche Angaben zu den Grunddaten

0											
56,0											
32,0											
56,0											
20,0											
16,0											
49,0											
16,0											
245,0											
I	II	I	II	I	II	I	II	I	II	I	II
		207,0		217,0		227,8		239,2		251,2	
		−		−		−		−		−	
		315,0		315,0		315,0		315,0		315,0	
		26,0		27,6		29,4		31,3		33,5	
		462,0	1089,0	508,2	1197,9	559,0	1317,7	614,9	1449,5	676,4	1594,4
		1010,0	1089,0	1067,8	1197,9	1131,2	1317,7	1200,4	1449,5	1276,1	1594,4
		+ 79,0		+ 130,1		+ 186,5		+ 249,1		+ 318,3	
− 245,0		+ 79,0		+ 130,1		+ 186,5		+ 249,1		+ 318,3	

329

3 Wirtschaftlichkeitsprüfung von DV-Verfahren

Ermittlung der Marginalrendite

Das Ermitteln der Marginalrendite kann nur durchgeführt werden, wenn die Gesamtkostendifferenz positiv ist. Für das Ermitteln sind eine Abzinsungstabelle (Tabelle 3.2) notwendig und ein Ermittlungsschema (Tabelle 3.3) vorteilhaft.

Es wird ein Zinsfuß von 20% angenommen und die Abzinsungsfaktoren für diesen Wert aus Tabelle 3.2 entnommen. Die geplanten Rückflüsse werden mit diesen Faktoren abgezinst und die Summe der abgezinsten Rückflüsse den einmaligen Kosten in der Periode 0 gegenübergestellt. Bei positiver Differenz ist der gewählte Zinsfuß zu niedrig, bei negativer Differenz zu hoch gewählt worden. Der Zinsfuß, der bei der Abzinsung der geplanten Rückflüsse mit seinen Faktoren eine Rückflußsumme ergibt, die nahe den eingesetzten Einmalkosten liegt, wird als Marginalrendite bezeichnet.

	Abzinsungsfaktoren für die am Ende einer bestimmten Periode anfallenden Beträge									
p^n	1	2	3	4	5	6	7	8	9	10
1%	990	980	971	961	951	942	933	923	914	905
2%	980	961	942	924	906	888	871	853	837	820
4%	962	925	889	855	822	790	760	731	703	676
6%	943	890	840	792	747	705	665	627	592	558
8%	926	857	794	735	681	630	583	540	500	463
10%	909	826	751	683	621	564	513	467	424	386
12%	893	797	712	636	567	507	452	404	361	322
14%	877	769	675	592	519	456	400	351	308	270
16%	862	743	641	552	476	410	354	305	263	227
18%	847	718	609	516	437	370	314	266	225	191
20%	833	694	579	482	402	335	279	233	194	162
22%	820	672	551	451	370	303	249	204	167	137
25%	800	640	512	410	328	262	210	168	134	107
28%	781	610	477	373	291	227	178	139	108	085
30%	769	592	455	350	269	207	159	123	094	073
35%	741	549	406	301	223	165	122	091	067	050
40%	714	510	364	260	186	133	095	068	048	035
50%	667	444	296	198	132	088	059	039	026	017
60%	625	391	244	153	095	060	037	023	015	009
70%	588	346	204	120	070	041	024	014	008	005
80%	556	309	171	095	053	029	016	009	005	003
90%	526	277	145	076	040	021	011	005	003	001
100%	499	249	124	062	031	015	007	003	001	

Die angegebenen Werte sind Dezimalstellen hinter dem Komma, sie sind zu lesen: 0,990; 0,980 usw.

Tabelle 3.2   Abzinsungsfaktoren

3 Wirtschaftlichkeitsprüfung von DV-Verfahren

		Planungszeitraum in Jahren					Gesamt	Gesamt-kosten-differenz
	0	1	2	3	4	5		
	a	b1	b2	b3	b4	b5	∑b	∑b–a
Zeile 29 des Formulars 3.3 →	einmalige Kosten −245,0	geplante Rückflüsse durch Kostenminderung						
		+79,0	+130,1	+186,5	+249,1	+318,3		
Rendite-Kennziffer	Kosten-vor-leistung	geplante Rückflüsse abgezinst mit Faktoren					Rück-fluß-Summe	Differenz Vorleist.: Rückflüssen
30%	−245,0	×769 +60,8	×592 +76,9	×455 +84,9	×350 +87,2	×269 +85,6	+395,4	+150,4
40%	−245,0	×714 +56,4	×510 +66,4	×364 +67,9	×260 +64,8	×185 +58,9	+314,4	+69,4
50%	−245,0	×666 +52,6	×444 +57,8	×296 +55,2	×197 +49,0	×131 +41,7	+256,3	+11,3
60%	−245,0	×624 +49,3	×390 +50,7	×244 +45,4	×152 +37,8	×095 +30,2	+213,4	−33,6

Tabelle 3.3 Ermittlungsschema für die Renditekennziffer

4 Datenerfassung

Einführung

Menge, Form und gewünschte Aktualität der Daten bestimmen die Art der Datenerfassung als Teil des gesamten Verfahrensablaufes. Beim Konzipieren und Realisieren von DV-Verfahren muß somit das Problem der Datenerfassung besonders beachtet werden. Darüber hinaus werden die Kosten der Datenerfassung künftig vor allem bedingt durch den hohen Personalkostenanteil weiter steigen. Es wird unterschieden die

Datenerfassung im „engeren Sinne"

Darunter wird die Übernahme von Daten auf maschinell lesbare Datenträger oder das Bereitstellen von formatgerechten Daten zur Weiterverarbeitung in der DV-Anlage verstanden.

Datenerfassung im „weiteren Sinne"

Darunter ist das Übersetzen von Daten in maschinell lesbare Form mit der Organisation des Vor- und Nachfeldes der Datenerfassung zu verstehen.

Bearbeitungsschritte der Datenerfassung

Bei der Datenerfassung im weiteren Sinne durchläuft eine betriebliche Date vom Ursprung bis zur Verteilung an die Anwenderabteilung sechs Bearbeitungsschritte (Bild 4.1).

Schritt 1	Ereignisse, Vorgänge oder Sachverhalte werden auf Urbelegen dokumentiert
Schritt 2	Aufbereiten der Urbelege zu Datenbelegen durch Sachbearbeiter in der Anwenderabteilung, die zu übertragenden Informationen werden dabei zum Teil ergänzt und verändert
Schritt 3	Übernahme der Datenbelege auf maschinell lesbare Datenträger
Schritt 4	Einlesen der Datenträger in die DV-Anlage
Schritt 5	Verarbeiten der Daten
Schritt 6	Weitergabe der Verarbeitungsergebnisse an die Anwenderabteilung.

4 Datenerfassung

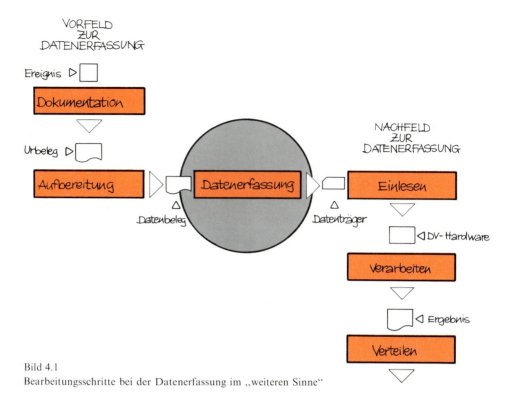

Bild 4.1
Bearbeitungsschritte bei der Datenerfassung im „weiteren Sinne"

Je nach Organisation und Ablauf und abhängig von der Erfassungsmethode lassen sich einzelne Schritte zusammenfassen.

Die wesentlichen Elemente der Datenerfassung sind die Datenerfassungsmethoden, die Datenträger und die Datenerfassungsgeräte.

Datenerfassungsmethoden

Die Methoden lassen sich gliedern in
▷ zentrale (oder Sekundär-) Datenerfassung
▷ dezentrale (oder Primär-) Datenerfassung (Bild 4.2),
die
▷ on-line oder
▷ off-line
betrieben werden kann.

4 Datenerfassung

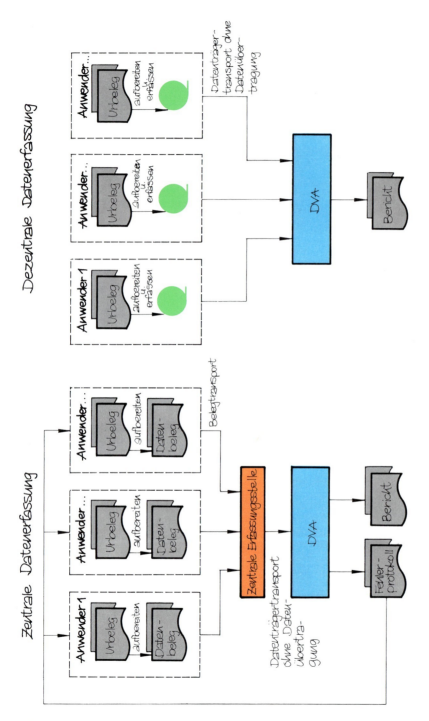

Bild 4.2 Schema der zentralen und dezentralen Datenerfassung

On-line-Datenerfassung

Beim On-line-Betrieb kann unterschieden werden
▷ On-line-Erfassung für Stapelbetriebverarbeitung
▷ On-line-Erfassung für Realtime-Betrieb.

Die Datenübertragung zur DV-Anlage bzw. zum Vorrechner/Konzentrator ist sowohl über Direktverbindung (Standleitung) wie auch über das öffentliche Leitungsnetz (Wählleitung) möglich.

On-line-Erfassung für Stapelbetriebverarbeitung (Bild 4.3)

Dabei werden die Daten in der DV-Anlage sofort von einem Programm kontrolliert und für die spätere Verarbeitung auf einem Datenträger zwischengespeichert.

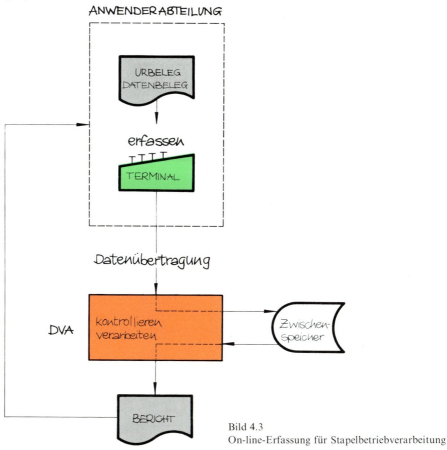

Bild 4.3
On-line-Erfassung für Stapelbetriebverarbeitung

4 Datenerfassung

One-line-Erfassung für Realtime-Verarbeitung (Bild 4.4)

Dabei werden die eingegebenen Daten unmittelbar (realtime) in der DV-Anlage von einem Programm verarbeitet.

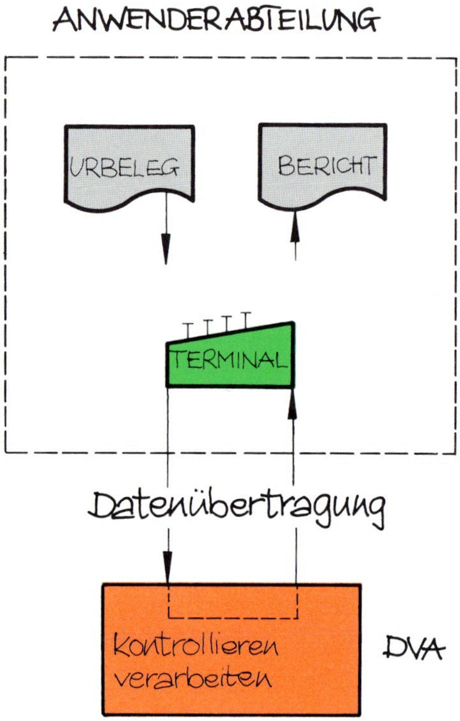

Bild 4.4
On-line-Erfassung
für Realtime-Verarbeitung

Off-line-Datenerfassung

Die Daten werden auf Datenträgern (Lochkarte, Magnetband, Kassettenmagnetband, Platten, optisch lesbaren Belegen) des jeweiligen Datenerfassungsgerätes aufgezeichnet. Sie werden zu einem späteren Zeitpunkt im Stapelbetrieb verarbeitet.

Automatische Datenerfassung

Die Daten werden von Datengebern (Meß- und Prüfautomaten) auf Datenträgern abgespeichert oder unmittelbar der DV-Anlage zur Verarbeitung zugeführt.

4 Datenerfassung

Kriterien für die Auswahl der Datenerfassungsmethode

Die Entscheidung für zentrale oder dezentrale Datenerfassung ist abhängig von nachstehenden Parametern:

▷ Zeitanforderung

▷ Fehlererkennung, Fehlerkorrektur

▷ Datenanfall, Terminsituation

▷ Anzahl der Bearbeitungsstufen

▷ Datenmenge

▷ Daten und Belege

Tabelle 4.1 zeigt in einer Übersicht den Einfluß der obigen Parameter auf die Auswahl der Datenerfassungsmethode.

Zentral	*Dezentral*
Zeitanforderung	
Tagebereich	Sekunden-Minuten-Bereich: on-line, mit Realtime-Verarbeitung Stunden-Bereich: on-line, mit Stapelverarbeitung Tage-Bereich: off-line
Fehlererkennung, Fehlerkorrektur	
Formale Fehler durch nochmalige Eingabe (Prüflochen) Sachliche Fehler durch nachträgliche, zeitraubende Korrekturarbeit	Datenerfassung in der Anwenderabteilung; die Daten werden bei der Eingabe maschinell durch programmierte Plausibilitätskontrollen geprüft. Formale und sachliche Fehler können sofort am Arbeitsplatz erkannt und korrigiert werden
Datenanfall, Terminsituation	
Die zeitliche Verteilung des Datenanfalls ist unerheblich, weil ein Kapazitätsausgleich durch mehrere Sachgebiete möglich ist Der Abstand zwischen dem letzten erfaßten Vorgang und der Verarbeitung ist aufgrund zusätzlicher Bearbeitungsstufen und des zweimaligen Transportes größer als bei der dezentralen Datenerfassung Besonders geeignet bei großen Berichtsintervallen (Wochen, Monate) und bei sporadisch angeforderten Berichten	Die Datenerfassung in der Anwenderabteilung kann im gewohnten Arbeitsrhythmus ablaufen. Innerhalb des Erfassungszeitraumes können die Erfassungstermine flexibel gestaltet und Bearbeitungsspitzen vermieden werden. Geeignet, wenn die Daten kontinuierlich anfallen

Tabelle 4.1 Parameter für die Auswahl der Datenerfassungsmethode

4 Datenerfassung

Zentral	*Dezentral*
Anzahl der Bearbeitungsstufen	
Sechs Bearbeitungsstufen: ▷ Aufzeichnen (Urbeleg) ▷ Aufbereiten (Datenbeleg) ▷ Erfassen ▷ Einlesen ▷ Verarbeiten (durch DVA) ▷ Verteilen Doppelarbeit durch handschriftliches Umsetzen der Daten vom Urbeleg in einen Datenbeleg	Fünf bzw. vier Bearbeitungsstufen: ▷ Aufzeichnen ▷ Aufbereiten und Erfassen ▷ Einlesen (entfällt bei on-line-DE mit Realtime-Verarbeitung) ▷ Verarbeiten ▷ Verteilen Die Daten werden vom Urbeleg erfaßt. Das zeitraubende Erstellen des Datenbeleges und der Transport zur zentralen Erfassungsstelle entfallen
Datenmenge	
Keine besonderen Voraussetzungen, da die Daten zentral gesammelt und erfaßt werden Vorteilhaft bei geringem Datenanfall in der Anwenderabteilung	Die Datenmenge, die in einer Anwenderabteilung anfällt, muß groß genug sein, um einen wirtschaftlichen Einsatz zu gewährleisten
Daten und Belege	
Vertraulichkeit der Daten läßt sich nicht gewährleisten Da die Daten vom Datenbeleg erfaßt werden, müssen besondere Anforderungen an die Erfassungsfreundlichkeit der Belege gestellt werden	Besonders geeignet für die Erfassung von Daten, deren Umsetzung ein hohes Maß an Fachwissen erfordert. Geeignet, wenn Belege die Anwenderabteilung aus Gründen der Vertraulichkeit und Auskunftsbereitschaft nicht verlassen dürfen Wenig geeignet, wenn die Belege im Durchlauf durch mehrere Anwenderabteilungen ergänzt werden

Tabelle 4.1 (Fortsetzung)

In Bild 4.5 ist schematisch dargestellt, welchen zeitlichen Vorteil die dezentrale gegenüber der zentralen Datenerfassung bietet.

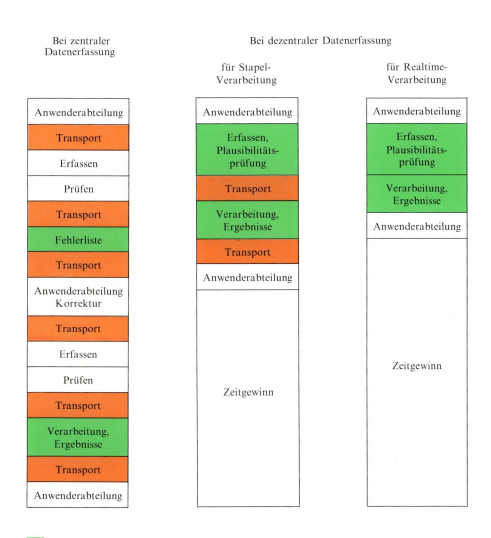

Bild 4.5 Ablaufschema bei zentraler und dezentraler Datenerfassung

4 Datenerfassung

Datenträger

Die Trennung von Datenerfassung und -eingabe zwingt zum Einführen von Datenträgern als Zwischenspeicher. Der technische und wirtschaftliche Aufwand für den Schritt 4 – Einlesen in die DV-Anlage – wird wesentlich durch die Art des Datenträgers bestimmt.

Die Datenträger unterscheidet man

nach ihrer Lesbarkeit

▷ Nur vom Menschen lesbare Datenträger

▷ Nur von der Maschine lesbare Datenträger

▷ Von Mensch und Maschine lesbare Datenträger

und nach ihrem Speicherungsprinzip (physikalisch)

Lochcodierte Datenträger

▷ Lochkarte

▷ Lochstreifen

▷ Lochstreifenkarte

Magnetschichtcodierte Datenträger

▷ Magnetband

▷ Kassettenmagnetband

▷ Magnetplatte

Schriftcodierte Datenträger

▷ Optisch lesbarer Beleg

Beim Auswählen des Datenträgers sind abhängig vom zu lösenden Datenerfassungsproblem zu berücksichtigen:

Bereits bestehende Datenträger

Kapazitative Anforderungen an den Datenträger

Anforderungen hinsichtlich:

▷ Sortierbarkeit

▷ Visueller Lesbarkeit

▷ Verwendung als Verbundbeleg

▷ Verwendung in Ziehkartei

▷ Hantierungsfreundlichkeit
▷ Fehlerbeseitigung
▷ Mehrfachverwendbarkeit

Anforderungen hinsichtlich Raumbedarf, Archivierbarkeit und Transport
▷ Archivierungsdauer und Menge der zu archivierenden Datenträger
▷ Transportort, -menge, -häufigkeit der Datenträger
▷ Absicherungen gegen Verlust, Beschädigung, Verschmutzung des Datenträgers

Kontroll- und Sicherheitsanforderungen bei der Erstellung des Datenträgers

Anforderungen hinsichtlich:
▷ Hardwareaufwand
▷ Einlesegeschwindigkeit
▷ Satzaufbau
▷ Kosten

Datenerfassungsgeräte

Datenerfassungsgeräte und -systeme können hinsichtlich der „Intelligenz der Geräte" und dem Kriterium Einzelgerät oder Sammelsystem unterschieden werden.

Die „Intelligenz" wird bestimmt durch die Funktionen und Fähigkeiten des Gerätes (Tabelle 4.2).

Datenerfassungseinzelgeräte (Bild 4.6) sind autonome Funktionseinheiten mit:

Eingabeteil	Verarbeitungsteil	Ausgabeteil
▷ Tastatur	▷ Steuerwerk	▷ Anzeige
▷ Einlesezusätze	▷ Rechenwerk bei intelligenten Geräten	▷ Drucken
	▷ Arbeitsspeicher	▷ Datenträger

4 Datenerfassung

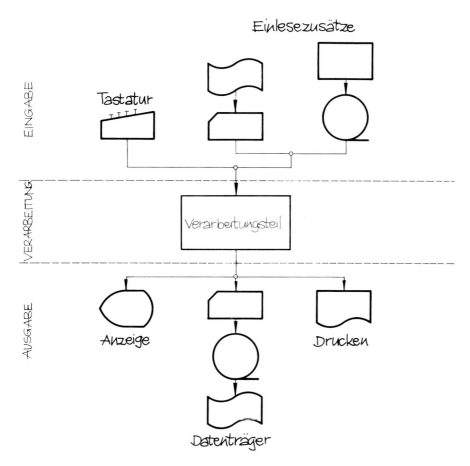

Bild 4.6 Datenerfassungseinzelgeräte

4 Datenerfassung

Funktionen/Fähigkeiten	Geräte mit „Intelligenz"	Geräte ohne „Intelligenz"
Gerätefunktionen		
freie Programmierbarkeit	X	–
logische und arithmetische Operationen	X	–
Arbeits- und Programmspeicher	X	–
Steuerfunktion (E/A-Steuerung)	X	(X)
Fähigkeiten		
Plausibilitätsprüfung	X	–
Formatkontrolle	X	X
Formatsteuerung	X	(X)
ordnen	X	–
verdichten	X	(X)
poolen	X	(X)
Geführter Dialog für den Bediener	X	–
Erstellen von Vorfeldergebnissen mittels Datenvorverarbeitung	X	–
Erstellen von zusätzlichen Datensätzen durch automatische Aufbereitung	X	–

Tabelle 4.2
Unterschiede in den Funktionen bei intelligenten und nicht intelligenten Datenerfassungsgeräten

Als Datensammelsystem (Bild 4.7) wird ein System bezeichnet, bei dem mehrere Erfassungsplätze an eine Zentrale angeschlossen sind und ein gemeinsamer Datenträger erstellt wird.

Die Datenerfassungsgeräte (Bild 4.8) können somit wie nachstehend gegliedert werden.

Die bei der Datenerfassung mit optisch lesbaren Belegen verwendeten Datenerfassungsgeräte werden oft den Geräten der allgemeinen Büroorganisation zugeordnet. Sie lassen sich auch aus technischen Gründen nicht den Typen 1 bis 4 zuordnen.

Vorgehensweise bei der Auswahl von Datenerfassungsmethoden und -geräten

Die bestehenden Datenerfassungsmethoden und -geräte werden im Rahmen der Tätigkeit „2.5 Istaufnahme durchführen" erfaßt und analysiert. Bei der Tätigkeit „3.4 Leistungsbeschreibung, fachliches Feinkonzept erstellen" wird unter Berücksichtigung des gesamten Verfahrensablaufes die wirtschaftlichste Art der Datenerfassung bestimmt.

4 Datenerfassung

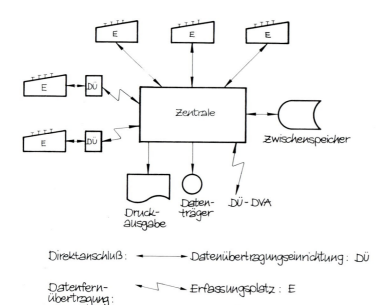

Bild 4.7   Datensammelsystem

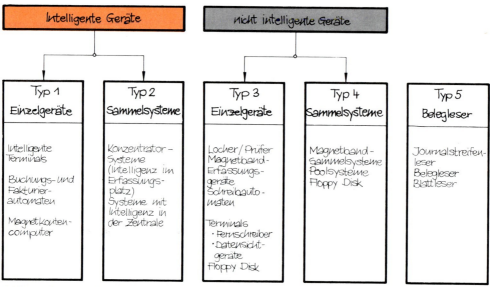

Bild 4.8   Typen der Datenerfassungsgeräte und -systeme

Dieser Auswahlprozeß findet in nachfolgenden Stufen statt und wird durch vorbereitete Unterlagen – wie Fragebogen, Checklisten oder Gerätekataloge – unterstützt.

Stufe 1   Aufgabenstellung

Beschreiben der Aufgabenstellung der Datenerfassung im Rahmen des geplanten Verfahrens unter Berücksichtigung der Integration zu anderen Verfahren.

Stufe 2   Ist-Aufnahme

In Interviews mit den Anwendern werden Orientierungs- und Ablaufdaten aufgenommen.

Orientierungsdaten beziehen sich auf Ausstattung, Organisation, Auslastung und Kosten der DV-Anlage, gegenwärtige Datenerfassungsmethoden und -geräte und Kommunikationsmittel, räumliche Gegebenheiten.

Ablaufdaten beziehen sich auf Belegfluß, Datenmengen, Zeitforderungen, Fehlerkorrekturen, eingesetzte Datenerfassung im Ablauf sowie zugehöriges Personal.

Vorbereitete Fragebogen stellen sicher, daß nur solche Daten ermittelt werden, die im weiteren Auswahlprozeß nötig sind. Eine Liste mit Kontrollfragen erleichtert das Durchleuchten der gegenwärtigen Situation.

Stufe 3   Ablaufanalyse

Der Datenfluß von der Datenquelle bis zur DV-Anlage wird analysiert. Dabei sind die „Erfassungsebenen" festzulegen. Als Erfassungsebenen bezeichnet man solche Stellen im betrieblichen Ablauf, die sich für die Datenerfassung eignen, da Datensätze oder -felder einschließlich entsprechender Zuordnungsgriffe (z.B. Kunden-Nr.) vollständig vorhanden sind. Darüber hinaus wird geprüft, ob sich ggf. mit anderen DV-Verfahren gemeinsame Erfassungsebenen ergeben, um je nach Aufgabenstellung zu wirtschaftlichen Gesamtlösungen für einen Betrieb oder einen Bereich zu gelangen.

Stufe 4   Analyse je Erfassungsebene

Zunächst sind die Anforderungen und Bedingungen der jeweiligen Erfassungsebene an die Datenerfassung zu ermitteln. Anschließend werden der Mehraufwand und die Einsparung geschätzt, die beim Realisieren der Datenerfassung in der untersuchten Erfassungsebene eintreten würden.

Diese Daten dienen zum Festlegen der oberen Aufwandsgrenze.

Stufe 5 Ausschließen von Gerätefamilien

Aufgrund der Bedingungen und Anforderungen in den einzelnen Erfassungsebenen lassen sich mit Hilfe von Kriterien Gerätefamilien aus der weiteren Betrachtung ausschließen (Bild 4.9).

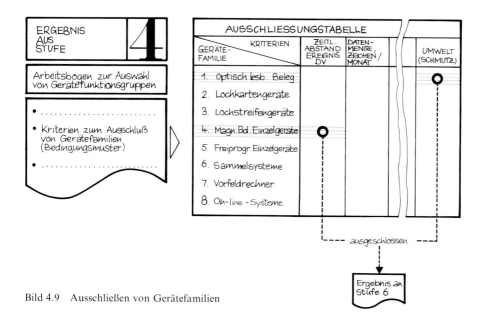

Bild 4.9 Ausschließen von Gerätefamilien

Stufe 6 Auswahl von Gerätefunktionsgruppen

Diese Stufe stellt den zentralen Teil des Auswahlvorganges dar; in ihr werden diejenigen „Gerätefunktionsgruppen" (Geräte mit gleichartigen Funktionen) ausgewählt, die wirtschaftlich vertretbar sind und den am Erfassungsplatz geforderten Funktionen entsprechen.

Dies geschieht mit Hilfe einer „Auswahltabelle", in der die am Markt angebotenen Geräte (herstellerunabhängig) zu Gerätefunktionsgruppen zusammengefaßt und „Aufwandsrichtwerten" zugeordnet sind (Bild 4.10).

4 Datenerfassung

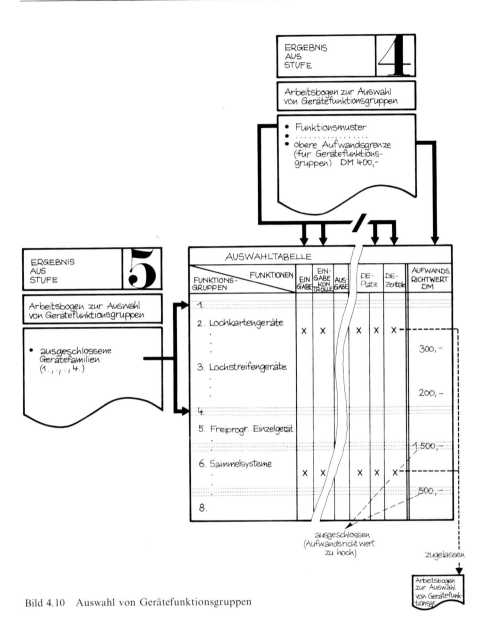

Bild 4.10   Auswahl von Gerätefunktionsgruppen

Stufe 7 Wirtschaftlichkeitsrechnung

Nach Abschluß des Auswahlvorganges für alle ermittelten Erfassungsebenen, werden die ausgewählten Gerätefunktionsgruppen nach Aufwand und Einsparungen zur Entscheidungsvorbereitung miteinander verglichen. Ein Arbeitsbogen systematisiert und vereinfacht die Aufwandsermittlung (Bild 4.11).

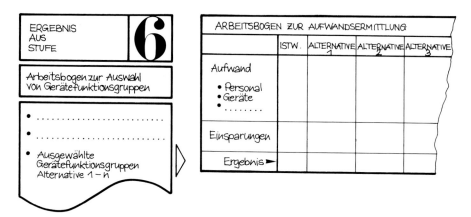

Bild 4.11 Wirtschaftlichkeitsrechnung

Stufe 8 Abstimmung mit dem Anwender

Die Untersuchungsergebnisse werden mit den Anwendern abgestimmt. Fehlerhafte Daten und Annahmen sind zu berichtigen und neue Gesichtspunkte zu berücksichtigen. Die Entscheidung für eine Gerätefunktionsgruppe sollte in dieser Stufe gefällt werden.

Stufe 9 Auswahl des Datenerfassungsgerätes

Mit Hilfe eines „Gerätekataloges" (Zusammenstellung der am Markt angebotenen Geräte, zugeordnet nach Funktionsgruppen) werden für die in Stufe 8 ausgewählten Funktionsgruppen alternative Geräte bestimmt. Sie werden in dieser Stufe einer abschließenden und detaillierten Kostenbetrachtung unterzogen. Arbeitsbogen erleichtern diese Berechnungen (Bild 4.12).

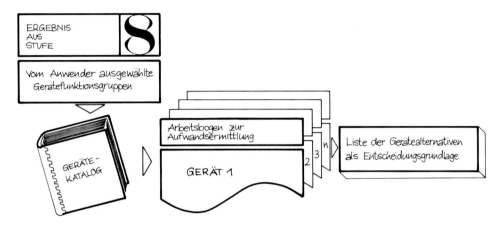

Bild 4.12 Auswahl des Datenerfassungsgerätes

Bei der Auswahl der Geräte werden auch nicht quantifizierbare Kriterien herangezogen, wie

    Service
    Störanfälligkeit
    Bedienungsfreundlichkeit, etc.

Nachstehend wird die Vorgehensweise nochmals im Zusammenhang gezeigt (Bild 4.13).

4 Datenerfassung

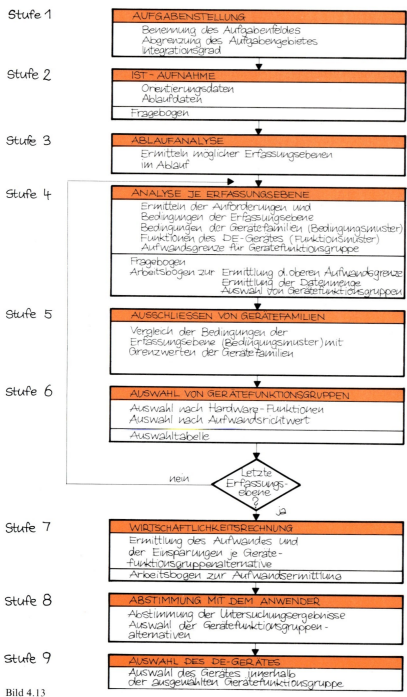

Bild 4.13
Vorgehensweise zur Auswahl von Datenerfassungsmethoden und -geräten

5 Konventionen und Richtlinien für die Programmierung

Einführung

Durch die Verwendung von Konventionen und Richtlinien soll eine Einheitlichkeit der Verfahren hinsichtlich des Aufbaus, der Schnittstellen und der verwendeten Softwaretechniken erreicht werden (siehe Teil I, 4.3 „Konventionen für Programmierung und Test festlegen").

Nachfolgend wird ein Auszug aus bestehenden Richtlinien gegeben, die für einen größeren Personenkreis erarbeitet wurden und für mehrere DV-Abteilungen gelten.

Für die Kontrolle der Einhaltung sind die Chefprogrammierer zuständig. Darüber hinaus werden von einer übergeordneten Stelle fallweise Kontrollen durchgeführt.

Programmiersprachen

COBOL

Für kommerzielle Anwendung ist als Programmiersprache grundsätzlich ANS-COBOL zu verwenden.

Assembler

Assembler ist nur zu verwenden für Probleme, die mit COBOL nur mit großem Aufwand oder gar nicht formulierbar sind, bei denen zeitkritische Bedingungen auftreten, die aufgrund ihres Einsatzes (z.B. Standardsoftware) besonderen Anforderungen genügen müssen.

Der Einsatz von Assembler ist genehmigungspflichtig.

Beim Einsatz von Assembler gelten – soweit möglich – die gleichen Namensregeln wie bei COBOL. Register und Längenangaben sind symbolisch (EQU) anzugeben.

5 Konventionen und Richtlinien für die Programmierung

Strukturierung

Strukturkonventionen für COBOL-Programme

▷ Der Programmorganisationsplan (POP) ist zwingend vorgeschrieben
▷ Obere Ebenen sollen vorwiegend Steuerfunktionen beinhalten
▷ Nur ein STOP RUN bzw. RETURN (im obersten Strukturblock)
▷ Nur eine EIN- und/oder AUSGABE-Anweisung pro Datei und Verarbeitungsmodus
▷ Unterprogramme (UP) nur mit PERFORM aufrufen und nur über EXIT verlassen
▷ Alle UP haben einen Eingang und einen Ausgang (dynamisch und statisch an gleicher Stelle)
▷ Aufrufe der UP sind nur zur direkt darunterliegenden Ebene zugelassen (Ausnahme: zentrale UP)
▷ GO TO Anweisungen dürfen nicht aus dem UP herausführen
▷ Aus den Namen der UP soll die Stellung innerhalb der Hierarchie hervorgehen (siehe Bild 5.1)
▷ Die Reihenfolge der UP soll in der Programmliste sortiert sein und mit dem POP übereinstimmen
▷ Schleifen-Konstruktionen dürfen sich nicht überlappen
▷ Die Größe eines Strukturblocks sollte bei der graphischen Darstellung (Struktogramm) eine Seite DIN A4 nicht überschreiten.

5 Konventionen und Richtlinien für die Programmierung

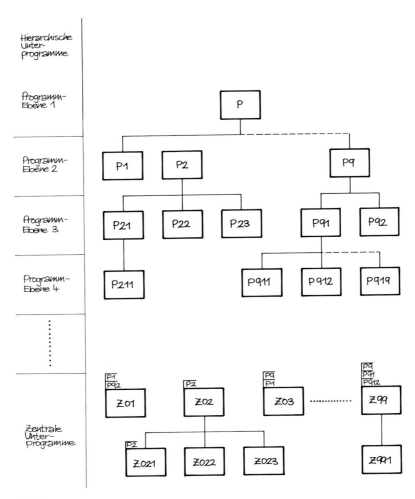

Bild 5.1
Programmorganisationsplan (POP)

Aufbau von Strukturblöcken

▷ **Ausschließlich** durch Aneinanderfügen (Folge) oder Ineinanderschachteln der Grundelemente werden Strukturblöcke aufgebaut.

▷ Beim Aneinanderfügen muß die untere Kante des vorangehenden Strukturblocks **vollständig** mit der oberen Kante des nachfolgenden Strukturblocks zusammenfallen.

▷ Beim Ineinanderschachteln muß das innere Element (bzw. die Folge der inneren Elemente) das übergeordnete Viereck **vollständig** ausfüllen.

Beispiel

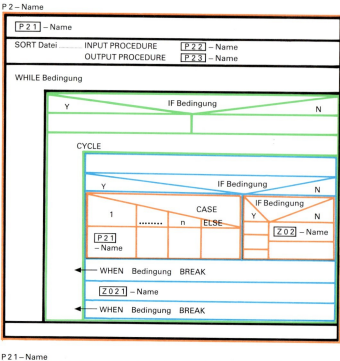

... = Unterprogrammaufruf (PERFORM bzw. @PASS)

Bild 5.2 Aufbau von Strukturblöcken

COBOL-Konventionen

Formale Konventionen

▷ Stufennummern sind in fünfer Sprüngen zu vergeben, um spätere Einfügungen zu erleichtern

▷ Höhere Stufen sind entsprechend den Hilfslinien im COBOL-Formular zu schreiben

▷ PICTURE-Eintragungen beginnen alle in der gleichen Spalte (möglichst 41)

Beispiel

```
01   Z1-AUFWANDS-SATZ.
     05   Z1-KONTO.
          10   Z1-KONTO-1-6             PIC X(6).
          10   Z1-KONTO-7-9             PIC X(3).
```

▷ Paragraphennamen sind in eine eigene Zeile zu schreiben

▷ Je Zeile ist nur ein Befehl zu schreiben

▷ Befehle beginnen grundsätzlich in Spalte 12 (Ausnahme IF)

▷ Bei „IF" werden die im JA- und NEIN-Fall auszuführenden Befehle eingerückt geschrieben (entsprechend Hilfslinie im COBOL-Formular); „ELSE" ist in eine eigene Zeile zu schreiben und beginnt in der gleichen Spalte wie der vorhergehende „IF".

Beispiel

```
        MOVE E1-KDGR TO Z1-KDGR.
U230-05.
        IF E1-GA = "320" OR "330"
            ADD E1-WERT TO T1-WERT
        ELSE
            ADD E1-PREIS TO T1-WERT.
```

▷ Überschriften für Bereiche und Unterprogramme sind durch Verwendung von „*"-Karten deutlich abzuheben.

5 Konventionen und Richtlinien für die Programmierung

▷ SECURITY

Hier sind die im Programm vorgenommenen Änderungen festzuhalten.

Vom: Datum des Änderungsantrages (eindeutiger Querverweis)
Am: Datum der Programmänderung
Vers.:   Versions-Nr. oder Änderungsnummer
Name: Kurzzeichen des Programmierers
Änderung: Kurzbeschreibung der Änderung oder Hinweis auf eine Unterlage muß angegeben werden.

Beispiel

```
SECURITY.      VORGENOMMENE AENDERUNGEN.
*  VOM       AM         VERS.  NAME  AENDERUNG
*  09.01.74  23.01.74   002    BI    LAENDERKZ. 037 BELGIEN ZUGELASSEN.
*  18.06.74  10.08.74   003    KEI   ZUSAETZLICHES BAND FUER TERMIN-
*                                    BESTAETIGUNG AUSGEBEN.
```

▷ REMARKS

Hier steht eine Kurzbeschreibung der Komponente. Später verwendete Abkürzungen sind hier auszuschreiben.

Beispiel

```
REMARKS.***********************************************
*         * IN DIESEM PROGRAMM WERDEN ALLE AUFTRAGSBEWE- *
*         * GUNGSDATEN NACH DEN IN DEN AUSWAHLPARAMETER- *
*         * KARTEN ANGEGEBENEN KRITERIEN AUFGELISTET.    *
*         *                                              *
*         * INNERHALB DIESER KRITERIEN ERFOLGEN SUMMIER- *
*         * UNGEN UND AUFLISTUNG IN DER VOM ANWENDER VOR-*
*         * GEGEBENEN REIHENFOLGE DER ZEILEN-NUMMERN IN  *
*         * DEN ZEILENPARAMETERKARTEN.                   *
*         *                                              *
*         * IN DER LISTE AUFTRAGSBEWEGUNG WERDEN DIE     *
*         * AUFTRAGSEINGANGS- UND UMSATZ- DATEN, IN DER  *
*         * LISTE VE-STATISTIK DIE UMSATZ- UND AUFWANDS- *
*         * DATEN ANGEDRUCKT.                            *
*         ***********************************************
```

ENVIRONMENT DIVISION

▷ SELECT

Der Dateiname wird bereits in der Spezifikationsphase vergeben.

Beispiel

```
************************************************
* B E D I N G U N G S D A T E I ****************
************************************************
 FD TF75201    RECORDING MODE IS F
               BLOCK CONTAINS 1 RECORDS
               RECORD CONTAINS 513 CHARACTERS
               LABEL RECORD IS STANDARD
               DATA RECORD IS E3-BEDINGUNGS-SATZ.
 01     E3-BEDINGUNGS-SATZ.
```

▷ Spalten 73 bis 80 können im BS 1000 verwendet werden für
  Datum der Änderung
  Nr. des Änderungs-Antrages
  Programm-Nr.
  sonstige Kennzeichnung.
Die Verwendung muß innerhalb eines Verfahrens einheitlich geregelt werden.

Hinweis

Bei Verwendung im BS 2000 benötigt man etwa 30 bis 40% mehr Platz in der Primärprogrammbibliothek.

Aufbau des COBOL-Programms

IDENTIFICATION DIVISION

▷ AUTHOR
  Hier sind
    Name
    Dienststelle
    Standort
    Telefon
  des Bearbeiters anzugeben.

Beispiel

```
 AUTHOR.     MEIER, N OD VE 15, MCH-H/BR., TEL. 42888.
```

5 Konventionen und Richtlinien für die Programmierung

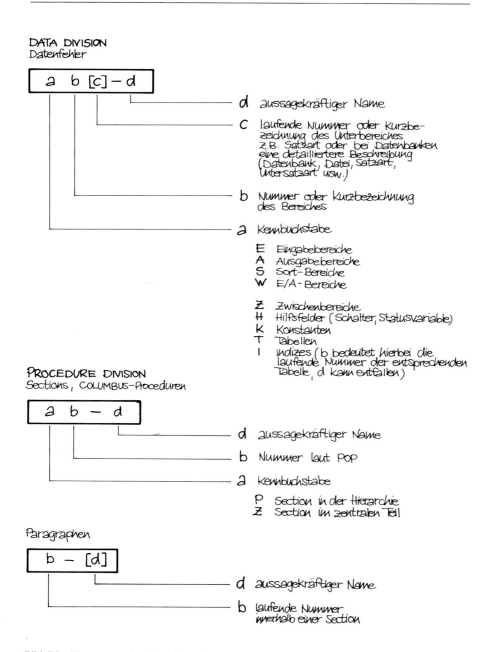

Bild 5.3 Namensvergabe in COBOL-Programmen

Verwendung von COBOL-Anweisungen
(Tabelle 5.1)

darf nicht verwendet werden	sollte verwendet werden
ENVIRONMENT DIVISION	
APPLY ... TO FORM-OVERFLOW ON (Zeilenzählung verwenden) SAME AREA FOR	
DATA DIVISION	
RENAMES REDEFINES verwenden	BLOCK CONTAINS ... RECORDS FILLER immer dann, wenn das Feld nicht angesprochen wird (Ausnahme bei Übernahme mit COPY) RECORD CONTAINS ... CHARACTERS REDEFINES Redefinierende Datennamen müssen die redefinierten Datennamen enthalten VALUE wenn in der WORKING-STORAGE SECTION zu Beginn ein fester Anfangswert benötigt wird
PROCEDURE DIVISION	
ADD CORRESPONDING MOVE CORRESPONDING bei Einhaltung der Datennamenkonventionen nicht möglich SUBTRACT CORRESPONDING ALTER GO TO (auch GO TO DEFENDING ON) PERFORM THRU IF Verknüpfte negierte Abfragen	COMPUTE soll der Übersichtlichkeit halber bei umfangreichen arithmetischen Operationen angewendet werden. Hier sind mehrere ADD, SUBTRACT, MULTIPLY und DIVIDE unübersichtlich Ausnahme: nur innerhalb einer SECTION und in Vorwärtsrichtung und bei Schleifenbildung innerhalb einer SECTION

Tabelle 5.1 Verwendung von COBOL-Anweisungen

5   Konventionen und Richtlinien für die Programmierung

Empfehlungen

Bedingungsnamen	(Stufe 88) verwenden
	▷ zu Abfragen von verschlüsselten Feldinhalten (IF MAENNLICH statt IF E1-GESCHLECHT=1)
	▷ zu Abfragen von Statusvariablen (Schaltern mit mehr als 2 Zuständen)
Schalternamen	sollen den Verarbeitungszustand des Programms bezeichnen (H10-DATEI-GEOEFFNET, H11-ERSTER-DURCHGANG statt SWITCH-1, SCHALTER-5)
Schalterzustandswerte	sollen den Zustand der Schalter symbolisch bezeichnen (JA, Nein statt 1, 0)
mit Bemerkungen	(*Karten) den COBOL-Code ausreichend erklären
Unterprogramme	in überschaubarer Größe schreiben (bis zu 200 Anweisungen)
Programmliste	übersichtlich gestalten durch Trennung von Divisions, Datenbereichen und Sections
Datenfelder	aufsteigend numerieren und in richtiger Reihenfolge schreiben (Hilfsfelder, Konstanten usw.)
Aussagekräftige Datennamen	verwenden, die schon in der Leistungsbeschreibung und Spezifikation festgelegt wurden
Konstanten	der WORKING-STORAGE SECTION mit VALUE-Klauseln belegen
Ident.-Konstante	mit Programmnamen, Vers.-Nr. und zugehörigem Datum am Anfang der WORKING-STORAGE SECTION schreiben und pflegen; im Programmvorlauf ist diese Konstante zu protokollieren
Aussagekräftige Kapitelnamen	verwenden
Paragraphennamen	in eine eigene Zeile schreiben und innerhalb einer Section aufsteigend numerieren
Aktionen bei Sonderausgängen	(AT END, INVALID KEY...) jeweils in einer eigenen Zeile beginnen und eingerückt schreiben

5 Konventionen und Richtlinien für die Programmierung

Datenlexikon

Wie bereits unter 3.4 „Leistungsbeschreibung, fachliches Feinkonzept erstellen" erläutert, ist das Erstellen eines Datenlexikons notwendig, um eine eindeutige Unterlage über die zum betrieblichen Ablauf notwendigen Daten zu haben. Dies um so mehr, je höher die DV-Durchdringung und die Verfahrensintegration im Unternehmen ist.

Das Datenlexikon dient:

▷ der Bestandsaufnahme vorhandener Daten, Datenbeschreibung (z.B. Namen, Kurzbezeichnungen usw.)

▷ der Abgrenzung der Daten (Dateninhalt und Datenbeschreibung zum Zwecke der Eindeutigkeit)

▷ der Information über Namen und Kurzbezeichnungen

▷ der Information über Wertebereiche der Daten

▷ der Information über Abhängigkeiten (logische Plausibilitäten)

▷ der Information über Zugriffsberechtigungen (Zulässigkeit der Verarbeitung)

▷ der Information über Sicherungsmaßnahmen

▷ der Formalisierung von Datenbeschreibungen

▷ der Normierung der Datenbeschreibung

▷ als Hilfsmittel zur Konzeption oder Reorganisation von Datenstrukturen und Datenbeständen

▷ als Grundlage für die Realisierung von Verfahren

Die einzelnen Punkte des folgenden Vorschlags sind jeweils für die

▷ Datenfeld-

▷ Datensatz-

▷ Datei-

▷ Datenbestands-

Beschreibungen anzugeben.

5 Konventionen und Richtlinien für die Programmierung

Inhalt eines Datenlexikons

- Identifikation
  - Kurzbezeichnung   (Konvention der Programmiersprache beachten)
  - Name   (Langform – im betrieblichen Verkehr üblich)
  - Bedeutung   (einschl. Abgrenzung zu ähnlichen Daten)
  - Synonyme   (Kurzbezeichnung gleicher Informationen)
  - Geltungsbereich   (wo ist die Beschreibung gültig)
  - Ausgabe-Nr.
  - Gültigkeit   (von bis)

- Darstellungsform
  - Format/Aufbau   (z.B. Feldlänge, Ausrichtung, Satzformat)
  - Wertebereich/Satzlänge
  - Dateiumfang
  - Komprimierung   (Angabe der Art/Methode und Teil der Komprimierung)

  - Speicherungsform
  - Zugriffsmethode   (z.B. HASH, ISAM, VSAM)
  - Reorganisation   (Zeitliche, sachliche Bedingung)

- Zuordnung
  - Formale Zuordnung
    - zur Aufgabe   (Verfahren, Programm, Elementarprozeß)
    - zum Ober- und Unterbegriff
  - Logische Zuordnung

- Zugriffsberechtigung
  - zum Lesen
  - zum Lesen/Ändern
  - zum Lesen/Ändern/Löschen (Datenschutz: siehe Teil I, Seite 118)
  - Berechtigung zum Übermitteln

- Sicherungsmaßnahmen
  - Risikoklassen
  - Archivierung

6 Laufzeitschätzung und Optimierung der Blocklängen

Einführung

Die Laufzeiten beeinflussen wesentlich die Wirtschaftlichkeit des Verfahrens. Es ist deshalb notwendig, daß die Laufzeiten der einzelnen Komponenten (Programme) frühzeitig so genau wie möglich ermittelt werden.

Das Ergebnis kann zu

▷ Änderungen der Verfahrensstruktur

▷ Ablehnung bestimmter Entwicklungsstufen

▷ Neubeschaffung entsprechender Hardware

führen.

Da sich die Laufzeit eines Programmes vor allem aus der reinen Verarbeitungszeit (Ausführungszeit der Befehle/Anweisungen) und der Zeit für den Datentransfer zusammensetzt – und diese Zeit u.a. abhängig von den Blocklängen ist –, wird auch die Optimierung der Blocklängen behandelt.

Mit Hilfe der Formel (1) kann man überschlagsweise die Zeit für einen Verarbeitungsschritt (Verarbeitung einer Date von der Eingabe bis zur Ausgabe) ermitteln.

$$T_{ges} = T_{cpu} + T_{EA} + T_{ü} + T_{Bg} + T_{W} \tag{1}$$

T_{ges} Gesamtzeit für einen Verarbeitungsschritt
T_{cpu} Verarbeitungszcit (cpu-Zeit)
T_{EA} Ein-/Ausgabezeit in ms
$T_{ü}$ Zeit für die Datenübertragung bei Dialogverfahren (siehe Teil I, Seite 132)
T_{Bg} Zeit für externe Bedienungen (anteilig)
T_{W} Wartezeiten im System

Verarbeitungszeit

Die Verarbeitungszeit T_{cpu} wird bestimmt durch die für einen Verarbeitungsschritt notwendigen Befehle:

$$T_{cpu} = A_B \cdot T_B \qquad (2)$$

A_B Anzahl der Befehle
T_B Durchschnittliche Befehlsausführungszeit

Zur überschlagsweisen Berechnung genügt es, wenn man die durchschnittliche Befehlsausführungszeit zur Berechnung ansetzt. Hierzu können entsprechend der Aufgabe die von den Herstellern veröffentlichten Mixkennzahlen verwendet werden.

Die nachfolgende Definition der beiden am meisten verbreiteten Mixkennzahlen (GIBSON-Mix, MIX 1) zeigt die Basis der Ermittlung dieser Zahlen.

Mixkennzahlen

Eine Mixkennzahl bezeichnet die Ausführungszeit für eine Reihe von Befehlen, von denen jeder in einer bestimmten festgelegten Anzahl vorhanden ist. Für jeden Befehl wird die Ausführungszeit ermittelt; diese Zeiten werden im Verhältnis der Anzahl der Befehle gewichtet und addiert. Als Ergebnis erhält man eine durchschnittliche Befehlsausführungszeit.

GIBSON-Mix

Diese Mixkennzahl gilt für technisch/mathematische Aufgaben (Tabelle 6.1).

In den Befehlen, die die Grundlage dieses Mix bilden, sind die einzelnen Befehlsarten wie folgt vertreten:

Befehlsarten	Anteile in %
Zu- und Abspeichern	31,2
Addition/Subtraktion	6,1
Multiplikation	0,6
Division	0,2
Gleitkomma-Addition	6,9
Gleitkomma-Multiplikation	3,8
Gleitkomma-Division	1,5
Suchen/Vergleichen	3,8
Verzweigen/Testen	16,6
Verschieben	4,4
Logische Befehle	1,6
Normaler Speicherzugriff	5,3
Indexregister-Befehle	18,0
Summe	100,0

Tabelle 6.1   Aufbau des GIBSON-Mix

MIX 1

Diese Mixkennzahl steht für kommerzielle Aufgaben (Tabelle 6.2).

Befehlsarten	Anteile in %
Addition und Subtraktion einschließlich Zu- und Abspeichern sechsstelliger Felder	30
Addition und Subtraktion sechsstelliger Felder	20
Vergleichen/Testen sechsstelliger Felder einschließlich Verzweigen	30
Verschieben von drei Stellen um drei Stellen	10
Multiplikation sechsstelliger Felder	6
Division sechsstelliger Felder	4
Summe	100

Tabelle 6.2 Aufbau von MIX 1

Auf Basis dieser Kennzahlen ergeben sich die durchschnittlichen Befehlsausführungszeiten für die DV-Anlage (z.B. bei SIEMENS 4004/150 2,82 µs bei MIX 1).

Ein-/Ausgabezeit

Die Ein-/Ausgabezeit T_{EA} bezeichnet die Zeit, die zum Datentransfer benötigt wird.

▷ Kartenleser, Drucker, Stanzer
  (langsame periphere Geräte bzw. E/A-Geräte)

Für diese Geräte lassen sich die Zeiten aus den technischen Beschreibungen entnehmen.

▷ Bandgeräte

Aus der Bandgeschwindigkeit v_{Bd} sowie aus der Schreibdichte (Sd) läßt sich mit Hilfe der Formel (3) die theoretische Lese-/Schreibgeschwindigkeit $\left(\text{Übertragungsrate } \ddot{U}R \text{ in } \frac{\text{Bytes}}{\text{s}}\right)$ errechnen.

$$\ddot{U}R = Sd \cdot v_{Bd} \tag{3}$$

6 Laufzeitschätzung und Optimierung der Blocklängen

Die Blocklücken betragen bei allen Bandgeräten 1,5 cm. Die für das Überlesen der Blocklängen benötigte Zeit bezeichnet man als Blocklückenzeit BLZ in ms; diese läßt sich überschlagsweise – d.h. bei Vernachlässigung der während der Abbrems- bzw. Anlaufphase sinkenden bzw. steigenden Geschwindigkeit – mit Hilfe von (4) ermitteln.

$$BLZ = \frac{1,5 \cdot Sd}{\ddot{U}R} \tag{4}$$

Tabelle 6.3 enthält die obigen Werte für einige marktübliche Bandgeräte.

Bandgeräte-Typen	Kenngrößen	Schreib-/Zeichendichte Sd in $\frac{\text{Bytes}}{\text{cm}}$	Übertragungsrate $\ddot{U}R$ in $\frac{\text{KB}}{\text{s}}$	Bandgeschwindigkeit v_{Bd} in $\frac{\text{cm}}{\text{s}}$	Rückspulgeschwindigkeit in $\frac{\text{cm}}{\text{s}}$	Blocklückenzeit BLZ in ms
430		320	30	95	286	16
432-2		320	30	95	286	16
442-2		320	60	190	381	8
4420-30		640	30	48	73	32
4420-60		640	60	95	73	16
3530, 4421-30		640	30	48	73	32
3531, 4421-60		640	60	95	73	16
4422-30		640	30	48	73	32
4422-60		640	60	95	73	16
451-2		640	60	95	570	16
453-2		640	120	190	890	8
4446-2		320	120	381	1220	4
3540, 4453		320/640	60/120	190	570	8
3550, 450		320/640	120/240	381	1250	4
3554, 454		320/640	160/320	510	1450	3

Tabelle 6.3 Kenngrößen für Bandgerätetypen

Entsprechend diesen Werten läßt sich überschlägig die Gesamtzeit für das Lesen und Schreiben einer Datei mit Hilfe von (5) bzw. für das Lesen/Schreiben eines Blockes (6) ermitteln.

$$T_{EA} = \frac{SZ \cdot SL}{BL} \cdot BLZ + \frac{SZ \cdot SL}{ÜR} \tag{5}$$

$$T_{EA} = BLZ + \frac{BL}{ÜR} \tag{6}$$

SZ Anzahl, Sätze der Datei
SL Länge der Sätze, evtl. Durchschnittslänge in Bytes
BL Länge der Blöcke, evtl. Durchschnittslänge in Bytes

Statt der Einzelgrößen SZ und SL kann bei der Formel (5a) auch mit der Anzahl der Blöcke B_Z gerechnet werden:

$$T_{EA} = B_Z \cdot BLZ + \frac{B_Z \cdot BL}{ÜR} \tag{5a}$$

Blocklängen bei Bändern

Aus (5), (5a) und (6) ist erkennbar, daß die Zeit T_{EA} neben den gerätespezifischen Kenndaten noch von der Blocklänge abhängt, d.h. je größer die Blocklänge ist, desto kleiner wird die Zeit der Übertragung für eine bestimmte Anzahl von Bytes. Wo die jeweils optimale Blocklänge liegt, hängt neben dem Zeitgewinn auch noch von dem für das Programm zur Verfügung stehenden Arbeitsspeicher ab.

Bild 6.1 zeigt, wie die Zeit für das Übertragen von 10^5 Bytes mit größer werdender Blocklänge abnimmt.

6 Laufzeitschätzung und Optimierung der Blocklängen

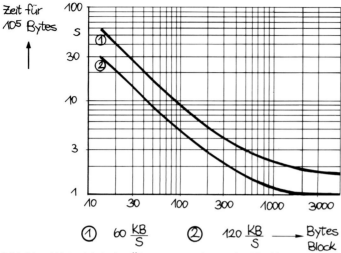

Bild 6.1 Abhängigkeit der Übertragungszeit von der Blocklänge

Die Beispiele für 60-KB- und 120-KB-Bänder zeigen, daß bei einer Blockgröße von etwa 2000 Bytes die Übertragungszeit und der benötigte Kernspeicherbedarf in einem günstigen Verhältnis stehen.

Beispiel 60-KB-Bänder

Blocklänge	Zeit für 10^5 Bytes
200 Bytes	etwa 5,2 s
500 Bytes	etwa 3,0 s
1000 Bytes	etwa 2,2 s
2000 Bytes	etwa 2,0 s

Beispiel 120-KB-Bänder

Blocklänge	Zeit für 10^5 Bytes
200 Bytes	etwa 3,0 s
500 Bytes	etwa 1,6 s
1000 Bytes	etwa 1,1 s
2000 Bytes	etwa 1,0 s

Neben den zeitlichen Aspekten wirkt die Blocklänge auch auf die Ausnutzung der Bänder.

Abhängig von der Schreibdichte und der Spulenlänge (in cm) ergibt sich die Kapazität eines Bandes.

$$\boxed{\text{Kapazität in Bytes} = Sd \cdot \text{Spulenlänge}} \tag{7}$$

Bei der Spulenlänge von 730 m bedeutet dies unter Berücksichtigung der Start-/Stoplängen für Bänder mit 320 Bytes/cm Schreibdichte eine Spulenkapazität von 21 Millionen Bytes, bei 640 Bytes/cm Schreibdichte eine von 42 Millionen Bytes.

6 Laufzeitschätzung und Optimierung der Blocklängen

Da der Start-Stop-Weg (Blocklänge) immer 1,5 cm beträgt, läßt sich das vorhandene Datenvolumen in cm wie folgt errechnen

$$\text{Datenvolumen} = \left(\frac{BL}{Sd} + 1{,}5\right) \cdot B_Z \tag{8}$$

Entsprechend dieser Formel kann auch errechnet werden, wieviel Blöcke auf eine Spule passen.

Ebenso wichtig wie die richtige Wahl der Blocklänge ist, daß mit zwei Ein-/Ausgabebereichen gearbeitet wird. Der Zeitvorteil lag bei einer Meßreihe mit E/A-intensiven Programmen bei etwa 60%.

▷ Plattengeräte

Die Zeit zum Durchführen eines Lese- oder Schreibvorganges setzt sich zusammen aus:

Suchen des betreffenden Zylinders (Bild 6.2) (Positionierungszeit t_{pos})

Aufsuchen des betreffenden Satzes in einer Spur (Bild 6.3) (Latenzzeit t_{Lt})

Lesen/Schreiben t_{LE}/t_{SC}, wobei beim Schreiben die Latenzzeit und die Prüfzeit t_p des geschriebenen Satzes hinzukommt.

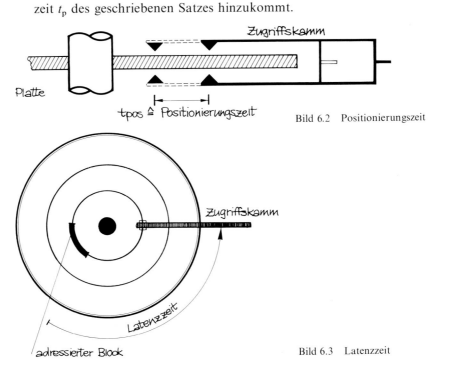

Bild 6.2 Positionierungszeit

Bild 6.3 Latenzzeit

6 Laufzeitschätzung und Optimierung der Blocklängen

Die Beziehung (9) gilt für das Berechnen der Ein-/Ausgabezeiten T_{EA} bei Plattengeräten:

$$T_{EA} = t_{pos} + t_{Lt} + t_{LE/SC}(+t_p) \tag{9}$$

Die Werte hängen ab von den technischen Daten des Plattengerätes und der gewählten Speicherungsform.

Bei Festkopfplattengeräten entfällt t_{pos}.

Tabelle 6.4 enthält die technischen Daten für einen Teil der bei Siemens angebotenen Plattengeräte.

Kenngrößen \ Geräte	564 594	4579 4580 4581	3440 588 (3465)	3455 580-1	3450 580-2	3460
Zylinderanzahl	203	203	406	404 (808)	404	808
Spurenanzahl/Zylinder	10	20	19	9	19	19
Bytes/Spur, Brutto	3660	7350	7286	19750	13030	13030
Bytes/Spur nutzbar für Daten	626	7294	7212	19600	12974	12974
Bytes/Zylinder	36660	147000	138434	177750	247570	247570
Bytes/Platteneinheiten in Millionen Bytes	7	29	56	72 (144)	100	200
Übertragungsgeschwindigkeit ($\ddot{U}R$) in KB/s	156	312	312	806	806	806
Umdrehungszahl in min^{-1}	2400	2400	2400	2400	3600	3600
Umdrehungszeit t_{um} in ms	25	25	25	25	16,8	16,8
Position. Zeit (t_{pos}) in ms min mittel max	25 75 120	25 60 100	10 35 70	7 25 50	10 30 55	10 30 55
Durchschnittliche Latenzzeit (t_{Lt}) in ms	12,5	12,5	12,5	12,5	8,4	8,4
Mittlere Zugriffs-Zeit (t_{Zg}) in ms	87,5	72,5	47,5	37,5	38,4	38,4

Tabelle 6.4 Kenngrößen für die im Siemens-Lieferprogramm angebotenen Plattengeräte

6 Laufzeitschätzung und Optimierung der Blocklängen

Anhand der wichtigsten Speicherungsformen wird dargestellt, welche mittleren Ein-/Ausgabezeiten T_{EA} anfallen.

Fall 1: Speicherungsform und Verarbeitung sequentiell

Vorgang	Zeit	Bemerkung/Erläuterung
SUCHEN (Positionieren)	$t_{pos\,min}$	Fällt jeweils beim Übergang auf den nächsten Zylinder an; d.h. für jeden Einzelvorgang: $\dfrac{t_{pos\,min}}{A}$ A Anzahl Sätze (Blöcke) je Spur
AUFSUCHEN (Latenzzeit)	t_{Lt}	Es wird ab der Position auf der Spur gelesen, an der der Kopf nach der Positionierung steht sonst $2 \cdot t_{Lt}$
LESEN	t_{LE}	abhängig von der Satz/Blocklänge $t_{LE} = \dfrac{t_{um}}{A}$
SCHREIBEN	t_{SC}	$t_{SC} \triangleq t_{um}$ Anmerkung: Bei Angabe, daß nach dem Schreiben noch geprüft werden soll, kommt noch die Prüfzeit ($t_p \triangleq t_{um}$) hinzu

Tabelle 6.5   Angaben zu Fall 1

Fall 2: Speicherungsform Random-Methode mit direkter Adressierung und wahlweiser Verarbeitung

Vorgang	Zeit	Bemerkung/Erläuterung
SUCHEN	$t_{pos\,min}$	Trifft dann zu, wenn die Eingabe sortiert ist und die nächste Bewegung im folgenden Zylinder stattfindet, sonst t_{pos}. t_{pos} trifft dann zu, wenn die Datei die Platte voll belegt, sonst entsprechend weniger.
AUFSUCHEN	t_{Lt}	
LESEN	t_{LE}	
SCHREIBEN	t_{SC}	siehe Tabelle 6.5

Tabelle 6.6   Angaben zu Fall 2

6 Laufzeitschätzung und Optimierung der Blocklängen

Fall 3: Speicherungsform Indexsequentiell, bei wahlweiser Verarbeitung

Vorgang		Zeit	
SUCHEN	Haupt- und Zylinderindex	0 bzw. t_{pos}	1)
AUFSUCHEN	Hauptindex, einschl. Lesen	$t_{Lt} + t_{LE}$	2)
AUFSUCHEN	Zylinderindex, einschl. Lesen	$t_{Lt} + t_{LE}$	2)
SUCHEN	Spurindex	t_{pos}	3)
AUFSUCHEN	Spurindex, einschl. Lesen	$t_{Lt} + t_{LE}$	2)
AUFSUCHEN	Block (Satz) – in Datenspur – in Folgespur	t_{Lt} $n \cdot t_{Lt}$	4)
LESEN	Satz – in Datenspur – in Folgespur	t_{LE} $n \cdot t_{LE}$	4)
SCHREIBEN		t_{SC}	5)
Bemerkung/Erläuterung			

1) Meist stehen Haupt- und Zylinderindex direkt im Speicher, so daß diese Zeit Null ist. Die Zeit von Null trifft auch zu, wenn der Haupt- und Zylinderindex nicht im Speicher, sondern auf einer zweiten Speichereinheit ständig im Zugriff stehen.
2) t_{LE} ist abhängig von der Anzahl der Indexblöcke auf der Spur $\left(t_{LE} = \frac{t_{um}}{A}\right)$.
3) Die Suchzeit ist abhängig von der Lage der Spurindexeinträge. Falls die Datei den Umfang einer Speichereinheit hat, ist es günstig, den Bereich der Spurindexeinträge in die Mitte der Speichereinheit zu legen. Die Suchzeit wäre in diesem Fall nur noch $\frac{t_{pos}}{4}$.
4) Im Folgebereich muß schrittweise weiter gesucht bzw. gelesen werden. Für die durchschnittliche Anzahl von weiteren Suchschritten zum Auffinden steht n.
5) Siehe Tabelle 6.5.

Tabelle 6.7 Angaben zu Fall 3

Blocklängen bei Platten

Unter dem Gesichtspunkt der optimalen Kapazitätsausnutzung der Platten kann die Blocklänge anhand einer Formel mit plattenspezifischen Kenngrößen errechnet werden. Die Ergebnisse für ausgewählte Plattengeräte aus dem Siemens-Lieferspektrum sind in den nachfolgenden Tabellen 6.8 bis 6.10 aufgeführt.

Die Ermittlung der Blocklänge bei vorgegebener Anzahl Blöcke pro Plattenspur kann aus Tabelle 6.8 entnommen werden. Die Ausnutzung der Spur bei vorgegebenen Blocklängen ist Tabelle 6.9 (ohne Schlüssel) und Tabelle 6.10 (mit Schlüssel) zu entnehmen.

6 Laufzeitschätzung und Optimierung der Blocklängen

```
OPTIMALE BLOCKLAENGEN AUF PLATTENSPEICHERN.
BLOECKE   MIT   SCHLUESSEL   ( KL + DL )
```

BLOECKE PRO SPUR	564 (M2)	4579 (M4)	4581 3440 (M5)	580-1/-2 3450/3460 (M6/M7)	588-1/-2 3455/3465 (M8/M9)
1	3606	7249	7153	12974	19694
2	1720	3477	3409	6391	9751
3	1111	2255	2196	4197	6437
4	810	1650	1596	3100	4780
5	631	1289	1237	2442	3786
6	511	1049	1000	2003	3123
7	427	878	830	1689	2649
8	364	750	703	1454	2294
9	314	651	605	1271	2018
10	275	571	526	1125	1797
11	243	507	462	1005	1616
12	216	452	408	906	1466
13	193	407	362	821	1338
14	174	368	324	749	1229
15	157	333	290	686	1134
16	142	304	260	631	1051
17	129	278	234	583	978
18	118	255	211	540	913
19	107	233	190	501	855
20	98	215	172	467	803
21	89	198	155	435	755
22	81	183	139	407	712
23	75	168	126	381	673
24	68	156	114	357	637
25	62	144	101	335	604
26	57	133	91	315	573
27	52	123	81	296	545
28	47	114	71	279	519
29	43	105	63	262	494
30	39	96	54	247	471
31	36	89	46	233	450
32	32	82	40	220	430
33	28	75	33	207	411
34	25	69	26	196	393
35	22	63	21	185	377
36	20	57	15	174	361
37	17	51	10	164	346
38	15	46	5	155	332
39	12	42		146	318
40	10	37		138	306

```
STAND : 28. 11. 1977  /
```

Tabelle 6.8 Optimale Blocklänge bei vorgegebener Anzahl Blöcke je Spur

6 Laufzeitschätzung und Optimierung der Blocklängen

```
OPTIMALE BLOCKLAENGEN AUF PLATTENSPEICHERN.
BLOECKE OHNE SCHLUESSEL   ( DL )
```

BLOECKE PRO SPUR	564 (M2)	4579 (M4)	4581 3440 (M5)	580-1/-2 3450/3460 (M6/M7)	588-1/-2 3455/3465 (M8/M9)
1	3626	7294	7212	13030	19750
2	1740	3521	3467	6447	9807
3	1130	2298	2254	4253	6493
4	830	1693	1653	3156	4836
5	650	1332	1295	2498	3842
6	531	1093	1057	2059	3179
7	446	922	887	1745	2705
8	383	793	760	1510	2350
9	333	694	661	1327	2074
10	294	615	582	1181	1853
11	262	550	518	1061	1672
12	235	496	465	962	1522
13	212	450	419	877	1394
14	193	411	380	805	1285
15	176	377	347	742	1190
16	161	348	317	687	1107
17	148	321	291	639	1034
18	137	298	268	596	969
19	126	277	247	557	911
20	117	258	229	523	859
21	108	241	212	491	811
22	101	226	197	463	768
23	94	211	183	437	729
24	87	199	170	413	693
25	81	187	158	391	660
26	76	176	147	371	629
27	71	166	138	352	601
28	66	157	128	335	575
29	62	148	119	318	550
30	59	139	111	303	527
31	55	132	103	289	506
32	51	125	96	276	486
33	47	118	90	263	467
34	44	112	84	252	449
35	41	106	77	241	433
36	39	100	72	230	417
37	36	94	67	220	402
38	34	90	62	211	388
39	31	85	57	202	374
40	29	80	52	194	362

```
STAND : 28. 11. 1977 /
```

KL Key-(Schlüssel-)länge; DL Datenlänge

6 Laufzeitschätzung und Optimierung der Blocklängen

SPURAUSNUTZUNG BEI BLOECKEN OHNE SCHLUESSEL DL										
SPURAUSNUTZUNG BEI BLOECKEN OHNE SCHLUESSEL							DL		SEITE 1	
GERAETE TYP -->	564 (M2)		4579 (M4)		4581 3440 (M5)		580-1/-2 3450/3460 (M6/M7)		588-1/2 3455/3465 (M8/M9)	
BLOCK-LAENGEN	BLK./SPUR	% AUSL.	BLK./SPUR	% AUSL.	BLK./SPUR	% AUSL.	BLK./SPUR	% AUSL.	BLK./SPUR	% AUSL.
19750									1	100
13030							1	100	1	65
9807							1	75	2	99
7294			1	100			1	55	2	73
7212			1	98	1	100	1	55	2	73
6493			1	89	1	90	1	49	3	98
6447			1	88	1	89	2	98	3	97
4836			1	66	1	67	2	74	4	97
4253			1	58	1	58	3	97	4	86
3842			1	52	1	53	3	88	5	97
3626	1	100	1	49	1	50	3	83	5	91
3521	1	97	2	96	1	48	3	81	5	89
3467	1	95	2	95	2	96	3	79	5	87
3179	1	87	2	87	2	38	3	73	6	96
3156	1	87	2	86	2	87	4	96	6	95
2705	1	74	2	74	2	75	4	83	7	95
2498	1	68	2	68	2	69	5	95	7	88
2350	1	64	2	64	2	65	5	90	8	95
2298	1	63	3	94	2	63	5	88	8	93
2254	1	62	3	92	3	93	5	86	8	91
2074	1	57	3	85	3	86	5	79	9	94
2059	1	56	3	84	3	85	6	94	9	93
1853	1	51	3	76	3	77	6	85	10	93
1745	1	48	3	71	3	72	7	93	10	88
1740	2	95	3	71	3	72	7	93	10	88
1693	2	93	4	92	3	70	7	90	10	85
1672	2	92	4	91	3	69	7	89	11	93
1653	2	91	4	90	4	91	7	88	11	92
1522	2	83	4	83	4	84	7	81	12	92
1510	2	83	4	82	4	83	8	92	12	91
1394	2	76	4	76	4	77	8	85	13	91
1332	2	73	5	91	4	73	8	81	13	87
1327	2	73	5	90	4	73	9	91	13	87
1295	2	71	5	88	5	89	9	89	13	85
1235	2	70	5	88	5	89	9	88	14	91
1190	2	65	5	81	5	82	9	82	15	90
1181	2	65	5	80	5	81	10	90	15	89
1130	3	93	5	77	5	78	10	86	15	85
1107	3	91	5	75	5	76	10	84	16	89
1093	3	90	6	89	5	75	10	83	16	88

STAND : 23. 11. 1977 /

KL Key-(Schlüssel-)länge; DL Datenlänge

6 Laufzeitschätzung und Optimierung der Blocklängen

SPURAUSNUTZUNG BEI BLOECKEN OHNE SCHLUESSEL DL										
SPURAUSNUTZUNG BEI BLOECKEN OHNE SCHLUESSEL DL SEITE 2										
GERAETE TYP -->	564 (M2)		4579 (M4)		4581 3440 (M5)		580-1/-2 3450/3460 (M6/M7)		588-1/2 3455/3465 (M8/M9)	
BLOCK- LAENGEN	BLK./ SPUR	% AUSL.	BLK./ SPUR	% AUSL.	BLK./ SPUR	% AUSL.	BLK./ SPUR	% AUSL.	BLK./ SPUR	% AUSL.
1061	3	87	6	87	5	73	11	89	16	85
1057	3	87	6	86	6	87	11	89	16	85
1034	3	85	6	85	6	86	11	87	17	89
969	3	80	6	79	6	80	11	81	18	88
962	3	79	6	79	6	80	12	88	18	87
922	3	76	7	88	6	76	12	84	18	84
911	3	75	7	87	6	75	12	83	19	87
887	3	73	7	85	7	86	12	81	19	85
877	3	72	7	84	7	85	13	87	19	84
859	3	71	7	82	7	83	13	85	20	86
830	4	91	7	79	7	80	13	82	20	84
811	4	89	7	77	7	78	13	80	21	86
805	4	88	7	77	7	78	14	86	21	85
793	4	87	8	86	7	76	14	85	21	84
768	4	84	8	84	7	74	14	82	22	85
760	4	83	8	83	8	84	14	81	22	84
742	4	81	8	81	8	82	15	85	22	82
729	4	80	8	79	8	80	15	83	23	84
694	4	76	9	85	8	76	15	79	23	80
693	4	76	9	85	8	76	15	79	24	84
687	4	75	9	84	8	76	16	84	24	83
661	4	72	9	81	9	82	16	81	24	80
660	4	72	9	81	9	82	16	81	25	83
650	5	89	9	80	9	81	16	79	25	82
639	5	88	9	78	9	79	17	83	25	80
629	5	86	9	77	9	78	17	82	26	82
615	5	84	10	84	9	76	17	80	26	80
601	5	82	10	82	9	75	17	78	27	82
596	5	82	10	81	9	74	18	82	27	81
582	5	80	10	79	10	80	18	80	27	79
575	5	79	10	78	10	79	18	79	28	81
557	5	76	10	76	10	77	19	81	28	78
550	5	75	11	82	10	76	19	80	29	80
531	6	87	11	80	10	73	19	77	29	77
527	6	87	11	79	10	73	19	76	30	80
523	6	86	11	78	10	72	20	80	30	79
518	6	85	11	78	11	79	20	79	30	78
506	6	83	11	76	11	77	20	77	31	79
496	6	82	12	81	11	75	20	76	31	77
491	6	81	12	80	11	74	21	79	31	77

STAND : 28. 11. 1977 /

Tabelle 6.9 Fortsetzung

SPURAUSNUTZUNG BEI BLOECKEN OHNE SCHLUESSEL DL										
SPURAUSNUTZUNG BEI BLOECKEN OHNE SCHLUESSEL DL SEITE 3										
GERAETE TYP -->	564 (M2)		4579 (M4)		4581 3440 (M5)		580-1/-2 3450/3460 (M6/M7)		588-1/2 3455/3465 (M8/M9)	
BLOCK-LAENGEN	BLK./ SPUR	% AUSL.	BLK./ SPUR	% AUSL.	BLK./ SPUR	% AUSL.	BLK./ SPUR	% AUSL.	BLK./ SPUR	% AUSL.
486	6	80	12	79	11	74	21	78	32	78
467	6	77	12	76	11	71	21	75	33	78
465	6	76	12	76	12	77	21	74	33	77
463	6	76	12	76	12	77	22	78	33	77
450	6	74	13	80	12	74	22	75	33	75
449	6	74	13	80	12	74	22	75	34	77
446	7	86	13	79	12	74	22	75	34	76
437	7	84	13	77	12	72	23	77	34	75
433	7	83	13	77	12	72	23	76	35	76
419	7	80	13	74	13	75	23	73	35	74
417	7	80	13	74	13	75	23	73	36	76
413	7	79	13	73	13	74	24	76	36	75
411	7	79	14	78	13	74	24	75	36	74
402	7	77	14	77	13	72	24	74	37	75
391	7	75	14	75	13	70	25	75	37	73
388	7	74	14	74	13	69	25	74	38	74
383	8	84	14	73	13	69	25	73	38	73
380	8	83	14	72	14	73	25	72	38	73
377	8	83	15	77	14	73	25	72	38	72
374	8	82	15	76	14	72	25	71	39	73
371	8	81	15	76	14	72	26	74	39	73
362	8	79	15	74	14	70	26	72	40	73
352	8	77	15	72	14	68	27	72	40	71
350	8	77	15	71	14	67	27	72	41	72
348	8	76	16	76	14	67	27	72	41	72
347	8	76	16	76	15	72	27	71	41	72
338	8	74	16	74	15	70	27	70	42	71
335	8	73	16	73	15	69	28	71	42	71
333	9	82	16	73	15	69	28	71	42	70
327	9	81	16	71	15	68	28	70	43	71
321	9	79	17	74	15	66	28	68	43	69
318	9	78	17	74	15	66	29	70	43	69
317	9	78	17	73	16	70	29	70	43	69
316	9	78	17	73	16	70	29	68	44	70
306	9	75	17	71	16	67	29	68	45	69
303	9	75	17	70	16	67	30	69	45	69
298	9	73	18	73	16	66	30	68	45	67
297	9	73	18	73	16	65	30	68	46	69
294	10	81	18	72	16	65	30	67	46	68
291	10	80	18	71	17	68	30	66	46	67

STAND : 28. 11. 1977 /

Tabelle 6.9 Fortsetzung

6 Laufzeitschätzung und Optimierung der Blocklängen

```
|-----------------------------------------------------------------------------|
| SPURAUSNUTZUNG BEI BLOECKEN OHNE SCHLUESSEL         DL                      |
|-----------------------------------------------------------------------------|
| SPURAUSNUTZUNG BEI BLOECKEN OHNE SCHLUESSEL         DL      SEITE   4       |
|               |          |          |   4581      | 580-1/-2 | 588-1/2     |
| GERAETE       |   564    |   4579   |   3440      |3450/3460 |3455/3465    |
| TYP -->       |  ( M2 )  |  ( M4 )  |  ( M5 )     | ( M6/M7 )| ( M8/M9 )   |
|---------------|----------|----------|-------------|----------|-------------|
| BLOCK-        |BLK./|  % |BLK./|  % |BLK./|  %    |BLK./|  % |BLK./|  %    |
| LAENGEN       |SPUR |AUSL|SPUR |AUSL|SPUR |AUSL   |SPUR |AUSL|SPUR |AUSL   |
|---------------|-----|----|-----|----|-----|-------|-----|----|-----|-------|
|     289       | 10  | 79 | 18  | 71 | 17  | 68    | 31  | 68 | 46  | 67    |
|     288       | 10  | 79 | 18  | 71 | 17  | 67    | 31  | 68 | 47  | 68    |
|     279       | 10  | 76 | 18  | 68 | 17  | 65    | 31  | 66 | 48  | 67    |
|     277       | 10  | 76 | 19  | 72 | 17  | 65    | 31  | 65 | 48  | 67    |
|     276       | 10  | 76 | 19  | 71 | 17  | 65    | 32  | 67 | 48  | 67    |
|     270       | 10  | 74 | 19  | 70 | 17  | 63    | 32  | 66 | 49  | 66    |
|     268       | 10  | 73 | 19  | 69 | 18  | 66    | 32  | 65 | 49  | 66    |
|     263       | 10  | 72 | 19  | 68 | 18  | 65    | 33  | 66 | 49  | 65    |
|     262       | 11  | 79 | 19  | 68 | 18  | 65    | 33  | 66 | 50  | 66    |
|     258       | 11  | 78 | 20  | 70 | 18  | 64    | 33  | 65 | 50  | 65    |
|     254       | 11  | 77 | 20  | 69 | 18  | 63    | 33  | 64 | 51  | 65    |
|     252       | 11  | 76 | 20  | 69 | 18  | 62    | 34  | 65 | 51  | 65    |
|     247       | 11  | 74 | 20  | 67 | 19  | 65    | 34  | 64 | 52  | 65    |
|     241       | 11  | 73 | 21  | 69 | 19  | 63    | 35  | 64 | 52  | 63    |
|     240       | 11  | 72 | 21  | 69 | 19  | 63    | 35  | 64 | 53  | 64    |
|     235       | 12  | 77 | 21  | 67 | 19  | 61    | 35  | 63 | 53  | 63    |
|     233       | 12  | 77 | 21  | 67 | 19  | 61    | 35  | 62 | 54  | 63    |
|     230       | 12  | 76 | 21  | 66 | 19  | 60    | 36  | 63 | 54  | 62    |
|     229       | 12  | 75 | 21  | 65 | 20  | 63    | 36  | 63 | 54  | 62    |
|     226       | 12  | 74 | 22  | 68 | 20  | 62    | 36  | 62 | 55  | 62    |
|     220       | 12  | 72 | 22  | 66 | 20  | 61    | 37  | 62 | 56  | 62    |
|     213       | 12  | 70 | 22  | 64 | 20  | 59    | 37  | 60 | 57  | 61    |
|     212       | 13  | 76 | 22  | 63 | 21  | 61    | 37  | 60 | 57  | 61    |
|     211       | 13  | 75 | 23  | 66 | 21  | 61    | 38  | 61 | 57  | 60    |
|     207       | 13  | 74 | 23  | 65 | 21  | 60    | 38  | 60 | 58  | 60    |
|     202       | 13  | 72 | 23  | 63 | 21  | 58    | 39  | 60 | 59  | 60    |
|     199       | 13  | 71 | 24  | 65 | 21  | 57    | 39  | 59 | 59  | 59    |
|     197       | 13  | 70 | 24  | 64 | 22  | 60    | 39  | 58 | 59  | 58    |
|     196       | 13  | 70 | 24  | 64 | 22  | 59    | 39  | 58 | 60  | 59    |
|     194       | 13  | 69 | 24  | 63 | 22  | 59    | 40  | 59 | 60  | 58    |
|     193       | 14  | 74 | 24  | 63 | 22  | 58    | 40  | 59 | 60  | 58    |
|     190       | 14  | 73 | 24  | 62 | 22  | 57    | 40  | 58 | 61  | 58    |
|     187       | 14  | 72 | 25  | 64 | 22  | 57    | 40  | 57 | 61  | 57    |
|     186       | 14  | 71 | 25  | 63 | 22  | 56    | 41  | 58 | 61  | 57    |
|     185       | 14  | 71 | 25  | 63 | 22  | 56    | 41  | 58 | 62  | 58    |
|     183       | 14  | 70 | 25  | 62 | 23  | 58    | 41  | 57 | 62  | 57    |
|     180       | 14  | 69 | 25  | 61 | 23  | 57    | 41  | 56 | 63  | 57    |
|     178       | 14  | 68 | 25  | 61 | 23  | 56    | 42  | 57 | 63  | 56    |
|     176       | 15  | 72 | 26  | 62 | 23  | 56    | 42  | 56 | 63  | 56    |
|     175       | 15  | 72 | 26  | 62 | 23  | 55    | 42  | 56 | 64  | 56    |
|-----------------------------------------------------------------------------|
| STAND  :  28. 11. 1977   /                                                  |
|-----------------------------------------------------------------------------|
```

Tabelle .9 Fortsetzung

6 Laufzeitschätzung und Optimierung der Blocklängen

```
|-----------------------------------------------------------------------------|
| SPURAUSNUTZUNG BEI BLOECKEN OHNE SCHLUESSEL          DL                     |
|-----------------------------------------------------------------------------|
| SPURAUSNUTZUNG BEI BLOECKEN OHNE SCHLUESSEL     DL        SEITE  5          |
|                              |            4581 | 580-1/-2 | 588-1/2         |
| GERAETE  |    564   |   4579 |            3440 |3450/3460 |3455/3465        |
| TYP -->  |   ( M2 ) |  ( M4 )|           ( M5 )| ( M6/M7 )| ( M8/M9 )       |
|-----------------------------------------------------------------------------|
| BLOCK-   |BLK./|  % |BLK./| % |BLK./| % |BLK./| % |BLK./| %                 |
| LAENGEN  |SPUR |AUSL.|SPUR|AUSL.|SPUR|AUSL.|SPUR|AUSL.|SPUR|AUSL.           |
|-----------------------------------------------------------------------------|
|   171    | 15  | 70 | 26  | 60 | 23  | 54 | 43  | 56 | 64  | 55             |
|   170    | 15  | 70 | 26  | 60 | 24  | 56 | 43  | 56 | 65  | 55             |
|   166    | 15  | 68 | 27  | 61 | 24  | 55 | 43  | 54 | 66  | 55             |
|   164    | 15  | 67 | 27  | 60 | 24  | 54 | 44  | 55 | 66  | 54             |
|   161    | 16  | 71 | 27  | 59 | 24  | 53 | 44  | 54 | 67  | 54             |
|   158    | 16  | 69 | 27  | 58 | 25  | 54 | 44  | 53 | 67  | 53             |
|   157    | 16  | 69 | 28  | 60 | 25  | 54 | 45  | 54 | 68  | 54             |
|   153    | 16  | 67 | 28  | 58 | 25  | 53 | 45  | 52 | 69  | 53             |
|   151    | 16  | 66 | 28  | 57 | 25  | 52 | 46  | 53 | 69  | 52             |
|   149    | 16  | 65 | 28  | 57 | 25  | 51 | 46  | 52 | 70  | 52             |
|                                                                             |
|   148    | 17  | 69 | 29  | 58 | 25  | 51 | 46  | 52 | 70  | 52             |
|   147    | 17  | 68 | 29  | 58 | 26  | 52 | 46  | 51 | 70  | 52             |
|   145    | 17  | 67 | 29  | 57 | 26  | 52 | 47  | 52 | 71  | 52             |
|   141    | 17  | 66 | 29  | 56 | 26  | 50 | 47  | 50 | 72  | 51             |
|   139    | 17  | 65 | 30  | 57 | 26  | 50 | 48  | 51 | 72  | 50             |
|   138    | 17  | 64 | 30  | 56 | 27  | 51 | 48  | 50 | 72  | 50             |
|   137    | 18  | 68 | 30  | 56 | 27  | 51 | 48  | 50 | 73  | 50             |
|   133    | 18  | 66 | 30  | 54 | 27  | 49 | 49  | 50 | 74  | 49             |
|   132    | 18  | 65 | 31  | 56 | 27  | 49 | 49  | 49 | 74  | 49             |
|   130    | 18  | 64 | 31  | 55 | 27  | 48 | 49  | 48 | 75  | 49             |
|                                                                             |
|   128    | 18  | 63 | 31  | 54 | 28  | 49 | 50  | 49 | 75  | 48             |
|   126    | 19  | 66 | 31  | 53 | 28  | 48 | 50  | 48 | 76  | 48             |
|   125    | 19  | 65 | 32  | 54 | 28  | 48 | 50  | 47 | 76  | 48             |
|   123    | 19  | 64 | 32  | 53 | 28  | 47 | 51  | 48 | 77  | 47             |
|   119    | 19  | 62 | 32  | 52 | 29  | 47 | 51  | 46 | 78  | 46             |
|   118    | 19  | 61 | 33  | 53 | 29  | 47 | 52  | 47 | 78  | 46             |
|   117    | 20  | 64 | 33  | 52 | 29  | 47 | 52  | 46 | 78  | 46             |
|   116    | 20  | 63 | 33  | 52 | 29  | 46 | 52  | 46 | 79  | 46             |
|   113    | 20  | 62 | 33  | 51 | 29  | 45 | 53  | 45 | 80  | 45             |
|   112    | 20  | 61 | 34  | 52 | 29  | 45 | 53  | 45 | 80  | 45             |
|                                                                             |
|   111    | 20  | 61 | 34  | 51 | 30  | 46 | 53  | 45 | 80  | 44             |
|   110    | 20  | 60 | 34  | 51 | 30  | 45 | 53  | 44 | 81  | 45             |
|   108    | 21  | 62 | 34  | 50 | 30  | 44 | 54  | 44 | 81  | 44             |
|   107    | 21  | 61 | 34  | 49 | 30  | 44 | 54  | 44 | 82  | 44             |
|   106    | 21  | 61 | 35  | 50 | 30  | 44 | 54  | 43 | 82  | 44             |
|   104    | 21  | 60 | 35  | 49 | 30  | 43 | 55  | 43 | 83  | 43             |
|   103    | 21  | 59 | 35  | 49 | 31  | 44 | 55  | 43 | 83  | 43             |
|   101    | 22  | 61 | 35  | 48 | 31  | 43 | 55  | 42 | 84  | 42             |
|   100    | 22  | 60 | 36  | 49 | 31  | 42 | 56  | 42 | 84  | 42             |
|    98    | 22  | 59 | 36  | 48 | 31  | 42 | 56  | 42 | 85  | 42             |
|-----------------------------------------------------------------------------|
| STAND  :  28. 11. 1977   /                                                  |
|-----------------------------------------------------------------------------|
```

Tabelle 6.9 Fortsetzung

6 Laufzeitschätzung und Optimierung der Blocklängen

```
|--------------------------------------------------------------------|
| SPURAUSNUTZUNG BEI BLOECKEN MIT SCHLUESSEL  ( DL + KL )            |
|--------------------------------------------------------------------|
```

GERAETE TYP -->	564 (M2)		4579 (M4)		4581 3440 (M5)		580-1/-2 3450/3460 (M6/M7)		588-1/2 3455/3465 (M8/M9)	
BLOCK-LAENGEN	BLK./SPUR	% AUSL.	BLK./SPUR	% AUSL.	BLK./SPUR	% AUSL.	BLK./SPUR	% AUSL.	BLK./SPUR	% AUSL.
19694									1	100
12974							1	100	1	65
9751							1	75	2	99
7249			1	100			1	55	2	73
7153			1	98	1	100	1	55	2	72
6437			1	88	1	89	1	49	3	98
6391			1	88	1	89	2	98	3	97
4780			1	65	1	66	2	73	4	97
4197			1	57	1	58	3	97	4	85
3786			1	52	1	52	3	87	5	96
3606	1	100	1	49	1	50	3	83	5	91
3477	1	96	2	95	1	48	3	80	5	88
3409	1	94	2	94	2	95	3	78	5	86
3123	1	86	2	86	2	87	3	72	6	95
3100	1	85	2	85	2	86	4	95	6	94
2649	1	73	2	73	2	74	4	81	7	94
2442	1	67	2	67	2	68	5	94	7	86
2294	1	63	2	63	2	64	5	88	8	93
2255	1	62	3	93	2	63	5	86	8	91
2196	1	60	3	90	3	92	5	84	8	89
2018	1	55	3	83	3	84	5	77	9	92
2003	1	55	3	82	3	84	6	92	9	91
1797	1	49	3	74	3	75	6	83	10	91
1720	2	95	3	71	3	72	6	79	10	87
1689	2	93	3	69	3	70	7	91	10	85
1650	2	91	4	91	3	69	7	89	10	83
1616	2	89	4	89	3	67	7	87	11	90
1596	2	88	4	88	4	89	7	86	11	89
1466	2	81	4	80	4	81	7	79	12	89
1454	2	80	4	80	4	81	8	89	12	88
1338	2	74	4	73	4	74	8	82	13	88
1289	2	71	5	88	4	72	8	79	13	85
1271	2	70	5	87	4	71	9	88	13	83
1237	2	68	5	85	5	86	9	85	13	81
1229	2	68	5	84	5	85	9	85	14	87
1134	2	62	5	78	5	79	9	78	15	86
1125	2	62	5	77	5	78	10	86	15	85
1111	3	92	5	76	5	77	10	85	15	84
1051	3	87	5	72	5	73	10	81	16	85
1049	3	87	6	86	5	73	10	80	16	85

STAND : 28. 11. 1977 /

Tabelle 6.10   Spurausnutzung bei Blöcken mit Schlüsselfeld

6 Laufzeitschätzung und Optimierung der Blocklängen

```
SPURAUSNUTZUNG BEI FLOECKEN MIT SCHLUESSEL ( DL + KL )
```

GERAETE TYP -->	564 (M2)		4579 (M4)		4581 3440 (M5)		580-1/-2 3450/3460 (M6/M7)		588-1/2 3455/3465 (M8/M9)	
BLOCK-LAENGEN	BLK./SPUR	% AUSL.	BLK./SPUR	% AUSL.	BLK./SPUR	% AUSL.	BLK./SPUR	% AUSL.	BLK./SPUR	% AUSL.
1005	3	83	6	83	5	70	11	85	16	81
1000	3	83	6	82	6	83	11	84	16	81
978	3	81	6	80	6	82	11	82	17	84
913	3	75	6	75	6	76	11	77	18	83
906	3	75	6	74	6	75	12	83	18	82
878	3	73	7	84	6	73	12	81	18	80
855	3	71	7	82	6	71	12	79	19	82
830	3	69	7	80	7	81	12	76	19	80
821	3	68	7	79	7	80	13	82	19	79
810	4	89	7	78	7	79	13	81	19	78
803	4	89	7	77	7	78	13	80	20	81
755	4	83	7	72	7	73	13	75	21	80
750	4	83	8	82	7	73	13	75	21	79
749	4	83	8	82	7	73	14	80	21	79
712	4	78	8	78	7	69	14	76	22	79
703	4	77	8	77	8	78	14	75	22	78
686	4	76	8	75	8	76	15	79	22	76
673	4	74	8	74	8	75	15	77	23	78
651	4	72	9	80	8	72	15	75	23	76
637	4	70	9	79	8	71	15	73	24	77
631	5	87	9	73	8	70	16	77	24	76
605	5	83	9	75	9	76	16	74	24	73
604	5	83	9	74	9	75	16	74	25	76
583	5	80	9	72	9	73	17	76	25	74
573	5	79	9	71	9	72	17	75	26	75
571	5	79	10	78	9	71	17	74	26	75
545	5	75	10	75	9	68	17	71	27	74
540	5	74	10	74	9	67	18	74	27	74
526	5	72	10	72	10	73	18	72	27	72
519	5	71	10	71	10	72	18	72	28	73
511	6	85	10	70	10	71	18	70	28	72
507	6	84	11	76	10	70	18	70	28	72
501	6	83	11	76	10	70	19	73	28	71
494	6	82	11	74	10	69	19	72	29	72
471	6	78	11	71	10	65	19	68	30	71
467	6	77	11	70	10	65	20	71	30	71
462	6	76	11	70	11	71	20	71	30	70
452	6	75	12	74	11	69	20	69	30	68
450	6	74	12	74	11	69	20	69	31	70
435	6	72	12	72	11	66	21	70	31	68

STAND : 28. 11. 1977 /

Tabelle 6.10   Fortsetzung

6 Laufzeitschätzung und Optimierung der Blocklängen

```
| SPURAUSNUTZUNG BEI BLOECKEN MIT SCHLUESSEL ( DL + KL ) |
```

GERAETE TYP -->	564 (M2)		4579 (M4)		4581 3440 (M5)		580-1/-2 3450/3460 (M6/M7)		588-1/2 3455/3465 (M8/M9)	
BLOCK-LAENGEN	BLK./SPUR	% AUSL.	BLK./SPUR	% AUSL.	BLK./SPUR	% AUSL.	BLK./SPUR	% AUSL.	BLK./SPUR	% AUSL.
430	6	71	12	71	11	66	21	69	32	69
427	7	82	12	70	11	65	21	69	32	69
411	7	79	12	68	11	63	21	66	33	68
408	7	79	12	67	12	68	21	66	33	68
407	7	79	13	72	12	68	22	69	33	68
393	7	76	13	70	12	65	22	66	34	67
381	7	73	13	68	12	63	23	67	34	65
377	7	73	13	67	12	63	23	66	35	67
368	7	71	14	71	12	61	23	65	35	65
364	8	80	14	70	12	61	23	64	35	64
362	8	80	14	69	13	65	23	64	35	64
361	8	80	14	69	13	65	23	63	36	65
357	8	79	14	68	13	64	24	66	36	65
346	8	76	14	66	13	62	24	64	37	65
335	8	74	14	64	13	60	25	64	37	62
333	8	73	15	68	13	60	25	64	37	62
332	8	73	15	68	13	60	25	63	38	64
324	8	71	15	67	14	63	25	62	38	62
318	8	70	15	65	14	62	25	61	39	62
315	8	69	15	65	14	61	26	63	39	62
314	9	78	15	64	14	61	26	62	39	62
306	9	76	15	63	14	59	26	61	40	62
304	9	75	16	67	14	59	26	60	40	61
296	9	73	16	65	14	57	27	61	40	60
294	9	73	16	64	14	57	27	61	41	61
290	9	72	16	64	15	60	27	60	41	60
282	9	70	16	62	15	59	27	58	42	60
279	9	69	16	61	15	58	28	60	42	59
278	9	69	17	65	15	58	28	59	42	59
275	10	76	17	64	15	57	28	59	42	58
271	10	75	17	63	15	56	28	58	43	59
262	10	72	17	61	15	54	29	58	43	57
260	10	72	17	60	16	58	29	58	44	58
255	10	70	18	63	16	57	29	56	44	56
250	10	69	18	62	16	55	29	55	45	57
247	10	68	18	61	16	55	30	57	45	56
243	11	74	18	60	16	54	30	56	45	55
241	11	73	18	59	16	53	30	55	46	56
234	11	71	18	58	17	55	30	54	46	54
233	11	71	19	61	17	55	31	55	46	54

STAND : 28. 11. 1977

Tabelle 6.10 Fortsetzung

6 Laufzeitschätzung und Optimierung der Blocklängen

```
-------------------------------------------------------------------------
| SPURAUSNUTZUNG BEI BLOECKEN  MIT SCHLUESSEL  ( DL + KL )              |
|-----------------------------------------------------------------------|
|          |            |            |  4581    | 580-1/-2  | 588-1/2   |
| GERAETE  |    564     |    4579    |  3440    | 3450/3460 | 3455/3465 |
| TYP -->  |   ( M2 )   |   ( M4 )   |  ( M5 )  | ( M6/M7 ) | ( M8/M9 ) |
|----------|------------|------------|----------|-----------|-----------|
| BLOCK-   |BLK./|  %   |BLK./|  %   |BLK./|  % |BLK./|  %  |BLK./|  %  |
| LAENGEN  |SPUR |AUSL. |SPUR |AUSL. |SPUR |AUSL|SPUR |AUSL.|SPUR |AUSL.|
|----------|-----|------|-----|------|-----|----|-----|-----|-----|-----|
|   232    | 11  |  70  | 19  |  60  | 17  | 55 | 31  | 55  | 47  | 55  |
|   223    | 11  |  68  | 19  |  58  | 17  | 52 | 31  | 53  | 48  | 54  |
|   220    | 11  |  67  | 19  |  57  | 17  | 52 | 32  | 54  | 48  | 53  |
|   216    | 12  |  71  | 19  |  56  | 17  | 51 | 32  | 53  | 48  | 52  |
|   215    | 12  |  71  | 20  |  59  | 17  | 51 | 32  | 53  | 48  | 52  |
|   214    | 12  |  71  | 20  |  59  | 17  | 50 | 32  | 52  | 49  | 53  |
|   211    | 12  |  70  | 20  |  58  | 18  | 53 | 32  | 52  | 49  | 52  |
|   207    | 12  |  68  | 20  |  57  | 18  | 52 | 33  | 52  | 49  | 51  |
|   206    | 12  |  68  | 20  |  56  | 18  | 51 | 33  | 52  | 50  | 52  |
|   198    | 12  |  65  | 21  |  57  | 18  | 49 | 33  | 50  | 51  | 51  |
|          |     |      |     |      |     |    |     |     |     |     |
|   196    | 12  |  65  | 21  |  56  | 18  | 49 | 34  | 51  | 51  | 50  |
|   193    | 13  |  69  | 21  |  55  | 18  | 48 | 34  | 50  | 51  | 49  |
|   191    | 13  |  68  | 21  |  55  | 18  | 48 | 34  | 50  | 52  | 50  |
|   190    | 13  |  68  | 21  |  55  | 19  | 50 | 34  | 49  | 52  | 50  |
|   185    | 13  |  66  | 21  |  53  | 19  | 49 | 35  | 49  | 52  | 48  |
|   184    | 13  |  66  | 21  |  53  | 19  | 48 | 35  | 49  | 53  | 49  |
|   183    | 13  |  65  | 22  |  55  | 19  | 48 | 35  | 49  | 53  | 49  |
|   177    | 13  |  63  | 22  |  53  | 19  | 47 | 35  | 47  | 54  | 48  |
|   174    | 14  |  67  | 22  |  52  | 19  | 46 | 36  | 48  | 54  | 47  |
|   172    | 14  |  66  | 22  |  52  | 20  | 48 | 36  | 47  | 54  | 47  |
|          |     |      |     |      |     |    |     |     |     |     |
|   170    | 14  |  66  | 22  |  51  | 20  | 47 | 36  | 47  | 55  | 47  |
|   168    | 14  |  65  | 23  |  53  | 20  | 46 | 36  | 46  | 55  | 46  |
|   164    | 14  |  63  | 23  |  52  | 20  | 45 | 37  | 46  | 56  | 46  |
|   157    | 15  |  65  | 23  |  49  | 20  | 43 | 37  | 44  | 57  | 45  |
|   156    | 15  |  64  | 24  |  51  | 20  | 43 | 37  | 44  | 57  | 45  |
|   155    | 15  |  64  | 24  |  51  | 21  | 45 | 38  | 45  | 57  | 44  |
|   151    | 15  |  62  | 24  |  49  | 21  | 44 | 38  | 44  | 58  | 44  |
|   146    | 15  |  60  | 24  |  48  | 21  | 42 | 39  | 43  | 59  | 43  |
|   144    | 15  |  59  | 25  |  49  | 21  | 42 | 39  | 43  | 59  | 43  |
|   142    | 16  |  63  | 25  |  48  | 21  | 41 | 39  | 42  | 59  | 42  |
|          |     |      |     |      |     |    |     |     |     |     |
|   140    | 16  |  62  | 25  |  48  | 21  | 41 | 39  | 42  | 60  | 42  |
|   139    | 16  |  61  | 25  |  47  | 22  | 42 | 39  | 41  | 60  | 42  |
|   138    | 16  |  61  | 25  |  47  | 22  | 42 | 40  | 42  | 60  | 42  |
|   134    | 16  |  59  | 25  |  46  | 22  | 41 | 40  | 41  | 61  | 41  |
|   133    | 16  |  59  | 26  |  47  | 22  | 40 | 40  | 41  | 61  | 41  |
|   130    | 16  |  57  | 26  |  46  | 22  | 39 | 41  | 41  | 61  | 40  |
|   129    | 17  |  60  | 26  |  46  | 22  | 39 | 41  | 40  | 62  | 40  |
|   126    | 17  |  59  | 26  |  45  | 23  | 40 | 41  | 39  | 62  | 39  |
|   124    | 17  |  58  | 26  |  44  | 23  | 39 | 41  | 39  | 63  | 39  |
|   123    | 17  |  57  | 27  |  45  | 23  | 39 | 41  | 38  | 63  | 39  |
|-----------------------------------------------------------------------|
|                                                                       |
| STAND :  28. 11. 1977  /                                              |
|                                                                       |
-------------------------------------------------------------------------
```

Tabelle 6.10 Fortsetzung

6 Laufzeitschätzung und Optimierung der Blocklängen

Zeiten für die externe Bedienung

Unter den Zeiten für die externe Bedienung (T_{Bg}) versteht man alle Bedienungszeiten, die notwendig sind, damit das Programm ordnungsgemäß ablaufen kann (Gerätezuweisung). Dazu gehören auch die Zeiten, die das Programm unnötig mit dem Operator korrespondiert (z.B. Eingabe des Tagesdatum an mehreren Stellen). So kann die Zeit T_{Bg} auch aufgeteilt werden in eine Zeit für Geräte-/Papier-Zuweisung T_{Zw}, die meist am Anfang eines Jobs anfällt und die Zeit für die laufende Operatorkorrespondenz T_{Op}.

Diese Zeiten kann man durch

▷ verständliche, vollständige Hantierungsunterlagen
  (HTV, Externer Speicherablaufplan; siehe Seite 226ff)
▷ entsprechende Organisation der Arbeitsvorbereitung
  (siehe Seite 268ff)
▷ maschinelles Überwachen des Operatings

entsprechend minimieren.

Damit eine Kontrolle der Laufzeiten des Verfahrens und der Qualität des Operatings möglich wird, sind die o.a. Zeiten durch ein JOB-Erfassungssystem zu ermitteln.

Wartezeiten im System

Mit den Zeiten T_{cpu}, T_{EA}, $T_{ü}$ und T_{Bg} ist eine ausreichend genaue Laufzeitschätzung möglich. Diese Zeiten gelten dann, wenn das Verfahren – der JOB – allein in der Anlage läuft. Bei den heutigen Anlagengrößen wird Simultanbetrieb angewendet, hierbei kommt es zu Wartezeiten im System, die der Verfahrensentwickler nicht beeinflussen kann. Das ist z.B. der Fall bei ungünstigem Laden von Programmen, wenn mehr als ein sehr rechenintensives Programm geladen ist, oder mehrere Programme über einen Selektorkanal ständig den gleichen Peripherietyp ansprechen. Die Arbeitsvorbereitung muß eine solche Konstellation möglichst verhindern.

Gesamtlaufzeit

Unter Beachtung der Einzelzeiten kann mit Hilfe von (10) überschlägig die Laufzeit für ein Programm/Verfahren ermittelt werden:

$$T = (T_{\text{ges}} \cdot V) \cdot F_{\text{w}} \cdot F_{\text{Op}} + T_{\text{Zw}} \tag{10}$$

V Summe der Verarbeitungsschritte

F_{w} Faktor bei Simultanarbeit (bei optimaler Zusammenstellung der simultan laufenden JOBs etwa 1,2)

F_{Op} Faktor für Operatorbedienung etwa 1,1

T_{Zw} Überschlägig ist für die Grundzuweisung eines JOBs von etwa 240 bis 480 s auszugehen

7 Minimierung der Testfälle

Einführung

Neben der in Teil I, 4.7 beschriebenen Vorgehensweise bei der Testdurchführung bietet die hier beschriebene Methode eine weitere Möglichkeit, die Testkosten zu senken.

Mit dieser Methode ist es möglich, die minimale Anzahl von Testfällen zu bestimmen, wobei jeder Weg und damit auch jeder Befehl/Anweisung mindestens einmal ausgeführt wird. Wenn man bei den so ermittelten Testfällen noch jeweils die möglichen oberen und unteren Grenzen berücksichtigt, ist die Komponente hinreichend genau ausgetestet.

Prinzip der Methode

Es werden nur die Verzweigungen in den Struktogrammen betrachtet. Die Aktionen, die nach einer solchen Verzweigung durchgeführt werden, sind zwar wichtig und müssen auf korrekten Ablauf hin geprüft werden; sie sind aber nicht nötig, um die minimale Anzahl der Testfälle zu bestimmen.

In Bild 7.1 existieren die Wege a, b, c und d. Mit der Auswahl ac und bd werden alle Wege benutzt, aber nicht alle Kombinationen, da die Kombinationen ad und bc fehlen. Diese Kombinationen sind nur wichtig, wenn in a oder b die Wahl zwischen den Wegen c und d beeinflußt wird. Wenn nicht, so ist der Test dieser Kombination unnötig.

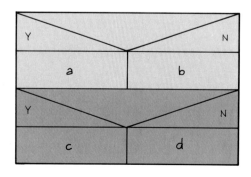

Bild 7.1
Beispiel zur Erläuterung des Prinzips

7 Minimierung der Testfälle

Vorgehensweise bei der Verwendung von Struktogrammen

Im Gegensatz zu der Komplexität dieser Methode bei der Verwendung von Ablaufdiagrammen vereinfacht sich die Vorgehensweise bei der Verwendung von Struktogrammen erheblich. Man betrachtet nur die Entscheidungssituationen (IF, CASE), die anderen Konstruktionselemente wie WHILE und CYCLE werden, sofern sie in den Entscheidungszweigen auftreten, zusammengefaßt und jeweils als ein einfacher Strukturblock dargestellt. Zur Erläuterung der Methode wird das Beispiel in Bild 7.2 verwendet.

Zur Ermittlung der minimalen Testfälle wird die Komponente abgearbeitet, wobei die durchlaufenen Strukturblöcke mit gleichen Zeichen (z.B. mit Buchstaben wie im Bild 7.3) versehen werden. Es sind so viele Durchläufe notwendig, bis jeder Strukturblock gekennzeichnet ist. Die Durchlaufanzahl und damit die Anzahl der verschiedenen Kennzeichnungen der Strukturblöcke ist gleichzeitig auch die gesuchte Anzahl von minimalen Testfällen (Bild 7.3, 7.4, 7.5).

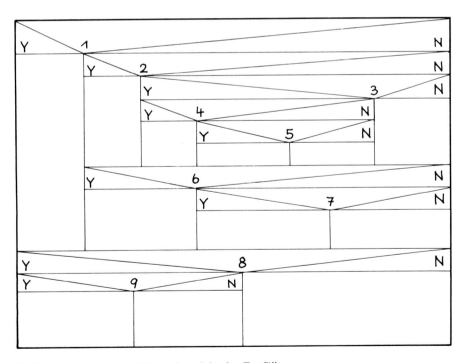

Bild 7.2 Beispiel zur Ermittlung der minimalen Testfälle

7 Minimierung der Testfälle

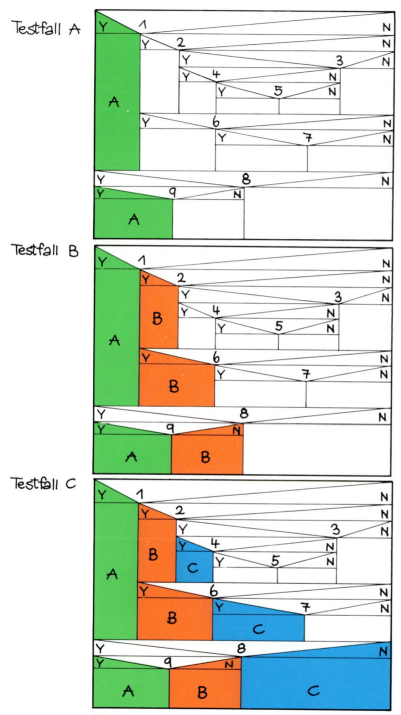

Bild 7.3 Kennzeichnung der Testfälle A, B und C

Mit den Testfällen A, B und C ist der Strukturblock, der durch die Entscheidung 8 gekennzeichnet ist, mit der minimalen Anzahl von notwendigen Testfällen ausgetestet. Welche Wege in diesem Strukturblock für die noch folgenden Testfälle, die zum Austesten des kantendeckenden Vorgängers notwendig sind, gewählt werden, ist frei wählbar (Bild 7.4). Diese Vorgehensweise muß so lange wiederholt werden, bis alle Strukturblöcke gekennzeichnet sind (Bild 7.5).

Mit den Testfällen A, B, C, D, E und F wird jeder Strukturblock der Komponente (Bild 7.2) mindestens einmal durchlaufen.

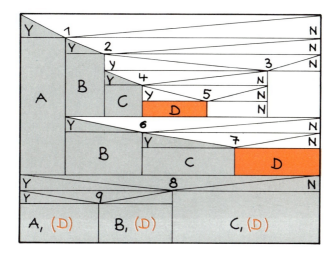

Bild 7.4   Testfall D

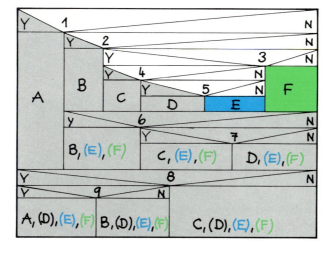

Bild 7.5   Testfall E und F

389

7 Minimierung der Testfälle

Die **maximale** Anzahl aller Kombinationen ergibt sich durch Multiplikation der Strukturblockausgänge, die gleichen Darstellungsebenen angehören, beginnend von der untersten bis zur obersten. Liegen in einem Verzweigungsstrukturblock nur verschieden tief geschachtelte Entscheidungen, so gehen deren Ausgänge additiv in den größten übergeordneten ein. Der Strukturblock der Entscheidung 1 und der der Entscheidung 8 liegen auf der gleichen Darstellungsebene, damit errechnet sich die Gesamtzahl der Kombination als Produkt der Kombinationen aus Entscheidung 1 und 8.

Die Summe der Kombinationen des Strukturblocks der Entscheidung 1 ergibt sich aus dem Produkt der Ausgänge der auf gleicher Darstellungsebene liegenden Entscheidungen 2 (5 Ausgänge) und 6 (3 Ausgänge) plus dem Ausgang der Entscheidung 1 (YES-Zweig). Der Strukturblock der Entscheidung 8 hat 3 Ausgänge.

Das Produkt aus Entscheidung 1 (16 Kombinationen) und Entscheidung 8 (3 Kombinationen) ergibt die Gesamtanzahl der möglichen Kombinationen (48 Kombinationen). Bild 7.6 zeigt die Errechnung der Kombinationen.

Mit 48 Kombinationen können alle möglichen Entscheidungen der Komponente (Bild 7.2) auf ihre logische Richtigkeit hin überprüft werden.

7 Minimierung der Testfälle

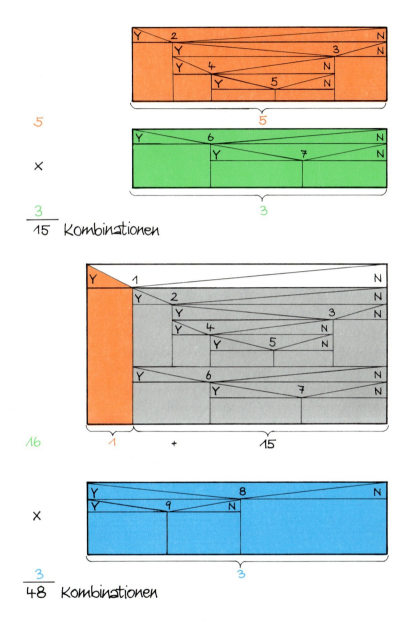

Bild 7.6 Errechnung aller Kombinationen

8 Software Engineering

Die Ziele des Software Engineering – das Entwickeln qualitativ hochwertiger Software – werden durch das in Teil I beschriebene phasenorientierte Vorgehen und durch systematisches Anwenden von Methoden bei den Haupttätigkeiten

▷ Entwerfen
  – fachliches Entwerfen
  – dv-technisches Entwerfen
▷ Implementieren
▷ Messen
▷ Testen
▷ Dokumentieren
▷ Steuern und Verwalten

erreicht. Nachstehend werden diese näher beschrieben und die Verbindung zu der im Teil I dargestellten Vorgehensweise hergestellt. Bild 8.1 zeigt die Einordnung der Haupttätigkeiten im Phasenmodell.

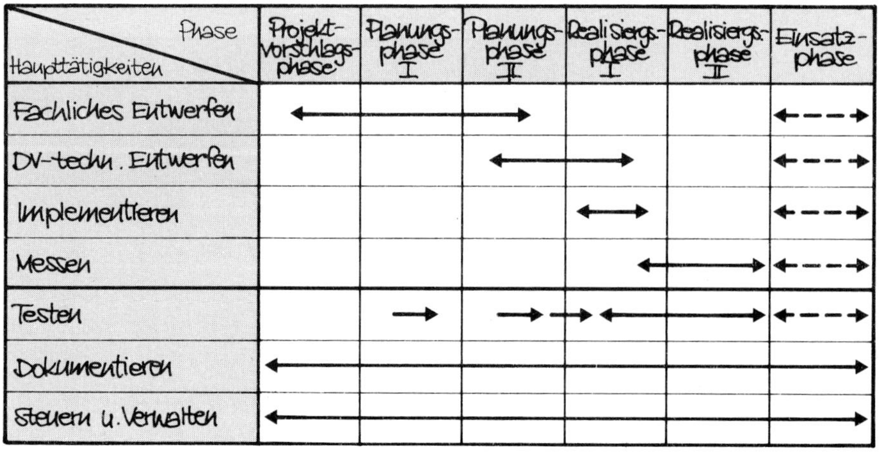

Haupttätigkeiten \ Phase	Projekt-vorschlags-phase	Planungs-phase I	Planungs-phase II	Realisiergs-phase I	Realisiergs-phase II	Einsatz-phase
Fachliches Entwerfen	←————————→					←---→
DV-techn. Entwerfen			←——→			←---→
Implementieren				←→		←---→
Messen					←→	←---→
Testen		→	→→←		←→	←---→
Dokumentieren	←——————————————————→					
Steuern u. Verwalten	←——————————————————→					

Bild 8.1 Haupttätigkeiten und Phasenmodell

Entwerfen

Aufgabe des Entwerfens ist es, eine Verfahrenslösung für ein definiertes Problem zu finden. Die Tätigkeit besteht im Aufteilen der Funktionen des gesamten Verfahrens in kleinere Einheiten und im Festlegen des Zusammenwirkens dieser Einheiten.

Da das Entwerfen eines größeren Verfahrens einen komplexen Prozeß darstellt, muß man versuchen, Vorgehensweisen und Orientierungshilfen zur Beherrschung dieser Tätigkeit zu finden. Entwurfsmethoden oder Grundsätze müssen so beschaffen sein, daß Entwurfsfehler – die weitaus schwerwiegendsten Fehler bei der Verfahrensentwicklung (Bild 8.2) –, vermieden werden. Da das Entwerfen eine kreative Tätigkeit ist, kann man zwar Vorgehensweisen, Grundsätze, Methoden für das Entwerfen angeben, aber keine allgemeingültigen Regeln aufstellen. Nachstehende wichtige Grundsätze sind beim Entwerfen zu beachten:

▷ Trennung des fachlichen und dv-technischen Entwurfs

▷ Schrittweise Verfeinerung

▷ Iteratives Vorgehen

▷ Top-down Darstellung von Entwurfsergebnissen

▷ Modularisierung

▷ Zwischenergebnisse dokumentieren

▷ Vorgefertigte Lösungen verwenden.

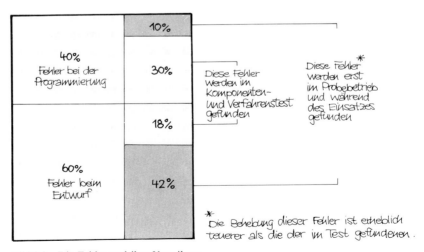

Bild 8.2 Die Fehler und ihre Verteilung

8 Software Engineering

Fachliches Entwerfen

Zum Bearbeiten des fachlichen Entwurfs werden im ersten Schritt alle bekannten fachlichen Aufgaben, unabhängig von ihrer logischen und zeitlichen Zuordnung und Anordnung aufgenommen. Als Grundlage dazu dient die Istanalyse (siehe Teil I 2.6 „Istanalyse durchführen.") und die Kenntnis des Problems. Beim Erarbeiten des fachlichen Grobkonzepts geht man von einer kurzen Beschreibung des Aufgabengebiets aus, um dann schrittweise verfeinernd zu den einzelnen Elementaraufgaben mit den zugehörigen Daten und Verarbeitungsregeln zu gelangen (ELBA-Methode). Ziel ist das Herausarbeiten sachlich zusammengehöriger Funktionseinheiten und dazugehöriger Datenmengen bzw. Datengruppen. Bei der Verfeinerung hilft die Berücksichtigung von:

▷ Tätigkeiten

▷ Periodizitäten

▷ Ablaufzeitpunkten

▷ Ablaufarten.

Dabei orientiert man sich an den Ergebnissen, die von Teilaufgaben erwartet werden (z.B. Datenausgaben). Auf jeder Detaillierungsstufe ist anzugeben, zu welchen Teilaufgaben und Datenstrukturen der betreffende Prozeß führt, und unter welchen Bedingungen mit welchen Besonderheiten der Prozeß abläuft. Die gefundene Lösung ist im fachlichen Grobkonzept (siehe Teil I. 2.7 „Fachliches Grobkonzept erstellen") zu dokumentieren. Bei der weiteren Detaillierung zum fachlichen Feinkonzept (siehe Teil I. 3.4 „Leistungsbeschreibung erstellen") orientiert man sich an den Ausgaben bzw. Ergebnissen und beschreibt die Verarbeitungsschritte, durch die diese erstellt werden. Falls die einzelnen Teilergebnisse nach bestimmten Regeln errechnet, aufbereitet oder geprüft werden, benötigt man je Teilergebnis die Verarbeitungsregel. Als Ergebnis dieser Detaillierung entsteht ein Prozeßbaum (Bild 8.3).

Dabei wird auf jeder Detaillierungsstufe die Zuordnung von Daten und fachlichem Verarbeitungsprozeß aufgezeigt. Als Darstellungsmittel bietet sich hier u.a. eine Technik an, die die Ein- und Ausgaben je Prozeß betrachtet (HIPO-Methode).

Unter HIPO versteht man ein grafisches Entwurfs- und Dokumentationshilfsmittel. Gegenstand der Betrachtung sind die Funktionen und die zugehörigen Ein- und Ausgangsdaten einer Komponente. Es wird primär betrachtet, welche Funktionen die Komponente umfaßt. Die Darstellung der dv-technischen Realisierung dieser Funktion tritt in den Hintergrund. Bei der Anwendung

8 Software Engineering

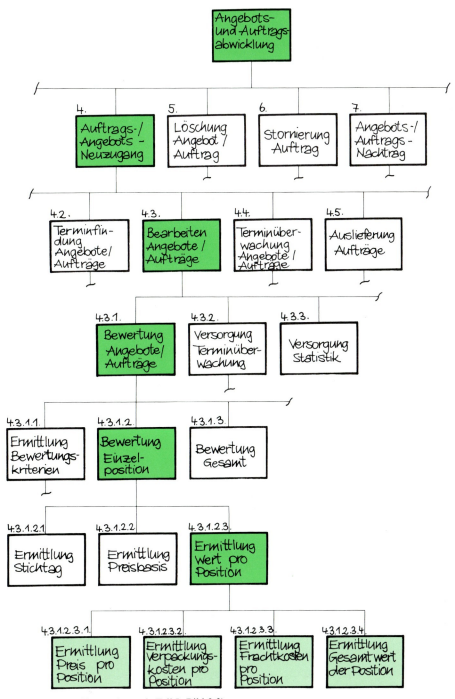

Bild 8.3 Prozeßbaum (s. auch Teil I, Bild 3.3)

8 Software Engineering

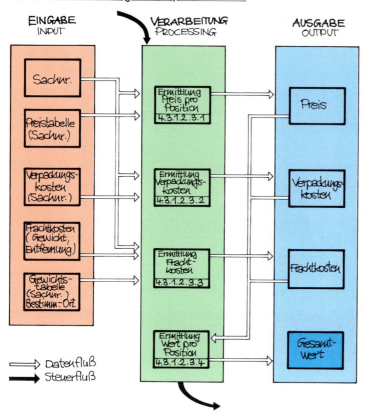

Bild 8.4 Übersichtsdiagramm (Teilprozeß aus Bild 8.3)

geht man davon aus, daß die Organisation des zu erzeugenden Verfahrens eine hierarchische Struktur von Funktionen darstellt. Die oberste Funktion enthält alle Subfunktionen, die – wenn nötig – weiter aufgegliedert werden. Jeder Funktion werden die entsprechenden Ein- und Ausgangsdaten zugeordnet. Entsprechend der funktionalen hierarchischen Gliederung werden auch die Daten jeweils detailliert.

Diese Technik benutzt drei Arten von Diagrammen zur Darstellung:

– das Hierarchiediagramm
– das Übersichtsdiagramm
– die Detaildiagramme.

Im Hierarchiediagramm wird die Funktionshierarchie des zu entwerfenden Programms in übersichtlicher Weise zusammenfassend dargestellt (z.B. in einem Prozeßbaum Bild 8.3). Für jede Funktion des Hierarchiediagramms entwirft man ein Übersichtsdiagramm, das aus drei Teilen, nämlich Eingabe, Verarbeitung und Ausgabe (Bild 8.4) besteht. Für jede Funktion des Übersichtsdiagramms wiederum wird ein Detaildiagramm, ebenfalls aus Eingabe, Verarbeitung und Ausgabe bestehend erstellt.

Dv-technisches Entwerfen

Auf der untersten Stufe der fachlichen Beschreibung des Verfahrens existieren Entscheidungs- und Verarbeitungsregeln. Ergänzt wird diese Beschreibung des Verfahrens durch Darstellung des logischen Ablaufs. Als erster Schritt beim dv-technischen Entwerfen ist die DV-Struktur des Verfahrens festzulegen und zu beschreiben. Für dieses Entwerfen gibt es zwei Entwurfsmethoden:

▷ funktionsorientierter Entwurf
▷ datenorientierter Entwurf.

Funktionsorientierter Entwurf

Der Grundgedanke beim funktionsorientierten Entwurf ist, daß auch bei einer realisierten Komponente die fachliche Struktur und der fachliche Inhalt erkannt wird. Diese Aufteilung zeigen die Bilder 8.5 und 8.6. Die fachlichen Einheiten werden beibehalten, damit man später – bei einer fachlichen Ände-

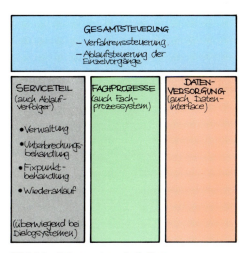

Bild 8.5   Schema einer Aufteilung

8 Software Engineering

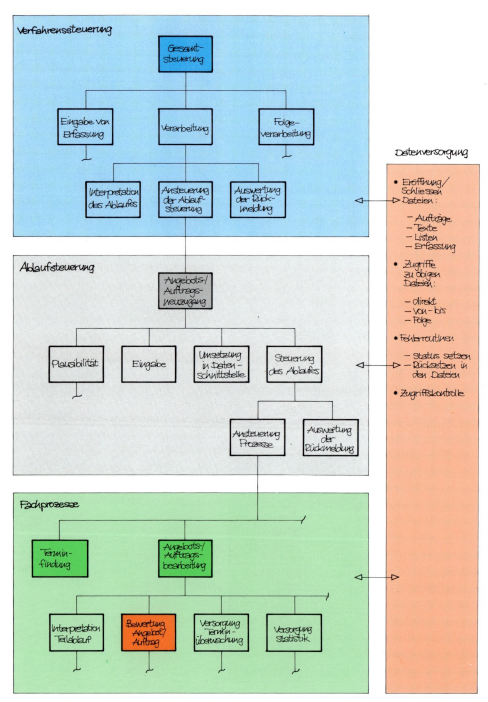

Bild 8.6   Verfahrensstruktur, Beispiel von Bild 8.5 (siehe auch Teil I, Bild 3.11)

rung – die zu ändernde Stelle im Programm eindeutig und leicht lokalisieren kann. Dadurch wird auch die Überprüfung der fachlichen Anforderungen erleichtert.

Im Datenversorgungsteil werden die Daten aus den vorhandenen Dateien in der Form zusammengestellt, wie sie der Fachprozeß benötigt.

Der Serviceteil enthält z.B. Maskenbearbeitung, Kommandosprachanalyse, Warteschlagenverwaltung und Sicherung übernehmen.

Diese Vorgehensweise ist für das Lösen kleiner und überschaubarer Probleme aufwendig.

Datenorientierter Entwurf

Bei dieser Methode wird die Programmstruktur aus den Datenstrukturen abgeleitet. Diese Methode soll:

▷ zu zweckmäßigen mit objektiven Kriterien prüfbaren Strukturen führen

▷ so lehrbar sein, daß mehrere Analytiker für das gleiche Problem zu im wesentlichen gleichen Strukturen finden und

▷ anwendbar sein auf die Mehrzahl der kommerziellen Probleme.

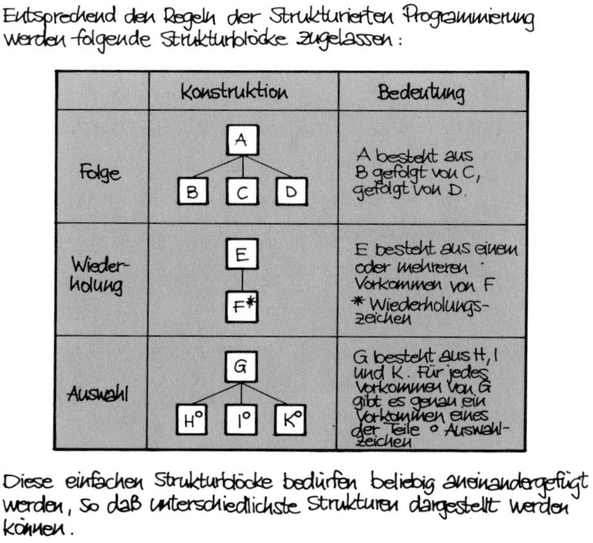

Entsprechend den Regeln der Strukturierten Programmierung werden folgende Strukturblöcke zugelassen:

	Konstruktion	Bedeutung
Folge	A / B C D	A besteht aus B gefolgt von C, gefolgt von D.
Wiederholung	E / F*	E besteht aus einem oder mehreren Vorkommen von F. * Wiederholungszeichen
Auswahl	G / H° I° K°	G besteht aus H, I und K. Für jedes Vorkommen von G gibt es genau ein Vorkommen eines der Teile. ° Auswahlzeichen

Diese einfachen Strukturblöcke bedürfen beliebig aneinandergefügt werden, so daß unterschiedlichste Strukturen dargestellt werden können.

Bild 8.7 Darstellungstechnik

8 Software Engineering

<u>Unterschiedliche Satzarten</u>

Gegeben ist folgende Struktur der Eingabedaten (Folge der Satzarten):

<u>Darstellung</u>

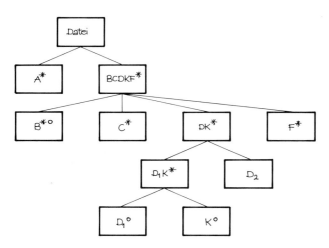

Bild 8.8 Beispiel einer Datendiagramm-Darstellung

Alle Ein- und Ausgabedaten der betrachteten Komponente werden in Datendiagrammen (auch Jackson-Diagramme genannt) abgebildet, wobei die Daten entsprechend ihrer Aufbaustruktur dargestellt sind (Bild 8.8). Die Darstellungstechnik zeigt Bild 8.7. Durch Überlagerung der so für die Komponente aufgestellten Datenstrukturen der Ein- und Ausgaben wird die Programmstruktur erzeugt. Bei Batch-Prozessen dominieren im allgemeinen die Ausgabenstrukturen, bei Dialogprozessen die Eingabestrukturen.

Diese Methode des Entwerfens eignet sich besonders dann, wenn Datenstrukturen (Eingabedateien, Ausgabedateien etc.) bereits vorgegeben sind.

Typische dv-technische Funktionen

In jedem Verfahren gibt es Funktionen, die unabhängig von der fachlichen Aufgabe sind; sie sind bedingt durch die Verwendung des Hilfsmittels Rechner zur Lösung von fachlichen Aufgaben. Bei der Planung des Verfahrens sind diese Funktionen besonders zu beachten. Man unterscheidet nach:

- „zentralen" Funktionen
- „standardisierten" Funktionen.

„Zentrale" Funktionen sind z.B.:

- Ein-/Ausgabe-Funktionen
- DV-technische Steuerung
- Fehlerbehandlung
- Anpassung an Vorläufer- und Nachfolge-Verfahren.

„Standardisierte" Funktionen

sind solche Funktionen, die in den unterschiedlichen Verfahren soweit übereinstimmen, daß sie sich für eine Mehrfachverwendung anbieten. Erfahrensgemäß gibt es aber kaum eine ohne gewissen Anpassungsaufwand überall einsetzbare Lösung für solche Funktionen. Durch den Einsatz von Generatoren kann der Aufwand für Entwurf und Realisierung reduziert werden.

Zu den „standardisierten" Funktionen gehören z.B.

- Maskenbearbeitung
- formale Plausibilitätsprüfung
- Kommandosprachenanalyse
- Tabellenbearbeitung
- Warteschlagenverwaltung
- Sicherung und Wiederanlauf
- Dateirekonstruktion
- Initialisierung, Deaktivierung
- Listenerstellung
- Dateizugriffe.

Implementieren

Implementieren bedeutet das Überführen des Entwurfs in ein ablauffähiges noch nicht notwendigerweise fehlerfreies Programm. Implementieren enthält das Codieren, und kann aber auch in der Anwendung von Generatoren und dem Zusammenfügen von Programmbausteinen bestehen (siehe Teil I, Seite 197 folgende).

Messen

Durch Messen wird das Software-Produkt hinsichtlich der Abwicklungskosten überprüft.

Die Abwicklungskosten hängen entscheidend von dem Qualitätsmerkmal Effizienz ab. Da die Abwicklungskosten sich hauptsächlich aus den Faktoren Laufzeit und Betriebsmittelbedarf (Peripherie, Kernspeicher) zusammensetzen, wäre in vielen Fällen eine „trickreiche" Konstruktion im Entwurf und bei der Programmierung notwendig. Da jedoch diese Konstruktionen dem wichtigen Qualitätsmerkmal der Änderbarkeit widersprechen, kann der so entstehende Zielkonflikt bei entsprechend wichtigen Verfahren durch das nachträgliche Messen und anschließende Optimieren verringert werden. Die heute dafür gebräuchlichsten Meßinstrumente sind

▷ Software-Monitore

▷ Tracefunktionen (Debugging) und

▷ Zählschleifen.

Die Abwicklungskosten werden jedoch nicht nur von der Effizienz der einzelnen eingesetzten Verfahren bestimmt, vielmehr hängen sie auch von der Hardware-Konfiguration, dem Betriebssystem und der Rechenzentrumsorganisation ab. Diese Komponenten beeinflussen z.B. die Durchsatzrate (die Anzahl der Jobs, die je Zeiteinheit begonnen und beendet werden), die Turn-Around-Zeit und den Betriebsmittelbedarf. Zur Optimierung dieser Einflußgrößen werden heute überwiegend Hardware-Monitore eingesetzt.

Folgende Punkte sind beim Messen zu beachten:

▷ Definieren des Meßzieles

▷ Ableiten der Meßaufgaben

▷ Auswahl des Meßobjekts

▷ Festlegen der entsprechenden Meßgrößen

▷ Festlegen der notwendigen Meßwerkzeuge.

Nachfolgend werden einige Anregungen gegeben.

Beispiele für Meßaufgaben:

    Speicherzykluszeiten von Zentraleinheiten auswerten

    Kanalübertragungsraten für unterschiedliche Kanaltypen und die Zentraleinheit auswerten

    Benutzerverhalten an Dialoggeräten anhand eines Modells simulieren

    Transportaufkommen in einem Kommunikationsnetz anhand eines Modells simulieren und auswerten.

Beispiele für Meßgrößen:

    Laufzeit

    Summe der Zeitintervalle, in denen die Zentraleinheit (ZE) für das Programm aktiv war (cpu-Zeit)

    Anzahl der Betriebssystemaufrufe

    Kernspeicherbedarf (KB)

    Anzahl der Ein-/Ausgaben (auch Dateizugriffe)

    Anzahl der Durchläufe je Anweisung oder Gruppen von Anweisungen (z.B. Paragraphen bei COBOL)

    Anzahl der Unterprogrammaufrufe

Beispiele für das Ermitteln von Meßwerten:

    Gleichzeitiger paralleler Einsatz von Hardware- und Software-Monitoren.

    Messen des Ablaufs von Programmen durch das Job-Account-System und Auswerten der Job-Account-Datei

    Erzeugen von Job-Kenndaten mit Hilfe von Software-Monitoren und Arbeitslastprogrammen.

8 Software Engineering

Beispiele für Abhängigkeiten:

Abhängigkeit der Ablaufzeit von der Zeit für Ein-/Ausgabe (z.B. Blockungsfaktoren (siehe auch Teil II, Kapitel 6 Laufzeitschätzung und Optimierung der Blocklängen)

Abhängigkeit der Ablaufzeit vom Paging-Mechanismus und der Paging-Rate

Abhängigkeit des Arbeitsspeicherbedarfs von der Verwendung größerer Datenbereiche

Abhängigkeit des Arbeitsspeicherbedarfs von der Datenorganisation.

Testen

Beim Testen sind folgende Forderungen zu stellen:

▷ frühzeitig testen

▷ systematisch testen durch Testplanung und Testfallauswahl (siehe Teil I, 4.7 Test durchführen und Teil II, Kapitel 7 Minimierung der Testfälle

▷ effizient testen durch Testhilfen (siehe Teil I, 4.7 Test durchführen)

▷ Tests dokumentieren und kontrollieren durch Testwerkzeuge.

Testen ist eine Tätigkeit, die innerhalb jeder Phase auftritt; denn Testen heißt nicht nur Code testen, sondern auch Überprüfen der Dokumentation. Hinter „frühzeitig testen" verbirgt sich die Forderung des Soll-Ist-Vergleichs für Dokumente. Nachstehend wird die dafür geeignete Methode „Walk through" näher beschrieben.

Walk through

Walk throughs bezeichnen eine Methode, um Unterlagen am Schreibtisch im Rahmen eines kritischen Gesprächs auf ihre Richtigkeit zu überprüfen. Als Unterlagen kommen alle während des Entwicklungsprozesses entstehenden Dokumente (Bild 8.10) in Betracht. Das Gespräch findet zwischen dem Entwickler der jeweiligen Unterlage und den Testern statt. Erfahrungen zeigen, daß mit Walk throughs etwa ein Drittel der in den Entwurfsunterlagen vorhandenen Fehler gefunden werden können. In Einzelfällen wurden Produktivitätserhöhungen der einzelnen Entwickler für den Zeitraum vom Entwerfen bis einschließlich Verfahrenstests von 25% erreicht. Dies ist vor allem darauf zurückzuführen, daß Rückkopplungen zwischen unterschiedlichen Bausteinen weitgehend vermieden werden, da Entwicklungsfehler nicht erst im Verfahrenstest gefunden werden. Beim Abhalten von Walk throughs spielen insbesondere psychologische Einflußgrößen eine wesentliche Rolle; denn dem Entwickler werden ja von Kollegen und auch Projektaußenstehenden Fehler nachgewiesen. Deshalb sollten die Vorgesetzten des jeweiligen Entwicklers an dem Gespräch nicht teilnehmen.

Bei einem Walk through werden fünf Schritte unterschieden:
▷ Einladung
▷ Vorbereitungsgespräch
▷ Vorbereitungszeitraum
▷ Walk through-Gespräch
▷ Nachbearbeitung.

▷ Einladung

Die Einladung übernimmt der Entwickler; er bestimmt die Teilnehmer (nicht mehr als sechs Personen), den Ort, die Zeit und den Gegenstand. Die zu überprüfenden Unterlagen werden der Einladung beigelegt.

▷ Vorbereitungsgespräch

Der Entwickler erklärt den Testern das Testobjekt. Hierbei sind interne und externe Datenschnittstellen, verwendete Algorithmen, Entwurfsentscheidungen, Logik und Abhängigkeiten darzustellen.

▷ Vorbereitungszeitraum

In dieser Zeit versuchen die Tester – jeder für sich – das Testobjekt zu verstehen. Um das anschließende Walk through-Gespräch nicht zu belasten, sollen kleinere offensichtliche Fehler dem Entwickler nebenbei mitgeteilt werden.

▷ Walk through-Gespräch

Der Entwickler beschreibt und erklärt die vorliegenden Unterlagen im Detail. Die Tester unterbrechen, wenn sie glauben, einen Fehler erkannt zu haben, oder wenn sie bestimmte Entscheidungen, Algorithmen, Befehlsfolgen etc. nicht verstehen.

▷ Nachbearbeitung

Aufgrund der im Protokoll enthaltenen Liste von Fehlern und Problemen überarbeitet der Entwickler die geprüften Unterlagen. Die erarbeiteten Lösungen sollten den Testern wiederum gezeigt werden.

Damit die Diskussionen beim Walk through nicht ausufern, ist es notwendig, einen Moderator für das Gespräch zu bestimmen; dieser soll sich nicht unmittelbar an der Fehlersuche beteiligen. Seine Hauptaufgabe ist es, eine sachliche Atmosphäre zu erzeugen und zu erhalten, sowie sicherzustellen, daß Diskussionen unterbleiben, die nicht der Fehlerfindung, sondern z.B. der Problemlösung dienen.

Softwareprüffeld

Das Softwareprüffeld dient der Qualitätskontrolle der Ergebnisse der Softwareentwicklung nach vorgegebenen Anforderungen.

Für die Zwischenprodukte (Fachliches Grobkonzept, Fachliches Feinkonzept, DV-Grobkonzept, Spezifikation) können die Checklisten (siehe Teil I) eine Hilfe sein. Für die Kontrolle der erzeugten Programme sind die Konventionen und Richtlinien für die Realisierung Maßstab (siehe Teil II, Kapitel 5 Konventionen und Richtlinien für die Programmierung). Als Beispiel einer Qualitätskontrolle für das Qualitätsmerkmal Änderbarkeit wurde ein Fragenkatalog (siehe Teil I, 4.6 „Programmierung/Codierung") entwickelt.

Dokumentieren

Da die Dokumentation den einzigen Teil von Software darstellt, der für den Menschen unmittelbar interpretierbar bzw. bearbeitbar ist, werden Software-Produkte über eine Reihe von Zwischenprodukten in Form von Dokumenten oder Unterlagen in formalisierter oder verbaler Form erstellt. Diese Zwischenprodukte werden als *Entwicklungsdokumentation* bezeichnet; ihr Inhalt ergibt sich – ausgehend von einem fachlichen Modell – durch fortschreitendes Verfeinern bis hin zu den Befehlen einer Programmiersprache.

Die Teile der so entstehenden Entwicklungsdokumentation sind nicht nur als Übergangs- und Durchgangsstation zum eigentlichen Produkt zu betrachten – die vergessen werden können, wenn der Programmcode vorliegt – son-

8 Software Engineering

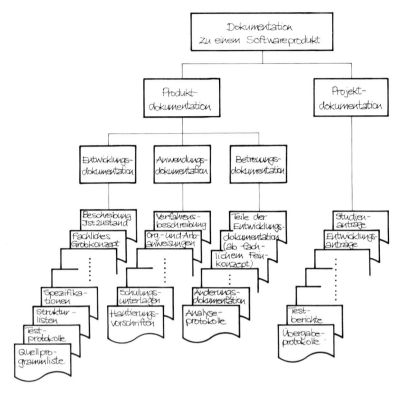

Bild 8.9 Dokumentation zu einem Softwareprodukt

dern sie bilden die unerläßliche Grundlage für alle weiteren Informationen oder Dokumentationen über das Produkt, die für bestimmte Zielgruppen während seiner gesamten Lebensdauer zur Verfügung stehen müssen. Solche Zielgruppen stellen z.B. die Anwender und das Betreuungspersonal der Software dar, aber auch das Management und die Bediener im Rechenzentrum. Für diese Zielgruppen müssen aus den über ein Produkt vorliegenden Informationen jeweils die relevanten zusammengestellt, zusammengefaßt und – in den meisten Fällen – auch gezielt aufbereitet werden. Für dieses Aufbereiten ist u.U. ein großer didaktischer Aufwand erforderlich, um z.B. das Software-Produkt mit seiner Anwenderdokumentation zu einem benutzerfreundlichen Produkt zu machen.

Die Entwicklungsdokumentation, sowie die zum Produkt gehörige Dokumentation für bestimmte Zielgruppen – besonders für die Anwender und das Rechenzentrum – werden unter dem Begriff *Produktdokumentation* zusammengefaßt. Die dem Management und der Steuerung des Entwicklungsprozeß dienenden Unterlagen werden als *Projektdokumentation* bezeichnet. Bild 8.9 zeigt eine Klassifizierung.

Zuordnung der einzelnen Dokumente

In Teil I sind die Dokumente und der Zeitpunkt ihrer Entstehung berücksichtigt. Jede Phase schließt mit einem Dokument ab. Die Ergänzung des Bildes 8.1 (im Bild 8.10) verdeutlicht diese Tatsache. Für die einzelnen Dokumente sind in Teil I sowohl Vorschläge für eine Gliederung als auch Checkpunkte zur Überprüfung der Vollständigkeit angegeben.

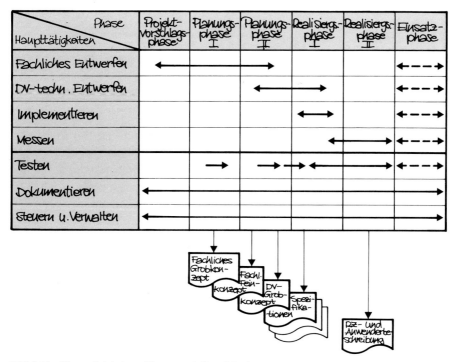

Bild 8.10   Haupttätigkeiten, Phasenmodell und Dokumente

Steuern und Verwalten

Auf diese Tätigkeiten ist in Teil I näher eingegangen worden. Jede Phase wird mit Steuerungs- und Verwaltungstätigkeiten eingeleitet (Phasenorganisation festlegen, Phasenüberwachung) und endet mit Steuerungs- und Verwaltungstätigkeiten (Phasenabschluß durchführen, Information und Entscheidung).

Literaturverzeichnis

Berger-Damiani, E.R.: Eingabesicherung durch Prüfziffern. Siemens data praxis, Heft 033-1, Bestell-Nr. D 10/1044

Bingham, J.E.; Daris, G.W.P.: A Handbook of System Analysis. London 1972

Boehm, B.W.: Software and its impact: A quantitative assessment. Datamation (May 1973)

Boehm, B.W.: Structured Programming: A quantitative assessment. Computer (June 1975)

Daniels, A.; Yeates, D.; Erbach, K.F.: Grundlagen der Systemanalyse. Verlagsgesellschaft R. Müller, Köln-Braunsfeld 1971

Drittes Datenverarbeitungsprogramm der Bundesregierung 1976–1979. BMFT, Bonn (1976)

Emde, W.; Seibt, D.: Verfahren zur Schätzung des Aufwandes für die Programmerstellung. Bifoa Arbeitsbericht 70/9, Köln 1970

Erbesdobler, R.; Heinemann, J.; Mey, P.: Entscheidungstabellentechnik. Springer 1976

Futh, H.: Organisationshandbuch der DV-Abteilung. Verlagsgesellschaft R. Müller, Köln-Braunsfeld 1971

Gewald, K.; Haake, G.; Pfadler, W.: Software Engineering, Grundlagen und Technik rationeller Programmentwicklung. Oldenbourg 1977

Haake, G.; Hertel, D.: Software Engineering – Anwendung, COLUMBUS – Ein Werkzeug der Strukturierten Programmierung. data report 11 (1976) Nr. 5

Haslinger, E.; Meßerer, F.: Personalkapazität und Testzeitbedarf. Studie zur näherungsweisen Ermittlung bei Software-Entwicklungen. data praxis, Heft 152, Bestell-Nr. D 14/4634

Hauff, R.: HIPO-Diagramme. ADL-Nachrichten (1975) Nr. 91

Jackson, M.: Principles of Program Design. New York, London: Academic Press (1975)

Jones, M.N.: HIPO for developing specification. Datamation (May 1976) Nr. 3

Kolb, G.; Lanius, J.J.: ELBA – ein Weg zur methodischen Verfahrensplanung: data report, Siemens AG, 1978 (Heft 1)

Komarnicki, O.: Programmiermethodik. Springer 1971

Koreimann, D.S.: Systemanalyse. De Gruyter & Co. Berlin 1972

Koxholt, R.: Wirtschaftlichkeitsprüfung. in Controlling und automatisierte Datenverarbeitung. Hrsg.: Horváth, P., Kargl, H., Müller-Merbach, H., Gabler 1975

Kunerth, W.; Werner, G.: EDV-gerechte Verschlüsselung. Forkel, Stuttgart-Wiesbaden 1974

Lindemann, P.; Nagel, K.; Herrman, G.: Organisation des Datenschutzes. Luchterhand, Neuwied und Berlin 1973

Metzger, P.W.: Managing a Programming Project. Prentic Hall, Inc. Englewood Cliffs, New Jersey 1973

Micheli, F.D.: Checklist Kostensenken: EDV. München: Verlag Moderne Industrie (1976)

Mills, D.H.: Foreword, Software Engineering. In: Proc. 1st National Conf. on Software Engineering. Washington/D.C. (1975)

Modernes DV-Management. Trainingspackage. GES – Infoteach Report 1, Insel Reichenau (1975)

Nassi, I.; Shneiderman, B.: Flowchart Techniques for Structured Programming. SIGPLAN Notices (1973) Nr. 8

Neue Methoden und Techniken der Programmierung. Artikel-Reihe in: IBM Nachrichten; Beginn in Heft 222 (1975)

Organisationsplanung. Siemens AG, 2. Auflage, 1974

Parsini, E.; Wächter, O.: Organisations-Handbuch für die Einführung von ADV-Systemen. De Gruyter & Co, Berlin 1971

Pärli, H.: Istaufnahme und automatisierte Datenverarbeitung. Gabler, Wiesbaden 1972

Riepl, K.H.: Wirtschaftlichkeit von DV-Verfahren. Eine Entscheidungshilfe. Schriftenreihe data praxis, Bestell-Nr. D 10/1048

Literaturverzeichnis

Shaw, J.; Atkins, W.: Managing Computer System Projects. McGraw-Hill Book Company, New York 1970
Sneed, H.M.: Balanceakt, Programmoptimierung. On-line, Nr. 9 (Sept. 1976)
Software Engineering. Artikel-Reihe in: data report; Beginn in Heft 5 (1976)
Walsh, D.A.: Anleitung zur Software-Dokumentation. München: C. Hanser (1972)
Wedekind, H.: Datenorganisation. Berlin: de Gruyter (1972)
Wedekind, H.: Systemanalyse. Hanser 1973
Wille, H.; Gewald, K.; Weber, H.D.: Netzplantechnik. Methoden zur Planung und Überwachung von Projekten, Band I: Zeitplanung. München-Wien 1972

Ausgewertete Unterlagen:

Es wurden Berichte/Unterlagen nachstehend aufgeführter Mitarbeiter berücksichtigt:

Hermann Apelt
Eleonore Bangert
Klaus Bindl
Manfred Fahrner
Helga Hagedorn
Bernd Hasieber
Karl-Maria Heimberg
Jochen Huber
Elmar Hümmer
Karl Kämpf
Konrad Kraft
Klaus Kuner

Peter Mey
Ludwig Möller
Karl Mulert
Wilhelm Overkamp
Walter Rebernig
Helmut v. Rieben
Peter Schulz
Bodo Underberg
Claus Weichselbaumer
Eckart v.d. Wense
Werner Winter
Eva Wognar

Abkürzungsverzeichnis

ALGOL	„**Algo**rithmic **L**anguage"
	Problemorientierte Sprache für den technisch-wissenschaftlichen Bereich. Anwendungsschwerpunkt: Beschreibung von Algorithmen.
AMIGO	„**A**llgemeine **Mi**sch- und **G**ruppenbearbeitungs-**O**rganisation"
	Methode zur Erstellung von Programmen, die sich in einzelne Aufgaben (Vorlauf, Eingabe, Bearbeitung, Gruppenbearbeitung und Nachlauf) und deren hierarchischen Anordnung gliedert.
ANS-COBOL	„**A**merican **N**ational **S**tandard Institute **Co**mmon **B**usiness **O**riented **L**anguage"
	Problemorientierte Programmiersprache für den kommerziellen Bereich mit hohen Ein-/Ausgabekomfort.
APG	„**A**llgemeiner **P**rogramm**g**enerator"
	Erzeugt aufgrund vorgegebener Parameterangaben ein ablauffähiges Primärprogramm, das der AMIGO-Logik entspricht.
ASMUS	Steuerprogramm für Realzeitsysteme im BS 1000.
Assembler	Hierunter kann eine maschinenorientierte symbolische Programmiersprache verstanden werden, aber auch der Übersetzer für eine Assemblersprache in eine Maschinensprache.
Baud	Maßeinheit für die Schrittgeschwindigkeit. In den hier benutzten Anwendungen ist Schrittgeschwindigkeit gleich Übertragungsgeschwindigkeit (8 bit/s).
BASIC	„**B**eginners **a**ll purpose **s**ymbolic **i**nstruction **c**ode"
	Problemorientierte Sprache für einfache technisch-wissenschaftliche Aufgaben zum Programmieren im Dialog mit einem Teilnehmerrechensystem.
batch-Verarbeitung	Stapelverarbeitung.
Bottom up-Prinzip	Einzel-/Teilaufgaben werden zu übergeordneten Aufgaben zusammengefaßt, so daß eine Aufgabenhierarchie gebildet werden kann →Top-down-Prinzip.
BS 1000	Platte-Betriebssysteme für Zentraleinheiten mit realem Arbeitsspeicher bestehend aus den Programmarten:
	▷ Organisationsprogramm
	Ablaufteil
	Monitor
	Auftragssteuersystem mit Auftragseingabe über lokale und ferne Stationen
	Dateikatalog- und Kommunikationssystem
	Ausspulen von Dateien über lokale und ferne Stationen
	Erstellen von Programmabrechnungsunterlagen
	Ein-/Ausgabesystem
	Datenübertragungssystem
	▷ Sprachübersetzer
	Assembler
	RPG

Abkürzungsverzeichnis

	ALGOL
	ANS-COBOL
	FORTRAN
	PL/1
	▷ Dienstprogramme
	Bibliotheksverwaltungsprogramme
	Binder
	Umsetzprogramme
	Hilfsprogramme
	Sortier-Mischprogrammgenerator
BS 2000	Betriebssystem mit virtuellem Speicherkonzept, bestehend aus den Programmarten:
	▷ Organisationsprogramm
	Ablaufteil
	Kommandosprache
	Jobsteuerung
	Ein-/Ausgabe
	Datenverwaltungssystem
	Dateiverwaltung
	Zugriffsmethoden
	Geräteverwaltung
	Testhilfen
	Tischrechner
	Dialogtesthilfe
	▷ Benutzerprogramm
	Sprachübersetzer
	Assembler
	ANS-COBOL
	ALGOL
	FORTRAN
	BASIC
	PL/1
	Dienstprogramme
	Dateiaufbereitungsprogramme
	Binder
	Umsetzprogramme
	Bibliotheksverwaltungsprogramme
	Sortier-Mischprogrammgenerator
Bit	Ist die kleinste Darstellungseinheit für Binärdaten.
Byte	Kleinste adressierbare Informationseinheit in DV-Anlagen. Es umfaßt acht Bit Nutzinformationen und ein Kontrollbit.
closed shop-Betrieb	Das Personal des Rechenzentrums übernimmt gemäß Testanweisung das Testen der Programme. →open shop-Betrieb.
COBOL	Siehe ANS-COBOL
CODE	„COBOL-Dialogsystem"
	Dient zum Vorbereiten, Testen, Korrigieren und Übersetzen von COBOL-Programmen (Testhilfe des BS 2000).

Abkürzungsverzeichnis

COLUMBUS   Vorübersetzer für Assembler, ANS-COBOL und FORTRAN, mit der Aufgabe, Primärprogramme, die in der COLUMBUS-Struktursprache formuliert sind, im BS 1000/BS 2000 in Programme dieser Zielsprache umsetzen.

COLUMBUS unterstützt die Erstellung wohlstrukturierter Assembler-, COBOL- und FORTRAN-Programme. Die COLUMBUS-Hilfsprogramme (COLLIST Ausgabe von Strukturlisten in eingerückter Schreibweise und COLNAS Ausgabe von Nassi-Shneiderman-Diagrammen) dienen zur übersichtlichen Dokumentation der COLUMBUS-Primärprogramme.

COM   „**C**omputer-**o**utput on **M**icrofilm"

Direkte Übernahme von Ausgabedaten des DV-Programms auf Mikrofilm.

CORTET   „COBOL-orientierter Entscheidungstabellen-Übersetzer"

Dient dem Überprüfen der logischen Struktur der Entscheidungstabellen und unterstützt Programmierung, Test, Dokumentation und Wartung. Setzt die Entscheidungstabellen in Primärcode um.

cpu   „central processing unit"

Ist die Zeit, in der das Leit- und Rechenwerk der Zentraleinheit von einem Programm beansprucht wird.

DEBUG   Mit dem Ablaufverfolger DEBUG können Programmkorrekturen während des Ablaufs vorgenommen werden.

DTH   „**D**ialogtest**h**ilfe"

BS 2000-Baustein erleichtert Korrekturen, indem er dem Anwender jederzeit einen Überblick über den Zustand des Programms sowie über erforderliche Programmkorrekturen gibt.

ELBA   **El**ementaraufgaben, Proze**ß**austeine ein Weg zur methodischen Verfahrensplanung

FICHES   Film-Blätter, die bei der Mikrofilmausgabe erzeugt werden.

Flexibilität   Anpaßbarkeit von Verfahren oder Verfahrensteilen an sich wandelnde Aufgabendetails

       Gesetzesänderung
       Organisatorische Umstellungen
       Änderungen von Listenformaten.

Floppy disk   Magnetisch beschichtete Speicherplatte; findet als maschinenlesbarer Datenträger bei TRANSDATA 920 Verwendung. Zum System TRANSDATA 920 gehören:

       Einzelerfassungsplatz
       Tandemerfassungsplatz
       Sammel- und Übertragungseinheit
       Ein-/Ausgabeeinheit.

FORTRAN IV   „**For**mula **Trans**lation"

Problemorientierte Programmiersprache FORTRAN für den technisch-wissenschaftlichen Bereich.

Abkürzungsverzeichnis

GOLEM	„**G**roßspeicher **o**rientierte **l**istenorganisierte **E**rmittlungs**m**ethode"
	Datenbanksystem zur Speicherung und Wiedergewinnung von unformatierten Daten.
GPSP	„**G**eneral **P**urpose **S**tring **P**rocessor"
	Ein Generator auf Makrobasis zur maschinellen Abwicklung sich häufig wiederholender Tätigkeiten in der Programmierung.
HTV-DVA	Hantierungsvorschrift für Datenverarbeitungsanlagen.
IDA	„**I**nteractive **D**ebugging **A**id"
	Testhilfe mit sofortiger Eingriffsmöglichkeit im BS 2000.
IFOR	„**I**nteractive **FOR**TRAN"
	Dialogübersetzer für FORTRAN IV er dient zum Testen von Syntaxfehlern im BS 2000.
KB	1 KB entspricht 1024 Bytes.
LOGON-Zeit	Anschaltzeit für ein Terminal an der DV-Anlage.
MPM-Netzplan	„**M**etra-**P**otential-**M**ethode"
	Dient der graphischen Darstellung der terminlichen Abhängigkeiten von Einzelaktivitäten, die darauf aufbauende Planungsmethode ist die Netzplantechnik.
Multitasking	Gleichzeitiges Abarbeiten mehrerer Programme oder Programmteile in einer DV-Anlage.
off-line-Betrieb	Wenn Geräte getrennt von einer Datenverarbeitungsanlage betrieben werden, bezeichnet man dieses als off-line-Betrieb. Datenerfassung und Datenumsetzung sind typische Aufgaben für den off-line-Betrieb.
on-line-Betrieb	Wenn Geräte in direkter Verbindung mit einer Datenverarbeitungsanlage betrieben werden, bezeichnet man dieses als on-line-Betrieb.
open shop-Betrieb	Der Programmierer hat Zugang zur DV-Anlage → closed shop.
PAM	„**P**rimary **a**ccess **m**ethod" –
	Primär-Zugriffsmethode.
PAM-Seite	Umfaßt 2048 Bytes und wird in einem Block ein- bzw. ausgegeben.
PL/1	„**P**rogramming **L**anguage **1**"
	Problemorientierte Programmiersprache; geeignet für kommerzielle und technisch-wissenschaftliche Probleme.
POCO	„**P**rogrammieren **o**hne **Co**dieren"
	Dient zum Umsetzen und Filtern von Daten (BS 1000 Hilfsroutinen).
reentrant code	Ein im reentrant code geschriebenes Teilprogramm erlaubt die gleichzeitige Verwendung des nur einmal im Arbeitsspeicher stehenden Programmteils durch mehrere Anwender.
RPG	„**R**eport **P**rogram **G**enerator"
	Listenprogrammgenerator.
SEBE	Der SESAM-Baustein SEBE plausibilitiert die Eingabedateien und führt Veränderungen am Bestand durch.

SEDI	Der SESAM-Baustein SEDI dient zum Erstellen von Listen aus dem Aspektkatalog, er protokolliert Datenbestandsveränderungen und erlaubt Datenbankauskünfte über Band und Drucker.
SEFO	Der SESAM-Baustein SEFO führt Plausibilitätsprüfungen über Formatangaben durch und führt den Änderungsdienst über den Aspektkatalog durch.
SEKOM	Der SESAM-Baustein SEKOM hat die Aufgabe, einen in formaler Sprache eingegebenen Text in SESAM-Formate umzusetzen.
SESAM	„**S**ystem zur **e**lektronischen **S**peicherung **a**lpha-numerischer **M**erkmale" Datenbanksystem für formatierte und strukturierte Daten.
SIAS	Dient der Simulation von deterministischen und stochastischen Vorgängen auf dem Rechner. Anwendungsgebiete sind z.B. Probleme der Warteschlangentheorie bei Platzbuchungssystemen.
SINET	Anwendung der Netzplantechnik im Teilnehmerbetrieb (BS 2000) System für die interaktive Anwendung der Netzplantechnik im Teilnehmerbetrieb auf der Basis der erweiterten Metra-Potential-Methode (MPM).
SINETIK MPM	Programmsystem zur Planung und Überwachung von Projekten auf der Basis der Netzplantechnik. Die vorliegende Version umfaßt Programme zur Terminplanung, Finanz- und Kostenplanung sowie zur Betriebsmittelplanung und -optimierung nach der Metra-Potential-Methode (MPM).
SPL	„**S**ystem **P**rogramming **L**anguage" Die Implementierungssprache SPL wurde von PL/1 abgeleitet und deckt einen Teil der PL/1-Funktionen ab.
TESTDAT	Mit dem Testdatengenerator TESTDAT können Daten erzeugt und zu Sätzen, Blöcken und Dateien zusammengefaßt werden.
Test-Dummies	Platzhalter für noch nicht programmierte Moduln, um den Test einzelner Komponenten zu ermöglichen.
Time sharing-Betrieb	Aufteilung der Benutzung einer DV-Anlage durch Vergabe von Zeitscheiben an mehrere gleichzeitig in der Anlage befindliche Programme. Bei diesem Betrieb wird das virtuelle Speicherkonzept verwendet. →BS 2000.
Top down-Prinzip	Zerlegungen einer Aufgabe in Teilaufgaben zum Bilden von Hierarchien wird als top down-Prinzip bezeichnet. Diese Vorgehensweise kann bis zur Stufe der Elementaraufgaben erfolgen →Bottom up-Prinzip.
Tool	Eine in einem Programm realisierte Softwaretechnik (z.B. für Entscheidungstabellentechnik: CORTET).
TPCOMP	Das Systemprogramm TPCOMP wird zum Durchführen von Bandvergleichen benutzt.
Turn-Around-Zeit	Zeit von der Ablieferung eines Auftrags an das Rechenzentrum (z.B. Test) bis zur Rückgabe an den Absender.

Stichwortverzeichnis

ABC-Analyse 83
Ablaufanalyse 337
Ablaufkosten 132
Ablauforganisation/Aufbauorganisation 87, 90, 118, 248
Ablaufsicherheit 118, 144, 148, 199
Ablaufzeit 193, 199, 217, 363f., 385
Abschlußbericht 254
Abstimmung
—, fachliches Grobkonzept 92
—, Leistungsbeschreibung 158
Änderungsantrag 101
Analogieverfahren 306
Analysetechniken 81
Anordnungsbeziehung
—, negative 297
—, positive 297
Arbeitsanweisungen erstellen 237
Arbeitsschlüssel 288
Arbeitsvorbereitungs- und Prüfgruppenübersicht 226
Aufgabe, Elementar- 74, 104
Aufgabenbaum 45, 74, 104, 105
Aufgabenkatalog 52
Aufgabenlösung 73, 74f., 105
Aufgabenstellung 30f., 45
Aufgabenstellung für ein Programm s. Spezifikation 175
Aufgabenstrukturierung 45
—, fachliche 73
Aufgaben, Unternehmens- 52
Aufgabenverteilung bei der Abwicklung
— im Stapelbetrieb 269
— im Dialogbetrieb 270
Aufwandsfortschreibung 41
Aufwandsschätzung 306
—, fachliche 310f.
—, dv-technische 313f.
Ausbaustufen 87, 91, 151, 157
Auswertung 115, 128
—, Form 115
—, Häufigkeit 117
—, Inhalt 115
—, Träger 117

Balkendiagramm 304
Barwert 324
Bearbeitungsstufen 338
Bedarfsabfrage 281

Bedienungszeit 363, 384
Befehlsausführungszeit 364
Belege, Anforderungen an 112, 127
Beleglauf 229
Benutzersprachen 189
Benutzungsrate 132
Beratungsausschuß 37f.
Beschreibungsblatt 74, 76, 104
Betriebsart 108, 130, 156
Betriebssystem 134, 182
Betreuungsmodus festlegen 251
Blattschreibermeldung 231
Blocklänge
—, Optimierung 363f.
— bei Bändern 367f.
— bei Platten 372
Blocklückenzeit 366
Bottom-up-Prinzip 105
Bundesdatenschutzgesetz 119

Checkpunkte 14
— fachliches Grobkonzept 90
— fachliches Feinkonzept 125
— DV-Grobkonzept 156
— DV-Feinkonzept 202
— Istanalyse durchführen 84
— Istaufnahme durchführen 79
— Organisationsanpassung 249
— Phasenabschluß durchführen 57
— Phasenorganisation festlegen 38
— Programmierung 202
— Stammdaten übernehmen 222
— Test durchführen 219
— Verfahren übergeben 260
— Voruntersuchung durchführen 46
cost data base 291, 306f.

Dateibeschreibung 179
— pflege 251
Dateiübersicht 231
Datenerfassung 118, 128, 332f.
—, automatische 336
—, Bearbeitungsschritte 332f.
—, dezentrale 333
—, on-line- 335f.
—, off-line- 336
—, Primär- 333
—, Sekundär- 333
—, Zentrale 333

419

Stichwortverzeichnis

Datenerfassungsanweisung 229
Datenerfassungsgeräte 341
—, Auswahl 343
Datenerfassungsmethoden 333
—, Kriterien für die Auswahl 337 f.
Datenerfassungsmethoden und -geräte
—, Vorgehensweise bei der Auswahl 343 f.
Datenflußplan 146
Datenlexikon 107, 361
Datenpflege 251
Datenschutzanforderungen 118 ff.
Datensicherheit 144, 191
Datensicherheitsanforderungen 118
Datenstrukturen 108
Datenströme 105
Datenträger 340
Datenträgerauszug 211
Datenübertragungszeit 132, 363 f.
Dialog 118, 132
Dialogtest 161
Dokumentation
— des Betreuungsmodus 251
— von Elementarprozessen 104, 105
— der Hantierungsunterlagen 226 f.
— von Komponenten 135
— der Leistungsbeschreibung 159
—, Programm- 223 f.
—, Projekt- 55, 254
— von Prozessen 58
— der Spezifikation 193
—, Verfahrens- 223 f., 254, 256
Dokumentieren
— allgemein 406
— Anwendungsdokumentation 224
— Entwicklungsdokumentation 223, 406
— Produktdokumentation 407
— Projektdokumentation 408
DV-Feinkonzept 175 f.
DV-Grobkonzept 130 f., 159
DV-Pflichtenheft s. Spezifikation

Ein-/Ausgabezeit 365 f.
Einsatzphase 263 ff.
Einweisung 245 f.
Elementaraufgabe 74
Elementarprozeß 74, 77
Elementarprozeß-Ablauf 104
Entscheidungsinstanz 32, 36 f., 59, 100, 162, 254, 255
Entscheidungspunkt 58, 95, 165, 239, 255
Entscheidungstabellen 148
Entscheidungstabellentechnik 155
Entwerfen (allgemein) 393
— datenorientiertes 399

— dv-technisches 397
— fachliches 394 ff.
— funktionsorientiertes 397
Entwicklungsabruf 285 f.
Entwicklungsantrag 31, 45, 50 f.
Entwicklungsaufwand 40, 49, 50
Experteneinsatz 35

Fachliches Feinkonzept 103 f., 159
Fachliches Grobkonzept 64, 66, 85 f., 92
Faktorenverfahren 306
Fehleranalyse 211
Fehlerarten 111
Fehlererkennung
—, Möglichkeiten der 111 f.
Fixpunkt 148
Formulare
— Arbeitsvorbereitungs- und Prüfgruppenübersicht 227, 228
— Auftrag für durchzuführende Arbeiten 257
— Beschreibungsblatt 76
— Dateibeschreibung 142, 179
— Datenerfassungs- und Prüfanweisung 232
— Entwicklungsabruf 286
— Entwicklungsantrag 51
— Erfassungsbeleg 114
— Filmprotokoll 230
— Gerätebelegungsplan 236
— HTV-DVA-Geräte- und Dateiübersicht 234
— HTV-DVA-Übersicht 233
— Kostenerfassung 323
— Lochkartenleser-, Lochstreifenleser und Druckerhantierungsvorschrift 235
— Multifaktorenrechnung 325
— OD-Rahmenplanabfrage 282
— Personalkapazitätsermittlung 283
— Planungsrechnung 327
— Projekt-Aufwandserfassung 290
— Projektdatenübersicht 42
— Testanweisung 174
— Verfahrensübernahme 260
— Übergabeprotokoll zwischen Entwicklungsabteilung und Anwenderabteilung 259
— Übergabeprotokoll zwischen Entwicklungsabteilung und Rechenzentrum 258
Fragebogenmethode 72
Funktion s. Aufgabe

Generatortechnik 155, 186
Gerätebelegungsplan 236
Geräteübersicht 199
GIBSON-Mix 364

Hantierung 199
Hantierungsunterlagen 226 f.
Hantierungsvorschriften für die DV-Anlage 231
Hardwarekonfiguration 150, 156, 182
Hinrechnung 284
HIPO 394 f.

Idealkonzept 67 f.
Identifikationsschlüssel 109
Information und Entscheidung
— Projektvorschlagsphase 58
— Planungsphase I 95
— Planungsphase II 165
— Realisierungsphase I 239
— Realisierungsphase II 255
— Einsatzphase 276
Implementieren 197, 402
Informationsquellen für Software-Produkte 88
Informationsschlüssel 109
Integrationstest s. Test
Interviewmethode 44, 70 f.
Investitionsrechnungsverfahren, dynamisches 321 f.
Istanalyse 80 f.
Istaufnahme 69 f.

Jackson-Diagramm 400

Klassifikationsschlüssel 110
Kommunikationsanalyse 81 f.
Komponente, DV- 135, 144, 175, 176, 363, 386
—, MPM- 297 f.
Komponententest s. Test
Kontrolle
—, Abgangs- 120
—, Auftrags- 123
—, Benutzer- 120
—, Eingabe- 122
— der Istaufnahme 77
—, Organisations- 123
—, Plausibilitäts- 78, 119
—, Speicher- 121
—, Transport- 123
—, Übermittlungs- 121
—, Vollständigkeits- 78, 119
—, Zugriffs- 119
Konventionen für
— Programmierung 171
— Testdurchführung 171
Konventionen 351 f.
—, COBOL- 355 ff.
— Struktur 352 ff.

Konzept s. Fachliches Grobkonzept
    Fachliches Feinkonzept
    DV-Grobkonzept
    DV-Feinkonzept
Koordinationsstelle 65
Kosten
—, einmalige 321
—, laufende 321
Kostenerfassung 322 f.
Kostenplanung 305
Kostenvergleichsrechnung 321, 326
Kritischer Weg 302

Laufzeitschätzung 363 ff.
Leistungsbeschreibung 103 f., 158, 167, 175, 248
Listenbildentwurf 116

Marginal-Rendite 322
—, Ermittlung der 330
Maskenentwurf 116
Messen 402 ff.
— Meßaufgaben 403
— Meßgrößen 403
Mikrofilm 117
MIX 1 365
Mix-Kennzahlen 365
Modularkonzept 73
Multifaktorenmethode 325
Multimomentaufnahme 83

Nachfolgelasten 162
Netzplan 41, 83, 296
—, MPM- 297 f.
Netzplan für die
— Projektvorschlagsphase 28
— Planungsphase I 60
— Planungsphase II 96
— Realisierungsphase I 166
— Realisierungsphase II 240
— Einsatzphase 262
Netzplanaufstellung 299 f.
Netzplantechnik 296 f.
Normen 197
Normierte Programmierung 155, 186
Nutzwertanalyse 324

OD-Rahmenplanung 281
OD-Rahmenplanabfrage 282
Organisationsanpassung 248
Organisationsform für Planungsvorhaben 33 f.

Parallellauf 250
Parallelschlüssel 110

Parameterkartenübersicht 229
Pflichtenheft s. Spezifikation
Phasen
—, Anzahl 40
Phasenabschluß durchführen
— Projektvorschlagsphase 55
— Planungsphase I 94
— Planungsphase II 164
— Realisierungsphase I 238
— Realisierungsphase II 254
Phasengenehmigung 50
Phasenorganisation festlegen
— Projektvorschlagsphase 33f.
— Planungsphase I 62
— Planungsphase II 98
— Realisierungsphase I 168
— Realisierungsphase II 242
— Einsatzphase 264
Phasen der Softwareentwicklung 13
Phasenüberwachung
—, Instrumente 41
Phasenüberwachung für die
— Projektvorschlagsphase 40
— Planungsphase I 64
— Planungsphase II 100
— Realisierungsphase I 170
— Realisierungsphase II 244
— Einsatzphase 266
Personaleinsatzplanung 289
Personalkapazität
— ermittlung 283
Personal-Tätigkeitsmatrix für die
— Projektvorschlagsphase 39
— Planungsphase I 63
— Planungsphase II 99
— Realisierungsphase I 169
— Realisierungsphase II 243
— Einsatzphase 265
Planungsinstanzen 35f.
Planungsphase I 61ff.
Planungsphase II 97ff.
Planungsrechnung
—, einfache 326
—, ausführliche 327
Planungsteam 36f.
Plausibilitätskontrolle 78, 119
Primärdatenerfassung 333
Probebetrieb
— vorbereiten 250
— durchführen 252
Problemstellung formulieren 30, 45
Programmierung 197
Programmiersprachen 189
Programmorganisationsplan 177, 178

Programmpflege 251
Projekt-Aufwandserfassung 41, 289f.
— auswertung 291f.
— bericht 41
— beschreibung 53
— bildung 284
— fortschreibung 291
— datenübersicht 42, 53
— dokumentation 55
— klassen 40
— leiter 35
— management 35
— stammsatz 294
— vorschlagsphase 29f.
Projektzeitschätzung 49, 160, 306f.
—, Vorgehensweise 317
Prozentsatzverfahren 307
Prozeß s. Aufgabenlösung
Prozeßablauf 104
Prozeßbaum 105
Prozeßhierarchie 105
Prozeßstruktur 104
Prüfziffern 111f.
Prüfziffernverfahren 113

Qualitätsmerkmale 20ff.
— planung 22
— kontrolle 22
— sicherung 22

Rationalisierungserfolg 319
Realisierungspersonal
—, Anforderungen 151
Realisierungsphase I 167ff.
Realisierungsphase II 241ff.
Rechenzeitbedarfsabfrage 281f.
Rechenzentrum 256, 268, 320
Redaktionsschluß 101
Rentabilitätsrechnung 322f.
Responsezeit 132
Rückrechnung 301

Schätzverfahren 306
Sekundärdatenerfassung 333
Selbstaufschreibung 72
Simulation 250
Software
—, vorhandene 149, 157, 191, 194
Software anpassen 196
Software Engineering 19, 392
— Änderbarkeit 21
— Bedienungskomfort 20
— Benutzungskomfort 26
— Effizienz 21

– Funktionsumfang 20
– Haupttätigkeiten 25
– Portabilität 21
– Qualitätskontrolle 22
– Qualitätsmerkmale 22
– Qualitätsplanung 22
– Qualitätssicherung 22
– Ziele des 20
– Zuverlässigkeit 21
Softwareentwicklungsprozeß 23
Softwareprüffeld 200 ff., 406
Softwaretechnik(en) 153, 157, 182, 184
Schlüsselsysteme 108 f.
Schnittstellenbeschreibung 87, 90, 177
Schulung 245
Schulungsplan 163
Speicherkonzept
–, fachliches 105, 138
–, dv-technisches 156
Speicherung
–, Form 138
–, indexsequentielle 140
–, sequentielle 139
–, verkettete 141
–, gestreute 140
Spezifikation 175, 194
Stammdaten übernehmen 221
Standardtestdatenpaket 213
Steuerkarten 229
Struktogramm 105, 135, 183
Strukturierte Programmierung 154, 182
Strukturblöcke 176
–, Beschreibung 180, 194
Strukturierung 104, 108, 137, 141, 176

Team 35
Teamworkmanagement 35
Teilaufgabenbildung 285
Teilhaberbetrieb 133
Teilnehmerbetrieb 133
Terminplan 54, 226
Terminrechnung 301
Test 208 ff.
– anweisung 173
– betrieb, closed-shop 161
– betrieb, open-shop 161
– datei 212
– daten 212 f.
–, Dialog- 161
– durchführung 208 f., 215
– hilfen 160, 210 f., 211
–, Integrations- 209, 213, 215 f.
–, Komponenten- 209, 213, 215 f., 219

– kosten 386
– konventionen 171
– fälle, Minimie
– organisation 209
– phasen 209
–, Schreibtisch- 216
– schritte 208
– strategie 209
– system, sprachbezogenes 212
–, Verfahrens- 209, 213, 217 f.
– verfolgung 218
– zeitbedarf 160, 214
Turn-Around-Zeit 210
Top-down-Prinzip 175

Übergabeprotokoll 257
Übertragungsrate 365 f.
Überwachungsinstrumente 41 f.
Unterlagenauswertung 70

Verarbeitungszeit 363 f.
Verfahren
– abwickeln 268
– betreuen 271
–, Dialogbetrieb- 268
–, Stapelbetrieb- 268
– übergeben 256
Verfahrensanalyse 264
Verfahrenstest
s. Test
Verfahrensstruktur 125, 135, 156
Verfahrensvergleichsrechnung 321
Vollständigkeitskontrolle 78, 119
Voruntersuchung 29, 30
– genehmigen 32 f.
– durchführen 44

Walk through 404 ff.
Wartezeit 363, 384
Wirtschaftlichkeit
– direkte 321 f.
– indirekte 321, 324
–, Rechenverfahren zum Ermitteln der 326 f.
Wirtschaftlichkeitskoeffizient 326
Wirtschaftlichkeitsprüfung 49, 53, 89, 319 f.
Wirtschaftlichkeitsrechnung 321, 323 f., 348

Zielhierarchie 45 f.
Zielpyramide 46
Zinsfuß, interner 322, 324
Zinsfußrechnung 321
Zugriffsberechtigung 119

Siemens
Fachbücher, Lehr- und Lernmittel
zum Thema
Datenverarbeitung

Fachbücher

Werner Bacher, Dankwart Grunow,
Friedrich Schierenbeck
Datenübertragung
Eigenschaften der Verbindungswege,
Technik und Geräte
1978, 431 Seiten, 314 Bilder, 32 Tabellen, A5,
Pappband
Bestell-Nr. L31/1270   ISBN 3-8009-1270-8

Rolf Köhler, Ernst Mayr
EDV-Abkürzungen
Deutsch und Englisch
2., völlig überarbeitete und wesentlich
erweiterte Auflage, 1978. 334 Seiten,
6 Tabellen, Taschenbuch, kartoniert
Bestell-Nr. L44/1262-220   ISBN 3-8009-1262-7

Hans Kassel, Peter Strnad
Lexikon Datenschutz und Datensicherung
1978, 150 Seiten, Taschenbuch, kartoniert
Bestell-Nr. L42/1257   ISBN 3-8009-1257-0

Edmund Hirsch
Programmieren im Dialog
BS 2000 für COBOL-Anwender
2., überarbeitete Auflage, 1979, 151 Seiten,
6 Bilder, Taschenbuch, kartoniert
Bestell-Nr. L42/1275   ISBN 3-8009-1275-9

Edmund Hirsch, Heinz Kagerer
Programmieren im Dialog
BS 2000 für Assembler-Anwender
1977, 155 Seiten, 6 Bilder, Taschenbuch,
kartoniert
Bestell-Nr. L42/1251   ISBN 3-8009-1251-1

Lehr- und Lernmittel

Andreas Alteneder
BASIC-Praktikum*
Lernprogramm und Katalog
3. überarbeitete Auflage, 1980, 208 Seiten
Lernprogramm, über 250 Bilder, Tafeln und
Struktogramme. 100 Seiten Katalog.
17,4 cm × 24,6 cm, kartoniert
Bestell-Nr. L61/6526   ISBN 3-8009-6526-7

Andreas Alteneder, Horst Jung
EDT-Praktikum*
Dateiaufbereiter im BS 2000
Band 1: Einfache Anwendung
Band 2: Komplexe Anwendung
Band 3: Katalog
2., überarbeitete Auflage, 1980, drei Bände,
zusammen 365 Seiten, Syntaxkärtchen als
Beilage zu Band 3, 17,4 cm × 24,6 cm,
kartoniert
Bestell-Nr. L61/6524   ISBN 3-8009-6524-0

Dietram Hoffmann, Michael Müller-Töpler
GOLEM-Praxis*
Informationswiedergewinnung im Dialog
1979, 190 Seiten, 17,4 cm × 24,6 cm, kartoniert
Bestell-Nr. L61/6521   ISBN 3-8009-6521-6

bt 012
Softwareentwicklung
52 mehrfarbige Bildtransparente,
Format etwa A4,
kartonierter Umschlag
Bestell-Nr. L63/7112

---

* Programmierte Unterweisung (pu)